르네상스 휴머니즘에 대한 종합적 해석

르네상스 휴머니즘에 대한 종합적 해석

르네상스 휴머니즘에 대한 종합적 해석

에라스무스적 휴머니스트들의 종교사상을 중심으로

박 찬 문

혜안

사랑하는 아내 한나에게 드립니다

책머리에

필자가 르네상스 내지 르네상스 휴머니즘에 발을 내딛게 된 것이 1970년 9월 제대 후 충남대 사학과에 복학하여 만학을 하게 되면서부터이니 지난 28일에 정년 퇴임하기까지 이제 40년이 넘었다. 하나님의 은혜로 예수 그리스도를 만난 그 당시 필자의 관심은 르네상스 시대의 사람들이 자신의 개성을 발견하고 경험을 존중한다면, 이들의 하나님과의 관계성은 어떠한가, 아주 도외시 하였는가, 좀 멀어졌는가, 아니면 새롭게 되었는가, 하는 문제에 있었다. 흔히 책에는 중세 때에는 신중심주의이고, 르네상스 때에는 인간중심주의라고 하는데, 그러면 왜 루터의 종교개혁은 일어났는가, 의문이 들었다. 루터의 실제적인 주장은 진정한 신 중심으로 돌아가는 것이었기 때문이다.

그런데 어느 날 이광주 교수님의 강의를 들으면서 에라스무스라는 인문주의자는 그리스·로마의 고전(주로 문학적, 도덕철학적인 분야)을 사랑하면서도 교부들, 성경을 사랑하고, 잘못된 교회와 사회의 관행을 개혁해야 한다는 주장을 하고 있다는 것을 알게 되었다. 이들 인문주의자들이 알프스 이북의 유럽에 많이 있었다. 그래서 이들을 성경적 휴머니스트(혹은 크리스천 휴머니스트)들이라고 불린다. 필자는 이때 에라스무스를 더 연구해 보고자 했고, 하나님의 은혜로 서울대학교 인문대 대학원 서양사학과에 들어가서(1974년 3월), 석사학위논문을 「에라스무스와 크리스천 휴머니즘」(1977년 11월)이라는 제목으로 쓰게 되었다.

그러나 방대하고 깊이가 있는 에라스무스의 종교사상을 석사논문으로 담아내기에는 자료로도, 필자의 능력으로도 많이 미치지 못함을 절감하게 되었다. 그 이후 중고등학교 교편을 잡고, 1982년 9월 이후 제주대 사학과 서양사 전임으로 발령을 받고 나서는 다시 미진하였던 에라스무스의 사상을 많은 시행착오를 겪으면서 연구하게 되었다. 이를 통하여 에라스무스를 비롯한 르네상스 휴머니스트들의 진면목이 무엇인지 조금이라도 알게 되었다. 이들은 개성과 취향이 다양하지만 그 공통점은 학문과 경건의 종합이라고 하겠다.

필자에게도 경건과 학문은 존재 의미요 목적이었다. 본서는 이런 신앙과 고뇌, 교육과 연구의 결실이라고 할 수 있다. 1장에서 4장은 1995년 8월에 받은 박사학위논문(전남대 대학원)을 편제와 내용에 있어 약간 변경, 보완한 것이다. 여기서는 르네상스 휴머니즘의 건설자라고 하는 페트라르카(1304~1374)의 종교사상을 중심으로, 이와 관련된 르네상스 휴머니즘에 대한 제 사가들의 해석, 중세 말 오컴을 중심으로 하는 유명론자들(Nominalists)의 인식론 및 구원론, 이들의 자유의지와 은혜 사이의 관계 문제, 이들의 사상이 페트라르카, 발라, 에라스무스와 같은 휴머니스트들에게 알게, 모르게, 미친 영향을 살펴보았다.

5장은 페트라르카를 실제적으로 계승하여 르네상스 휴머니즘을 독자적으로 발전시킨 발라(1407~1457)의 종교사상을 그의 기독교 에피쿠로스주의를 중심으로 살펴보았다(1999년 6월). 6장은 영국의 존 콜레트(1467~1519)의 종교사상을 그의 구원론의 플라톤적 성격을 중심으로 살펴보았다(2011년 1월). 그는 피치노의 플라톤 신학에 심취하고 영향을 받지만 독자적으로 성경해석의 단일성을 강조한다. 그는 일찍이 직업적 사제의 길을 가지만, 에라스무스와의 교분을 유지하면서 르네상스 휴머니즘에 공감하고 교회

내에서 개혁의 길을 간다.

7장은 휴머니스트의 왕자라고 하는 에라스무스(1466~1536)의 종교사상을 다섯 절로 나누어 다루었다. I절은 에라스무스 휴머니즘의 종교적 성격, II절은 에라스무스의 정치사상, III절은 에라스무스와 루터 사이에 논쟁의 성격을 살펴보고자 하였다. 이들 논문들은 대학에 전임으로 발을 딛고서 1980년대에 쓴 것들이다. 특히 I절은 석사학위논문 가운데 1장 서론, 2, 3장을 많이 수정하여 실었다.

IV, V절은 에라스무스의 종교사상 I, II를 다룬 것으로 각기 2002년 12월, 2005년 3월에 학회지에 발표한 것들이다. 여기서 필자는 에라스무스가 라틴 고전 가운데 주로 문학이나 도덕철학으로 시작하여 점차 라틴 교부들을 읽고 감동을 받으며, 좀 후에는 그리스어를 마스터하고 결국 성경 특히 신약성경을 원어로 읽고 깊이 연구함으로 그리스도의 복음을 알게 되고 빼어난 성경학자가 되기에 이르게 된다는 것을 보았다. 그는 군주들과 교황들이나 주교들 같은 지도자들이 그리스도의 사랑과 평화를 실천하기만 하면 진정한 의와 평화의 세계가 올 것이라고 보았다.

에라스무스에게 루터의 주장은 옳았다. 그러나 그의 말이나 태도가 과격한 점이 있다고 했다. 그는 그리스도를 위해 순교할 수는 있지만, 루터를 위해 순교하지는 않겠다고 했다. 페트라르카와 그를 좇는 발라, 콜레트, 에라스무스 같은 휴머니스트들은 각기 개성과 취향과 목표에 차이가 있었지만, 학문과 경건 혹은 경건과 학문의 종합을 추구하였다는 점에서 공통점이 있다고 할 것이다. 특히 이들은 문법, 수사학, 시, 역사, 도덕철학 같은 인문학(*studia humanitatis*)를 기반으로 하거나, 인문학의 중요성을 인식했다는 것이다.

인문학을 중요시한 사람들 가운데 그 목표가 브루니(1374~1444) 같이 시민적 혹은 정치적 자유를 추구하는 휴머니스트들도 있고, 마네티

(1396~1459), 알베르티(1404~1472)와 같이 이미 사회복지를 추구하는 휴머니스트들도 있었다. 그외에 피치노(1433~1499)나 피코(1463~1494)와 같이 전문적 철학의 길로, 멜란히톤(1497~1560)이나 캘빈(1509~1564)과 같이 전문적 신학의 길로 가는 사람들도 있었다. 이들의 목표는 웅변(수사학)과 지혜(철학)를 종합하는 것이었다.

많은 사람들이 인문학을 토대로 르네상스 휴머니즘에 대한 종합적인 해석을 시도하고자 하였다. 그러나 퍼거슨(W. K. Ferguson)이나 트린카우스(C. Trinkaus)가 말한 대로 페트라르카와 그를 좇는 휴머니스트들처럼 인문학을 통하여 자신의 한계를 인식하고 성육신하신 예수 그리스도를 통한 하나님의 은혜를 구하고 웅변과 지혜를 종합하므로 온전한 덕에 이르고자 한데 더 근원적인 종합의 길이 있다고 본다. 이것은 곧 학문과 경건의 종합이며한 마디로 각 사람의 종교사상으로 나타났다고 본다. 이런 종합이 에라스무스에 의해 전형적으로 이루어졌다. 그래서 본서에서는 에라스무스적 휴머니스트들의 종교사상의 탐구가 중심 테마가 된다.

오늘 여기에 이르기까지 인도하시고 좋은 학문과 경건한 삶을 살도록 건강과 명철을 주신 하나님께 감사드린다. 필자로 에라스무스를 만나게 하신 이광주 교수님과 대학원 시절 음으로, 양으로, 여러 조언과 좋은 본이 되어주신 나종일 교수님, 홍치모 교수님, 김동원 교수님 등 여러 은사님들과 박은구 교수를 비롯한 동료 교수들 및 선배 교수님들께 감사한다. 또한 제주대학교에서 약 30년 동안 마음껏 학문과 교육에 종사하게 하신 총장님과 인문대 교수님들, 그밖에 여러 교수님들, 직원들께 감사한다. 부족한 자를 위해 기도와 사랑을 아끼지 않으신 사라 배리(Sarah Barry) 선교사님, 전요한 선교사님, 이사무엘 목자님을 비롯한 여러 분들께 감사한다. 특히 허물 많은 자를 위해 쉬지 않고 눈물의 기도와 사랑의 수고를 감당한 아내 한나 및 세 공주들과 사위들에게 감사한다. 또한 한라 UBF의 경임 자매,

대성, 형호 형제에게 감사한다. 끝으로 원고 정리를 도와준 오동훈 원생, 부족한 원고를 쾌히 받아주시고 수준 높은 교정과 편집 및 출판하기까지 수고를 아끼지 않으신 도서출판 혜안의 오일주 사장님, 김태규 님께 감사한다.

2011년 3월 3일

목 차

제1장 르네상스 휴머니즘과 유명론(Nominalism)

르네상스 휴머니즘은 유명론(Nominalism)과 함께 14세기에 출현한 두 가지 큰 지적 운동이었다. 14세기는 역사가들에게 재난과 몰락의 시기로 인식되었지만, 유럽 역사에서는 예술, 문학, 자연과학, 정치학에서뿐 아니라 신학의 분야에서도 근대의 기반이 될 만한 성과와 사상으로 인해 가장 다산적인 시기 가운데 하나였다. 오베르만(Oberman) 같은 학자는 1350~1550년에 이르는 시기를 중세 말이라 하고 그 시기를 위기의 시대라고 했다. 그에게 있어 유명론, 르네상스 휴머니즘, 종교개혁으로 이어지는 움직임들은 이러한 위기를 극복하려는 몸부림이었고 근대를 낳는 산고(産苦, birth-pangs)였다.[1]

그러면 그 위기는 무엇이었는가? 무엇보다도 13세기 말 이후 일련의 경제적 위기와 침체에도 불구하고[2] 화폐경제의 발달이 정치, 사회, 문화,

---

1) Heiko A. Oberman, "The Shape of late medieval Thought: The Birthpangs of the modern Era", in *The Pursuit of Holiness in late medieval and Renaissance Religion*, ed. Charles Trinkaus with Heiko A. Oberman (*Studies in medieval and Reformation Thought*, Vol. X, 1974), p. 25.

2) 여기서 경제적 위기 내지 침체는 일시적, 지역적, 부문별 침체를 의미하고 더욱이 화폐경제의 퇴조 현상과는 무관하다. 최근에 다수의 경제 사가들은 로페즈(Lopez)의 경제적 침체설을 부인하고, 오히려 실증적 연구를 통해서 14, 15세기 르네상스 이탈리아에서의 총체적 성장과 생활수준의 향상을 말하고 있다. Judith C. Brown,

14

종교에 광범한 영향을 미쳤다는 것이다.[3] 즉 정치적으로 능률적인 재정 제도, 상비군 제도의 도입에 의한 중앙집권화를 가능케 했고, 사회, 문화적으로 속인(layman) 교육[4]과 문학, 학문, 예술에 대한 속인 후원제의 확대, 뚜렷한 속인 계층의 성장은 르네상스 문화의 세속적 내용을 증대시켰다.[5] 이것은 종교적 성향의 필연적 퇴조를 의미하지는 않았고 오히려 여러 곳에서 평신도 경건(lay piety)의 현저한 성장이 수반되었다.[6]

평신도 경건의 부흥은 14세기 독일의 에카르트(Eckhart, 1260~1327), 타울러(Tauler, 1290~1361) 같은 신비적 설교에 의하여 고취되었고 라인 지방의 '하나님의 벗들(The Friends of God)'이나 저지대(低地帶)의 새로운 경건(Devotio moderna)운동 같은 것들에 의해 계승, 발전되었다. 특히 새로운 경건 운동은 처음에는 속인 교육에 거의 관심이 없었지만 15세기에는 공동생활형제단을 중심으로 중요한 교육적 역할을 수행했다.[7] 이것은 평신도 계층에게 라틴 문법의 원리뿐 아니라 정연한 영적 전통의 기초에 대한

"Prosperity or Hard Times in Renaissance Italy?", *Renaissance Quarterly*, Vol. XLII, No.4(Winter 1989), pp. 760~780.

3) Wallace K. Ferguson, "The Church in a Changing World: a Contribution to the Interpretation of the Renaissance", *The Americal Historical Review,* Vol. LIX, No.1(1953), pp. 1~18(이하 Ferguson I이라 약함).

4) 빌라니(Villani)의 연대기에 의하면 1340년대, 플로렌스에 8,000~10,000명의 아이들이 쓰는 것을 배웠고 4개의 문법학교에서는 매년 550~600명의 학생들이 문법과 논리학을 배웠다고 하였다. 영국의 Winchester College(1382)는 본래 성직자를 양성하기 위해 설립된 것이었지만 그런 목적을 갖지 않은 학생들로 대부분 채워지게 되고 Oxford University와 관련되어 문법학교의 수준이 교육되었다. 15세기 런던 상인들의 약 40%가 약간의 라틴어를 읽을 수 있었고 더 많은 수가 영어로 읽고 쓸 수 있었던 것은 물론이었다. Denys Hay, *Europe in the 14th and 15th Centuries,* a Longman Paperback(1976), p. 335.

5) Ferguson I, pp. 15~16.

6) Ibid., p. 16.

7) Alister E. McGrath, *The Intellectual Origins of the European Reformation*(New York : Basil Blackwell Inc., 1987), p. 11.

증대되는 의식을 갖게 했다. 이러한 교육적 운동은 과거에 성직자가 속인들에 대해 향유하던 이점을 잠식하고 있었다.

15세기 중엽 이후 인쇄물의 발명으로, 지적이고 읽고 쓸 수 있는 속인 계층이 접근할 수 있는 평신도 경건에 관한 저서들이 나오게 되었다. 예를 들어 에라스무스의 『그리스도 군사의 편람(Enchiridion militis chistiani)』(1503)이 그렇게 성공할 수 있었던 것은 쉽게 이해할 수 있는 형태로 그런 경건함을 명백히 나타냈기 때문이었다.[8] 15세기 말 유럽에 걸쳐 도시의 증대되는 문학적, 교육적, 의학적, 법률적, 행정적, 재정적 전문가 집단은 이제 일정한 라틴어 설교를 읽는 대신에 지적이고 신선한 설교를 요구하였다. 성직자는 이제 더 이상 그의 소명과 관련해서만 도시 사회에서의 그의 특권적 지위를 정당한 것으로 여겨지도록 기대할 수 없었다.[9] 경제적 침체의 시대에 성직자에 대한 공적인 지원, 면세의 특권 따위는 비판의 대상이 되었다.

이렇게 14, 15세기에는 반성직자 경향(anticlericalism)이 증대되고 있었다. 이것은 성직자 계층의 특권에 대한 증대되는 불만을 반영한 것만이 아니었다. 그것은 평신도 계층의 입장에서 경건과 신학적 인식의 증대가 불가피하게 구원의 질서에 있어서 성직자에 맡겨진 역할에 대한 증대되는 불만을 나타나게 된 것을 의미했다.[10] 중세 말경 신학 자체는 아니더라도 경건과 종교는 점차 속인화되고 있었다.

한편 변화하는 세계에서 교회는 이러한 새로운 경향에 대하여 영적, 도덕적으로 대응하지 못하고 화폐의 힘과 행정력에 의지함으로써 그것이 누렸던 도덕적, 영적 권위를 상실하였다.[11] 이와 함께 13세기 말, 14세기

---

8) 1514~1518년 사이에 약 8개의 라틴어 판이 나오고 1518년에는 영역판, 1519년에는 체코어 판, 1520년에는 독일어 판, 1523년에는 네덜란드어 판, 1526년에는 스페인어 판, 1585년에는 폴란드어 판이 나옴.

9) Ibid.

10) Ibid., pp. 9~10.

11) Ibid., pp. 10~13.

초에 상이한 전제와 방법을 가진 여러 독특한 신학교들의 설립,[12] 14, 15세기 옛 방법(*Via Antiqua*)과 새 방법(*Via moderna*) 사이의 논쟁은 중세 말 신학적 견해 내지 교리의 다양화를 초래하였다.

다음 3장에서 더 고찰하겠지만 오컴(Ockham)을 중심으로 하는 온건한 유명론자들은 하나님의 두 권능, 곧 절대적 권능(*Potentia absoluta*)과 정해진 권능(*Potentia ordinata*)의 논리적 구조 내에서 생각함으로써 전성기 스콜라 철학의 존재론적(ontological) 신학을 수정하고 의무론적(deontological) 신학을 지향했다. 이것은 현재의 창조된 질서와 구원의 질서의 우연적 성격을 강조한 것으로서, 기존 교리에 대한 강력한 도전이 되었고, 교리의 다양성에 크게 영향을 미치게 했다.[13] 특히 방법론적인 전제에 민감한 교리의 영역에서 이를테면, 그리스도론(Christology), 의인(義認)의 교리 같은 것에서 양극화 현상이 부수적으로 일어나게 되었다.[14]

이렇게 다양한 신학적 견해들은 교회의 공적인 가르침 곧 믿음의 기본적인 것들이 명백히 제시되는 한 얼마든지 관용될 수 있는 것들이었다. 왜냐하면

---

12) 이들 학교들이 특정한 교단들과 관련되는 경향이 있었지만 그러나 같은 교단 안에서도 신조의 상당한 다양성이 있었다. 꼴롱(Colonge)의 도미니크파는 *Via antiqua*에 의해, 비엔나(Vienna), 에르푸르트(Erfurt)의 도미니크파는 *Via moderna*에 의해 영향받았다. 이들 상이점은 지방대 교양학부의 지배적인 경향에 상응하였다. 16세기의 마지막 10년 동안 에르푸르트의 어거스틴파 수도원에는 *Via moderna*의 영향이 있었다. 또한 중세 말 프란체스코파 교단도 일관된 신학 체계를 유지한 것이 아니었다. Ibid., p. 18.

13) Ibid., p. 20.

14) 그리스도론의 경우 만약 구속할 죄가 없다면 성육신이 일어났을 것인가에 대해 아퀴나스(Aquinas)는 부정적으로 말하고, 스코투스(Scotus)는 긍정적으로 말하였다. 즉 스코투스는 신의 사랑을 강조하고 있는데, 신은 그를(Him) 사랑하기에 적합한 사람들을 그의 아들(His Son)과 하나가 되도록 영원 전부터 의지하셨기 때문에 그의 아들을 보내실 것이라는 것이다. David Knowles, *The Evolution of Medieval Thought*(Longman, 1988), p. 280. 오컴(Ockham)도 하나님이 인간으로서 보다 돌이나 막대기, 당나귀 같은 것으로서 나타날 수도 있었을 가능성을 인정했다.

이런 견해들은 교회의 일치에 위협이 되지 않기 때문이었다. 그러나 그 당시 가톨릭 교회는 어떤 것을 보편적으로 받아들일 수 있다고 하는 분명한 언급을 하지 않았다. 14, 15세기에는 신학적 견해들의 확인에 대한 정상적인 방법이 정지되었고 다만 힘에 의하여 이단으로 억압되는 경향이 있었다.15) 15세기 말, 16세기 전반기에는 국민주의의 계속적인 대두로 인해 교회 편에서도 이설적인 견해에 대하여 결정적인 행동을 취하기를 꺼려하거나 할 수도 없었다. 그래서 명백한 보편적 교리와 신학적 견해 사이에 혼돈이 있게 되었다. 이제 각 신학자가 스스로 결정해야 했다. 교회가 속인 계층, 휴머니스트, 신학자들의 개혁의 요구를 수렴하고 받아들일 힘을 상실한 것, 여기에 중세 말 도덕적, 영적 위기의 뿌리가 있었다.

중세 말, 사람들은 세속적인 것(the secular)과 거룩한 것(the sacred) 사이에 갈등하며 그 갭을 메우고자 몸부림쳤다.16) 이것이 영적, 도덕적 위기의 중심되는 국면이었다. 트린카우스(Trinkaus)도 유럽 문화의 역사에서 "계속 일어나고 있었던 것은 거룩한 것을 세속화하려는 경향이었다. 반면에 동시에 세속적인 것을 거룩하게 하려는 경향이었다"고 했다.17) 이것은 문화의 세속화와 인간의 신성시(deification)의 점진적인 발전 혹은 우주에서 제일의 지도적인 힘으로서의 신(神)의 의식(意識) 대신에 인간적인 힘과 자연적인

---

15) McGrath, op. cit., p. 15. Spiritual Franciscans는 정통파라고 불려졌는데, 절대적 청빈의 이상에 광적으로 집착, 교황 요한 22세에 의해 파문(1317), 이단(1322)으로 규정되었다. 그 승단의 우두머리 미카엘은 황제 루드비히의 궁정으로 피신(1328)하여 저항하였다. 이때 윌리암 오컴(William of Ockham)도 관여하였다. 1328~1350년 사이에 113명이 이단자로 화형당했다. 왈라스 K. 퍼거슨 저, 이연규, 박순준 역, 『서양근세사 : 중세에서 근대로의 이행』(집문당, 1989), pp. 462~464. 위클리프(Wycliff)는 성직자의 지배권, 재산권에 대한 비판과 화체설의 부인 등으로 교황 그레고리우스 11세에 의해(1377), 또 캔터베리 대주교에 의해(1382) 이단시되었다.

16) Oberman, op. cit., p. 6.

17) Charles Trinkaus, Introduction in *The Scope of Renaissance Humanism*(Ann Arbor : The Uni. of Michigan Press, 1983), p. XX(이하 *TSORH*라 약함).

힘의 개념으로 점차 옮겨지는 것을 의미했다. 중세 말의 유명론, 신비주의(Mysticism), 특히 어거스틴주의(Augustinianism)의 부활, 그리고 르네상스 휴머니즘, 종교개혁의 여러 신학들은 이러한 거룩한 것과 세속적인 것 사이의 관계를 분명히 하려는 다양한 시도들이었다.

본서에서는 이러한 위기적 상황에서 페트라르카(Petrarch)와 그를 좇는 휴머니스트들이, 오컴을 중심으로 하는 유명론자들과 함께 어떻게 대응했는가를 고찰하고자 한다. 특히 모든 기술과 학문을 하나님의 말씀을 전파하는 데 적용한 페트라르카로부터 에라스무스에 이르는 휴머니스트들의 종교사상은 본서의 중심 테마가 될 것이다. 이것은 르네상스 휴머니즘의 본질과 역사적 의미를 구명하는 데 주목할 가치가 있는 분야라고 믿는다.

제2장 르네상스 휴머니즘에 대한
사가들의 제 해석

르네상스 내지 르네상스와 관련된 르네상스 휴머니즘에 대한 해석은 부르크하르트(Burckhardt)의 문화사적 종합 이래, 그에 대한 비판과 수정을 통하여 최근에는 하나의 새로운 종합적 해석을 시도하려는 경향이 크다. 즉 부르크하르트에 의한 전통적인 해석인 르네상스 시대는 근대적 요소가 있었다는 것을 받아들이면서도 중세와의 관련성을 추구함으로써 이제 르네상스는 1350년에서 1600년 사이에 일어난 미술, 문학, 학문뿐 아니라, 정치, 과학 등 모든 것에 적용시키려 하거나[1] 혹은 중세에서 근대로 이행해 가는 하나의 과도기로서 보게 되었다.[2]

이러한 과정에서 가장 중요한 쟁점 중의 하나가 고전 고대의 부흥과 관련된 르네상스 휴머니즘에 대한 해석이었다. 부르크하르트에 의해 확립된 전통적인 해석은 휴머니즘이 생에 대한 새로운 가치와 철학을 형성하는 데 이바지하였으며, 그것을 중세와의 분명한 단절로서 본다는 것이었다.[3]

---

1) Denys Hay, *Renaissance Essays*(The Hambledon Press. 1988), p. 112.
2) W. K. Ferguson, *The Renaissance in Historical Thought : Five Centuries of Interpretation* (Houghton Miffling Co. 1948), p. 391 ; J. Huizinga, "The Problem of the Renaissance" in *Men and Ideas*, trans. James S. Holmes & Hans van Marle(Princeton Uni. Press, 1984), pp. 281~282 ; 차하순, 「르네상스 문제에 대한 종합적 해석」(『역사학보』 제25집. 1964, 10), pp. 141~147.

이런 해석에 대하여 비판적인 두개의 경향은 르네상스 휴머니즘의 중세적 특징을 강조하는 경향과[4] 또 하나는 휴머니즘의 역사적 중요성 자체를 부정하는 것이었다.[5] 이들 경향의 특징은 르네상스 휴머니즘과 중세 문화 사이에 어떤 계속성이 있다는 것을 입증하고자 한 점이다. 무엇보다도 기독교가 르네상스 휴머니스트들 사이에 살아 있었다고 본 것이다.[6] 그러나 문제는 전통적인 입장이 전혀 지지될 수 없는 것인지 혹은 받아들일 수 있는 것인지 하는 문제가 여전히 해결되어야 할 과제로서 남아 있었던 것이다.

이 문제에 대하여 전통적 견해의 본질적인 특징을 희생하지 않으면서 그것을 수정할 준비가 되어 있었던 이들 가운데 대표적인 사람들이 독일계 미국인 학자들인 한스 바론(Hans Baron)과 폴 크리스텔러(Paul Kristeller)였다. 이들은 르네상스 휴머니즘을 단일하고 균일한 운동으로서 보지 않고 다양하면서 서로 느슨하게 관련된 운동으로서 보고, 이를 이해하기 위해서 자료의 종합적이고 면밀한 검토의 필요성을 인식하였을 뿐 아니라 그 정치적, 사회적, 문화적 배경에 대해서도 새로운 관심을 나타냈다.[7] 이들은 본질적으로 고전 연구에서 비롯된 휴머니스트 운동 내지 휴머니즘을 출발점으로

---

3) William J. Bouwsma, "The Interpretation of Renaissance Humanism", in *American Historical Association*, 1966, pp. 5~6, 이하 Bouwsma I이라 약함.

4) 부르다하(Konrad Burdach)는 르네상스의 재생의 사상이 기독교적이고 중세적이라고 하였고, 발저(Ernst Walser)는 르네상스 휴머니즘이 기독교 경건의 위대한 열매라고 보았다(*Reformation, Renaissance, Humanismus*, Berlin und Leipzig, 1926).

5) 노르트시트룀(Johan Nordström)은 르네상스 휴머니즘의 중세 휴머니즘과의 연속을 강조하였고(*Middle Ages and Renaissance*, Paris, 1933), 싸톤(George Sarton)같은 과학사가는 르네상스 휴머니즘이 근대세계를 가리키기는커녕, 그 전개에 방해되었다고 하였고("Science in the Renaissance" in *the Civilization of the Renaissance*, Chicago, 1929), 톤다이크(Lynn Thorndike)는 훨씬 더 신랄했다("Renaissance or Prenaissance?" in *Journal of the History of ideas* IV, 1943).

6) Bouwsma I, p. 10.

7) Ibid., p. 11.

한다는 점에서 공통점이 있다고 할 것이다. 그러나 양자 사이에는 관점에 있어서 약간의 차이를 나타냈다. 바론은 주로 정치, 사회적 배경과 관련하여 해석하였고 크리스텔러는 주로 교육, 문화적 배경과 관련하여 해석하였다.

그런데 크리스텔러의 견해를 전적으로 받아들이면서도 휴머니스트들이 그들의 문학적, 수사학적 연구의 여러 국면을 종교적, 도덕적, 정치적 관심의 종합에서 찾고자 했다[8]는 것을 실증적 문헌 연구를 통해 고찰한 이가 찰스 트린카우스(Charles Trinkaus)였다. 이를 통하여 그는 바론 계열의 입장도 수용할 뿐 아니라 크리스텔러 자신의 견해도 보완함으로써 르네상스 휴머니즘의 해석에 있어서 진정한 종합의 가능성을 제시하고 있다. 이들 세 사람의 견해를 더 살펴보기로 하자.

Ⅰ. 바론의 시민적 휴머니즘(Civic Humanism)

1. 시민적 휴머니즘의 개념

바론의 시민적 휴머니즘이라는 개념 가운데 기본적인 두 가지는 첫째, 15세기 초 플로렌스 휴머니즘의 시민적 성격과 이것이 자유로운 공화정 아래에서만 형성될 수 있었다는 것, 둘째, 이런 시민적 휴머니즘이 형성된 15세기 초를 그 이전의 시기와 구분되는 혁명적 변화의 시기로서 간주했다는 것이다.[9] 이것은 중세와 르네상스 사이에 근본적인 불연속이 있다는 부르크하르트의 주장을 보강했다고 할 수 있다.

---

8) Charles Trinkaus, "Renaissance Humanism, Its Formation and Development" in *The Scope of Renaissance Humanism*, Part I(The Uni. of Michigan, 1983), p. 27, 이하 *TSORH* I이라 약함.

9) Wallace K. Ferguson, "The Interpretation of Italian Humanism : The Contribution of Hans Baron", in *Journal of the History of Ideas*, vol. XIX, 1958, NO. 1, pp. 19~21, 이하 Ferguson I이라 약함.

이들 개념은 15세기 사회적 발전과 정치적 사건과의 관련 속에서 점진적으로 발전되고 체계화 되었다. 특히 1938년에 영어로 출판된 두 편의 논문 "Franciscan Poverty and Civic Wealth as Factors in the Rise of Humanistic Thought", "Cicero and the Roman Civic Spirit in the Middle Ages and the Early Renaissance"에서 휴머니스트 사상에 정치, 사회생활에 대한 휴머니스트들의 자세가 미친 영향을 예증하였다.

전자에서 14세기의 휴머니스트들, 주로 페트라르카와 그의 플로렌스 제자들의 사상 가운데 부와 실제적 정치 생활에 대한 태도는 양면 가치적(ambivalent)이었는데 반하여 브루니(Bruni)의 시대에 이르러 긍정적 평가를 하게 되었다고 했다.[10] 후자에서 바론은 이행을 두드러지게 하는데 이바지한 키케로(Cicero)에 대한 태도의 또 다른 측면을 고찰하고 있다. 중세시대 키케로는 세계로부터 초연한 스토아적 현자로서 이해되었고 이 견해는 부분적으로 페트라르카에 의해 긍정된 시각이었다. 반면에 15세기 초 시민적 휴머니스트들은 키케로의 문학적, 정치적 행동의 결합 속에서 그들 자신의 기질에 맞는 키케로에 대한 견해를 발견하게 되었다.[11]

이상에서 바론은 15세기 초 휴머니스트들의 사상 가운데 전통과의 분명한 단절을 보았다. 사실상 그의 시민적 휴머니즘의 개념은 이들 두 논문에서 비롯된다고 할 수 있는데, 그는 예술사에 두 단계의 발전이 적용되는 것처럼 휴머니스트 운동에도 적용될 수 있다 하고, 이들 단계의 두 번째만이 "고대의

---

10) Ferguson I, p. 20 ; Albert Rabil, Jr., "The Significance of 'Civic Humanism' in the Interpretation of the Italian Renaissance" in ed. Albert Rabil Jr., *Renaissance Humanism : Foundations, Forms and Legacy*, Vol. I, *Humanism in Italy*(The Uni. of Pennsylvania Press, 1988), pp. 144~145, 이하 *Renaissance Humanism*이라 약함.

11) *Renaissance Humanism*, p. 145 ; Hans Baron, *The Crisis of the Early Italian Renaissance : Civic Humanism and Republican Liberty in an Age of Classicism and Tyranny* 2 Vols.(Princeton University Press, 1955). 1966년에 1권으로 된 개정판이 나옴, pp. 121~145, 이하 *The Crisis*라고 약함.

순수한 전통으로 다시 끌어들이고, 인간과 세계의 새롭고도 진실된 관찰로 나아가게 함으로써 이탈리아에 있어서 문화적 생활의 전체 경향을 변화시켰다"고 했다.12)

그런데 이 두 번째 단계가 시작된 것은 1400년 이후에 가서 였다. 그는 14세기 말 이후에 페트라르카의 휴머니즘이 시민적 배경 속으로 이식됨으로써 지적 생활에서의 완전한 혁명이 일어난 것으로 보았다. 이 이후 바론은 휴머니스트 사상 안에서 관찰한 혁명과 구체적인 정치, 사회적 사건들 사이에 관련성에 대한 증대되는 강조를 보였다. 이러한 그의 시민적 휴머니즘의 테제가 매우 충실하게 뒷받침 된 논의로 입증된 저서로 나타난 것이 1955년에 출판된 *The Crisis of the Early Italian Renaissance*(2 vols. Princeton Uni. Press)이고, 1966년에 한 권의 책으로 개정되어 나왔다.

여기서 바론은 밀라노의 비스콘티(Visconti)가의 위협에 대하여 위기의식을 느낀 플로렌스 공화국의 투쟁을 본질적으로 이데올로기적 투쟁으로 보았고 이 투쟁이 매우 중요하였다는 신념을 견지하였다. 이 투쟁은 1400~1402년에 절정에 달하였는데 불리한 상황에 처한 플로렌스가, 지안갈레초 비스콘티(Giangaleazzo Visconti)가 전염병으로 돌연 사망하는 바람에 극적인 승리를 거두었다. 그러나 플로렌스인들은 그들의 거의 기적적인 구원을 독재자의 사망보다도 그들의 용감한 저항에 돌렸다. 이런 사건이 휴머니스트들에 대한 영향은 직접적이고 결정적이었다.13)

바론은 *Panegyric to the city of Florence*(1403~1404)에서 브루니가 처음으로 카이사르(Caesar)와 아우구스투스(Augustus)가 로마인들의 성격을 변질시킨 독재체제를 제도화한 인물들로 묘사하고 있음을 보았고, 또한 *Panegyric*에서 플로렌스가 제국의 부패가 나타나기 전 로마 공화정 기간 중 B.C. 1세기

---

12) Ferguson I, pp. 20~21.

13) *The Crisis*, pp. 28~46 ; *Renaissance Humanism*, pp. 145~146.

24

초 술라(Sulla) 휘하의 개선한 로마 군인들에 의해 세워졌음을 밝힘으로써 그들이 로마 공화정의 후손이요 상속자로서의 긍지를 지녔다고 했다.[14]

또 브루니는 베르겔리우스(Vergerius)에게 보내는 첫 번째 대화편 *Dialogue I*(1401)에 이어지는 두 번째 대화편 *Dialogue II*(1405~1406)에서 처음으로 단테(Dante)의 카이사르와 그의 암살자들, 브루투스(Brutus)와 카시우스(Cassius)에 대한 해석 문제를 제기하고 단테가 시적인 상상력의 범위 안에서 카이사르를 보는 것이지 그의 독재체제를 지지하지 않고 오히려 공화적 감정을 지녔다고 함으로써 단테의 제국적 견해로 인해 자칫 그의 명예가 손상되지 않도록 했다.[15]

또한 브루니는 타키투스(Tacitus)의 말을 인용하여 "공화정은 여러 분야에서 위대한 인물들을 배출했지만 그러나 공화정이 한 사람의 권력으로 예속된 후 이런 탁월한 사람들은 사라졌다"고 했다.[16] 이렇게 바론은 휴머니스트들 가운데 군주제에서 공화정으로의 정치적 선호의 변화와 함께 지적인 비전의 더 깊은 근본적인 변화가 수반하고 있음을 말하고 있다(Part IV). 달리 말하면 플로렌스에서 대두한 휴머니즘은 다만 자유로운 도시 국가의 조건 아래서 대두될 수 있었다고 하였다. 그뿐 아니라 이러한 새로운 시민적 휴머니즘이 15세기 중 휴머니즘 전체에 결정적인 영향을 미쳤다(Part V). 즉 15세기 중 일반적으로 이탈리아 휴머니즘의 본질은 플로렌스의 시민적 휴머니즘이었다고 주장했다.[17]

그러면 휴머니스트들 사이에 의식에 있어서 변화는 어떤 성격을 띠었는가? 특히 바론은 브루니의 *Dialogue*를 통하여 그것을 고찰하고 있다. *Dialogue I*에서 살루타티(Salutati)는 세 사람을 옹호하는 입장이지만 브루니는 니콜로

---

14) *The Crisis*, pp. 191~211.

15) Ibid., pp. 49~50.

16) Ibid., p. 58.

17) Ibid., 특히 14장(Part IV), 16장, 18장(Part V) 참조 ; *Renaissance Humanism*, pp. 147~148.

니콜리(Niccolo Niccoli)를 통하여 고전적 학문이 그 자신의 시대에 죽었다 하고 이것을 "플로렌스의 세 명예"라 할 수 있는 그 세 사람 곧 단테, 페트라르카, 복카치오의 탓으로 돌리고 있다.[18] 그러나 *Dialogue II*에서는 이 세 사람을 복권시키고 특히 페트라르카로 인해 학문이 도처에서 부흥되고 있다고 주장하고 있다.[19]

이것은 고전에 대한 브루니의 인식과 태도의 변화를 의미한다. 즉 고전적 과거를 현재가 결코 도달할 수 없는 어떤 것으로서 보는 대신에 대등하게 되고 초월될 수 있는 어떤 것으로서 고려하게 되었다. 달리 말하면, 고전적 이상(Classical ideal)은 더 이상 단지 지적인 전통으로서만 생각될 수 없었고 시민적 열망과의 융합 속에서 생각하게 되었다. 바론에게 시민적 휴머니즘은 이런 융합의 결과였다.[20] 이런 점에 있어서는 다음에 보게 되는 것처럼 크리스텔러, 트린카우스의 해석과 크게 다를 바 없다고 생각된다.

이밖에 1430년대 방언을 고전적 언어(라틴어, 그리스어)와 동일시하고 문학적 언어로 사용하는 경향, 14세기 이교적 문학과 기독교적인 것을

---

18) *The Crisis*, pp. 234~235, 257. 처음에는 스콜라철학자들이 고대 철학자들 특히 아리스토텔레스를 그들의 최종 권위로 인정하지만, 신뢰할 수 없는 원문을 사용한 다든지, 맛과 감각이 없이 라틴어 번역을 한다고 비난한다. 이에 살루타티가 순수 고전주의자들이 모든 가치를 전도시키려 한다고 비판하면서 플로렌스의 근대성이 단테, 페트라르카, 보카치오와 같은 인물들을 낳았다고 한다. 이에 니콜리는 이들 세 사람들이 고대인들에게 미치지 못한 실패를 하였다고 한다. 특히 페트라르카가 시나 수사학의 규정을 지키지 않고 제멋대로 쓴다고 비난한다.

19) Ibid., pp. 236~244, 257~268. 브루니의 *Dialogue II*에서 나오는 페트라르카에 대한 복권은 본래 포조가 그의 스승 살루타티에 대한 비판을 취소하고 완화시키는데서 (1405~1406) 연유된다. 즉 그는 다른 것은 제쳐두고라도 페트라르카가 죽어 가는 학문 즉 역사, 시, 웅변, 철학을 소생시켰음을 높이 인정하였는데, 브루니는 이것을 *Dialogue II*에서 니콜리의 입을 통하여 말하게 하였다. 여기서 *Studia humanitatis*의 소생자로서 페트라르카를 예찬하고 이와 함께 순수한 고전주의, 엄격한 언어학의 대두를 언급하고 있다(ibid., pp. 254~268).

20) *Renaissance Humanism*, p. 148.

융합함으로써 이교주의를 지향하는 휴머니즘 운동을 막고 그것을 오히려 기독교에 더 가깝게 하려는 경향들을 볼 수 있다.[21] 이들 경향은 휴머니스트들 사이에 고전 문화를 하나의 이상으로서 더 이상 영광스럽게 여기지 않고 그들 자신의 문화를 고양시키기 위해 그들의 고전주의를 자유롭게 적용한 것을 의미한다.[22]

무엇보다도 그들 자신의 세계에 대한 태도에서, 14세기에 현자의 무관심의 이상을 찬미하고 결혼과 시민적 책임에 대한 경멸감을 나타내었던 경향이 15세기 많은 휴머니스트들 사이에도 지속되었지만, 시민적 휴머니즘의 대두는 "결혼도, 공직도 추구하지 않고 다만 연구를 하려는 순수한 학문적 태도"를 지닌 자를 사회적으로 무책임한 학자가 된 시민 유형으로서 규정지을 수 있게 하였다.[23]

이렇게 플로렌스에서 시작된 새로운 기운들은 주위에도 영향을 미쳤다. 1420년대 밀라노의 거듭된 팽창 정책에 저항하던 플로렌스가 패배하자, 이에 베니스가 전통적인 고립 정책을 버리고 개입하게 되었다. 베니스의 휴머니스트들은 그들 자신을 이탈리아 자유의 수호자들로서 인식하였다. 이 무렵 이탈리아의 자유민들 사이에 영구적 협력을 기대하는 분위기가 퍼졌고 이에 제노아, 루카도 가담하였다.

이러한 공화정 분위기가 절정에 달한 것이 1440년대 말이었다. 마지막 비스콘티가의 죽음으로 밀라노에도 공화정이 선포되었지만 그것은 잠시뿐이었고 혼란한 틈을 타서 베니스가 밀라노에 속해 있던 조그만 도시국가들을 접수하기 시작하자, 밀라노에는 다시 한번 독재체제가 들어서게 되었는데

---

21) 특히 살루타티는 1390년대 말 이교적 시인들을 경건에 대한 진정한 탐구자들이라고 주장하였으나 시민적 휴머니즘의 대두에 의해 이런 경향에서 벗어난다(*The Crisis*, pp. 295~314).

22) *Renaissance Humanism*, p. 149.

23) *The Crisis*, p. 323.

이번에는 스포르짜(Sforzas)가에 의한 것이었다. 결국 로디(Lodi)의 강화가 양자 사이에 맺어지고(1454), 플로렌스는 밀라노와 제휴함으로써 르네상스 이탈리아의 마지막 세력 균형 체제가 이뤄진다.[24]

이것은 많은 사람들이 14세기에 꿈꾸었던 이탈리아 반도의 통일과는 거리가 먼 것이었다. 그러나 한편 공화적, 군주적 정부가 세력 균형에 의해 나란히 존속했다는 것은 르네상스 문화의 근본적인 필요조건이었고 또한 15세기 이탈리아가 조그만 반도적 규모이지만 국제관계의 패턴과 주권국가들의 분립이라는 근대세계의 원형으로 발전하는 데 선결 조건이 되었다. 이것은 바론 테제의 토대라고 할 수 있는 시민적 휴머니즘의 근대적 내지 혁명적 성격이 플로렌스 공화정의 존속에서 비롯되었다는 기본적 개념과 관련된다.[25]

이런 개념은 어느 정도 타당성이 인정되었다. 그도 브린튼이 말한 대로, '가솔린과 스파이크'의 관계처럼, '당위와 현실, 사상과 사실'의 상호 관련성에 입각하여 그의 테제를 수립했다고 생각된다.[26] 그러나, 너무 정치, 사회적 사건 내지 조건과의 관련을 강조한 것이 아닌지? 여기에 그의 테제의 큰 약점이 있다고 생각한다. 다음에 이에 대한 비판적 응답을 살펴보고 시민적 휴머니즘의 의미를 찾아보기로 하자.

2. 비판적 응답

먼저 퍼거슨은 바론의 시민적 휴머니즘이 르네상스라는 완전한 그림을 이해하는데 전에 소홀히 했던 한 부분을 보태 줄 만큼 그의 새로운 통찰,

---

24) *Renaissance Humanism*, pp. 149~150 ; Denys Hay & John Law, *Italy in the Age of the Renaissance*, 1380~1530(Longman History of Italy, 1989), pp. 151~158.

25) Ferguson I, pp. 21~22.

26) 크레인 브린튼 저, 최명관·박은구 역, 『서양사상의 역사』(을유문화사, 1984), pp. 25~26.

28

새로운 관점과 수많은 정보들을 제공한 점에서 큰 공헌을 했다고 하면서도, 그의 테제가 그 시대나 전체로서의 휴머니스트 운동의 완전한 재해석을 위한 토대로서 이바지하는 데 부적절하다고 했다.[27]

즉 15세기 전반기 브루니와 플로렌스 서클을 위해 시민적 휴머니즘에 대한 그의 개념의 타당성이 인정된다고 하더라도 그것이 달리 말하면 '플로렌스 도시국가 공화정에 의해 취해진 새로운 입장'이 15세기의 문학과 예술을 지배하는데 있어서 또 그것을 그 이전의 세기와 구분 짓는 고전주의의 새로운 형태로 이행하는데 있어서 가장 중요한 요소라고 할 수는 없다는 것이다. 그래서 퍼거슨은 페트라르카가 새로운 시대를 열었다는 더 오래되고, 거의 보편적인 판단을 부인할 수 없는 것으로 보고 단테를 페트라르카보다 더 과도기적인 인물로, 페트라르카를 살루타티나 브루니보다도 더 근원적인 인물로 보았다.[28]

이에 대한 바론의 응답은 14세기 플로렌스의 상황적 변화와 함께 '중세주의(Medievalism)'에서 '무르익은 르네상스(mature Renaissance)'로의 이행을 인정하면서도 그러나 그것은 삶, 정치, 역사에 대한 새로운 견해를 낳을 만큼 근본적인 변화를 가져오지 못했다고 보았다. 그는 페트라르카를 바로 그러한 과정의 첫 단계에 있는 인물로서 '중세적'이지도 '르네상스적'이지도 않은, 약속의 땅을 눈앞에 두고도 들어가는 것이 허용되지 않은 모세에 비유하고 있다.[29]

그에게 정치, 역사에 대한 견해뿐 아니라 도덕적 가치관에 있어서도 근본적, 혁명적 변화는 1400년 이후에야 나타났고 그 토대는 모든 사람은 정치, 사회적 공동체의 일원으로서 생활하고 활동함으로써만 인간으로서의

---

27) Ferguson I, p. 24.

28) Ibid., p. 25.

29) Hans Baron. "Moot problem of Renaissance Interpretation: An answer to Wallace K. Ferguson", *Journal of the History of Ideas*, vol. XIX, 1958, No. 1, p. 28.

그의 책임을 온전히 이행할 수 있다는 신념에 있었다. 이러한 변화가 15세기 초 플로렌스에서 시작되었고 그것은 전 유럽적 규모의 새로운 궁정문화로까지 확산되었다는 것이다.

요컨대 바론은 15세기 초 플로렌스에서 나타난 시민적 휴머니즘의 근대성을 강조하고 있다. 이것은 1988년에 나온 그의 저서, *In Search of Florentine Civic Humanism : Essays on the Transition from Medieval to Modern Thought*(Princeton Uni. Press, 2 vols, 이하 *In Search*라 약함)에서도 다소 완화되거나 수정되었다고 하지만 근본적으로 변하지 않고 있다.30)

*In Search*에서 바론은 *The Crisis*를 페트라르카로부터 시민적 휴머니스트들을 거쳐 마키아벨리(Machiavelli)에 이르는, 몇몇 부분에서는 16세기 말, 17세기까지의 지적, 문화적 역사의 매우 확장된 파노라마 안에 놓음으로써 그것을 보완하고 있다. *In Search*의 전반적인 인상은 시민적 휴머니즘의 이데올로기적 종합이 그 이전의 휴머니즘의 양면성과 모순에서 비롯되고 또 어떤 특정한 세대의 정치적 경험과 사상의 만남의 산물인 것처럼, 시간이 흐름에 따라 그것은 다른 정치적, 사회적 조건 아래 불가피하게 긴장과 갈등의 요소들을 나타냈다는 것이다.31)

이러한 요소들을 가장 명백히 나타내는 논문들이 Vol. I의 7, 8, 9번째이다. 이들은 "Franciscan Poverty and Civic Wealth"(1938)를 확장한 것인데 여기서 단순하고 가난한 농민들이 제국의 건설자라는 스토아적, 로마적 신화와 이에 대하여 이탈리아 도시 공화국이 부의 생산과 이용에 밀접하게 관련되었다는 인식의 필요성 사이에서 휴머니스트 문화의 구조적 양면성의 하나를 확인하고 있다. 1420~1430년대 시민적 휴머니스트들 사이에서는 부와

---

30) John M. Najemy, "Review of In Search of Florentine Civic Humanism : Essays on the Transition from Medieval to Modern Thought by Hans Baron", in *Renaissance Quarterly*, Vol. XLX, No. 2, 1992, pp. 340~341. 이하 "Review of In Search"라고 약함.

31) Ibid., p. 343.

능동적 생활에 대한 변호가 우세하지만, 1440년대 이후는 스토아 정신의 재현으로 양자를 거부하는 자들도 대두하고 있다. 이들 논문들은 시민적 휴머니스트들이 이런 문제와 다른 많은 문제들에 대한 사고의 새로운 방식에 중대한 변화를 가져 왔다는 견해를 포기함이 없이 또한 이들 변화를 초래하고 약화시키는 갈등들을 강조하고 있다.[32]

특히 Vol. I의 마지막 논문 "Leon Battista Alberti as an Heir and Critic of Florentine Civic Humanism"에서[33] 바론은 알베르티(Alberti)를 아마 브루니 이후 세대의 가장 위대한 플로렌스 저술가로서 또 그 최후 단계에서 플로렌스 시민적 휴머니즘에 대한 우리의 이해를 위한 가장 흥미 있는 공헌자로서 묘사하고 있다.

바론은 *Della Famiglia III*에서 알베르티가 고전적 학문, 시민권, 부, 가족에 대한 책임을 양립할 수 있고 상호 보강하는 것으로서 생각한 시민적 이데올로기를 따로 분리시켜 사고했음을 어렴풋이 인정하고 있다. 궁극적으로 바론은 알베르티 내의 가치관들 사이에 극적인 갈등이 있음을 보고 있다.[34] 이러한 알베르티의 양면성은 이미 가린(Garin), 트린카우스에 의해 밝혀진 바 있다 (본장 Ⅳ 참조).

이렇게 바론이 *In Search*에서 휴머니스트 문화 내지 시민적 휴머니즘의 양면성을 고려했다는 것은 그가 아직도 시민적 휴머니스트들의 종합이라는 역사적 성취와 그것의 장기적 결과와 영향을 주장하고 있지만 여기서는 *The Crisis*의 경우처럼 그렇게 15세기 초 플로렌스의 시민적 휴머니즘이 하나의 이데올로기적 세력으로 작용하였다는 주장을 하지 않고 다소 완화시키고 있다고 생각한다. 물론 시민적 휴머니즘이 대단한 정도로 그 도시의

---

32) Ibid., pp. 343~344.

33) 위 논문은 1970년대에 쓰여졌고 1984년에 개정되었지만 출판되지 않았다. *In Search* I, p. 258.

34) Ibid., pp. 266~267 ; "Review of In Search", pp. 344~345.

통치 엘리트의 수중에 있는 권력의 근원이요 도구였다는 견해는 그의 본래의 의도가 아니었겠지만 그가 이러한 비판을 받은 것은 사실이다. 그러면 그의 시민적 휴머니즘의 의미는 무엇인가?

우리는 다시 한번 퍼거슨의 비판적 응답으로 돌아올 필요가 있다. 또한 이와 유사한 입장을 지닌 라이스(Rice), 크리스텔러, 트린카우스의 비판에 귀 기울일 필요가 있다.[35] 이들 비판의 공통점은 시민적 휴머니즘이 15세기 이탈리아 휴머니즘 내지 전체로서의 르네상스 휴머니즘의 한 면 혹은 인상적 단계들 가운데 하나로서 인정은 되지만 그것이 전체의 공통분모로서의 특징 내지 의미는 될 수 없다는 것이다.

이들과는 입장이 다르지만 바론의 테제를 비판하면서도 각기 그것을 지지하고 보완에 이바지한 학자들도 있다. 마르티네스(Martines)는 시민적 휴머니스트들의 계급적 관심에 대해, 브루커(Brucker)는 플로렌스 정부의 기록 특히 정치적 토론의 기록에 대한 연구를 통해, 15세기 플로렌스의 시민적 휴머니즘이 어떻게 발전, 쇠퇴했는가를 검토하였다.[36] 스키너는 시민적 휴머니즘의 기원을 중세 이탈리아의 도시 공화정에서 찾으면서도 여가(*Otium*) 보다도 행동(*Negotium*)을 예찬한 것은 15세기 초 플로렌스 휴머니스트들에 의해 처음으로 진지하게 받아들여졌다고 강조하고, 이 휴머니즘을 마키아벨리와 관련을 맺음으로써, 포코크(Pocock)는 "Atlantic Republican Tradition"이라는 제목 아래 여러 세기에 걸쳐 시민적 휴머니즘이 장기간 살아있었다고 고찰함으로써, 바론을 지지하였다.[37]

---

35) *Renaissance Humanism*, pp. 154~156 ; 김영한, 『르네상스 휴머니즘과 유토피아니즘』 (탐구당, 1989), pp. 150~154.

36) Lauro Martines, *The Social World of the Florentine Humanists, 1390~1460*(Princeton, 1963), pp. 289~302 ; Gene Brucker, *The Civic World of Early Renaissance Florence*(Princeton, 1977), 상인 엘리트층의 대두에 대해서는 pp. 184~186, 토론의 스타일과 내용에 대해서는 pp. 299~302 참조.

37) Quentin Skinner, *The Foundations of Modern Political Thought*, vol. I(*The Renaissance*,

32

특히 바론과 함께 시민적 휴머니즘의 중요성을 강조한 가린은 휴머니즘이 골동 취미적 운동 이상이라고 주장한다. 그것은 사상의 인간과 행동의 인간 사이에 결연을 나타내는 것으로 이런 결연은 학문이 공화적 시민 정신과 제휴한 플로렌스에서 그 완전한 표현을 발견하였고 이런 시민적 휴머니즘은 15세기 중 이탈리아의 도시들과 궁정들을 통해서 퍼졌으며, 또 그것은 예술과 과학에 있어서 태도와 발전에 심대하게 영향을 미쳤다는 것이다.[38]

이것은 바론과 유사한 견해지만 그러나 그는 바론보다 정치적 배경에 덜 관심을 갖고, 오히려 휴머니스트 작품들을 주의 깊게 연구하는데 집중한다. 그것은 그에게 있어서 휴머니스트들의 새로운 태도의 근원이 인문학 (*Studia Humanitatis*)이었기 때문이다. 휴머니스트들은 처음으로 언어적 비판을 통하여 과거와 현재 사이에 거리감을 발견하였다.

이러한 분리 의식(Sense of Separation)은 현재를 과거에 비교하여 정의할 필요를 느꼈고, 또한 새롭게 과거에 의지할 필요를 느꼈다. 가린에게 이 새로운 정신과 태도는 페트라르카로부터 시작되었고 플라톤 주의의 대두에 이르기까지 계속되었다. 여기서 페트라르카에 대한 가린의 견해는 바론과 조금 차이가 있음에 주목할 필요가 있다.

필자는 이제 가린의 입장과 퍼거슨, 크리스텔러, 트린카우스, 스키너 등의 비판적 응답을 토대로 바론의 시민적 휴머니즘에 대한 역사적 의미를 두 가지 점에서 찾고자 한다.

첫째, 바론의 실증적 태도는 높이 살 만하다는 것이다. 그는 오랫동안 브루니를 비롯한 휴머니스트들의 문헌에 대한 원문 비평적 연구를 통하여

Cambridge, 1978), 특히 1~4장에서, pp. 54~61, 91~108 ; J. G. A. Pocock, *The Machiavellian Moment: Florentine Political Thought and the Atlantic Republican Tradition*(Princeton, 1975), pp. 194~218.

38) *Renaissance Humanism*, p. 143.

그의 테제를 수립하고 입증했음이 인정되고 있다. 이것은 그가 기본적으로 휴머니스트들의 학문이라고 할 수 있는 *Studia humanitatis*의 연구에 토대하고 있음을 뜻한다.[39] 여기에서 가린은 물론, 크리스텔러, 트린카우스 사이에 공통점을 찾을 수 있고, 나아가 각기 관심과 분야는 다르다고 하더라도 *Studia humanitatis*와 이와 관련된 문헌 연구를 토대로 상호 비판과 협력을 통하여 르네상스 휴머니즘에 대한 종합적 해석과 본질적 의미의 구명이 가능하다고 생각된다.

둘째, 바론은 그 이전까지 소홀히 다루었던 휴머니즘의 정치, 사회적 관련을 끌어들임으로써 르네상스 휴머니즘의 해석에 새로운 의미를 부여했다. 중세와의 관련성을 어느 정도 인정하면서 중세와는 다른 근대성을 시민적 휴머니즘에서 보았다. 이것은 '여가'보다 '행동'을 우월시하는 경향이었다. 이 행동은 정치, 사회적인 것뿐 아니라, 교육, 문화적인 더 넓은 범위를 포함한다.

본질적으로, 휴머니스트들의 행동은 웅변과 지혜를 결합하려는 수사학적인 전통에서 비롯된다.[40] 그러나, 바론은 15세기 초 플로렌스 공화정의 위기에서 비롯된 시민적 휴머니즘의 의미를 지나치게 강조하는 것 같다. 휴머니스트들이 공화정의 위기에 직면하여 자유를 수호하고자 몸부림 친

---

39) 바론은 15세기 초 점진적 발전에서 급격한 변화에 주목하고 르네상스 문명의 시련기에 들어간 부인할 수 없이 명백한 새로운 요소들의 탐구를 위해 초기 르네상스 문헌에 대한 학문적, 정치적 접근을 시도하고 있다. 이때 중요한 것은 역사적 충돌에 수반되거나 그 자취를 바싹 따라간 휴머니스트적, 정치평론가적, 문헌에 대한 우리 지식의 정확성에 있지만 그러나 그때 나타나는 저술들의 성격과 연대 문제에 의해 제기되는 미묘한 문제들에 착수하기 전에 우리는 그 저자들의 정신에 직접적 영향을 행사할 수 있었던 주요 사건들에 익숙해야 된다고 말한다: Baron, *Humanistic and Political Literature in Florence and Venice at the Beginning of the Quattrocento*, Oxford Uni. Press, 1955. pp. 3~5.

40) 김영한 교수의 견해도 이 점에서 유사하다고 생각한다(김영한, 앞의 책, pp. 167~171 참조).

그런 움직임이 르네상스 휴머니즘의 중요한 하나의 국면임에 틀림없지만 이보다도 더 근본적인 것은 14세기 중엽 이후 중세적 제도와 행동, 인식의 양식이 크게 변형되고 붕괴되고 있을 때, 도덕적, 영적 위기에 직면한 페트라르카와 그를 계승한 휴머니스트들의 관심과 활동이었다.[41]

Ⅱ. 크리스텔러의 문화적 해석

크리스텔러는 독일계 미국의 철학자요 서지학자로서 그의 주요 관심은 15세기에 집중되었다. 그의 주요 저서는 1954년 2월 마틴(Martin)의 오벌린 대학(Oberlin College)에서 고전학 강좌의 초청을 받고 강의한 것을 토대로 1955년 하버드 대학교에서 출판된 *The Classics and Renaissance Thought*였다. 이것이 약간 개정되어 1961년에 나왔는데, 곧 *Renaissance Thought : The Classic, Scholastic and Humanist Strains* 였다(이하 *Renaissance Thought*라 약함). 여기서는 *Renaissance Thought*를 중심으로 그가 르네상스 휴머니즘의 해석에서 공헌한 몇 가지를 살펴보고자 한다.

첫째, 르네상스 휴머니즘에 대한 정의를 바로 잡음으로써 그것의 본래적 의미를 찾고자 했다. 오늘 우리가 사용하는 휴머니즘이라는 용어는 독일어 'Humanismus'에서 비롯되었다. 이것은 1808년 독일의 교육자 니타머(Niethammer)에 의해 실천적, 과학적 훈련에 대한 점증하는 요구에 대항하여 중등 교육에 있어서 그리스, 라틴 고전에 대한 강조를 나타내기 위해 처음으로 사용되었다.[42]

---

41) 트린카우스는 휴머니스트들의 윤리적, 종교적 관심들이 그들의 지적, 전문적 활동이나 옛 라틴, 그리스 문화에 대한 서구인의 지식에 많이 보태준 것보다 더 중요한 의미가 있다고 했다(*TSORH* I, p. 25).

42) Paul Oskar Kristeller, "The Humanist Movement" in *Renaissance Thought ; The Classic, Scholastic and Humanist Strains*(Harper Torchbooks, 1961), p. 9. 이하 Kristeller I이라

그 이후 지금까지 이 용어는 르네상스와 그 시대의 고전 연구와 관련되어 사용되었다. 이런 과정에서 이 용어는 철학적, 역사적 혼돈의 근원이 되었다. 예를 들어, '인간중심주의 철학'을 휴머니즘이라고 하거나, 인간적인 가치에 대한 어떤 종류의 관심을 '휴머니스트적'이라고 했다.[43] 또한 중세에도 고전적 관심이 있었으니 '중세 휴머니즘'이라고 한다든지, 심지어 토마스 아퀴나스(Thomas Aquinas)가 고대의 아리스토텔레스의 권위에 의존했으니 그를 휴머니스트라 칭하기도 하였다.[44] 결국 앞에서도 언급한 바와 같이 르네상스 휴머니즘의 의미마저 부인하는 학자도 나오게 되었다.

크리스텔러는 고전 교육의 계획과 이상이라는 의미로 니타머에 의해 처음 사용된 *Humanismus*라는 용어를 중요시하였다. 왜냐하면 이 용어는 15세기 후반 이탈리아 대학생들 사이에 은어로 사용되기 시작한 *Humanista* 곧 인문주의자 혹은 휴머니스트와 관련되기 때문이다. *Humanista*는 인문학 곧 *Studia humanitatis*를 가르치는 교사 내지 교수를 가리켰는데 16세기에는 이탈리아어, 불어, 영어와 그밖에 다른 언어로 널리 사용하게 되었다.[45]

그런데 '*Humanista*'는 이보다 더 오래 된 용어인 '*Studia humanitatis*'에서 비롯되었다. *Studia humanitatis*는 고대 로마시대 키케로와 겔리우스(Gellius)에 의해 말과 글 혹은 교양 교육 내지 문예 교육을 가리키는 *Humanitas*에서 비롯되는데,[46] 14세기 말 이탈리아 학자들에 의해 그렇게 불려졌고 15세기

약함.

43) Ibid., p. 8. 휴머니즘이라는 용어의 현대적 남용에 대해서는 Vito R. Giustiniani, "Homo, Humanus, and the Meanings of Humanism", *Journal of History of Idea*, Vol. XLVI, NO. 2, 1985, pp. 191~194 참조.

44) Kristeller I, p. 11.

45) Ibid., p. 9 ; Paul Oskar Kristeller, "Humanism and Scholasticism in the Italian Renaissance" in *Renaissance Thought*, p. 111. 이하 Kristeller II라고 약함.

46) Ibid., p. 9. 본래 헬레니즘시대의 Paideia에서 비롯되는데 이것은 보편적인 인간의 교양을 가리켰다. 또 이러한 교양을 얻게 하는 보편 교육을 가리켰다. 이것을 키케로가 Humanitas로 번역하였고 그것은 동물과 구별되는 성질, 곧 인간의 존엄성

36

전반기에 이 용어는 명백히 정해진 일단의 학문적 분야 즉 문법, 수사학, 역사, 시, 도덕적 철학을 가리키게 되었다. 여기에 라틴어로, 더 작게는 그리스어로 모범적인 고대 저술가들에 대한 강독과 해석이 포함되었다.

이상에서 크리스텔러에게 르네상스 휴머니즘은, 조금 후에 다시 고찰하겠지만, 어떤 철학적 경향이나 체계도, 단순한 고전 연구로 끝나는 것도 아니었다. 그것은 학문의 중요하지만 제한된 영역을 강조하고 발전시킨 문화적, 교육적 프로그램이었다.[47]

둘째, 중세와의 연속성을 잃지 않으면서도 르네상스 휴머니즘의 변화를 강조하였다. 크리스텔러에 의하면 이탈리아 르네상스는 고대 로마로부터 내려오는 뿌리 깊은 전통, 특히 11세기 이후 중세 이탈리아적 전통에 13세기에 이르러서야 뒤늦게 받아들인 프랑스 중세의 전통이 접목, 융합됨으로써 나타났다. 그래서 14세기 초에 이르면 이탈리아는 모든 문화적 활동에 괄목할 만한 증대를 보이게 되는데, 이것은 그동안 프랑스가 차지했던 문화적 리더십을 이탈리아가 차지하게 되었음을 뜻하였다.[48] 결국 일반적으로 중세나 프랑스 중세와 대조되지는 않았지만 이탈리아 중세와 매우 대조되는 이탈리아 르네상스가 존재했다는 것이 명백하게 된다.

이러한 르네상스 안에서 휴머니즘은 학문의 분야에서 가장 특징적이고 가장 널리 퍼진 국면이었다. 이것은 고전 연구에 가장 큰 중요성을 부여하고 고전 고대를 모든 문화적 활동을 안내하는 공통된 표준과 모델로서 고려하는

을 의미했다(Trinkaus, "Themes for a Renaissance Anthropology" in *The Scope of Renaissance Humanism*, p. 364, 343, 이하 *TSORH* II라 약함). *Studia humanitatis*라는 용어를 처음 사용한 이는 살루타티라 생각되며 브루니의 *Dialogue II*에도 보인다(주19) 참조) ; Kristeller, "The Medieval Antecedents of Renaissance Humanism" in *Eight Philosophers of the Italian Renaissance*, Appendix, Stanford Uni. Press, 1964, p. 150, 이하 Kristeller III라 약함.

47) Kristeller I, pp. 9~10.
48) Kristeller II, pp. 94~95, p. 108.

그 시대의 일반적 경향을 의미했다.[49] 한편 이러한 휴머니스트들의 그리스 특히 라틴 고전에 대한 광범하고 집중적인 연구는 문학적인 연구를 그 특징으로 하였다.

중세 때에도 주로 성직자들에 의해 라틴 분야와 그리스 분야에 있어 고전에 대한 중요한 자료가 발췌되었다. 그러나 이것은 쉐보드(Chabod)가 말한 것처럼 하나의 양식상의 패턴에 지나지 않았다.[50] 반면에, 르네상스 시대에 휴머니스트들은 라틴, 그리스 고전 문학의 유산을 현존하는 것들의 거의 전 범위에까지 미치게 하였다. 이것은 고전 고대가 하나의 생활상의 패턴 곧 새로운 생활양식을 지향하려는 노력과 관련되었음을 의미한다.

이탈리아 휴머니스트들은 중세로부터(특히 프랑스로부터) 고전에 대한 자세의 몇몇 특징들을 물려받았다. 그들이 프랑스로부터 라틴 시에 대한 관심을 일깨움 받거나, 라틴 고전에 대한 연구에 자극 받게 된 것은 프랑스에서 스콜라 철학의 대두로 인해 고전 연구가 쇠퇴할 무렵인, 13세기 중엽 이후에 가서였다. 그들은 라틴 저술가들에 대한 연구를 회복, 그것을 더 확대, 개선하였고, 그 자체를 위해 연구하였다. 그들은 반(反)크리스천은 아니었지만 평신도로서 세속 학문의 발전을 종교적, 신학적 이론과 결합하는 데 얽매이게 하지 않았다.[51]

그 결과 르네상스 시대 특히 15세기 중엽 이후 고전 연구는 그 시대의 문명에 더 중심적인 위치를 차지했고 서구 역사에 있어서 그 이전의 시기나 그 이후의 어떤 시기보다 다른 지적인 경향과 성취와 더 밀접하게 관련되었다. 그러나 이것은 휴머니스트들이 단순히 고전 연구로 끝났다는 것을 뜻하지 않는다. 다음에 계속 고찰하겠지만 그들은 그들 자신과 그 당시

---

49) Ibid., p. 95.

50) Federico Chabod, *Machiavelli and The Renaissance*, trans. David Moore(Harper Torchbooks, 1965), quoting in Bouwsma I, p. 16.

51) Kristeller I, p. 7.

사람들의 마음과 사상을 차지하고 있는 문제들에 대하여 관심과 흥미 있는 견해를 나타냈다.[52] 이것은 그들이 고전에 대한 편집, 번역, 주해서 뿐 아니라, 논문, 서한, 연설, 시와 같은 많은 문헌들을 남기고 있는 것으로도 알 수 있다.

크리스텔러는 휴머니스트들의 이러한 실제적 관심과 활동을 수사학적 전통과 관련짓고 있다. 그에게 르네상스 휴머니즘은 서구 문화에서 소위 수사학적 전통(rhetorical tradition)이라고 불리는 것 안에서 독특한 단계였다.[53] 휴머니스트들은 개인적 이유들로 인해 웅변을 갈망한 고전 학자들이 아니었다.[54] 오히려 이들은 11세기 말 중세 이탈리아에서 대두한 '*dictatores*(구술 작성자들)'의 직업적 계승자들로서 이들로부터 서한문 작성법과 공중 연설의 여러 형태들을 물려받았다.

그러나 구술작성자들은 고전 학자들이 아니었다. 잘 쓰고, 말하기 위해서 고대인들을 연구하고 모방하는 것이 필요하다는 신념을 갖게 된 것은 휴머니스트들의 새로운 공헌이었다.[55] 즉 그들은 13세기 중엽 이후 프랑스로부터 받은 시와 라틴 고전 연구에 대한 새로운 관심을 잘 쓰고 말하는 수사학적 전통에 접목, 결합시키게 되었다.

크리스텔러는 이러한 수사학적 전통과 고전적 전통의 결합을 통해서 이탈리아 휴머니즘이 성립하게 된 것으로 보고 있다. 더욱이 14세기 중엽 이후 비잔틴 제국으로부터 그리스 고전 연구에 대한 관심을 환기시킴으로써 휴머니즘은 더욱 활기를 띠게 되었다.[56] 그에 의하면 잘 쓰고 말하는 수사학자의 문학적, 실제적, 직업적 관련이 고전 연구에 강한 동기를 부여하였고

---

52) Ibid., p. 18.
53) Ibid., p. 11.
54) Kristeller II, pp. 98~99.
55) Kristeller I, p. 13.
56) Kristeller II, pp. 97~98.

그것의 적절한 발전을 위해 필요한 인력을 공급하는 데 이바지하였다.[57] 다시 말해서 휴머니스트들에게 수사학적 이상과 성취는 그들 활동의 출발점이요 움직이는 힘이었고 이들의 고전적 학문은 이에 부수하는 것이었다.

이렇게 르네상스 휴머니즘이 이탈리아 중세의 수사학적 전통에 바탕을 두고 여기에 프랑스 중세의 라틴 고전 문학, 비잔틴 중세의 그리스 고전적 학문에 대한 연구에 자극받아 활발하게 나타났다는 것은 휴머니스트들의 학문이라 할 수 있는 *Studia humanitatis* 즉 문법, 수사학, 시, 역사, 도덕적 철학 등이 중세와 관련하여 성립하였음을 의미한다.[58] 그러나 휴머니스트들은 그것들을 스타일이나 내용에 있어서 더 비판적, 학문적이 되게 했다.

끝으로, 르네상스 휴머니즘이 근대 문화에 공헌한 점을 인정하고 있다. 휴머니즘은 고전 교육의 유산과 역사적, 언어적 연구체계의 방법론을 다음 세대에 물려주었다. 또 휴머니스트들이 전문적 철학이나, 과학, 예술 등에 미친 영향은 그들이 이들 분야에 있어서 다소 아마추어적이었기 때문에 그 독창성에서 뿐 아니라 체계성, 방법, 내용에서도 결여됨으로써 직접적 영향을 미쳤다고 할 수는 없다. 그러나 그들의 문체의 우아함이라든지 고전적 자료를 발굴하고, 인용한다든지, 원문 비평적, 역사 비평적 방법의 적용 등은 근대 철학, 과학, 예술의 성립에 간접적 영향을 미쳤다고 할 수 있다.[59]

특히 르네상스 휴머니즘을 적어도 그 기원에 있어서 또 그 전형적인 대표자들에게 있어서 광범한 문화적, 문학적 운동으로서 보는 크리스텔러는 그것이 부르크하르트가 말하는 근대적 개인주의에 공헌했다고 말한다. 즉 휴머니스트들의 모든 저서에서 자신의 감정, 견해, 경험, 환경의 구체적인 특성을 표현하고, 표현할 가치가 있다고 고려하는 경향은 부르크하르트적

---

57) Kristeller I, p. 13.

58) Kristeller II, pp. 103~108 ; Kristeller III, pp. 150~165.

59) Kristeller I, p. 20 ; Kristeller III, pp. 151~152.

개인주의라고 할 수 있다는 것이다.[60] 무엇보다도 인간에 대한 강조, 우주에 있어서 인간의 존엄성과 특권적 위치에 대한 강조가 페트라르카, 발라, 마네티, 모란디, 알베르티 같은 휴머니스트들의 저서나 논문들 가운데 나타나고 있다(Ⅳ절 참조).

크리스텔러에게 르네상스 휴머니즘은 고전적이지도, 철학적이지도 않았다. 그것은 본질적으로 문학적, 문화적 운동이었다.[61] 그것은 반기독교적은 아니었지만 본질적으로 종교적이지도, 반종교적이지도 않은 세속적 운동이었다.[62] 그는 휴머니즘을 어떤 새로운 철학 체계와 동일시하는 것에 반대하지만 그것이 중요한 철학적 의미와 중요성을 지녔다고 했다. 이를테면 페트라르카, 살루타티, 발라라든지, 브루니, 알베르티라든지, 폰타노(Pontano), 에라스무스, 몽테뉴(Montaigne) 같은 이들이 키케로가 추구한 수사학과 철학 내지 웅변과 지혜의 종합을 성취하고자 노력하였다는 것을 인정한다.

우리가 르네상스 휴머니즘의 본질적 의미를 이해하기 위해 탐구하고자 하는 것은 바로 휴머니스트들에 의해 추구된 웅변과 지혜의 종합이다. 그러나 크리스텔러는 주로 사상사가로서 르네상스 이탈리아의 지적, 철학적 운동에 대해 말하고 있기 때문에 이 문제에 대해서는 좀 미흡한 감이 있다. 그럼에도 그는 트린카우스가 말한 대로 '서구의 지적 전통의 발전에 있어서 르네상스의 위치'라는 문제를 분명히 개념화했다[63]는 점에서 큰 공헌을 했다고 생각된다.

---

60) Kristeller I, pp. 20~21.

61) Ibid., p. 22.

62) Paul O. Kristeller, "Changing views of the Intellectual History of the Renaissance since Jacob Burckhardt", in *The Renaissance : a Reconsideration of the Theories and Interpretations of the Age*, ed. Tinsley Helton(The Uni. of Wisconsin Press, 1964), p. 39. 이하 Kristeller Ⅳ라 약함.

63) Trinkaus, "Introduction" in *The Scope of Renaissance Humanism* XXiii-XXiV. 이하 *TSORH* Ⅲ이라 약함.

Ⅲ. 트린카우스의 인간론적 고찰
(Anthropological Consideration)[64]

트린카우스는 1930년대 초에 컬럼비아 대학교에서 에반스(Evans), 톤다이크(Thorndike)의 제자였고 특히 톤다이크의 지도 아래 학위 논문을 썼는데 이때 그의 관심은 인간 행복의 의식(Sense), 형태(Modes), 개념들(Conceptions)과 그 행복의 한계에 대한 이탈리아 휴머니스트들의 문헌 연구에 제한되었다. 그후에, 파노프스키(Panofsky), 크리스텔러의 영향을 받고 그의 스승 톤다이크가 부인했던 르네상스 개념과는 전혀 다른 의미의 르네상스 개념으로 돌아오게 된다.

이것은 그가 파노프스키와 크리스텔러에게서 발견한 서구의 지적 전통의 발전 속에서 르네상스의 위치라는 개념을 인정하고 받아들이게 되었음을 말한다. 그에게 르네상스라는 개념은 여러 세기의 암흑시대 이후 고전 고대의 재발견으로서가 아니고 고대에 대한 태도의 변화로서의 개념이었는데, 이 변화가 고대 사상, 문학, 예술에 대한 더 충분하고 더 정확한 지식으로 또한 고대, 중세, 중세 말 사이의 역사적 차이에 대한 더 큰 인식으로 나아가게 함으로써 이제 르네상스라는 개념은 생존력이 있는 역사적 개념이 되었다고 확신했다.[65]

트린카우스는 그의 학부 시절 이래 근래에 이르기까지 50년 이상의 기간 동안 주로 이탈리아 휴머니스트들의 윤리사상에 관심을 갖고 탐구했다. 그는 휴머니스트들의 의식의 형태뿐 아니라 윤리사상의 구체적 내용을

---

64) 'anthropology'의 사전적 의미는 ① 인간론 ② 인류학 ③ 인간의 신과의 관계성을 맺는 시각에서 인간의 기원, 성격, 운명에 대한 종교적 가르침, 즉 인간론을 다루는 체계적 신학의 분야로 나오는데 본고에서 트린카우스가 의미하는 것은 세 가지 의미를 다 포함하고 있지만 주로 세 번째 의미와 관련된다. *Webster's Third New International Dictionary*, Merriam Webster Inc. 1984 참조.

65) *TSORH* Ⅲ, ⅩⅩⅳ.

42

연구하고자 했고 그 목적에 있어서도 그들의 학문적 공헌도를 평가하기보다 이들의 사상이 그 시대의 일반 역사에 어떻게 관련되었는가를 구명하고자 했다.66) 이러한 탐구의 성과가 결실되어 나온 것이 그의 생애의 역작이라고 할 수 있는 두 권의 저서였다. 하나는 *In Our Image and Likeness ; Humanity and Divinity in Italian Humanist Thought*(2 vols. The University of Chicago Press, 1970)이고 다른 하나는 *The Scope of Renaissance Humanism*(The University of Michigan Press, 1983)이었다.

우리는 그가 그렇게 중요시한 주로 이탈리아 휴머니스트들의 윤리사상을 고찰하기 전에(3장 참조), 그의 르네상스 내지 르네상스 휴머니즘에 대한 종합적 해석을 이해하기 위해 그의 방법론이라고 할 수 있는 '인간론적 고찰'에 대해 상기한 저서들 가운데 몇몇 논문들을 통하여 먼저 살펴보는 것이 좋을 것이다.

트린카우스는 주로 파노프스키, 크리스텔러의 연구 성과를 토대로 르네상스라는 과거의 한 시기를 전체의 서구적 전통 내에서 이해하려고 했다. 그에게 중세와의 연속성을 인정하되 그 중세와 비교함으로써 르네상스의 독특성을 수립하고, 그 당시 여러 문제들 사이에 상호 관련성을 잃지 않을 뿐 아니라 미래와의 연속성도 추구하는 것 즉 연속성, 독특성, 상호 관련성 이 세 가지 성질은 역사 연구에 있어서 마땅히 확인되어야 할 것들이었다.67)

그는 12세기에 제도적, 법적으로 새로운 발전이 시작된다는 점에서 그 중요성을 인정했다. 그러나 이런 제도적인 것들보다도 더 의미 있는 것은 의식의 요소들, 즉 사상, 목적, 감정, 태도, 신앙, 기대감, 두려움 뿐 아니라 도시와 농촌 사회의 성격과 차이에 대한 인식, 개인주의, 공동체 의식 나아가 초자연적인 존재와 힘의 개념들과 이런 신적인 존재와의 관계성 같은 것들이

---

66) Ibid., XXiii.
67) Ibid., XVi.

었다. 왜냐하면 이러한 모든 것들은 그들 자신의 구조, 상이점, 단계(때로는 지역적으로, 때로는 개인적으로)를 지닐 뿐 아니라 사실 문화 자체의 총화를 의미하기 때문이다.[68]

물론 제도적인 요소들도 생계 수단과 물질적 부의 문제가 그러한 것처럼 생활 양식에 대하여 지속적인 영향을 미친다. 그러나 이러한 것들을 이해할 수 있는 주체는 행하고 경험하는 살아 있는 인간이다. 그러므로 이러한 인간의 개념, 목적, 기분, 감정 같은 의식의 요소들이 역사 연구에 있어서 특히 사상사에 있어서 본질적인 것이 된다.[69]

그런데 트린카우스에 의하면 유럽 문화의 역사에서 유럽적 의식 양식 (European modes of Consciousness)의 철저한 변형이 일어난 것은 중세와 르네상스, 종교개혁 시기 사이에 일어나지 않고 그 후에 일어났다. 그 변형은 점진적으로 일어났는데 그중에 중심되는 것이 인간에 대한 '신성시 (Deification)'의 점진적 발전이었다. 다시 말하면 우주에서 제일의 지배력으로 서의 신의 의식이 인간적인 능력과 자연적인 힘의 개념으로 점차 대치되었다 는 것, 근대 역사의 과정에서 종교가 그 중심에서 배제되는 현상이 점진적으로 일어났다는 것이다.

여기서 중요한 것은 이러한 과정이 이탈리아 르네상스에서 시작되었고 그 가운데 르네상스 휴머니즘의 역할이 핵심적이었다는 것이다.[70] 이것은 트린카우스가 이탈리아 르네상스를 근대의 시작으로 본다든지, 유럽 문화의

---

68) Ibid., XiX.

69) 크리스텔러는 사상사(history of ideas)와 철학사(History of philosophy)의 차이를 구분하 였는데 후자는 어떤 철학자나 일정한 시기 동안 전문적 분야로서의 철학의 발전에 대해 다루지만, 전자는 전문적 철학자들의 사상뿐 아니라 덜 체계적으로 나타난 견해들도 포함하여 다루었다(Kristeller, "History of Philosophy and History of Ideas", in *Renaissance Concepts of Man and Other Essays,* Harper & Row, Publishers, 1972, p. 172).

70) *TSORH* III, XX.

44

역사에서 가장 중요한 단계로 본다는 뜻이 아니고 중세와 관련하여 이탈리아 르네상스의 독특성 내지 이탈리아 휴머니즘의 본질적 의미를 여기서 찾고 있음을 말해준다.

그런데 트린카우스는 이러한 변형의 과정에서 유럽 문화의 초기 단계의 역할이 매우 나쁘게 오해되었다고 주장한다. 왜냐하면 문화의 세속화와 인간의 '신성시'는 근대 서구 역사의 초기의 위대한 단계 안에서 중세 기독교에 대한 세속 주의자들의 반대 운동의 프로그램이라기보다도 중세, 르네상스, 종교개혁의 기독교 자체 내에 나타났던 운동들과 태도들에서 직접적으로 성장했기 때문이었다.

그에 의하면 중세 말 르네상스, 종교개혁 시대의 중요한 문제는 거룩한 것(The Sacred)과 세속적인 것(The Secular) 사이의 관계였다. 유명론, 신비주의, 르네상스 휴머니즘, 종교개혁의 여러 신학들은 어떻게 해서든지 양자를 보존하면서, 양자의 관계를 분명히 하려는 다양한 시도들이었다.71) 특히 어거스틴주의(Augustinianism)의 부활은 거룩한 것과 세속적인 것, 성직자와 속인(혹은 평신도), 신비적인 것과 합리적인 것 사이에 이분법의 주장이 아니라 상충하는 가치들을 결합시키고 화해시키는 방법들의 추구로서 중세 말, 르네상스, 종교개혁 시대의 자의식(Self-consciousness)의 연구를 위한 모형이었다.

부스마(Bouwsma)에 의하면 수사학적 전통에 토대를 두고 있는 르네상스 휴머니즘이 헬레니즘 시대에 성립된 서로 대조적이지만 역시 수사학적 전통과 관련이 있는 스토아적 전통(Stoicism)과 어거스틴적 전통 (Augustinianism)을 받아들이고 양자 사이에 긴장 내지 조화를 추구함으로써 세속화에 이바지했음을 보여 주고 있다.72) 트린카우스는 특히 14, 15세기

---

71) Ibid.

72) William J. Bouwsma, "The Two Faces of Humanism : Stoicism and Augustinianism in Renaissance Thought" in *Itinerarium Italicum : The Profile of the Italian Renaissance*

이탈리아 휴머니스트들 사이에 스토아적 요소와 어거스틴적 요소들을 조화시키려는 노력을 고찰하고 있다.[73]

이상에서 인간에 대한 '신성시'의 개념이 거룩한 것과 세속적인 것 사이에 갈등을 해결하려는 데서 비롯되었음을 보았다. 이것은 14세기 중세 말 이래 영적, 도덕적 위기에 대한 인식에서 비롯되었고 이러한 인식은 페트라르카를 비롯한 이탈리아 휴머니스트들 사이에 널리 퍼져 있었다.

트린카우스는 휴머니즘이 출현한 동기를 본질적으로 중세 유럽의 전통적인 종교적 신앙과 14, 15세기 인간의 특히 이탈리아 도시민들뿐 아니라 북방 유럽의 중류, 상류층의 새로운 사회, 경제, 정치, 지리, 감각, 세속적 경험들 사이에 새로운 종합을 달성하려는 투쟁 속에서 보았다.[74] 이것은 평신도들이 학문과 문화에 대한 맛을 경험하고 있던 때에 그들의 영적, 문화적 필요에 대하여 그 이전의 낡은 방법의 부적합성에 직면하여 새로운 방법을 모색하려는 도덕적 소명 의식이었고 이 소명 의식은 사람들을 *Studia humanitatis*의 전통으로 이끌었다.

그래서 인문학은 인간적 문화를 사색하고, 연구하고, 묘사하고, 분석하고, 표현하려는 기쁨을 지향하는 더 구체적으로 말하면 읽고 쓸 줄 알고, 담화를 하고, 시와 편지를 쓰고, 고대와 현재의 역사, 이야기에 관심을 갖고, 공적 생활에 있어서 웅변과 예의 등을 지향하는 불가항력적인 운동이 되었다.[75]

---

in the Mirror of its European Transformations, Dedicated to Paul O. Kristeller on the Occasion of His 70th Birthday, ed. Heiko A. Oberman with Thomas A. Brady Jr.(*Studies in Medieval and Reformation Thought.* vol. XIV, Leiden : E.J. Brill, 1975), 이하 Bouwsma II라 약함.

73) 특히 찰스 트린카우스의 *In Our Image and Likeness : Humanity and Divinity in Italian Humanist Thought,* Vol. I, Part I, "Human Existence and Divine Providence in Early Humanist Moral Theology" 참조. 이하 트린가우스의 이 책을 *IOIAL*이라 약함.

74) Charles Trinkaus, "Introduction : Salutati's Programmatic Response to Giovanni Dominici" in *IOIAL* Vol. 2, p. 556, 이하 *IOIAL* I이라 약함.

트린카우스는 플로렌스 대학교에서 시와 웅변의 교수였던 무명의 휴머니스트 바아톨로메오(Bartolommeo, 혹은 폰티우스(Fontius))의 취임연설(1481~1487년에 6회)을 통하여 크리스텔러가 휴머니즘이 주로 수사학적 성격을 강조하고 그러한 생각이 기본적 5개 인문학에서 구체화될 수 있었다고 한 것은 옳았다고 한다.[76]

폰티우스는 세 번째 연설 "Oration on the Good Arts"(1484)의 요약에서 "나는 나의 평범한 재능이 허용하는 한 문법이 무엇을 포함하는지, 시가 무엇을 포함하는지, 수사학이 무엇을 포함하는지(이 수사학 안에 역사를 포함함) 또 전체로서의 철학이 무엇을 포함하는지(이 철학 안에 신학, 법학, 의학을 포함함) 보여주었다"고 했다.[77]

그는 휴머니스트로서 철학에서 발전되어 나온 과목으로서 법학, 의학, 신학의 정당성을 인정하고, 말하지는 않았지만 아마 또한 논리학과 수학의 정당성도 인정했을 것이다. 그러나 그는 휴머니즘을 줄기차게 옹호하고 있는데, 그것은 시민적 공동체와 개개인의 도덕적 삶에 그 일반적 중요성을 지지하는 경향과 관련되기 때문이었다. 특히 폰티우스가 웅변학 교수(인문학 교수 곧 휴머니스트)에게 요구한 것은 문헌에 나타난 모든 것을 알고 설명할 필요가 있고 '일반적 철학' 곧 '도덕적 철학'이라고 하는 것에 관심을

---

75) Ibid ; *TSORH* I, p. 28.

76) 제1강의, Oration in Praise of Oratorical Ability(1481.11.7)

　　　제2강의, Oration in Praise of History(1482.11.6)

　　　제3강의, Oration on the Good Arts(1484.11.8)

　　　제4강의, In Praise of the Poetic Art(1485.11.4)

　　　제5강의, On Sapience(1486.11.7)

　　　제6강의, On Satire and On the Studia humanitatis(1487.11.7)

　　　(Charles Trinkaus, "A Humanist's Image of Humanism : The Inaugural Orations of Bartolommeo della Fonte" in *The Scope of Renaissance Humanism*, Part I, pp. 52~71, 이하 *TSORH* IV라 약함).

77) Ibid., p. 67.

가질 필요가 있다고 한 것은 주목할 만하다.[78]

이것은 논리학, 수학, 자연철학을 배제할 수 있지만 휴머니스트에 공통된 윤리와 정치 사상 외에 적어도 형이상학, 신학으로 발을 들여놓는 것을 포함한다. 비록 그들이 이것들에 피상적, 주변적, 절충적 방식으로 접근하는 경향이 있지만 말이다. 여기에서 우리는 트린카우스가 바론의 시민적 휴머니즘을 인정하면서도 휴머니스트들의 영적, 도덕적 문제에의 관여가 휴머니즘의 더 본질적 요소라고 해석하는 것을 이해할 수 있다.

이제 트린카우스가 말하는 '수사학적 신학(Rhetorical theology)'에 대해 살펴 볼 차례가 되었다.[79] 전술한 바와 같이 그는 *Studia humanitatis*가 출현한 근본적 동기를 거룩한 것과 세속적인 것 사이에 갈등과 관련된 영적, 도덕적 위기 인식에서 찾았다. 그러므로 페트라르카나 발라 같은 초기 휴머니스트들이 주로 문화적, 지적 활동에 종사하면서도 인간의 본성과 우주에서의 인간의 지위에 대하여 계속적인 관심을 나타냈고, 특히 1440년대에는 인간 조건의 비참함과 인간성의 존엄 사이의 관련성에 대해 집중적으로 관심을 갖고 저술하는 것을 보게 된다(Ⅳ절, 4장 Ⅲ절 참조).

페트라르카와 그의 전통을 잇는 휴머니스트들은 그들의 연구가 스콜라 신학의 지나친 합리주의와 비의적 언어에 의해 애매하게 된 인간과 신의 관계에 대한 해명을 제시하고 사람들의 기본적인 정서에 도달하며 그들에게 믿음과 행위의 동기를 부여하는 더 깊은 권고의 방법을 통하여 인류를 새롭게 구원의 길로 부추길 수 있다고 확신했다.[80]

---

78) Ibid., p. 71.

79) 트린카우스는 시적 신학(theologia poetica)의 개념도 말하고 있는데 이것은 그 기원이 본래 고전적이지만 토마스 아퀴나스와 그 외 스콜라철학자들에 의해 격하되기까지 중세에도 퍼져 있었다. 그런데 13세기 중엽 이후 특히 14세기 휴머니스트들에 의해 잃어버린 시의 지위를 회복함으로써 시적 신학의 개념도 회복되고 15세기에는 수사학적 신학으로 발전되었다고 하고 있다(*TSORH* I, p. 26).

80) *IOIAL* I, pp. 557~558.

48

　트린카우스는 이렇게 페트라르카와 일반적으로 휴머니스트 운동이 그 종교적 관심 안에서 성취하고자 한 것을 '수사학적 신학'이라고 불러도 좋을 것이라고 했다. 왜냐하면, 그 당시 이런 용어의 사용을 발견할 수 없었지만 모든 언어 기술과 학문(곧 세계에 대한 세속적 연구)을 하나님 말씀의 전파를 봉사하는데 적용한 휴머니스트들의 개념에 적절하기 때문이었다.[81]

　그는 "인간 경험에 중심 되는 담화와 말에 의한 교통이라는 그 세습된 전통적 개념 속에 스스로 수사학적 신학(*a theologia rhetorica*)을 발전시키고, 실행하려는 이상을 지니고 있었다고 해도 좋지 않을까"라 조심스럽게 말하면서 이러한 개념이 에라스무스의 저서들 안에서 가장 잘 예증되었다고 한다.[82] 그에게 에라스무스는 종교사상과 그 저서의 역할이라는 이런 개념에 관해서 트레버사리(Traversari), 마네티, 발라와 다른 이탈리아 휴머니스트들의 종교사상과 연구의 약속과 계획을 매우 완전하게 성취한 듯이 보였다.

　이상에서 트린카우스의 '인간론적 고찰'에 관련된 인간에 대한 '신성시'라는 개념의 성립과 *Studia humanitatis*의 출현, 르네상스 휴머니즘의 본질적 의미로서 휴머니스트들의 영적, 도덕적 관심과 '수사학적 신학'의 개념에 대해 살펴보았다. 여기서 트린카우스는 휴머니스트들의 종교사상과 그 저서의 역할을 중요시하고 있음을 본다.

　그에 의하면 이탈리아 르네상스 이후 '계속 일어나고 있었던 것은 거룩한 것을 세속화하려는 경향이었고 반면에 동시에 세속적인 것을 거룩하게 하려는 경향이었다.[83] 이것은 진정한 세속화란 종교를 부인하는 것이 아니

---

81) Charles Trinkaus, "The Religious Thought of the Italian Humanists : Anticipation of the Reformers or Autonomy?" in *The Scope of Renaissance Humanism*, p. 253, 이하 *TSORH* V라 약함.
82) Ibid., pp. 257~258.
83) *TSORH* III, XX.

고 또 종교를 부인하는 것이 곧 근대성을 의미하는 것이 아니라는 것을 말한다고 할 것이다. 그에게 전술한 바 있는 역사의 중심에서 종교를 배제하는 경향이 점차 증대되었다는 것은 종교가 필요 없다는 뜻이 아니고 진정한 세속화의 배후에는 오히려 종교의 본래적 역할이 절실히 요청된다는 뜻이 내포되어 있다고 생각한다.

현재 르네상스 내지 르네상스 휴머니즘이 반기독교적이었다는 전통적인 해석은 수정된 지 오래다.[84] 비록 크리스텔러가 말한 대로 르네상스 휴머니즘은 본질적으로 종교적이지도 반종교적이지도 않은 세속적 운동이라고 하더라도 그래서 서구 문화의 수사학적 전통 가운데 독특한 단계로서의 휴머니즘이 고전 연구와 관련된 *Studia humanitatis*의 체계로 발전된다고 하더라도, 적어도 페트라르카와 그의 전통을 이은 휴머니스트들이 그 당시의 문제 특히 영적, 도덕적 위기에 직면하여 거룩한 것과 세속적인 것 사이에

---

84) 예를 들면 퍼거슨은 "기독교는 중세적일 뿐 아니라 고대적이기도, 근대적이기도 하다. 그러므로 르네상스 기간 중 기독교 사상이 여러 점에서 중세적이기를 그치지만, 여전히 기독교적이라는 것은 가능하다"고 했다(Quoting in Kristeller, "Paganism and Christianity" of *Renaissance Thought*, p. 74. 이하 Kristeller V라 약함), 크리스텔러도 르네상스가 적어도 어떤 지역, 어떤 단계에서는 이교적이었지만 그러나 기독교의 종교적 신념은 보유되거나 변형되었다고 하더라도 결코 도전 받지 않았기 때문에, 르네상스 시대를 근본적으로 기독교시대라고 부르는 것이 더 적절한 것 같다고 했다(Kristeller V, p. 73).
호이징거도, 르네상스 이교주의는 크게 과장되었다고 하고 휴머니스트들의 저서들을 통하여 볼 때 그들 사이에 이교적 고대에 대한 열정과 기독교 신앙 사이에 어떤 이분법이 없었다고 했다(Huizinga, "The Problem of the Renaissance", p. 273). 부스마도 크리스텔러의 연구성과를 좇아 휴머니스트들과 개혁자들을 인위적으로 분리시키려는 것은 정당화될 수 없는 가정에 의지하기 때문이라 하고, 좀 더 스토아적 경향의 휴머니스트들은 종교적인 분야에서 거리를 두고 세속적 학문 분야로 물러서든지 드문 경우지만 에라스무스와 같이 양자를 종합하려고 했고 좀 더 어거스틴적 경향의 휴머니스트들은 그들의 종교적 소명을 발견하고 세속적 연구를 포기하여 프로테스탄트 진영이든 가톨릭 진영이든 신학자들이 되었다고 했다(Bouwsma II, p. 57 ; Erika Rummel, "The Conflict Between Humanists and Scholastics Revistited", *Sixteenth Century Journal* XXIII, No.4, 1992, p. 725).

갭을 메우고 조화시키려고 하였다는 점에서, 이런 과정에서 나온 그들의 종교사상과 그 저서들은 그 당시의 영적, 도덕적 딜레마를 해결하는 열쇠를 제공하였다는 점에서, 휴머니스트들은 우리에게도 진정한 종교의 역할이 무엇인가에 대해 하나의 패러다임을 제공한다고 할 것이다.

요컨대 트린카우스는 휴머니스트들의 저서들, 특히 종교사상이 담긴 저서들을 통하여 그 당시의 보편적이고 본질적인 문제, 인간에 대한 '신성시'와 관련된 신과 인간의 관계, 인간 조건의 비참함과 인간의 존엄성, 은혜와 의지의 자유 문제 등을 고찰하고자 했다.[85] 이러한 '인간론적인 해석'은 토파닌(Toffanin)식의 종교적 휴머니즘,[86] 바론의 시민적 휴머니즘의 일면성과 크리스텔러의 수사학적 휴머니즘의 한계를 극복하고 종합적 해석의 길을 제시한다고 생각된다.

Ⅳ. 수사학적 전통의 중요성

르네상스 휴머니즘에 대한 해석에 있어서 수사학적 전통의 중요성은

---

85) 인간론적 고찰에 의한 트린카우스의 주요 논문들은 *In Our Image and Likeness*에 실린 것으로 "Petrarch : Man Between Despair and Grace", "Coluccio Salutati : the Will Triumphant", "Lorenzo Valla : Voluptas et Fruitio, Verba et Res", Part II에서 인간의 존엄성과 인간의 불행을 다룬 논문 5편이 있고, *The Scope of Renaissance Humanism*에 있는 것으로 "The problem of Free will in the Renaissance and the Reformation", "The Religious Thought of the Italian Humanists : Anticipation of the Reformers or Autonomy?", "Themes for a Renaissance Anthropology", "Renaissance Idea of Man's Dignity" 등이 있다.

86) 이것은 휴머니즘을 주로 종교적 의미로 보는 경우인데 예를 들어 휴머니즘의 기원을 종교에서 찾는 부르다하를 비롯하여, 기독교 인문주의(Christian humanism)에 대해 너무 강조하는 부시(Douglas Bush)가 있고 이런 경향을 극단적으로 밀고 나간 사람으로서 휴머니즘의 개념을 본질적으로 가톨릭적인 것으로서 보는 토파닌(Toffanin)이 있다(Kristeller IV, pp. 38~39 ; Bouwsma I, pp. 8~9).

여러 학자들에 의해서 공통적으로 받아들여지고 있다.[87] 이것은 수사학적 전통이 휴머니즘의 성립에 토대가 된다는 점에서 뿐 아니라 휴머니즘의 역사적 의미를 구명하는데 있어서도 그렇게 중요시된다고 생각한다. 왜냐하면 후자의 경우 수사학이 철학의 영역으로 발을 들여놓음으로써 철학과의 조화 내지 결합을 추구하려고 한 것은 고전적 수사학의 이상이었고 이것은 또한 르네상스의 많은 휴머니스트들이 추구한 이상이었기 때문이다. 그러면 이러한 수사학과 철학의 결합에 대한 추구를 고찰하기 전에 르네상스 시대 수사학적 전통의 특징을 조금 더 살펴보기로 한다.

1. 고전적 수사학의 전통

크리스텔러는 이탈리아 휴머니즘이 13세기 중엽 이후 프랑스로부터 유입된 고전적 전통과 이보다 더 일찍이 11세기 이래 중세 이탈리아 도시에서 발전된 그들 자신의 고유한 수사학적 전통이 결합됨으로써 성립되었다고 했다(II절). 그래서 이탈리아 휴머니스트들은 직업적 수사학자들을 계승한 자들이었다. 여기서 말하는 수사학은 주로 '서한 작성법(*ars dictaminis*)'의 전통을 가리킨다.

11, 12세기 당시 북방 유럽, 특히 프랑스에서 학자들이 문법적 연구의 맥락에서 고전적 수사학을 가르쳤고 그 결과 키케로의『주제의 발견에

---

87) 부스마는 크리스텔러에 의한 수사학의 중요성에 대한 강조는 르네상스 휴머니즘이 라는 복합적 운동의 토대가 되는 단일성을 이해할 수 있게 함으로써 르네상스 연구에 매우 풍성한 수확을 얻게 했다고 하면서도, 동시에 그것이 휴머니즘에 대한 최소 공분모의 확인에 좌우되기 때문에 휴머니즘의 풍부한 다양성에 대한 인식을 감소시켰다고 했다(Bouwsma II, p. 3). 트린카우스는 서구의 수사학적 전통이 대체로 그리스 소피스트들로부터 시작해서 헬레니즘 시대의 수사학교들에 의해 유지되고, 키케로에 의해 라틴문화의 이론적 바탕으로 확대되고 라틴 교부들에 의해 채택, 변화되고 로마 시대, 중세의 문법학자들, 수사학자들에 의해 부흥되어 휴머니스트들에게 전해진 것으로 보았다(*TSORH* I, p. 25).

52

대하여(*De Inventione*)』,『헤레니우스를 위한 수사학(*Rhetorica ad Herennium*)』
같은 수사학적인 안내서에 대한 주해서가 나타나고 있었다.[88] 그러나 중세
초기 문법과 고전 연구의 프랑스적 결합은 13세기 아리스토텔레스적 논리와
물리학에 의해 지배되는 스콜라 철학의 과학적 커리큘럼의 진출 앞에 좌절되
었다.

다만 고전적 기술을 그 당시의 필요에 대응하기 위해 어느 정도 중세적으
로 적합시키는 수사학은 괄목할 만한 성공을 거두었다. 특히 전기한 프랑스
문법학자들은 이미 12세기에 고전적 기술을 웅변술(oratory)의 "스타일"에
의해 이해하였는데 그들은 고전적 안내서(특히 키케로의 것)에서 수식적
표현, 비유, 리듬에 대한 권고를 주로 '운문을 쓰는 기술(*ars poetriae*)', '설교의
기술(*ars praedicandi*)', '서한 작성법(*ars dictaminis*)'에 대한 중세적 안내서를
쓰는데 이용하였다.[89]

이에 대해 11세기 이탈리아에서는 고전적 지식에 대한 어떤 관련보다도
도시적 환경과 법학 교육, 법과 수사학의 관련 같은 어떤 고전적 전통의
계속성이 실제적인 필요를 느끼게 함으로써 서한 작성법(주로 공적인 편지)
이라는 기술이 나타나기 시작하였고 12세기에는 볼로냐 대학교에서 이런
기술을 법학과 함께 가르치기도 하였다.[90] 여기서 서한 작성(*dictamen*)에
대한 이탈리아와 프랑스의 전통이 어떻게 서로 결합되었는가 하는 문제는
더 연구되어야 하겠지만, 그러나 적어도 13세기 중에 프랑스의 문법 교육에
서 고전적 요소가 쇠퇴함에 따라 서한 작성을 가르친 이탈리아의 '구술
작성자들(*dictatores*)', 문법학자들과 함께 그것을 연구한 법률가, 공증인들이

---

88) John Monfasani, "Humanism and Rhetoric" in *Renaissance Humanism*, vol. 3, ed. Albert
    Rabil Jr. p. 173.

89) Ibid., p. 174.

90) Ibid., p. 175 ; George A. Kennedy, *Classical Rhetoric and Its Christian and Secular
    Tradition from Ancient to Modern Times*(The Uni. of North Carolina Press, 1980), pp.
    185~186.

프랑스로부터 더욱 고전적 영향을 쉽게 받아들이게 되었다는 것은 명백하다.[91]

더욱이 중세 이탈리아에서는 수사학에 관한 또 다른 특징적 요소가 있었다. 그것은 적어도 11세기부터 이탈리아 도시들이 세속적 웅변의 생생한 전통을 유지했다는 것이다.[92] 즉 결혼식, 장례식, 아카데믹한 의식, 외교사절의 방문시 정치적 회합, 재판 과정에서의 말하기에 대한 많은 가치 있는 문헌들이 나타났다는 것은 그것을 말해준다.

이제까지 중세 때 수사학적 전통 주로 서한 작성법(*ars dictaminis*)과 이탈리아에서는 세속적 웅변의 전통도 있었다는 것을 보았다. 르네상스 시대 주로 휴머니스트들이 이런 중세적 전통을 계승했다면 이것은 고전적 전통과 어떤 관련이 있는가, 또 르네상스 시대의 수사학적인 특징은 무엇인가?

먼저 중세 봉건사회에서는 고전적 수사학의 핵심이라고 할 수 있는 '말하는 것'과 관련된 문화를 섬기는 기술에 대해서는 제한된 필요성을 가지고 있었다는 것이다.[93] 플라톤에 의하면, B.C 5세기 경 시실리에 민주정치가 성립하고 실제적 필요성에 의해 코락스(Corax)와 그의 제자 티시아스(Tisias) 같은 현명한 사람들이 법정에서의 효과적인 표현과 토론을 위한 단순한 기술을 발전시키고 그것을 기록해두고, 또 그 사본이 아테네와 그리스 여러 곳에 퍼짐으로써 처음으로 개념화된 수사학이 나타나게 되었다.[94]

이것이 기술적 수사학(technical rhetoric)인데 자유로운 시민들이 법정이나 민회에서 행하는 말하기에 초점을 두었고 설득의 기술을 강조했다.[95] 이

---

91) Monfasani, op. cit., p. 175.

92) Ibid., p. 176 ; Kristeller II, p. 104.

93) Monfasani, op. cit., p. 173.

94) Kennedy, op. cit., pp. 18~19.

95) 기술적 수사학은 주제를 효율적으로 성공적으로 나타내는 방법을 보여주고자 하기 때문에 화자의 윤리나 청중에 대한 효과를 판단하려고 시도하지 않았다(ibid,

54

수사학은 로마인들을 통해 중세, 르네상스, 근대에 이르기까지 영향을 미친다. 특히 키케로의『주제의 발견에 대하여(*De Inventione*)』,『헤레니우스를 위한 수사학(*Rhetorica ad Herennium*)』은 기술적 수사학에 관한 고전적 안내서들을 대표한다. 그러면, 키케로, 퀸틸리안 같은 이들의 안내서를 통해 기술적 수사학이 중세, 르네상스에 미친 영향은 무엇인가?

비록 전술한 바와 같이 중세 때 실제로 말하는 기술보다도 주로 서한 작성법의 전통이 발전되었다고 하더라도, 이것은 특히 북방 유럽에서 고전적 "안내서"에 근거하여 웅변의 스타일을 중세적인 상황에 알맞게 변형시켰다는 것이다. 본래 수사학에 있어서 '안내서'(handbook 혹은 manual)는 기술적 수사학에서 비롯된다.96)

특히 키케로의『주제의 발견에 대하여(*De Inventione*)』에 보면 웅변술의 세 종류 곧 사법적(judicial), 심의적(deliberative), 예증적(epideictic) 웅변술의 구분을 아리스토텔레스의『수사학(*Rhetoric*)』에서 인용하고,97) 각기 웅변술(oratory)이 구성되는 과정을 주제의 발견(invention), 배열(arrangement), 스타

---

p. 16).

96) '안내서'는 주로 법정에서의 스피치를 준비하도록 쓰여졌기 때문에 그 과정 즉 도입, 진술, 입증, 반박, 결론에 관심을 가졌다. 그러나 때때로 화자의 말씨나 단어 같은 스타일에 관한 논의도 포함시켰다. 이런 발전은 소피스트들의 영향에서 나온 것으로서 중요한 의미를 지니게 되었다. 왜냐하면 고대 말기, 중세, 르네상스시대에 스타일(style)의 주제, 특히 스타일의 장식이 수사학의 중심으로서 고려되었기 때문이다(ibid., p. 20).

97) 철학적 수사학의 관점에서 아리스토텔레스가 구분한 웅변술의 형태인데 기술적 수사학은 스피치에 초점을 두고, 소피스트적 수사학은 스피치나 청중보다 화자를 강조하여 이상적 웅변술의 모습을 묘사하고자 했다. 이에 대해 철학적 수사학은 양자에 반대, 화자의 메시지의 정당성과 청중에 대한 그의 영향의 성격을 강조하는 경향이 있었다. 아리스토텔레스는 청중의 종류에 따라 즉 과거의 행위에 대한 판관이면 사법적, 미래의 행위에 대한 판관이면 심의적 혹은 정치적, 단순히 관중이면 예증적 웅변술이라 했다. 그는 청중들이 무엇을 믿어 야하고, 또 무엇을 해야 하는가, 심사숙고하여 말하는 심의적 웅변술이 가장 고상하고 가장 공적인 형태라고 했다(ibid., p. 72).

일(style), 기억(memory), 전달(delivery)로 나누고 있다. 이런 과정은 주로 플라톤에 의해 코락스, 티시아스 같은 이들이 개념화한 것들을 소개함으로써 알려지게 된 고전적 기술이다.[98]

키케로는 그의 '안내서' 이름이 말해주듯이 주로 하나의 주장이 개연성을 가지도록 진리나 진리와 같은 것에서 추론하는 '주제의 발견'을 중점적으로 다루고 있지만 중세, 르네상스 시대에는 '주제의 발견'보다 '발견된 것에 적절한 단어들을 맞추는' 스타일을 중요시하였다. 이 문제에 대하여 좀 더 살펴보기로 하자.

그리스, 로마 시대의 기술적 수사학은 주로 공적 말하기에 의한 설득의 기술을 강조했기 때문에 여기서 말하는 스타일은 수식적 표현이나 비유를 포함하여 어떤 단어들이 더 적절한가 하는 문제와 관련되었다. 그러나 중세 시대에는 적어도 11세기 이전까지 공적인 말하기가 쇠퇴하였고, 그 이후에도 주로 외교적, 법률적 서한이나 문서에 의한 설득의 기술이 필요하였다. 또한 이런 기술을 지닌 훈련된 사람들이 필요하였다.

이렇게 '쓰기'에 의한 설득의 기술이 강조될 경우 그 스타일은 주로 서한에 의한 것이었고 이밖에 문서에 의한 것이나 나아가 운문이냐, 산문이냐로 구분하게 되었다.[99] 그러므로, 학교에서 서한 작성법(*ars dictaminis*)이 가르쳐졌고, 또한 이에 대한 안내서들이 고전적 안내서를 근거로 많이 쓰여지게 되었다. 그뿐 아니라 전술한 바와 같이 운문의 기술(*ars poetriae*), 설교의 기술(*ars praedicandi*)에 대한 안내서들도 나오고 이탈리아의 경우, 세속적 연설의 기술(*ars aregandi*)에 대한 안내서들도 나타나고 있다.

이것은 중세인들이 스타일은 다르지만 설득의 기술을 강조하는 기술적 수사학의 전통을 잇고 있음을 말한다. 이것은 또한 르네상스 휴머니스트들에

---

98) Ibid., p. 19.

99) Ibid., pp. 184~187.

게도 해당된다. 그러나 그들은 중세인들과는 또 다른 특징을 지니고 있었다.

14, 15세기 휴머니스트들이 중세인들로부터 수사학적인 교육과 관례를 물려받았다고 하더라도 그들은 중세 라틴어를 비웃고 중세의 수사학적 관례를 거부함으로써 고전적 웅변술을 다시 회복하고자 했다. 그들은 새로운 교육적 프로그램인 인문학(*studia humanitatis*)을 통하여 고전문학에 초점을 두고 논리학 대신에 수사학을 담화의 주요 기술이 되게 했다.

그래서 그들은 이미 키케로적 수사학을 실용화하여 사용하고 있던, 말하고 서한을 작성하는 실제적인 기술에 고전적 모델에 대한 뜨거운 열정과 더 많은 원문에 대한 지식을 더함으로써 고전적 기술을 회복할 수 있다고 믿었다.[100] 그러면 14, 15세기 이탈리아 휴머니스트들이 그렇게 회복하고자 했던 고전적 기술에 대해 좀 더 살펴보기로 하자.

먼저 현존하는 웅변술, 서한문, 수사학에 대한 고전 라틴 원본들(texts)과 그리스 수사학적 전통에 대한 회복을 언급할 필요가 있다. 전자의 경우 대개 1430년까지 그 작업이 완성되지만, 후자의 경우에는 훨씬 더 기간이 오래 걸리고 이탈리아아인들뿐 아니라 북방 휴머니스트들의 업적에도 힘입게 되었다. 휴머니스트들의 이러한 고전 회복의 열정은 특히 키케로, 퀸틸리안의 수사학적 전통의 회복과 관련되었다. 14세기는 물론, 15세기에도 휴머니트스들은 키케로나 퀸틸리안을 대체하려 하지 않고 이들의 고전적 안내서를 통하여 고전적 기술의 여러 종류의 개요를 쓰려고 하거나 고전적 전통이 활발하지 못했던 영역 즉 서한문이나 주해서 분야에서 독창적인 업적을 내고자 했다.[101]

14세기 말에서 15세기 첫 30년 기간에 바지짜(Barzizza)는 수사학에 있어서 르네상스 최초의 휴머니스트 권위자로 일컬어지고 있는데, 키케로적 스타일

---

100) Ibid., p. 187 ; Monfasani, op. cit., p. 171.
101) Ibid., pp. 186~187.

의 우아함을 가르치고 회복하고자 했고 고전적 서한 작성법을 반복해서 강조하였다.102) 파비아의 로쉬(Loschi)는 고대 이래 처음으로 키케로의 고전적 웅변술을 수사학적 교육의 본질적인 부분이 되게 하고 그것을 주해서의 대상이 되게 했다.

트레비존드(Trebizond)의 조지(George)는 퀸틸리안 이래 고전적 수사학의 가장 훌륭한 개요라고 하는 그의『수사학(*Rhetoric*)』을 베니스에서 출판하였는데(1433~1434), 그는 수사학의 고전적 라틴 전통뿐 아니라 그리스 전통까지 포괄적으로 다루고 수사학을 다섯 개의 고전적 과정 즉, invention, disposition, memory, action, style을 포함하는 것으로 회복시키고자 하였다.103) 여기서 그는 그 당시 휴머니스트 웅변술이 대체로 고전적 웅변술의 셋째 형태인 예증적 웅변술(epideictic oratory)104)에 제한되고 있을 때 학생들이 사법적(judicial), 정치적(political, 혹은 심의적(deliberative)) 웅변술에 대한 고전적 지식을 많이 배우기를 바랐다.105)

---

102) 그 당시와 그 후의 휴머니스트 주해자들은 일치하여 바지짜의 스타일의 우아함을 예찬했고 르네상스의 키케로적 스타일의 최초의 유능한 가르침을 그에게 돌렸다. 그는 키케로에 의해 허용되지 않은 말이나 구를 사용하기를 꺼려할 만큼 엄격한 키케로주의자였다(ibid., pp. 187~188).

103) 하나의 주장을 개연성 있게 하기 위해서 진리나 진리와 같은 것에서 추론하는 것(발견, invention), 발견된 것을 가지런하게 배열하는 것(배열, disposition), 주제와 단어들을 마음 속에 견실하게 파악하는 것(기억, memory), 주제와 단어들에 알맞은 음성과 몸을 컨트롤하여 전달하는 것(전달, action), 발견된 것에 적절한 단어들을 택하는 것(스타일, style). Kennedy, op. cit., p. 92.

104) '예증적 웅변'으로 개인, 지역, 제도, 행동하는 방식, 아카데믹한 주제에 대한 예찬이나 비난을 특징으로 함, Monfasani, op. cit., p. 190. 즉 추도사, 환영사, 취임 연설 같은 것인데 그 목적은 참석한 청중들을 얻는 데 있었다, Kennedy, op. cit., pp. 74~75.

105) "judicial"은 본래 소송 당사자(원고나 피고)가 법정에서 배심원들 앞에서 자신의 과거의 행위가 정당하다는 것을 밝히는데 목적이 있었던 것으로 스피치를 강조하는 기술적 수사학과 유사하고, "deliberative"는 미래의 행위 즉 청중들(혹은 시민들)이 무엇을 해야할 것인가, 또 무엇을 믿어야 하는가를 판단하도록 돕는데 목적이

조지와 동시대인이고 한 때 라이벌이었던 발라는 수사학에 대해 쓰지 않았지만 그의 『논리학(*Dialectica*)』은 실제로 논리학을 수사학의 부속물이 되게 했다. 그는 웅변가들을 가르치고, 기쁘게 하고, 감동시키지 않으면 안 된다는 키케로와 퀸틸리안에 동의하면서 논리학자들은 다만 가르치는데 필요하다고 주장했다.[106]

조지 이후 15세기 후반기의 수사학도 대체로 약간의 수정을 시도하면서 고전적 안내서들의 개요들을 제시하는 경향을 보인다. 특히 서한 작성법(*ars epistolandi*)에 대한 안내서가 주목되는데 브란돌리니(Brandolini), 술피찌오 (Sulpizio) 같은 이들은 서한 작성법을 확대하여 여기에 고전적 수사학의 거의 모든 것을 통합시키려고까지 하였다.[107] 여기서 르네상스 시대 서한문 (letter-writing)은 이탈리아뿐 아니라 북방 유럽에서도 수사학의 한 분야로 구분할 정도로 크게 유행하였는데 이것은 중세의 서한 작성법(*ars dictaminis*) 같이 공적인 서한문이 아니라 개인적인 것이었고, 실용적이라기보다 문학적 인 장르로까지 발전되었다.[108]

이상에서 15세기 이탈리아 휴머니스트들의 웅변, 서한문, 논문에 있어서

있기 때문에 형식은 "epideictic"이지만 목적이 "deliberative"한 경우도 있었다. 그 당시 종교적인 설교는 청중들로 하여금 무엇을 하도록 이끄는 것이 목적이기 때문에 대개 "deliberative"에 해당되었다(ibid., pp. 73-75). 최근의 연구 성과는 세속적 수사학 이론이 르네상스시대의 설교에 얼마나 영향을 미쳤는가를 보여 준다. 그러나 그리스 교부적 모델뿐 아니라 라틴 교부적 모델이 그 당시의 종교적, 세속적 웅변술에 영향을 미친 정도와 방법은 더 연구해야 될 과제이다(Monfasani, op. cit., p. 184).

106) Ibid., p. 191.
107) Ibid., p. 193.
108) 개개인의 서한집은 12세기에 가장 발전되었는데, '서한작성법'의 보급은 이런 서한집에 대한 자극을 막았다. 그러나 13세기부터, 북방 유럽에서 행정가들, 관료들 의 서한이 수집되기 시작하였고, 14세기 말 페트라르카와 함께 서한집에 대한 열망을 회복하고 그 이후 휴머니스트들은 서한문을 마음에 드는 문학적 장르로 발전시켰다(ibid., p. 194).

고전적 유산을 회복하고 통합하려는 경향을 살펴보았다. 여기서 이들은 서한문 외에는 독창적인 일을 거의 하지 않은 것 같다. 그러나 이들은 대체로 정도의 차이는 있지만 키케로주의를 표방하고 있다. 비록 조지가 꿈꾸던 고대의 완전한 수사학적 문화의 부흥이나 발라의 논리학을 수사학의 부속물이 되게 하려는 시도는 성취되지 않았지만. 16세기에 이르러 이들 안내서는 광범한 영향을 미쳤다.

더욱이 16세기 북방에서 아그리콜라, 에라스무스, 멜란히톤(Melanchton), 라무스(Ramus) 같은 휴머니스트들은 각기 수사학을 그 시대의 상황에 적합하게 함으로써 키케로적 고전주의를 이탈하고 있었다.[109] 그러나 조지나 발라 또는 키케로 주해자들이 추구하였던 키케로적 이상 곧 '웅변술과 지혜의 결합'과 함께 진정한 연사의 임무로서 제시한 '입증하기 위해(To prove), 혹은 가르치기 위해(to teach), 즐겁게 하기 위해(to delight), 분기시키기 위해(to stir)'는 거의 모든 뛰어난 휴머니스트들이 추구했던 전통이었다. 이것은 키케로에 의해 기술적 수사학의 전통 안에 들어오게 된 소피스트적, 철학적 수사학의 계통이었다.[110]

2. 웅변술(수사학)과 지혜(철학)의 결합

크리스텔러는 적어도 이탈리아 휴머니스트들이 직업적 수사학자들로서

---

109) Ibid., pp. 196~203.

110) *De Inventione* 1권에서 매우 사려 깊은 수사학자들의 전제가 되는 것을 제시했다. 즉 "웅변 없는 지혜는 국가에 아무런 도움이 되지못했지만 지혜 없는 웅변은 흔히 큰 장애물이 되었고 결코 유익이 되지 못했다." *De Oratore*에서는 연사의 의무를 밝히고 있다. "말하는 것에 대한 전체 이론은 설득의 세 가지 근원에 의지한다. 즉 우리는 우리의 주장이 참되다는 것을 입증한다는 것, 우리는 듣고 있는 사람들을 끌어들인다는 것, 우리는 그들의 마음을 그 주장이 요구하는 어떤 정서에 호소하는 것". 이것들은 명백히 아리스토텔레스의 세 가지 증거의 양식과 일치한다(Quoting in Kennedy, op. cit., p. 91, 100).

60

단순한 고전학자들이 아니라고 한다. 이것은 또한 그들이 직업적 수사학자들 이상임을 뜻한다. 앞에서 고찰한 바와 같이 휴머니스트들은 대체로 정도의 차이는 있을지라도 주로 키케로를 통하여 철학적, 소피스트적 수사학의 전통을 물려받았다.

이들 전통은 많이 왜곡, 희석되어 전해졌지만 휴머니스트들은 '어떻게 말해졌는가'에 관심이 있었던 것처럼 '무엇이 말해졌는가'에도 관심을 갖게 되었다. 이것은 웅변술의 형식에 대한 관심만 아니라 웅변술에 있어서 지혜 내지 철학에 대한 분명한 요구를 의미한다. 그러면 여기서 철학은 무엇을 가리키는가?

14세기 중엽 진 버디안(Jean Buridan)은 아리스토텔레스의 『윤리학(*Ethics*)』에 대한 그의 주해서에서 도덕적 철학은 수사학과 밀접하게 관련지어야 한다고 생각했다.[111] Ⅲ절에서 언급한 바 있지만 폰티우스는 1487년 그의 취임 연설 가운데 마지막 부분 "On satire and the studia humanitatis"에서 법학, 의학 같은 학문에 대해 휴머니즘 분야의 우월성을 강력하게 옹호하면서 다음과 같이 말했다.

그러나 우리는 여기 저기 옮겨 다니면서 모든 것들, 시대, 지역, 사람들에 대한 연구를 받아들인다. 왜냐하면 만일 어떤 사람이 역사가들, 시인들, 연사들의 지식이 우리의 관심이라고 주장한다면 나는 진실로 우리의 직업은 이런 것들을 해석하는데 있어서 더 철저히 훈련받게 된다고 동의할 것이기 때문이다. 그러나 이들 문헌을 해설하는 데 있어 아직도 우리 분야에서 배우지 않은 사람들이 이해하는 것보다 훨씬 더 탁월한 것들이 있다. 왜냐하면 연사들과 시인들이 하늘과 별들에 대해서, 저급한 것들뿐 이니라 고차적인 것들에 대해서, 선과 악에 대해서, 도시를 통치하는 것에 대해서, 그리고 이와 같은 수많은 다른 문제들에 대해 쓴 것은 무엇이든지, 우리가 설득력

---

111) *TSORH* I, p. 25.

있고 매우 세련된 스피치로 설명하는 것이 필요한 모든 것은 청중의 의식에 맞게 조정되기 때문이다. 우리는 모든 연구 분야에 대한 엄청난 지식이 없이는 이런 것을 할 수 없다.[112]

이상에서 볼 때, 폰티우스가 웅변학 교수(즉 휴머니스트)에게 요구한 것은 의학, 법학, 신학의 종사자들을 보조하는 특수한 분야와는 구분되는 것으로서 '일반적 철학'이라고 하는 것에 대한 관심이었다. 이것은 도덕적 철학을 가리킨다. 이러한 철학에 대한 관심은 휴머니스트들에게 윤리와 정치사상 외에 적어도 형이상학, 신학으로 발을 들여놓게 했다.

특히 본서에서는 휴머니스트들이 그 당시의 스콜라 신학에 대해 어떻게 관여했는가, 이와 관련하여 그들의 신학 내지 종교사상은 어떠했는가에 초점을 맞추고 있다. 왜냐하면 크리스천들로서 또 세속 체제에서와 같이 기독교 공동체(*respublica christiana*)의 구성원들로서 휴머니스트들의 관심은 주로 중세학자들처럼 이교적 학문의 문제, 그 연구가 기독교 교의와 어떻게 관련되는가 하는 문제에 있었다고 해도 과언이 아니었기 때문이다.[113]

중세학자 내지 기독교 학자들은 그들이 얼마나 아리스토텔레스를 정당하게 이용할 수 있는가 하는 문제로 논쟁한 반면, 휴머니스트들은 고전적 저술가들을 어떻게 다뤄야 하는가 하는 문제에 직면하였다. 즉 그들은 고대 사상과 문학의 부활을 통해서 그 당시의 기독교 신앙과 이탈리아 도시 생활에서 나타나는 문화적, 지적 문제들 사이에 유사점을 발견하고자 했다.

다시 말해서 휴머니스트들은 인간의 내세적 운명과 현세적 조건에 관심을 갖고 하나님과 인간 사이에 관계성의 극적인 정립을 통해서 그 당시의

---

112) *TSORH* IV, p. 70.

113) Charles Trinkaus, "Italian Humanism and Scholastic Theology" in *Renaissance Humanism* Vol. 3, ed. Albert Rabil Jr. p. 328. 이하 Trinkaus I이라고 약함.

62

영적, 도덕적 위기를 극복하고자 했다. 또한 이러한 인간론적 종교사상을 논문이나 서한, 시, 대화, 강의를 통하여, 비록 그들의 동시대인들에게는 아니라고 하더라도 적어도 그들 자신에게 말하고자 했다. 이것은 물론 직업적 신학자들과의 대립, 충동을 초래하였다.[114]

여기서 우리는 이탈리아 휴머니즘의 하나의 흐름으로서 신학화에 종사하는 휴머니스트들의 경향을 볼 수 있다. 이것이 트린카우스가 말하는 수사학적 신학(*theologia rhetorica*) 내지 인간론적 신학(anthropological theology)이라고 할 수 있다. 그런데 트린카우스에 의하면 휴머니스트들 사이에 스콜라 신학과의 관계에 있어서 뿐 아니라 고대 사상과의 관계에 있어서도 기본적으로 두 개의 경향으로 구분된다고 했다.[115] 즉 한편으로는 페트라르카, 살루타티, 발라로, 다른 한편으로는 브루니, 포조 및 여러 다른 휴머니스트들로 구분되는 것이 그것이다.

전자는 고전적(아리스토텔레스적, 스토아적) 윤리와 기독교적 윤리가 근본적으로 양립할 수 없음을 강조하고 주로 어거스틴을 모델로 고전적 윤리의 한계를 극복하고자 신학화를 추구한다. 그러므로 이들은 고대적 요소에서 주로 키케로 내지 퀸틸리안의 수사학적 전통을 받아들이고 스콜라 신학에 있어서도 *Via moderna* 내지 오컴의 사상과의 관계성 내지 유사성을 엿볼 수 있다.

이에 대하여 후자는 아리스토텔레스적, 스토아적 윤리와 기독교 윤리 사이에 일반적 양립 가능성을 인정하는 듯이 보였고 그래서 이들은 기독교 신앙을 양보함이 없이 고전 연구를 기독교에서 분리시키는 경향을 나타냈

---

114) 룸멜(Rummel)은 양자 사이에 대립, 충돌을 세 단계로 구분하였다. ① 15세기 이탈리아를 중심으로 그 논쟁은 주로 예증적이었다. ② 16세기 초 독일 대학을 중심으로 분야별, 직업적 합법성과 지위문제에 대하여 ③ 종교개혁기, 교회의 기능과 정통성 문제에 대해서까지 논쟁하게 된다(Erika Rummel, "The Conflict Between Humanism and Scholastics revisited", *Sixteenth Century Journal* XXIII, No. 4, 1992).

115) Trinkaus I, pp. 334~335.

다.116) 이들은 고대적 윤리를 존중하고 토마스 아퀴나스 같은 온건한 신학자들을 예찬하거나 적이도 반대를 하지 않았기 때문에 '고대파'라고 할 수 있고, 포이스(Fois) 같은 학자는 이들이 '완전한 아리스토텔레스주의자들(integral Aristotelians)'에 속한다고 했다. 이에 대해 전자는 고대 문화 이상으로 그들 자신의 시대에 있어서 문화의 발전에 관심을 가졌기 때문에 '근대파'라고 한다.117)

필자의 관심은 전자에 속한 페트라르카, 살루타티, 발라, 후에 콜레트, 에라스무스와 같은 이들의 종교사상에 있지만 이것은 다음에 고찰하기로 하고 여기에서는 다만, 페트라르카, 살루타티, 발라의 수사학적 신학에 있어서 공통된 특징만을 살펴보고 후자에 속한다고 생각되는 포조, 마네티, 모란디, 알베르티의 인간론의 특징을 개략적으로 언급하고자 한다. 이를 살피기 전에 먼저 그 당시 지배적 테마인 '인간의 존엄성' 내지 '인간의 조건'에 대해 잠시 언급하는 것이 좋을 것이다.

'인간의 존엄성(the dignity of man)'의 테마는 고전적, 기독교적 고대에서 또 중세에서 다채로운 역사를 가지고 있지만 그것은 르네상스의 역사와 문화에서 일정한 문학과 철학적 장르로 발전되었다.118) 키케로는 '존엄성(dignity)'을 남성미의 특질로서 나아가 동물과 구별되는 성질로서 인간에게

---

116) Ibid., pp. 335~340.

117) "완전한 아리스토텔레스주의자"는 사이거 브라방(Siger of Brabant) 같이 무리하게 기독교 교의와 종합하려고 하지 않고 아리스토텔레스를 자체적으로 연구하고자 한 스콜라학자들을 가리킨다. 또 트린카우스는 이런 구분에 어떤 유보 조건이 뒤따른다는 것을 인정한다. 즉 그 당시 모든 휴머니스트들이 적어도 다소간 고대를 갈망했다는 것, 또 각기 개성과 그 생애가 다르다는 것이다. 예를 들어 포조, 브루니 같은 시민적 휴머니스트들의 고전 고대에 대한 견해도 "절대 필요한(integral)" 입장에서 실용적인 것으로 바뀌진다는 것이 바론의 견해라 생각된다(2장, 주)19 참조).

118) Charles Trinkaus, "The Renaissance Idea of the Dignity of Man" in *The Scope of Renaissance Humanism*, pp. 352~353, 이하 *TSORH* VI라 약함.

적용시켰다. 동물은 육신의 만족 외에 어떤 것도 추구하지 않는다. 반면에 인간의 정신은 연구와 반성에 의해 발전된다.[119]

이탈리아 휴머니스트들은 키케로의 전례를 좇아 인간의 존엄성을 인간성(humanitas) 자체와 동일시하였는데 이것은 교양학(liberal arts) 내지 인문학(studia humanitatis)의 연구를 통해서 얻어질 수 있는 매우 진실 되게 인간적인 특질이었다.[120] 그런데 이런 고전적인 전통에 중세 기독교적 전통에서 비롯되는 '불행한 인간 조건'과 '존엄한 인간조건'이라는 상보적 타이틀 아래 논의된 '인간의 조건'이라는 테마가 결합됨으로써 르네상스 시대의 인간관은 그 이전의 것과 구별되는 독특한 형식과 내용을 지니게 되었다.[121]

페트라르카(1304~1374)를 비롯하여 살루타티(1331~1406), 발라(1407~1457)는 비록 '인간의 존엄성' 내지 '인간의 조건'이라는 타이틀로 쓰지는 않았지만 이러한 인간관 내지 인간의 본성과 지위에 대한 관심에 패러다임적 영향을 미쳤다.[122] 이들은 자신의 고결함과 경건을 유지하면서 어떻게 사회생활에 참여하는가와 동료 시민들을 돕는데 있어서 하나의 모델을 제공했다. 그것은 인간의 의지와 행동과 함께 동시에 신의 은혜와 예정을 강조하는 것이었다(3장 Ⅲ). 이러한 입장의 결합은 매우 깊은 종교적 경건과 아주 많은 영역에 있어서 인간 행동에 대해 매우 높은 격려와 자극이 되었다.[123] 그러므로 이들 두 자세는 르네상스 시대의 지배적 특징이

---

119) Cicero, *De officiis* I. 30, quoting in *TSORH* VI, p. 343 ; 허승일 옮김, 『키케로의 의무론 : 그의 아들에게 보낸 편지』, 1권 105(서광사, 1989), pp. 78~79.

120) *TSORH* VI, p. 343.

121) *TSORH* II, p. 364.

122) Charles Trinkaus, "Introduction ; The Themes and Their Precedents" in *IOIAL*, Vol. I, Part II, The Human Condition in Humanist Though ; Man's Dignity and His Misery, p. 173, 이하 *IOIAL* II라 약함.

123) Trinkaus I, pp. 329~333. 특히 페트라르카, 살루타티, 발라의 휴머니즘이 어거스틴의 신학적인 인간론의 영향을 받는데 그것은 헬레니즘적인 주지주의(主知主義)와 신비주의보다 라틴적 수사학 전통에 더 가까웠다(*TSORH* VI, p. 348).

되었다.

이에 대해서 '고대파'라 할 수 있는 휴머니스트들의 인간관은 대체로 신학화하기보다도 스토아적, 키케로적, 혹은 아리스토텔레스적 계열을 따른다는 것이다. 특히 포조 외에 마네티, 모란디, 알베르티 같은 이들은 인간세계의 창조와 자연에 대한 관리를 통해 신의 형상을 명시하려는 경향이 강하다.124)

포조(1380~1459)는 인간의 타락 이후 불행을 삶의 타고난 조건으로서 받아들이고 외형상 스토아적이지만 본질적으로 스토아 철학의 개조적 합리주의에 회의적이었다. 그에게 인간의 동기는 불가피하게 죄악시 되었고 그래서 은혜만이 구속할 수 있었다. 이런 점에서 그는 페트라르카, 발라의 계열에 속한다고 할 것이나, 그에게는 이성과 수사학에 대한 신뢰가 결여되었다. 그는 그 자신의 문화의 기본적 가치에 대한 의심의 목소리를 대표했다.125)

마네티(1396~1459)는 인간의 존엄성이 인간의 불행함의 수사학적 보완이라는 12세기 말 로타리오(Lotario, 후에 교황 이노센트 3세) 이래의 전통적 개념에서 이탈, 인간이 존엄성을 성취하고 또한 불행을 피할 수 있다고 한 점에서 포조와 강한 대조를 이룬다. 그는 『인간의 존엄성과 탁월성에 대해(*On the Dignity and Excellence of Man*)』(1452년 말경) 제2편에서 영혼에 대해 중세적이지만 어거스틴적 질서를 따르지 않고 스콜라적 아리스토텔레스로 복귀하고 있다. 그는 조작적 지성(operational intelligence)을 강조하고 있는데, 이것은 분명히 르네상스적 양식 안에서 인간 역사를 통하여 인간의 재간과 창조력의 작용을 가리켰다.126)

그의 인간의 존엄성에 대한 사상은 제3편 인간의 신적인 창조에서 더

---

124) *TSORH* II, p. 377.
125) Ibid., pp. 376~377.
126) Ibid., p. 378.

분명해진다. 여기서 그는 어떤 식으로 하나님이 인간을 지으셨는가 묻고 "하나님은 인간을 피조물들 중에 가장 아름답고, 가장 재간 있고, 가장 풍부하고, 끝으로 가장 힘 있는 자로서 창조하셨다"고 대답했다.[127) 이러한 인간의 개념은 피조물의 인도자요 인간 세계(제2의 자연)의 창조자로서의 인간의 의무가 신에 의해 그에게 주어진 우주를 '이해하고 그 안에서 일하는 것(*intelligere et agere*)'임을 밝히고 있다.[128)

이러한 지력에 대한 그의 활동적 개념은 창세기 1장 28절에 근거한 르네상스적 통찰로서[129) 다섯 가지 특질을 지닌 인간에 대한 그의 이미지와 함께 인간에 대한 그의 개념에 있어서 중심이 된다. 인간의 이 지상에서의 존엄성과 성취에 대한 그의 견해는 플로렌스 상인, 정치가, 시민적 휴머니스트, 트래버자리의 제자로서의 그의 배경 가운데 키케로, 아리스토텔레스 같은 고전적 요소들과 그리스, 라틴 교부적 요소들을 기독교적으로 새롭게 종합한 것으로서 그것은 인간의 존엄성에 대한 르네상스 장르의 패러다임이 되었다.[130)

---

127) Ibid.

128) Ibid., p. 379.

129) 인간의 존엄성에 대한 키케로적 개념인 ① 동물과 구별되는 성질(연구와 반성 : 의무론(*De officiis* I, 30)), ② 인간은 불멸의 신들의 특별한 수혜자가 되었다는 것(*De natura decorum* II, 54~66)은 휴머니스트들에게 큰 영향을 미쳤는데 이런 개념은 오래 전에 유대, 기독교적 전통에서도 자율적으로 나타났고 두 전통 즉 키케로적(스토아적) 전통과 유대, 기독교적 전통의 결합으로 인간의 존엄성에 대한 르네상스 이념은 독특하게 발전했다. 이때 토대가 된 주요 원문이 창세기1:26 "하나님이 가라사대 우리의 형상을 따라 우리의 모양대로……"(And God said, Let us make man in Our image, after our likeness……), 창세기1:28 "하나님이 그들에게 복을 주시며 그들에게 이르시되 생육하고 번성하여 땅에 충만하라 땅을 정복하라 바다의 고기와 공중의 새와 땅에 움직이는 모든 생물을 다스리라 하시니라"였고, 1세기 경 필로(Philo) 이래 교부들의 이 창세기 주석 특히 어거스틴의 것이 휴머니스트들에게 큰 영향을 미쳤다(*TSORH* VI, pp. 343~348).

130) *TSORH* II, p. 381 ; *TSORH* VI, p. 357. 마네티는 히브리어를 마스터하고 히브리어 시편을 라틴어로 번역한 최초의 휴머니스트로서 그리스어 신약성경을 번역하기도

볼로냐 출신의 모란디는 의사요 휴머니스트인 가초니(Garzoni)의 인간 불행에 대한 전통적 견해를 되풀이 하는 것에 반대하였는데 마네티와 유사한 견해를 제시했다. 그에 의하면 이 세상에서 인간 존재의 조건은 내세의 최고의 지복과는 별도로(그는 이것을 거부하지는 않았지만) 인간이 자연에 대한 인간 산업을 어떻게 운용하느냐에 달려 있다고 보았다. 그에게 삶은 '고심해서 일하는 행위(*actio studiosa*)'였는데 이러한 삶에서 인간은 스스로 고상하게 된다고 했다.131) 그러나 그는 마네티보다도 전통적 아리스토텔레스 용어를 선호하였다.

알베르티도 마네티, 모란디와 매우 유사한 견해를 나타내지만 그러나 그에게는 인간적 가능성의 낙관적 비전이 인간의 운명, 인간의 능력에 대한 절망에 의해 상보적으로 나타나고 있다. 그는 포조와 같이 대부분의 사람들에 대해 절망하였다. 그러나 다만 존재의 또 다른 양식의 변증법적 가능성을 나타냈다. 여기서 그는 행동하는 삶의 이상이라는 또 하나의 휴머니스트적 해석을 제시하였다.

그에게 인간의 진정한 개념은 끊임없이 행동해야 한다는 것이었다. "그러므로 인간은 확실히 나태 속에 야위어 가기 위해 태어난 것이 아니라 일어나서 일을 하기 위해 태어났다고 여겨진다. 또 나는 그렇게 믿는다."132) 그의 견해 가운데 마네티에 의해 사용된 아리스토텔레스적인 '이해하고 일하는 것(*intelligere et agere*)'이 다시 나타나고 있음을 본다.

했다. 그는 루터나 캘빈이 용납할 수 있는 것보다 더 지상적 행위를 통해 신성을 지향하여 나아가는 인간을 묘사하였는데, 특히 신은 비록 인간이 죄를 짓지 않았더라도 그에게 더 큰 영광을 입혀 주시기 위해 그의 아들을 인간의 몸으로 성육신 하여 보냈을 것이라고 함으로써 타락 후에 인간의 교정과 회복으로서의 성육신보다도 신의 형상으로 창조된 인간이 받은 위대한 선물들을 보충하여 받음으로 완전케 한다는 것에 강조를 둔다는 점에서 그는 자율적인 르네상스인의 입장을 대표한다 (*TSORH* V, pp. 255~256).

131) *TSORH* II, p. 382.
132) Ibid., pp. 383~385.

이상에서 휴머니스트들 사이에 양면 가치가 나타나지만 인간에 대한 새로운 개념이 르네상스 시대에 키케로의 「예절론(De natura decorum)」에서 발견되는 스토아적 견해와 어거스틴의 3위 1체적 인간론의 종합에서 명백히 대두되고 있었다.[133] 이 견해 안에는 인간의 행동적(active), 조작적(operative), 지배적(directive), 경영적(managerial)인 존재임이 강조되었다. 비록 이러한 개념은 수사학적이고 삶에 대한 마네티, 모란디, 알베르티 같은 이들의 방법을 나타내는 것이지만 그럼에도 불구하고 그것은 자기 자신의 역사를 만들고 자연과 운명에 대해 승리하는 인간에 대한 비전 가운데 르네상스 인간론의 기본적 구조와 동기 부여를 제시하는데 성공하였다.[134]

이런 인간관은 이미 페트라르카, 살루타티, 발라 안에 함축되어 있었고 그리스, 라틴 고전과 교부적 자료들에 의해 뒷받침되었다. 무엇보다도 그 당시 이탈리아 도시 문화에 심어진 가치관을 반영하고 있었다는 것이다.

---

133) *decorum*은 영어로 propriety 혹은 grace 즉 적절함, 아름다움, 예절 등으로 번역되는데, 키케로의 *De officiis*에서 데코룸한 것은 honestum(도덕적으로 선한 것)과 관계가 있고 또 그 관계가 매우 밀접하게 맺어져 있기 때문에 다만 느낌과 생각으로 구별된다고 하고, 두 가지로 구분하고 있다. 하나는 모든 호네스툼에 내재해 있는 어떤 일반적인 데코룸이고 다른 하나는 이 일반적인 데코룸에 속해 있으면서 호네스툼의 각개의 부분들과 관계를 맺고 있는 것이다. 전자는 인간의 본성이 다른 짐승의 본성과 다르다는 점에서 인간의 우수성과 합치하는 바로 그것이고 후자는 인간 본성과 합일하여 그곳에서 어떤 예의바른 신사의 태도와 함께 중용과 절제가 나타나는 바로 그것이다(허승일 옮김, 『키케로의 의무론』, IXXVII). 어거스틴은 *De Trinitate*에서 신의 삼위일체의 성격을 확립하려고 할 뿐 아니라 피조물 안에 내재하는 신성의 자취에서도 발견되는 삼위일체를 탐구했다. 즉 아버지, 아들, 성령과 신의 마음 혹은 기억, 신의 지혜(지력), 신의 의지 혹은 사랑은 서로 상응하는 것으로 인간이 신의 형상을 소유했다는 것은 그의 영혼 또한 이들 세 기능을 동시적으로 불가분 하게 소유하고 있다는 점에서 삼위일체적이라는 것을 의미했다. 특히 그는 인간에게 기억과 지력과 함께 의지의 애착과 열정에도 대등한 가치를 부여했는데, 이들 행사의 방향에 따라 만일 신으로 지향하면 지력과 의지는 선에 속하게 되고 만일 외면하면 악에 속하게 된다(*TSORH* VI, pp. 347~348).
134) *TSORH* II, p. 385.

다시 말해서 그 당시 문화적 배경은 이미 이들 사상을 수용하고 있었다.135) 이렇게 인간의 본성과 지위에 대한 역사적 실재론(historical realism)의 대두에 휴머니스트들의 공헌은 크다고 할 것이다.

이런 점에서 휴머니스트들은 단순한 고전학자도 아니요 수사학자들도 아니었다. 물론 많은 뛰어난 휴머니스트들이 다만 언어적, 문학적 연구에 종사하고 철학이나 윤리, 형이상학이나 신학 사상의 영역으로 감히 들어가지 못했다. 그러나 트린카우스가 말한 대로 많은 휴머니스트들이 지적, 도덕적, 철학적 혹은 신학적 영역으로 들어갔다.136) 이것은 웅변과 지혜의 결합을 의미한다. 본서에서 휴머니스트들 가운데 도덕적, 영적인 위기의식을 느끼면서, 각기 개성과 추구하는 목표는 차이가 있었지만, 공통적으로 신학화의 경향을 띠는 대표적인 사람들의 종교사상 곧 학문과 경건의 종합을 추구하는 경향을 고찰하고자 하는 것도 이런 뜻에서이다.

---

135) *TSORH* VI, p. 357.
136) Trinkaus, Foreword, in *IOIAL* vol. I Part I XV.

제3장 중세 말의 유명론(Nominalism)

Ⅰ. 용어 문제

유명론이라는 용어는 보편의 문제에 대한 독특한 입장을 나타내는 12세기의 용어였다. 이것은 로셀린(Roscelin)이나 아벨라드(Abelard) 같은 사람들의 논리적 유명론에서 그 기원을 찾을 수 있다. 아벨라드에 의하면 보편(universals)이란 정신외적 대상(extra-mental referents) 없이, 따라서 외적 실체의 묘사로서의 의미 없이, 정신에 의해 만들어진 개념으로서 생각되었다.[1] 이 용어가 13세기에 계속 사용되었을 때 이것은 12세기 논리학자들의 입장을 나타냈다.

그런데 1270년 경 이런 용어는 사용되기를 중단하였고, 이후 15세기에 논리학에서 어떤 입장 혹은 더 정확하게 말하면 논리학을 가르치는 한 가지 방법을 묘사하기 위해 다시 도입되었다.[2] 더욱이 오컴(1285~1346)이 창시자라고 하는 '*Via moderna*'라는 용어도 코트네이(Courtenay)에 의하면 그 기원이 15세기라고 하고 인식론, 형이상학이나 신학이 아니라 논리학에 관심을 갖는 것이었다.[3] 다만 14세기에 사용된 유일한 용어는 *modernus*였는

---

1) McGrath, *The Intellectual Origins of the European Reformation*(NewYork : Basil Blackwell Inc., 1987), p. 70.

2) 아마 Albertism, Thomism의 부활과 관련된 것 같다.

3) Courtenay, "Nominalism and Late Medieval Religion" in *The Pursuit of Holiness in Late Medieval and Renaissance Religion* ed. Charles Trinkaus with Heiko A. Oberman(*Studies*

데 이것은 단순히 그 당시의 어떤 신학자나 경멸적인 용어로 어떤 반대자를 의미한다고 했다.[4] 여기서 코트네이는 유명론이나 *Via moderna*라는 용어의 사용이 적절치 않다는 것이다. 그는 용어의 사용뿐 아니라 전통적인 해석에 대해서도 수정이 필요하다고 했다.

그러면 먼저 중세 말의 유명론에 대한 전통적인 견해는 어떠한가? 중세 말의 유명론자들, 주로 윌리암 오컴, 그레고리 리미니(Gregory of Rimini), 피에르 데일리(Pierre d'Ailly), 가브리엘 비엘(Gabriel Biel) 같은 사람들은 12세기의 로셀린, 아벨라드들로부터 비롯된 인식론적, 존재론적인 전제에 내재된 원자주의(atomism)에 토대를 두고 형이상학, 윤리학, 심지어 과학적 방법론을 공격했다. 이렇게 해서 번성기 스콜라 철학의 주요 성과를 붕괴, 파괴시켰다.[5] 이러한 전통적인 해석은 의심하거나 재론할 여지가 없는 기정 사실이었다. 그러나 1930년을 전후해서 유명론에 대한 전통적인 분석과 역사적 발전에 대한 묘사는 이미 수정을 받게 되고, 최근에 이르기까지 그 작업은 계속되고 있다.

전통적으로 유명론을 위한 출발점은 논리학과 이와 밀접한 관련이 있는 인식론의 영역에서 발견되었다. 유명론자들은 개체(the individual)만이 실재하고 공통된 성격(common nature)은 상상의 허구라고 믿었다고 일반적으로 여겨왔다. 더욱이 논리학은 정신적 개념들의 상호 관계에 관심을 가졌지 외적인 실체에 관심을 가진 것은 아니었다.[6] 이러한 유명론적 논리학의 결과들 중의 하나는 인식론적 회의주의였다. 이에 대해 좀 더 설명해 보자.

상징(signs)에 대한 강조, 보편(universals)에 대한 거부는 대상(objects)과

---

in Medieval and Reformation Thought, Vol. X, 1974), p. 52, 이하 위 책을 *The Pursuit of Holiness*라 약한다.

4) Ibid., pp. 52~53.

5) Ibid., pp. 26~273.

6) Ibid., p. 28.

알려는 정신(knowing mind) 사이에 메울 수 없는 간격이 있음을 의미하는 것으로 해석되었다. 더욱이 개체의 우위와 자율성은 인과관계의 원리의 타당성이나, 적어도 논증 가능성의 거부와 결합하여 대상과 정신의 인과관계를 해체시켰다. 또한 유명론은 철저히 경험적이라고 여겨졌다. 즉 진리를 자명하고 분석적으로 알려질 수 있는 명제들(propositions)에게만 돌린다든지 혹은 그 내용은 지각적 경험(sense experience)에서 직접적으로 비롯되었기 때문이었다.[7] 양자의 경우에 참되기 위해서는 반대 명제는 주장될 수 없었다. 이런 식으로 볼 때, 이 생에서 인간에 의해 알려질 수 없는 것은 외적인 실체(external reality)가 아니라 형이상학적 진리였다.

아마도 전통적 해석에 있어서 유명론이 형이상학에 의도적으로 미친 영향은 가장 파괴적인 국면일 것이다. 진리가 자명하거나 직접적으로 감각적인 경험에 기초한 명제에 제한한다면 형상(form)과 질료(matter)에 대해, 또 본질(substance)과 관련성(relation)에 대해 정당하게 사색할 수 없을 것이다. 더욱이 이와 같은 형이상학적인 사색이 토대를 하고 있는 인과관계의 원리는 논증될 수 없을 것이다. 또한 13세기 형이상학에게 그렇게 중요했던 자연신학(natural theology)에 있어서 하나님의 존재와 다른 문제점들을 논증할 수 없을 것이다. 인간 탐구의 본래의 과학적 영역으로서의 형이상학에 대한 거부는 신앙지상주의(fideism)에 의해서 교회의 권위에 대한 맹목적 신뢰에 의해서만 연결될 수 있는 신앙과 이성의 분리를 초래했다.[8] 이상에서 서술한 체계는 12세기 유명론의 어떤 발전된 부분이 아니었다. 그것은 14, 15세기 사상가들 주로 오컴, 데일리, 비엘의 사상의 탐구에서 비롯된 혼합물이었다.

그러면 1930년 이래 이에 대한 수정적 견해 내지 해석은 어떠한가?

---

7) Ibid.
8) Ibid., p. 29.

코트네이는 1965년까지의 연구 경향, 그리고 1965~1972년 사이의, 최근에 1972~1982년 사이의 연구 성과를 살펴봄으로써[9] 유명론에 대한 새로운 해석을 시도하고자 하고 있다. 그러나 필자가 보기에는 그가 유명론이라는 용어는 그 자신의 독특한 역사적 발전을 지닌 하나의 학파라고 지칭하기에는 부적절하다는 것 이외에는 어떤 새로운 견해를 제시하지 못하고 있는 것 같다. 다시 말하면 1930년 이래 여러 학자들의 연구 결과를 통해서 유명론에 대한 새로운 견해가 수정되었다고 하더라도 유명론이라는 용어 자체를 부정할 수 없다는 것이다. 또한 부정할 필요도 없다는 것이다. 또 크리스텔러 의 말대로 부정할 이유를 찾을 수 없다.[10]

그러면 주로 오컴의 사상을 중심으로 유명론에 대한 수정적 견해를 간단히 살펴보자. 코트네이에 의하면 오컴이 일반적 유사성(즉 보편성)을 거부하지도 않고 형이상학을 파괴하지도 않았다. 또한 그의 사상의 본질적 구조는 철학적이기보다 신학적이었다. 그러기 때문에 오컴을 비롯한 버디안 (Burdian), 리미니, 데일리, 비엘 같은 중세 말 사상가들의 사상을 유명론이라 고 부르는 것이 적절치 않다는 것이다.[11] 그러나 이것은 해석의 문제라고 생각된다.

먼저 보편을 거부하지 않았다고 했는데 그에게 보편성(universality)은 상징들(signs) 다시 말하면 말이나 글로 표현된 것과 또 이들에 의해 표현되는 사고 행위와 같은 특성을 가리켰다.[12] 그러므로 그에게 보편의 문제는

---

9) Courtenay는 상기한 논문 "Nominalism and Late Medieval Religion"에서 1930년 이래 1972년 사이의 연구경향을 살펴보고 있고, 1972~1982년 사이의 연구 성과에 대해 "Late Medieval Nominalism Revised : 1972~1982"이라는 제목으로 *Journal of the History of Ideas*, vol. 44, No. 1(1983)에 싣고 있다. pp. 159~164. 이하 전자를 Courtenay I, 후자를 Courtenay II라고 약한다.

10) Paul O. Kristeller, "The Validity of the Term : Nominalism," in *The Pursuit of Holiness*, pp. 65~66.

11) Courtenay I, p. 52.

12) Ernest A. Moody, "William of Ockham," *The Encyclopedia of Philosophy*, vol. 8(1975),

추상적, 공통적 성격이 어떻게 단일한 존재로 개별화되는가 설명하는 형이상학적 문제가 아니었다. 그에게 개별화의 문제는 보편적 용어들이 그것들에 의해 표시되는 개체들에 대하여 설명하는 명제들 안에서 어떻게 사용되는가 보여주는 논리적인 문제였다. 이것은 실재론자들이 주장하는 것처럼 개체들 안에 있는 공통된 성격의 결과는 아니었다. 그는 개별화되거나 추상화될 공통된 성격을 거부했다.[13]

그 다음에 오컴이 형이상학을 파괴하지 않았다는 것은 그가 본질과 존재, 형상과 질료, 실체와 우연한 것, 인과관계와 관련성의 개념을 계속 사용했다는 것이지 이것은 그가 형이상학적 진리를 부정하지 않았다는 것을 의미하지 않는다.[14] 13세기의 실재론에 의하면 인간 지성은 감각적 경험에 의해 인지되는 개체들 안에 존재론적으로 이들 개체들과 부수되는 것들보다 먼저 존재하는 추상적인 본질과 필요한 관련성의 이해할 만한 질서를 발견할 수 있었다. 또 이런 질서에서 지성은 제일 원인과 신의 존재와 속성에 관한 필요한 진리들을 입증할 수 있다고 생각했다.[15] 그러나 오컴은 중세적 실재론의 이러한 형이상학적, 인식론적 가정을 거부하고, 실재론적 경험론에 토대하여 전체 철학의 구조를 재구성하였다(Ⅱ절 참조).

이렇게 전통적 견해가 수정되었다고 하더라도 이것이 유명론이라는 용어 자체를 부정하는 근거가 될 수는 없을 것이다. 유명론의 수정적 견해에 공헌한 오베르만(Oberman) 같은 학자도 유명론은 존속될 뿐 아니라, 오컴 이후에도 오랫동안 발전된 운동으로서 더 포괄적인 카테고리임이 입증된다

---

p. 308, 이하 Moody I이라고 함.

13) "소크라테스는 당나귀보다 더 플라톤을 닮았다. 왜냐하면 소크라테스는 합리적 영혼을 가졌고, 플라톤도 합리적 영혼을 가졌기 때문이다, 그러나 그들은 공통된 어떤 합리적 영혼을 가지고 있지는 않다." Ockham, *Summa Logicae*, citing in Courtenay I, p. 36.

14) Moody I, pp. 313~314.

15) Ibid., p. 307.

고 했다.[16]

또 그의 사상의 구조가 철학직이기보다 신학적이라고 해서 유명론이라는 용어가 적절치 않은 이유가 될 수 없다. 코트네이에 의하면 온건한 유명론에 속하는 오컴, 데일리, 비엘 세 사람을 마치 하나의 학파와 같이 묶어준 중심 사상은 철학적이기보다 신학적이었다. 즉 이들의 공통점은 원자론적 형이상학도 아니고 직관적 인식의 인식론도 아니었다. 오히려 신과 인간 사이에 관계의 모든 국면에 대한 구두상의 계약적 일치(verbal contractual agreements)의 중심성, 효율성, 신뢰성의 개념에 있었다.[17] 그런데 코트네이는 상기한 세 사람들 사이에 사상의 단일성을 묘사하기 위해 'Ockhamism'은 부적절하고 'Nominalism(유명론)'이 적절한 용어라고 하고 있다.[18] 그가 왜 '유명론'이라는 용어가 부적절하다고 하면서 이 용어를 사용하는 것인가? 그 이유를 두 가지로 생각해 보고자 한다.

첫째, 계약의 개념은 신학적인 것이지만 코트네이도 인정하는 것처럼 논리적 개념이기 때문이다.[19] 즉 이 개념은 신의 두 권능, 절대적 권능(*Potentia absoluta*)과 정해진 권능(*Potentia ordinata*) 사이에 변증법에서 나온 것인데 이 변증법은 특히 오컴에 의해서 철학과 신학의 문제들을 논리-비판적 (logico-critical)으로 다루는 데 있어서 그가 경험론자 내지 실증적 입장임을 정당화하기 위해 새롭게 적용된 방법이었다.[20](Ⅱ절 참조) 이러한 신의 두 권능 사이에 변증법이라는 논리적, 비판적 도구와 계약의 개념은 *Via moderna*라고도 하는 유명론의 입장에 속하는 사람들 사이에 공통된 경향이었다.[21]

---

16) Oberman, op. cit., p. 12.

17) Courtenay I, pp. 50~51.

18) Ibid., p. 53.

19) Ibid.

20) Moody I, p. 315.

21) McGrath, op. cit., p. 77 ; Oberman, op. cit., pp. 12~15.

그러므로 그 사상의 구조가 주로 신학적이라고 해서 '유명론'이라는 용어가 적절치 않다는 것은 타당치 않다. 무디(Moody)도 유명론이란 본질적으로 논리적 분석을 철학적, 신학적 문제들에 적용하는 것으로서 '언어의 철학'이라고 했다.[22] 그것의 한 가지 방법으로서 알려진 것이 *Via moderna*였다. 그래서 그는 유명론을 그것의 논리적, 인식론적, 형이상학적 의미에 제한시켰다.[23] 그러나 그도 코트네이가 주장한 바대로 유명론을 하나의 역사적 학파로 보지 않고 '유명론자(Nominalist)'나 '오컴학파(Ockhamist)'라는 용어를 14, 15세기에 있어서 일군의 신학자들에게 적용하는 것을 거부했다.[24] 이것이 우리가 고려할 두 번째 이유가 된다. 다음에 유명론이 역사적 발전을 지닌 하나의 학파일 수 없다는 점에 대해 더 살펴보자.

1930년 이후 수정적 견해를 발표한 학자들의 연구 결과, 중세 말의 유명론은 세 유파 내지 세 운동으로 구분하게 되었다. 첫째, 보수적, 어거스틴적 분파로서 '유명론 우파'[25] 내지 '역사-비평적 그룹(historico-critical group)'[26]이라고 불려지기도 하는데 토마스 브로딘(1295~1349), 그레고리 리미니 같은 사람들이 이에 속한다.

둘째, 온건하고 중도적인 분파로서 '온건한 유명론(moderate Nominalism)' 내지 '오컴학파(Ockhamist)' 혹은 '논리-비평적 그룹(logical-critical group)'의

---

22) Moody I, pp. 310~311.

23) E. A. Moody, "Ockhamism," in *Encyclopedia of Philosophy*, Vol. V(New York, 1968), pp. 533~534, 이하 Moody II라고 함.

24) Courtenay I, p. 53.

25) '보수적 우파(Right wing)', '중도적(moderate)', '급진적 좌파(Left wing)'라고 구분한 이는 오베르만이다. Oberman, "Some Notes on the Theology of Nominalism with Attention to its Relation to the Renaissance," *Harvard Theological Review*, LIII(1960), pp. 47~76 ; Courtenay I, pp. 34~35.

26) '역사 비평적(Historico- critical)', '논리 비평적(logico-critical)' 'modernist'라고 칭한 이는 트랩(Trapp)이다. Damasus Trapp, "Augustinian Theology of the 14th century," *Augustiniana* VI(1956), pp. 146~274 ; Courtenay I, loc. cit.

덜 급진적인 분파로 불려지기도 하는 것이 있다. 여기에는 오컴, 피에르 데일리(1350~1420), 가브리엘 비엘 같은 사람들이 포함된다.

끝으로 급진적인 분파로서 '유명론 좌파(left-wing Nominalism)' '근대주의 (modernism)' 혹은 '논리, 비평적 그룹'의 급진적 분파로서 묘사되는데, 로버트 홀코트(Robert Holcot, 1290~1349), 아담 보담(Adam Wodham), 니콜라스 오트리코트(Nicholas of Autrecourt, 1300~1350) 등이 이에 속한다.

이상에서 세 구분은 우리가 중세 말의 유명론을 이해하고 설명하는데 필요한 방편이라고 생각된다. 물론 이런 구분이 역사적 사실에 너무 동떨어져서는 안될 것이다. 이 중에서 특히 '온건한 유명론'은 코트네이도 인정하듯이 호크스테터(Hochstetter), 비그노(Vignaux), 보크너(Bochner), 무디, 오베르만 같은 학자들에 의하여 그 사상의 정통성, 비급진적 성격으로 호의적, 긍정적 평가를 받게 되었다.[27]

이렇게 여러 학자들과 마찬가지로 코트네이도 유명론의 세 분파, 특히 온건한 유명론을 긍정적으로 평가하고 있다. 그러나 이들 분파가 하나의 학파 특히 '오컴학파'라고 부르는 것에는 반대하는 경향이다. 무디는 14세기에 어떤 신학자도 자신을 '오컴파'라고 지칭하지 않았으며 'Ockhamism'이라는 용어는 오컴의 사상 외에 어떤 다른 사람의 사상을 나타내는 데 사용되지 않았다고 했다.[28] 이것을 뒷받침해 주는 최근의 연구 성과가 있다.

오컴의 유명론, 특히 지식의 대상과 명제들의 의미에 대한 오컴의 이해가

---

27) Courtenay I, pp. 35~36 ; Erich Hochstetter, *Studien zur Metaphysik und Erkenntnislehre Wilhelms von Ockham*(Berlin und Leipzig, 1927) ; "Nominalismus?," *Franciscan studies*, IX(1949), pp. 370~403 ; Paul Vignaux, "Nominalisme," in *Dictionnaire de theologie catholique*(Paris, 1930), cols. 717~784 ; Philotheus Boehner, *Collected Articles on Ockham*, Franciscan Institute Publications, Philosophy series, No. 12 ; E. A. Moody, *The Logic of William of Ockham*(New York, 1935) ; "Ockham, Buridan, and Nicholas of Autrecourt," *Franciscan Studies*, VII(1947), pp. 113~146 ; "Empiricism and Metaphysics in Medieval Philosophy," *Philosophical Review*, LXVII(1958), pp. 145~163.

28) Moody II, p. 533.

다음의 계속되는 세대에 미친 영향이 무엇인가에 대해 지속적으로 연구되어 왔다. 오컴에게 지식의 대상은 명제(proposition), 더 정확하게 말하면 논증된 결론이었다. 그에 의하면 명제란 우리가 자유롭게 사물의 직관적 인식에서 비롯되는 개념들을 결합함으로써 수행하는 작용에 의해 우리의 정신 안에서 형성되었다.[29]

그런데 채튼(Chatton, 1285~1344)은 이것을 부인하고 지식의 대상은 명제가 가리키는 사물 자체라고 했다. 크라톤(Crathorn)은 1330년 경 이 견해를 수정, 지식의 대상은 명제의 전체 의미라고 하였는데 소위 '의미 있는 관련(*complexe significabile*)'이라고 알려졌다.[30] 또한 이 무렵 아담 보담(d.[사망년도] 1349)이 '결론의 전체적 의미(*the total significate of the conclusion*)'라는 유사한 견해를 발표했다고 하는데 현재 크라톤과 보담 둘 중에 누가 먼저 발표했는지 논란이 있다.

어떻든 후에 이런 견해를 후기 어거스틴파를 창시했다는 그레고리 리미니(d. 1358)가 받아들였다는 증거가 있다.[31] 이렇게 마지막으로 채택된 견해가 오컴의 견해가 아니었다는 것은 오컴이 그와 관련된 옥스퍼드 그룹(유명론 좌파)에 의해 쉽게 받아들여지지 않고 도리어 확인된 비판을 받았다는 것을 의미한다. 이것은 14세기 사상가들의 개별성이 증대되고 있었다는 것, 그래서 어떤 학파에 대해 말하는 것이 어렵다는 것을 말해 준다.

이상에서 유명론이 비록 '오컴학파(Ockhamism)'라는 하나의 학파라고

---

29) Moody I, p. 310.

30) 이에 대한 하인리히 쉐퍼스(Heinrich Schepers)의 연구가 있다. "Holkot contra dicta Crathorn", *Philosophisches Jahrbuch* 77(1970), pp. 320~354. 이것을 수정, 보완하여 2년 후에 발표됨. 79(1972), pp. 106~136.

31) 기드온 갤(Gedeon Gál)은 보담(Wodeham)의 "the total significate of the conclusion"이 포함된 *lectura secunda*를 발견, 편집함으로써 그레고리 리미니(Gregory of Rimini)가 이 자료를 통해서 그의 견해를 받아들였음을 입증했다. G. Gál, "Adam of Wodeham's Question on the 'complexe siginificabile' as the immediate Object of scientific Knowledge," *Franciscan Studies*, 37(1977), pp. 66~102. Courtenay II, loc. cit.

부르기는 적절하지 않다고 하더라도 하나의 역사적 용어로서 타당하다는 것을 고찰했다. 이세 다음과 같이 유명론에 대한 용어의 정의를 내려도 좋을 것이다. 중세 말의 유명론은 약간의 차이는 있지만 12세기 아벨라드 등에서 비롯되고 논리적, 인식론적 입장에서 출발하여 신학, 정치학, 윤리, 자연과학 등에 적용, 큰 영향을 미쳤다. 이런 과정에서 오컴은 선구적 역할을 했고, 비록 하나의 학파라고 할 수는 없지만 데일리, 비엘은 오컴의 견해에 가까운 입장을 취한 자들로서 이것을 '온건한 유명론'이라고 불러도 좋을 것이다.

특히 14세기에 *moderni*(*modernus*의 복수형)라고 불린 자들은 단순히 어떤 반대자들을 가리키는 경멸적인 용어라기보다 맥그래스(McGrath)에 의하면 '실재론 이후의 사람들(post-realists)' 혹은 '비실재론자들(non-realist schools)'을 가리키는 전문적 용어였다.32) 이들에 의해서 소위 *Via moderna*(the modern way)라는 운동이 일어났고 오컴은 그 창시자로서 알려졌다. 오베르만에 의하면 *Via moderna*는 후기 프란체스코파의 사상운동으로서 시작되었지만 점차 도미니크 교단, 어거스틴 교단 내에도 그 영향이 파급된 포괄적인 운동이었다.33) 비록 유사한 *Via moderna*의 인식론을 지녔다 하더라도 상이한 신학적 견해를 나타내기도 했지만,34) 대체로 *Via moderna* 내지 온건한 유명론의 인식론과 구원론에는 공통점이 있었다. 다음에서는 오컴을 중심으로 하는 *Via moderna*의 인식론과 그와 관련된 구원론 특히 의인(義認)의 문제를 중심으로 계약의 개념에 대해 살펴보기로 하자.

---

32) McGrath, op. cit., p. 112(주 169) 참조).

33) Oberman, op. cit., p. 12.

34) 유명론 좌파라고 하는 로버트 홀코트(Robert Holcot), 중도파라고 하는 피에르 데일리(Pierre d'Ailly)는 Pelagianism의 어떤 형태에 접근하는 신학을 나타냈고, 보수적 우파라고 하는 그레고리 리미니, 휴고리노 오르비에토(Hugolino of Orvieto)는 Anti-pelagianism에 속했다.

Ⅱ. 인식론 및 구원론

1. 인식론(Epistemology)

어떤 중세 사상가도 데카르트나 칸트처럼 그 자신의 정신적 경험의 가정에서부터 하나의 철학 체계를 만들지 않았다. 철학은 다른 사람들로부터 받아들여지고 문법이나 수학 같은 식으로 기억되고 가르쳐질 수 있었다. 11세기 중엽 이후 논리학의 교사들이 나타났고 이들에 의하여 스콜라 철학의 시대가 시작되었다. 스콜라 철학은 본질적으로 질문(*quaestio*), 논의(*disputatio*), 결론(*sententia*)의 과정에 이르는 논리적 방법이었다.[35]

13세기에 이르러 처음으로 형이상학과 인식론에 대한 큰 문제들에 직면했을 때 사람들은 그들이 그리스 사상의 유산에 대해 알았던 것에 자연스럽게 의지하였다. 200여 년 동안 플라톤이나 아리스토텔레스는 철학적 진리의 한 권위로서 받아들여졌다. 특히 연역적 추론을 통해 물질적인 것으로부터 정신적인 것에 이르는 사물의 추상적 본질을 발견하려는 아리스토텔레스적 논리는 토마스 아퀴나스에 의하여 이성과 신앙의 세계를 조화시키고 종합하는 데 원용되었다.[36]

13세기 토마스 아퀴나스(d. 1274)의 시대는 형이상학의 시대, 존재의 철학에 많은 관심을 보인 시대였다. 이성과 계시의 관계에 대한 스콜라 학자들의 논의는 그 모든 과정에서 실재(reality)란 무엇이며 우리는 그 실재를 어떻게 알 수 있는가를 둘러싼 철학적인 논쟁과 깊은 관련을 맺고 있었다. 여기서 기본적인 문제는 사고의 대상은 보편적(universal)이지만 존재하는 모든 것은 단일하고 개별적이라는 것이었다.[37]

온건한 실재론(moderate realism)에 의하면 개개의 존재하는 것들 안에는

---

35) David Knowles, op. cit., p. 79.

36) Ibid., pp. 82~83 ; 혹은 Ferguson Ⅱ, pp. 91~97.

37) Moody Ⅰ, p. 308.

공통된 성격이 있고 이 성격은 그들의 개별화 원리(individuating principles)와 구분되었다. 심리적 측면에서 인간 지성은 감각적 경험의 독특한 표현으로부터 이해할 만한 종들(species), 혹은 유사성(likeness)을 추상한다. 그런데 이런 종들에 의해 인간 지성은 개체와 구분되는 공통된 성격을 인지한다. 이때 개체 안에 공통된 성격은 실제로 개별화 원리와 구분되는가 하는 문제에 대해 미묘한 차이를 나타냈다. 즉 스코투스는 "그들이 실제로는 동일하지만 형식적으로는 구분된다"고 했고 토마스주의자들은 "단지 생각하는 양식에 따라서 구분된다"고 했다. 이에 대해 오컴은 개체 안에 있는 공통된 성격의 모든 형태들을 자기 모순적, 비합리적이라고 생각했다.[38]

스코투스는 아퀴나스와 함께 아리스토텔레스적 경험적 인식론을 가지고 있었다. 그러나 아퀴나스와는 달리 스코투스는 인간의 정신이 명백하지는 않지만 개체에 대해 직접적인 직관력을 가진다고 주장했다.[39] 반면에 아퀴나스에게 정신은 기억과 감각과의 내성적인 관련에 의해서만 개체를 인식하는 것이었다. 스코투스에 의하면 지적인 직관은 지적인 이해를 할 수 있는 대상을 전제로 하였는데 그는 이것을 개개의 형상(form) 안에서 발견하였다. 그에게 '이 형상(thisness, Haecceitas)'은 특이한 성격을 하나의 개체로 맺어주는 개별화의 원리였다. 말하자면 '이 형상'은 스코투스에게는 개체 안에 있는 공통된 성격이었다.[40] 스코투스는 이 공통된 성격이 그 '형상'과 실제로는 동일하지만 형식상으로는 구분된다고 했다. 오컴은 이런 주장의 논리적 모순을 다음과 같이 비판하고 있다. 즉 만일 이 형상과 특이한 성격이 실제로 동일하다면 이 양자는 형식상으로 구분될 수 없다. 또한 만일 이들이 형식상으로 구분된다면 양자는 실제로 동일할 수 없다는 것이다.[41]

---

38) Ibid.

39) Knowles, op. cit., p. 278.

40) Ibid.

41) Moody I, loc. cit.

82

다음에 토마스주의자들에 의하면 동일한 것은 그것을 생각하는 다른 방식에 따라 개체적(singular)이 되기도 하고 보편적(universal)이 되기도 하였다. 이에 대해 오컴은 "사물이 본래 존재한다는 것은 어떤 사람이 그것을 어떻게 생각하느냐에 따라 결코 좌우될 수 없다"는 근거에서 그 주장이 타당치 않다고 했다. 그에 의하면 "어떤 것도 그것이 하나의 개체라는 사실에 의해 하나의 것이 되고 둘이 될 수 없다. 또 그것의 단일성은 그것에 덧붙여진 어떤 것 때문이라는 것은 있을 수 없다"고 했다.[42]

이상에서 오컴의 중세적 실재론에 대한 비판은 개별화되거나 추상화될 공통된 성격(보편성)의 존재를 부인하는 것을 의미했다. 다시 말하면 실재론자들이 절대적 용어(absolute terms)에 의해 표시되는 개개의 사물들과 구분되는 실체들(entities)의 이름을 추상적 용어(abstract terms)로서 부르는 것을 거부함으로써 오컴의 유명론이 성립된다고 할 수 있다.

예를 들어 실재론자들에 의하면 '아버지(father)'라는 절대적 용어로써 본질(substance)을 나타내고, '부성(fatherhood)'이라는 추상적인 용어는 그 본질 안에 있는 실체를 나타낸다는 것이다. 이에 대해 오컴은 '아버지'라는 용어는 본질과 구분되는 실체를 의미하고 추상적인 용어 '부성'에 의해 직접적으로 표시되는 것을 인정했다.[43] 그러므로 그는 '아버지'라는 용어 속에 내포된 본질 내지 보편성을 인정했지만 그것이 실재한다고 생각지 않았다. 그것은 하나의 '이름'에 불과했다. 그에게 보편의 문제는 인식론적인 문제로서 개별적으로 존재하는 것들에 대한 경험이 어떻게 보편적 성격의 개념으로 또 보편적으로 한정된 명제들로 나타날 수 있는가 설명하는 문제였다.[44]

오컴은 *Commentary on the Sentences*의 서두에서 신학적 진리들에 대한 명백한

---

42) Ibid.

43) Ibid., p. 311.

44) Ibid., p. 308.

지식이 이 생에서 인간에 의해 얻어질 수 있는가, 어떤가에 관련하여 먼저 두 종류의 지직인 이해로 나누어 즉 직관적 인식(intuitive cognition)과 추상적 인식(abstractive cognition)을 구분하여 살피고자 했다. 이때 그는 이해 (apprehension)와 그 이해의 전제로서 판단(judgment)을 근거로 하여 구분했다. 그에 의하면 직관적 인식은 지성이 인지되는 대상이 존재하거나 존재하지 않는다는 것을 명백히 판단할 수 있는 이해 행위였다. 혹은 그 대상이 어떤 독특한 성질이나 다른 부수적인 조건을 가지고 있는지 어떤지를 명백히 판단할 수 있는 이해 행위였다.[45]

이에 대해 추상적 인식은 인지되는 대상이 존재하는지 어떤지 명백히 알려질 수 없고 또 명백한 부수적인 판단이 내려질 수 없는 어떤 인식 행위였다.[46] 이렇게 동일한 대상들을 이해하는 이런 두 가지의 방법이 가능하다는 것은 경험에서 명백하였다. 이에 대해 좀 더 설명하기로 하자.

우리는 어떤 대상이나 사건을 직관적으로 인식하고 경험하게 된다. 이때 우리의 지성은 동일한 대상이나 사건에 대한 추상적 인식을 할 수 있다. 여기서 양자 간의 유일한 차이는 추상적 인식의 경우 사고하는 그 대상에 대한 부수적인 판단을 직관적 인식에서처럼 명백히 하는 데 충분치 못하다는 것이다.[47]

오컴에 의하면 만약 하나님이 선행하는 직관적 인식 없이 추상적 인식을 할 수 있다는 논리적으로 가능한 경우를 무시한다면 다음의 원리가 성립된다고 했다. 즉 어떤 추상적 인식도 이해된 대상이나 대상들의 직관적 인식에서 비롯되지 아니하는 것이 있을 수 없다는 것이다.[48]

이 원리는 자연적 지식과 그 논증의 근원에 대한 오컴의 이론에 토대가

---

45) Ibid., pp. 308~309.
46) Ibid., p. 309.
47) Ibid.
48) Ibid.

되었다. 최근에까지 지속된 연구에서 많은 학자들이 오컴의 유명론을 '실재적 개념론(realistic conceptualism)'이라고 부르는 것도 그의 이런 원리 때문이었다.[49] 여기서 그의 개념론에 대해 좀 더 살펴보기로 하자.

오컴에 의하면 1차적으로 어떤 대상이나 사건에 대한 직관적 인식이 이뤄지고 그 다음에 이 인식으로부터 직접 추상적 인식 내지 개념이 이뤄진다. 그에게 직관적 인식의 대상은 외적인 감각으로 지각될 수 있는 대상만이 아니고 사고, 의지, 정서와 같은 내성적으로 이해되는 비감각적 활동도 포함되었다. 그뿐 아니라 그는 하나님의 권능에 의해서 존재하지 아니하는 것들(non-existents)에 대한 직관적 인식도 논리적으로 가능하다고 했다.[50] 이러한 직관적 인식에서 파생되는 추상적 인식 내지 개념은 어떠한가?

처음에 오컴은 추상적 인식이란 직관적 인식을 한 하나의 대상에 대한 개념일 뿐이라고 하였는데 그 후에 그는 매우 유사한 개념을 낳게 되는 다른 대상들을 배제하지 않고 개념의 보편성이 직관적 인식에서 추상적 인식으로 이행하는 과정에서 얻어진다고 했다.[51]

그에 의하면 사람의 정신 안에 있는 개념 내지 보편성은 대상들에 대한 인식(즉 추상적 인식)을 가리키는데, 그러나 이러한 개념으로써는 전술한 바와 같이 그 대상들이 존재하는지 안하는지 명백히 판단될 수는 없었다.[52] 그러면 이러한 개념은 어떤 종류의 실재인가?

그는 개념에 대해 세 가지 이론을 개연적(probable)인 것으로서 제시하였다. 즉 ① 외적인 대상들에 대해 이해된 것(the being understood), ② 영혼 안에 있는 실재하는 성질(real quality)로서 보는 경우, ③ 개념으로 인식될 수 있는 개개의 것들을 이해하는 행위로서 보는 경우가 그것이었다.[53]

---

49) Courtenay II, p. 162 ; McGrath, op. cit., p. 71.
50) Moody I, p. 309.
51) Ibid.
52) Ibid., pp. 309~310.

그런데 그는 경제적 근거로(on grounds of economy) 마지막 것을 선호하였다. 이는 처음 두 가지는 정신 외적인 것들(extramental individuals)을 이해하는 것이 요구되는데 반하여 마지막 것은 이해하는 행위에 의해서 만족될 수 있기 때문이었다.

그러면 어떤 하나의 대상의 직관적 이해에서 파생되는 하나의 개념이 일정한 무리의 대상들을, 즉 그 개념이 적용될 수 있거나 혹은 직접적으로 경험된다면 개념을 이끌어낼 수 있는 대상들을 이해하는 행위를 어떻게 구성할 수 있는가? 이에 대해 오컴은 그 대상들이 유사하기 때문에 대상들 가운데 하나의 경험에 의해 이끌어낸 추상적인 개념은 사실상 유사한 모든 대상들의 개념이 된다고 했다.[54]

이상의 오컴의 개념론은 주관주의적(Subjectivistic) 경험론이 아니라 실재적(realistic) 경험론이었다. 이것은 인간 정신이란 존재하는 개체들과 이들의 지각할 수 있는 성질들을 직접적으로 인지할 수 있다는 것, 그것은 또한 그 자신의 행위를 직접적으로 인지할 수 있다는 원리에 토대하였고 또 그것을 전제로 하였다.[55] 이러한 그의 인식론적 경험론은 인식된 언어(cognitive language)의 어의적 구조(semantical structures)와 존재론적 관련의 분석이 수반됨으로써 명제적 지식(propositional knowledge)에 도달하고자 했다. 이런 과정에서 그는 소위 '오컴의 면도날(Ockham's razor)'이라는 외과의적 메스를 가하였는데 이것은 설명에 있어서 '경제의 방법론적 원리(a methodological principle of economy)'였다.[56]

그는 인식론적으로, 존재론적으로 유명론자였다.[57] 즉 인식론적으로

---

53) Ibid., p. 310.
54) Ibid.
55) Ibid., p. 307.
56) Ibid.
57) McGrath, op. cit., p. 71.

86

보편적인 개념은 개개의 실체들(individual entities)을 토대로 확립되었다. 또 적어도 어느 정도 그 개념은 그 실체들을 나타냈다. 또한 존재론적으로 보편적인 개념들은 정신 외적인 대상들(extramental referents)을 의미하지만 그들 자체 정신 외적인(extramental) 것은 아니었다.

이것은 오컴이 보편을 과도한 인간적인 상상의 허구로서 고려했다는 것을 의미하지 않는다. 그는 보편을 제거하지도 또 보편의 독립된 실체를 받아들이지도 않았다. 그는 개념적인 것과 존재론적인 것 사이에 불일치를 체계적으로 탐구한 최초의 사람이었다. 즉 개개의 인식의 우위에 토대한 인식론을 개개의 존재론과 결합한 최초의 사람이었다.[58] 말하자면 유명론자로서 그는 의미와 진리의 존재론적인 결정을 거부했다고 할 수 없다. 다만 그는 추상적, 언어 외적 실체들(abstract, extra-linguistic entities)을 언어의 논리적 분석에 의해 체계적으로 제거함으로써 불필요한 존재론적인 관련을 최소화하려고 했다.[59]

2. 구원론(Soteriology)

오컴에 의하면 하나가 또 다른 하나의 원인이 되는 것, 즉 인과관계는 경험에 의해서만 알려질 수 있었다. 하나의 지식에서 '다른 어떤 것이 그 지식으로부터 비롯된다'는 것을 선험적으로 연역하는 것은 불가능하였다. 이렇게 그는 인간이 그의 현세에서 하나님에 대한 직관적 인식을 할 수 없기 때문에 그의 존재에 대한 어떤 직접적인 증거도 제시할 수 없다고 했다.[60] 그러나 그는 기독교 신앙에 대한 강한 충성심을 나타냈고 신적으로 계시된 것으로서의 믿음의 사항들에 대해 완전한 신뢰를 했다.

---

58) Ibid., p. 72.
59) Moody I, p. 307.
60) Ibid., pp. 313~314.

그가 반대한 것은 입증할 수 없는 것을 입증하려는 시도와 신학에 기독교 신앙의 근본적인 사항들의 엄청난 의미들을 다만 애매하게 하는 모호한 설명을 덧붙이는 것이었다. 이것은 그가 자연 신학(natural theology)에 어떤 여지를 거의 남겨 두지 않았음을 의미한다. 그 대신에 그는 계시와 믿음에 토대한 실증 신학(Positive theology)의 길을 열었는데, 이것은 어떤 필연적인 추론이나 관찰에 의한 증거를 통해 논증될 수 없는 것처럼 반박될 수도 없는 것이었다.[61]

오컴의 이러한 실증 신학에서 하나님은 모든 유한한 것들의 전능한 창조주로서 그의 창조적, 원인적 행위는 완전히 자유롭고 비필연성을 띠었다. 이것은 그의 철학적 경험론을 간접적으로 정당화하는 데 이바지했다.[62] 왜냐하면 그의 경험론 내지 인식론은 그들의 존재와 그들의 상호 작용에 있어서 전혀 우연적인 것으로서의 창조된 것들의 개념을 요구했기 때문이었다.

오컴에게 신의 전능함과 신의 절대적 자유는 자연철학에 대한 것이었다. 그에게 신의 전능함과 신의 절대적 자유는 자연철학에 대한 그의 방법론에서 처럼 신학에 대한 그의 방법론에서 그가 경험론자 내지 실증적 입장에 있음을 정당화해 주는 논리적 도구가 되었다.[63]

신의 두 권능, 절대적 권능(*Potentia absoluta*)과 정해진 권능(*Potentia ordinata*) 사이에 변증법의 기원은 11세기 말이나 12세기 초에서 찾을 수 있지만, 13세기 파리의 아베로이스파(Averroist) 논쟁에서도 중요한 것이 되었다. 아베로이스파들은 신이 자연적 필연성에서 행하시기 때문에 신이 행한 것 외에 달리 행할 수 없다고 했다.[64] 이에 대해 신의 자유를 옹호하는

---

61) Ibid., p. 307.
62) Ibid., pp. 307~308.
63) Ibid., p. 315.
64) McGrath, op. cit., pp. 77~78.

사람들은 신의 두 개의 권능 사이에 변증법을 사용하였다.

토마스 아퀴나스는『신학대전(*Summa theologica*)』에서 "신의 지혜에 의해 피조물 안에 확립된 질서는 신의 지혜가 그것에 제약받아야 할 만큼 신의 지혜와 동일하지 않다. 그러므로 신의 지혜는 사물의 어떤 다른 체계가 그것에서 나올 수 없을 만큼 어떤 독특한 질서에 제약되지 않는다. 그러므로 우리는 신이 그가 행하신 것들 외에 다른 것들을 행하실 수 있다고 말할 수 있어야 한다"고 했다.[65]

13세기에 있어서 이런 변증법의 주요 기능은 신은 필연성에서 행하지 않으셨다는 것을 긍정하는 것이었다. 절대적 권능(*Potentia absoluta*)은 처음에 하나님께 열려진 완전한 가능성을 가리켰다. 이때 하나님은 논리적 모순이 없다면 어떤 것도 하실 수 있는 자유를 지니셨다. 예를 들어 원 모양의 삼각형을 만들 수 없다는 것은 신의 전능성과 자유를 더럽히는 것이 아니었다.

그런데 하나님은 처음에 열려진 가능성 가운데서 얼마를 기존의 질서로서 창조함으로써 성취하셨다. 이것이 하나님의 정해진 권능(*Potentia ordinata*)이었다.[66] *Potentia absoluta*는 하나님이 전제적으로(imperiously) 행하거나 행하실 수 있다는 의미가 아니라 하나님에 의해 확립된 질서를 고려함이 없이 절대적으로 고려된 권능이었다. 이것은 그가 하기로 선택한 것들 외에 다른 것을 행할 수 있는 권능이었다.

반면에 *Potentia ordinata*는 그의 창조를 위한 완전한 계획, 그의 정해진 절대적 의지였다. 그러나 일단 어떤 가능성이 선택되고 구체화되면 신은 구체화된 가능성의 기존 질서를 존중할 의무 아래에 있게 되었다.[67] 그러므로 절대적 신의 권능과 정해진 신의 권능은 역사적 시기의 어떤 순간에

---

65) Citing in Courtenay I, p. 38.

66) Ibid., p. 39 ; 혹은 McGrath, loc. cit.

67) Courtenay I, loc. cit. ; McGrath, ibid., p. 78.

신에게 열려진 행위의 두 개의 다른 과정(후자는 정상적 혹은 자연적 행위 형태, 전자는 기적적 혹은 초자연적 행위 형태 같은)이 아니고 두 개의 구분된 존재 질서였다.

신의 두 권능의 구분에 대한 오컴의 견해는 그 이전의 견해에서 크게 벗어나지 않았다. 그는 신이 그렇게 선택했다면 다르게 확립될 수도 있을 다른 질서들을 긍정함으로써 현재 질서의 우연성을 강조하려고 했다.[68] 그러나 그는 이들 다른 질서들이 지금 가능하다는 것을 믿지 않았다.

이렇게 이 세계, 우리의 세계가 우연적이라는 것은 존재의 영원한 구조에서의 존재론적으로 필연적인 유출이나 반영이 아니라 신의 계약(*a pactum Dei*)의 결과라는 것을 의미했다.[69] 이것은 또한 전성기 스콜라 철학의 존재론적(ontological) 신학을 수정하고 개념적으로 더 경제적인 의무론적(deontological) 신학을 지향하게 했다.

신의 두 권능 사이에 변증법에 호소하는 오컴, 데일리, 비엘 같은 온건한 유명론 내지 더 넓게는 *Via moderna*에 속하는 사람들의 공통된 주장은 현재의 창조된 질서를 포함하여 구원의 질서는 필연성에서 행하시는 신으로부터 비롯되지 않았다는 것이었다. 다음에서는 의인(義認, justification)의 교리를 중심으로 이들의 견해를 살펴보기로 하자.

11세기 말, 12세기에 의인은 신과 인간 사이에 매개자의 필요 없이 만나는 것으로서 이해되는 경향이 있었다. 그런데 12세기에 의인이란 인간 안에 존재론적 변화를 내포하기 때문에 의인의 과정에서 존재론적 매개가 필요하다는 생각을 하게 되었다. 이 매개는 은혜나 사랑의 창조된 관습(created habit)과 동일시되었다.[70]

이것은 13세기에 전성기 스콜라 철학의 가장 중요한 견해들 가운데

---

68) Courtenay I, p. 42.

69) Oberman, op. cit., p. 13.

70) McGrath, ibid., p. 79.

하나가 되었다. 즉 이런 견해는 창조된 관습이 죄와 은혜의 성격 때문에 필연적이라는 근거에서 구체화되었다. 그러나 신의 두 권능 사이에 변증법에의 호소는 이런 필연성을 의심케 했다. 즉 신이 그렇게 원하셨다면 인간을 의롭게 하는 전혀 다른 수단이 고안될 수 있었을 것이었다.

오컴은 의인에 있어서 창조된 관습에 돌리는 역할의 우연성을 입증하기 위해 절대적 권능과 정해진 권능 사이에 긴장을 이용했다. 이런 관습이 기존의 질서와 관계를 맺게 된 사실은 이렇게 되도록 한 신의 결정의 결과이었다. 결국 오컴은 존재론적 인과 관계보다 계약적 인과 관계의 개념을 제시하는데 여기서 창조된 관습(created habit)은 관련된 것들의 성격 때문(*ex natura rei*)이 아니고 신의 의지 혹은 신의 계약 때문에(*ex pacto divino*) 의인의 인과적 연속성 속에 관련될 수 있었다.[71]

*Via moderna*의 신학자들은 신과 인간 사이에 계약의 개념에 관련하여 *Potentia ordinata*의 신뢰성의 개념을 발전시켰다. 하나님은 '자기 자신 안에 있는 것(*quod in se est*)'을 행하는 사람에게 '의롭다 하는 은혜(*justifying grace*)'의 선물을 부여한다는 일정한 의무를 당신 자신에게 부과하기로 계약 안에서 명백히 하였다는 것이다.[72] 비엘은 이러한 의무의 성격을 다음과 같이 말했다. "비록 신은 일의 성격에서(*ex natura rei*) 어떤 사람에게 어떤 의무 아래 놓이게 되지 않지만 그 자신의 계약에서(*ex pacto suo*) 자발적으로 그런 의무 아래 놓이게 되었다."[73]

*Via moderna*의 신학자들에게 인간의 행위와 의인 사이에는 어떤 필연적인 존재론적인 관련이 없었다. 그러나 하나님은 그런 인과적인 관련이 그 자신의 계약에서(*ex pacto suo*) 존재할 것이라고 정하신 것이었다. 이렇게 중세 말 인간의 의인(義認)을 '의무론화 하는 것(deontologizing)'은 *Via moderna*

---

71) Ibid., p. 80.

72) Ibid., p. 81.

73) Ibid.

와 *Schola Augustiniana moderna* 신학의 일반적 특징이었다.

스코투스파의 신의 용인(容認, *acceptatio divina*)에 대한 강조가 중세 말기 이들 신학자들에 의해 발전, 통합되어 신의 의지의 인격적 행위로서 고려되는 의인으로 되는 경향이 있었다. 특히 후기 어거스틴파(*Schola Augustiniana moderna*)는 중세 말의 후기 어거스틴적 전통으로서 그레고리 리미니(d. 1358)에 의해 시작되고 16세기에도 계속되었음이 확인되고 있다.[74]

앞에서도 잠시 언급되었지만 그레고리 리미니는 *Via moderna*의 인식론과 구원론에 공감하면서도 초기 어거스틴적 전통 즉 절대적 예정설이나 인간의 타락에 대한 강조, 윤리학적으로 선한 행동에 대한 은혜의 필요성들을 채택함으로써 중세 말 어거스틴 교단 내에 견실한 신학적 전통의 발전을 가리키는 *Schola Augustiniana moderna*의 선구자가 되었다.

다시 말해서 *Schola Augustiniana moderna*는 중세 말 어거스틴 교단 내에 사상의 한 전통 내지 한 학파로서 *Via moderna*의 인식론 즉 유명론뿐 아니라 그 운동의 구원론의 어떤 독특한 국면을 받아들였는데 즉 신의 두 권능 사이에 변증법을 사용함으로써 의인에 있어서 창조된 관습의 부차적, 부수적 역할과 의인에 있어서 신의 용인(*acceptatio divina*)이라는 외적인 것에 대한 강조를 입증하였다.[75] 이렇게 *Via moderna*와의 주목할 만한 수렴성이 있음에도 불구하고, 어거스틴의 반펠라기우스적 저술의 신 중심적 신학이 *Schola Augustiniana moderna*의 구원론을 지배하였다. 이것이 *Via moderna*의 구원론과

---

74) Ibid., pp. 88~89. 특히 트랩은 14세기 어거스틴 신학자들의 연구에서 중세의 어거스틴적 전통이 두 개의 넓은 시기로 나눠지는 것을 보았다. 즉 ① 질스(Giles of Rome)에 의해 시작되어 14세기 신학자 토마스 스트라스버그(Thomas of Strasbourg)로 끝나는 경우, 이들은 인식론과 관련해서는 *Via antiqua*를 따르는 실재론자들이었다. ② 그레고리 리미니에 의해 시작되고 16세기에도 계속되는 경우, Damasus Trapp, "Augustinian Theology of the Fourteenth century : Notes on Editions, Marginalia, Opinions and Book-Lore," *Augustiniana* 6(1956), pp. 147~265.

75) Ibid., p. 92.

의 분기점이 되었다.[76]

*Via moderna*의 구원론은 펠라기우스에 가까운 경향이 있었고 그 당시 교회에 의해 채택되지도, 부정되지도 않았다. 이것은 인류의 구원이 그리스도의 성육신과 죽음과 관련되지 않고 논의될 수 있다는 점에서 명백한 그리스도론적인 결함이 있었다.[77] *Via moderna*의 신학자들은 그리스도를 구원자(Salvator)보다도 입법자(Legislator)로서 보는 경향이 있었다.

이렇게 어떤 신학적인 결함이 보인다고 하더라도 이들에 의해 개발된 구원론적, 성서 해석적 원리로서의 계약(*pactum*)의 개념은 의인에 있어서 은혜의 개념을 인간과 신 사이에 끼어 있는 창조된 매개물로서 더 이상 고려하지 않고 오히려 인간을 향하신 신의 의지의 국면으로서 고려하였다.

특히 '자기 자신 안에 있는 것(*quod in se est*)'을 행하는 사람의 '적절한 공로(*meritum congruum*)'를 인정하고, 이런 사람에게 은혜를 베풀기로 '그의 계약에서(*ex pacto suo*)' 작정하신 신의 의지를 강조하는 주의설(Voluntarism)은 초기 개혁 신학과 후기 중세적 전통 사이에 중요한 정도의 연속성을 제시한다고 할 것이다.[78]

또한 페트라르카를 비롯한 르네상스 휴머니스트들의 종교사상과의 관련성도 인식되고 있다. 다음에서는 자유의지와 은혜 사이의 관계에 대한 휴머니스트들 주로 페트라르카, 발라, 에라스무스의 견해를 살펴봄으로써, 이들과 유명론과의 관련성 문제를 유추하여 보기로 하자.

---

76) Ibid.

77) Ibid., pp. 82~83.

78) 캘빈이 젊은 시절 파리에서(1521년경 이후) *Schola Augustiniana moderna*를 통해서 주의설을 받아들였다는 증거가 있다. 즉 그리스도의 공로 문제에 대하여 그리스도 희생의 성격이 가치 있는 것이 아니라, 하나님이 자비롭게 그렇게 정하셨기 때문에 가치가 있다는 것은 그의 사상과 일치된다. 반면에 루터는 에르푸르트, 비텐베르크에서 *Via moderna*를 통하여 계약의 성격과 기능에 대해 이해를 하지만 그는 *Via moderna*의 신학에서 벗어나게 된다(ibid., pp. 93~121).

Ⅲ. 자유의지와 은혜 사이의 문제

1. 오컴적 견해

인간에게 있는 선택의 자유 혹은 결정의 자유(*liberum arbitrium*)가 이성에 속한 것인지 아니면 의지에 속한 것인지, 아니면 어떤 다른 힘에 속하는 것인지 하는 문제는[79] 고대로부터 비롯되어 중세를 거쳐 르네상스, 종교개혁기에 이르기까지 철학자들, 신학자들, 휴머니스트들 사이에 심각한 논쟁의 대상이 되었다.

대개 처음에는 이성의 우위를 주장하는 주지론이 지배하였지만 13세기 후반 이후 약 2세기 동안 의지의 우위를 주장하는 온건한 주의론이 큰 영향을 미치게 되었다.[80] 여기서 주로 다루고자 하는 페트라르카, 발라, 에라스무스 같은 휴머니스트들은 뒤에 계속 언급되겠지만 수사학적 전통에서 비롯되는 주의론의 영향을 주로 받는다고 할 것이다. 그러나 앞에서도 조금 언급한 오컴을 중심으로 하는 *Via Moderna*의 온건한 주의론이 그들에게 단편적으로 영향을 미친 흔적을 찾아 볼 수 있다. 여기서 그런 영향의 자취를 찾기 전에 먼저 주지론에서 주의론으로 전환하는 데 이바지한 오컴의 견해를 중심으로 살펴보고 자유의지의 문제가 어떻게 거대한 종교적, 문화적 문제의 중심이 되었는가를 고찰하여 보자.

서양 중세인들은 대체로 개인적 행복과 사회생활의 필수적인 것들 사이의 문제에 대하여 양자를 조화시키든지 아니면 종합하려고 노력했다. 이러한 중세적 경향은 삶의 모든 영역에 대한 모든 지식과 통찰의 요약을 하나의 저서 안에 포함시키려는 철학적 개요(*Summas*)에서 예증된다. 이렇게 중세인

---

79) J.B. Korolec, "Free Will and free choice" in *The Cambridge History of Later Medieval Philosophy* ed. Norman Kretzmann, Anthony Kenny, Jan Pinborg, Cambridge Uni. Press, 1982, p. 630.

80) Ibid., pp. 640~641.

들의 사고가 외양상의 차이점들을 유기적으로 통합된 전체로 관련짓는 데 용이하였던 것은 그 사회의 농업적, 친족적 성격과 함께 봉건제도의 정적이고 계서제적 성격 때문에 가능하였다.81)

토마스 아퀴나스에게서 우리는 그러한 종합을 발견하려는 노력과 그것으로 보편성에 대한 교회의 요구를 강화시키려는 노력을 전형적으로 볼 수 있다. 그는 『신학대전』에서 인식적 기능과 의지적 기능을 비교하고 있는데 여기서 *liberum arbitrium*은 의지에 속하는 기능이었다. 그러나 그에게 인간의 도덕적 행동에서 주요한 역할을 하는 것은 의지가 아니라 지력이었다. 왜냐하면 지력은 의지의 행위의 궁극적 원인이기 때문이었다. 즉 의지에게 궁극적 목표를 나타내 주는 것은 지력이기 때문이었다.82) 그에 의하면 인간은 수단과 목적에 대한 지식을 지니고 선택하는 자유를 행사할 수 있었다. 때로는 정욕(passions)이 인간의 판단과 선택의 자유를 파괴할 수도 있지만 그러나 이때에도 "이성은 정욕에 의해 온전히 독점되지 않는다"83)고 한다.

그뿐 아니라 그에게 외적인 위험이나 다른 위험에 의해 자극 받고 두려움의 상황 아래 행동하는 경우에도 그 행동은 전혀 무의식적인(involuntary)인 것이 아니었다. 왜냐하면 그런 상황 아래서도 인간은 두려워하는 더 큰 악을 제지할 수 있기 때문이었다.84) 여기서 볼 때 인간은 자유롭고 합리적이고 도덕적인 방식으로 현실 생활의 위기에 직면하고 대처할 수 있는 것으로 생각된다.

---

81) Charles Trinkaus, "The Problem of Free Will in the Renaissance and the Reformation" in *The Scope of Renaissance Humanism*. p. 264, 이하 *TSORH* VI이라 약함.

82) Thomas Aquinas, *Summa Theologica* vol. I, I, q. 82, 1, 2, trans. Fathers of the English Dominican Province in *Great Books of the Western World*(Encyclopaedia Britannica, Inc. 1978), 이하 *Summa Theologica*라 약함.

83) *Summa Theologica*, vol. I, I, II, q. 10,3.

84) Ibid., I, II, q. 6,6.

이상의 아퀴나스의 견해는 주지설로서 토마스파에 의해 받아들임으로써 널리 퍼지게 되었고 진 버디안(Jean Buridan, 1300~1358)과 그의 제자들 같은 다른 학파들 출신의 많은 사상가들의 견해에 영향을 미쳤다.[85] 그러나 새로운 상업 사회가 기존의 사회 내에서 성장함에 따라 경험의 조화를 추구하는 주지설은 적절하지 않았다. 왜냐하면 상업 사회는 생존을 위한 전혀 다른 요구 조건과 명령, 경제적인 의미의 성공에 대한 새로운 개념을 가지게 되었기 때문이다.

이제 각자 모든 것에 대항하는 분리적(disjunctive) 사고방식이 새로운 사회제도에 의해 성립된 현실적 삶의 상황에 적절하였다.[86] 경쟁적, 공격적 성격의 경제적 개인주의를 지향하는 그러한 압력은 가치의 이중체계를 형성하였고 자유의지의 문제는 운명, 숙명, 섭리, 예정의 반대되는 힘들에 대한 고찰과 함께 존재의 중요한 문제가 되었다. 이러한 과정은 이미 12세기에 나타나기 시작하였고 르네상스와 종교개혁의 이행기에 이르러 자유의지의 문제는 광범한 종교적, 문화적 중요성을 띠게 되었다.

이렇게 윤리와 경제, 도덕적인 것과 정략적인 것, 영적인 것과 물질적인 것 사이에 분리 의식을 느끼고 그 이전의 인식론적, 도덕적 영역에 큰 충격을 가함으로써 13세기의 신학적, 철학적 종합을 붕괴하는 데 이바지한 것이 전술한 바 있는 오컴을 중심으로 하는 온건한 유명론 내지 *Via Moderna* 운동이었다.

오컴에게 의지는 자유롭고 능동적인 힘이었다. 이것은 이성에 의해 제시되거나 명령된 것은 무엇이든지 갈망하거나 갈망하지 않을 수 있었다.[87]

---

85) 버디안에 의하면 지력은 목표를 선택하지만 의지는 그 목표를 갈망하였다. 그는 이 갈망을 더 완전한 자유라고 생각했다. 그래서 그를 주의론자라고 불리지만 그러나 그에게 인간적 갈망의 목표를 선택하는 것은 지력이기 때문에 지력이 의지보다도 우월하였다(Korolec, op. cit., p. 639).

86) *TSORH* VI, pp. 264~265.

87) *Quodlibeta Septem*, I, q. 16(Paris, 1487), cited in Moody I, 이하 *Quod.*라고 약함.

96

의지는 또한 목표에 이르는 수단의 선택에 있어서 자유로운 것처럼 그 자신의 목표를 선택하는 데도 자유로웠다. 그에게 이런 의지의 자유는 사고력보다도 더 중요한 것으로서 인간의 존엄성과 도덕적 선과 책임의 기반이었다.[88]

결국 세속적 영역에서 행위는 본질적으로 의지의 행위에서 일컬어지는 것을 제외하고는 덕스럽지도 악하지도 않았다. 그러나 그는 구원을 달성하기 위해서는 자유롭게 의지된 도덕적 행위의 타당성을 부인하였다. 다만 인간의 행위가 상(merit)을 얻기 위해서는 가장 완전히 자유롭게 그 동기가 유발되어야 한다고 그는 주장했다.[89] 이미 획득된 습관의 결과로서의 자비로운 행위는 자유롭지도, 도덕적으로 가치 있지도 않았다.

이것이 Ⅱ절에서 언급한 '자기 자신 안에 있는 것(quod in se est)'을 행하는 사람의 '적절한 공로(meritum congruum)'의 교의였다. 그러나 이것은 인간의 구원이 자기의 공로에 의존한다는 것을 의미하지 않고 온전히 하나님의 절대적으로 자유로운 의지에 의존했음을 말한다. 그에 의하면 하나님은 구원받을 만한 일을 한 사람들과 그런 일 하지 않은 사람도 의롭게 하실 수 있었다.[90] 또 어떤 사람도 버릴 수 있었다.

이렇게 오컴은 도덕을 자연생활로부터 분리시키는 데 있어서 한 영역에서는 자유의지를 예정에, 다른 영역에서는 자연적 필연성에 대립시키는 데 있어서 휴머니스트들을 예기하였다. 더욱이 그는 펠라기우스파라기보다도 루터의 예기자였다.[91]

---

88) *Quod.* III, q. 13.

89) *Tratatus de Praedestinatione et de Praescientia Dei et de Futuris Contingentibus*, ed. Ph. Boehner, St. Bonaventure(N.Y., 1945), p. 5, cited in *TSORH* VI, p. 266.

90) Ibid.

91) Paul Vignaux, *Justification et Prédestination au XIVe siècle*, Paris, 1934, p. 133, cited in *TSORH* VI, ibid.

2. 페트라르카적 전통

14세기 북방에서 유명론 특히 오컴의 유명론을 낳게 한 동일한 영적, 도덕적 위기의식의 상황 가운데서 이탈리아 휴머니즘 특히 페트라르카의 휴머니즘이 대두되었다. 페트라르카를 비롯한 휴머니스트들의 공통된 특징은 물질적인 것(the material)과 도덕적인 것(the moral)의 분리였다.92)

페트라르카는 4장에서 상론하겠지만, 인간이 운명의 힘에 대한 어떤 선택권이나 도시 생활에서 도덕적 파탄에 결코 이르지 아니할 가능성이 있다는 것을 부인했다. 그에게 논리적으로 주장된 것을 가르치는 것은 충분하지 않았다. 깊은 명상적인 체험만이 기독교적인 덕을 지향하여 영혼을 뚫고 들어가 움직일 수 있었다. 그리고 이것은 은혜의 도움으로만 가능하였다.

이것이 그의 대표적 종교적 저술인 *The Secret*의 메시지였다.93) 그는 이 책의 마지막에서 "신만이 사람을 그렇게 많은 그릇된 길에서 안전하고 온전하게 인도할 수 있을 것이다. 그래서 우리는 세계가 잠잠해지고 역경의 바람이 사라지는 것을 들을 수 있을 것이다"94)고 고백하고 있다. 그는 확실히 구원을 이성, 자유의지의 범위를 넘어서는 것에 놓았지만 전혀 의지의 범위를 넘어서는 것은 아니었다.95) 이것은 그가 이성에 대한 호소를 채택한 키케로적, 세네카적 수사학 전통 가운데 있음을 말한다. 이 라틴 수사학에서 의지는 정서적, 비합리적인 것으로 여겼기 때문에 그 수사학은 의지를 변화시키고 움직이는 것을 목표로 하였다. 이것은 그를 의지의

---

92) *TSORH* VI, ibid.

93) 본서에서는, *Petrarch's Secret or The Soul's Conflict with Passion*, trans. William H. Draper(London, 1911)을 사용하였다(4장, 주 15 참조). 이하 *The Secret*이라 약함.

94) *The Secret*, p. 192.

95) Charles Trinkaus, "Themes for a Renaissance Anthropology" in *The Scope of Renaissance Humanism*, p. 386, 이하 *TSORH* VII이라고 약함.

우위 편에 놓게 했지만 그러나 그는 의지를 바르게 움직이게 하는 힘을 초자연적인 힘의 개입에 돌렸다.

이것은 또한 그가 어거스틴적 전통 안에 있음을 말한다. 그는 그 당시 어거스틴파 수도사 디오니지(Dionigi)(4장 I), 루기 마르실리(Lugi Marsili) 같은 사람들을 통하여 어거스틴적 영향을 받게 된다. 특히 후자는 페트라르카가 피보호자로서 여길 정도였는데,[96] 그가 후기 어거스틴파의 선구자인 그레고리 리미니로부터 교육을 받음으로써 페트라르카는 그를 통하여 리미니의 어거스틴적 사상뿐 아니라 유명론적 견해에도 접했을 것이라고 짐작된다.[97]

그런데 페트라르카는 어거스틴적 전통 안에 있으면서도 가치의 이원적 체계를 인정하는 유명론적 내지 오컴적 견해와의 유사성을 나타내고 있다. 즉 선한 시민은 자유롭게, 신중히, 자연적 도덕적 규범을 좇아 자제와 책임을 가지고 세상에서 행동하지만 의롭게 되기 위해서 또 의롭게 된 크리스천으로서 그의 구원을 위해서는 전적으로 초자연적 은혜에 의존한다는 것이다.[98]

이때, '자기 자신 안에 있는 것(*quod in se est*)'을 행하는 사람의 '적절한 공로(*meritum congruum*)'를 하나님이 인정하시고 은혜를 베푸신다는 것이 오컴을 중심으로 하는 *Via Moderna*의 사상이었다. 이것은 II절 2에서 밝힌 바와 같이 후기 어거스틴파의 구원론과는 차이가 있는 것처럼 보인다.

---

96) 그가 죽기 6개월 전에 아르콰(Arquá)에서 마르실리에게 보낸 편지는 1374년 1월 양자 사이의 관계를 잘 말해준다. 즉 그는 마르실리의 요청에 그가 그동안 그렇게 소중히 여기고 늘 가지고 다녔던 *the confessions*를 기꺼이 보내겠다고 하였다. 그뿐 아니라 '나의 모든 소유를 너 자신의 것으로 알고 네가 원하는 것은 무엇이든지 가지라'고 했다(*Letters From Petrarch*, Selected and trans. by Morris Bishop, pp. 291~292, 이하 *LFP*라 약함).

97) Charles Trinkaus, "Italian Humanism and Scholastic Theology", in *Renaissance Humanism* vol. 3, ed. Albert Rabil Jr.(The Uni. of Pennsylvania Press, 1988), pp. 330~331, 이하 Trinkaus I이라고 약함.

98) *TSORH* V, p. 243.

그러나 뒤에 언급하겠지만 에라스무스에 의하면 그 차이는 표현상의 차이이지 의미상으로는 차이가 없었다.

이렇게 페트라르카를 비롯한 살루타티(1331~1406), 조반니 콘베르시노(Giovanni Conversino, 1343~1408), 포조 브라치오리니(Poggio Bracciolini, 1380~1459) 같은 초기 휴머니스트들과 *Via Moderna*의 구원론과의 유사성 내지 관련성은 트린카우스가 말한 대로 "직접적인 것이라기보다 이들의 자료와 지적인 발전을 통하여" 유추될 수 있는 간접적인 것이었다.[99] 특히 페트라르카는 덕이 인간에게 충분한 목표가 된다고 하는 키케로, 세네카, 호레이스 같은 이교인들의 주장을 예리하게 비판하고(4장 Ⅱ 2 4) 참조) 오컴적인 길을 따른다.

그러나 오컴이 논리적 분석을 한 데 대하여 페트라르카는 심리적 분석을 하였다.[100] 다시 말해서 그를 비롯한 초기 휴머니스트들은 그들의 종교적 견해에 있어서 *Via Moderna* 사상에 기본적으로 공감하였고 또 아리스토텔레스와의 조화를 추구한 13세기의 스콜라 체계를 공동으로 부인했지만 그러나 후자에 의한 논리학의 과도한 사용은 그 유대를 약화시켰다.

로렌초 발라(1405~1457)는 가장 독창적이고 영향력 있는 휴머니스트들 가운데 한 사람으로서 그의 사상의 여러 면에서 휴머니스트들에 어울리지 않는 자로 고려된다.[101] 그도 다른 휴머니스트들처럼 아리스토텔레스, 논리학, 스콜라 철학자들에 대한 반감과 고전적 언어학에 대한 일반적 관심을 나타냈다. 그러나 철학의 고대 학파에 대한 그의 적대감(에피쿠로스파(Epicureanism)의 어떤 면을 제외하고서)[102]은 전반적이었다. 그래서 그는

---

99) Trinkaus I, p. 331.

100) *TSORH* V, p. 244.

101) Charles Trinkaus, "Valla : Introduction" in *Renaissance Philosophy of Man*, ed. Cassirer, P. O. Kristeller, J. H. Randall Jr.(The Uni. of Chicago Press, 1948), p. 147, 이하 Trinkaus II라 약함

102) 처음에는 *De voluptate*(On Pleasure)(1431)라 칭하다가 2년 후에 *De vero falsoque bono*(On

15세기 전반기의 휴머니스트들 사이에 스토아 철학의 부흥에도 참여하지 않고 르네상스 플라톤 철학을 예기하지도 않았다.

이렇게 그는 이교주의와 기독교의 종합을 달성하려는 전성기의 스콜라 철학과 휴머니스트 사상의 노력들과 분명하게 단절하였다. 그는 이성과 신앙, 철학과 신학, 이교주의와 기독교 간의 조화할 수 없음을 일관되게 강조하였다. 그러나 그가 자기 표현에 대한 그의 능력을 중요시한다든지, 매우 주관적이면서도 동시에 자아 밖에 객관적으로 존재하는 사회와 역사에 대한 분명한 지각을 지닌다든지, 단순한 도덕적 성질로서가 아니고 그의 글이나 그의 행동을 영원한 기억에 남기려는 강한 의지의 증거로서 덕의 개념을 가지고 있다든지, 무엇보다도 자신이 크리스천이라는 자부심을 가지고 자신을 고대의 것보다도 더 우월한 윤리적 자질의 상속자로서 생각하였다든지 하는 점에서, 페트라르카는 그의 직접적 조상이 되었다.[103] 특히 인간의 의지와 행동, 또 동시에 신적인 은혜와 예정을 강조하려고 노력하였다는 점에서 그는 페트라르카를 모델로 하였다.

발라는 그의 「자유의지에 대한 문답(*Dialogue on Free Will*)」(1440년 경)에서[104] '신의 예지(foreknowledge of God)'는 인간의 '자유의지(free will)'에 방해가 되지 않고 자유의지도 또한 예지를 파괴하지 않는다고 말함으로써 양자가 양립될 수 있음을 보여 주었다. 이것은 신의 예지로 말미암아 인간은 악인이나 선인이나, 필연적으로 악이나 선을 행할 수밖에 없다는 보이티우스

---

the True and False Good)라 개칭한 그의 책에서 인간의 보편적 쾌락주의의 무의미성과 이에 대한 기독교적인 대안, 기독교 에피쿠로스주의를 제시한다. 즉 기독교는 삶의 불행과 어려움, 양심의 외적, 내적 불행과 어려움들로부터의 구원을 지향함으로 사랑으로 승화된 쾌락(하나님, 이웃, 자아에 대한 사랑)인 거룩한 사랑의 불꽃을 인간 안에 일으키고 육신적, 심리적 만족 대신에 그것을 사랑하는 기쁨으로 바뀌었다는 것이다(5장 참조).

103) Maristella Lorch, "Introduction" in *De Vero Falsoque Bone*(Abaris Books, 1977).

104) 본서에서는 *Dialogue on Free Will*(자유의지에 대한 문답) trans. Charles Trinkaus in *Renaissance Philosophy*를 사용하였다. 이하 *Free Will*이라 약함.

(Boethius)의 도덕적 결정론에 대한 비판적 응답이었다.

발라에 의하면 가룻 유다의 경우, 비록 그가 배반할 것이라고 예지되었지만 죄를 짓지 않는 것은 유다의 힘 안에 있었다. 그러나 그는 죄를 짓는 것을 더 좋아했다. 그러므로 예지는 유효하고 자유의지도 남아 있게 되었다.[105] 이때 그의 의지는 두 개의 대안들 사이에 선택하는 자유가 주어졌다. 왜냐하면 양자를 동시에 행하는 것은 가능하지 않기 때문이다. 더욱이 이때 신도 '그에 의해서 어느 것이 선택될지' 그 자신의 빛에 의해 예지하신다는 것이다.

여기서 비록 그는 신이 예지하신 것 외에 다르게 행하는 것이 가능하다고 하더라도 결국 그는 다르게 행하지 못하게 된다는 것을 보게 된다.[106] 이것은 신의 예지가 인간의 행위에 대한 책임에서 벗어나는 것을 뜻한다. 그러나 이렇게 하는 데 있어서 발라는 인간성을 자유의지를 소유한 것으로서보다도 오히려 예정된 조건에 따라서 행동하는 것으로서 이해하였다.

이제 발라는 '신의 의지' 내지 '신의 예정'과 '인간의 의지' 사이의 관계에 대해 논의를 전개한다. 그는 모든 사건을 ① 자연적 현상들 ② 우연한 일들 ③ 신의 의지에 의한 사건들로 나누는데 마지막 세 번째의 것은 그에게 인간의 자유를 위한 어떤 틈을 남기지 않았다.

그는 리브가와 이삭 사이에 낳은 쌍둥이, 야곱과 에서에 대한 사도 바울의 말씀을 인용하면서(로마서 9:11-21) 아직 태중에서 선이나 악을 행하기 전에 하나님이 이 사람을 완악하게 하고 저 사람에게는 자비를 베푸는 까닭에 대한 가장 적절한 이유는 '그분은 매우 지혜롭고 선하기 때문'이라고 한다. 왜냐하면 절대적으로 선하기 때문에 그분이 옳게 행하신다는 것 외에 다르게 믿는 것은 불경건하기 때문이다.[107]

---

105) *Free Will*, p. 168.
106) Ibid., p. 169.
107) Ibid., p. 177.

여기서 신의 의지 내지 신의 예정은 인간의 자유의지를 빼앗는 것이 아닌가 하는 의문이 생긴다. 그러나 발라에 의하면 비록 양자는 모순되는 것 같지만 신의 의지는 인간의 의지를 빼앗는 것이 아니었다. 앞에서 신의 예지는 인간의 자유의지에 방해되지 않는다고 했다. 그러나 신의 예지 외에 다르게 행해지지 않는다고 했는데 이것은 신의 의지에 의해 예정된 조건에 따라 행해지기 때문이었다.

이때 신의 예지는 아무런 문제가 될 수 없을 뿐만 아니라 인간의 자유의지 자체도 우리가 완악하게 되고 그래서 죄를 범하지 않을 수 없든지 자비를 받아 선을 행할 수 있게 되든지 모호한 상황 속에 놓이게 되는 것 같다. 특히 후자의 경우 자유에 가장 가까운 상태인 것 같다. 그런데 이 자유는 자연스러운 소유가 되지 못하고 은혜의 선물이라 생각하였다.

이 점에서 그는 루터에 극히 가까운 입장을 지녔다고 할 수 있다.[108] 다음에 언급할 에라스무스도 그가 자유의지의 힘을 부인한 마니케우스 (Manichaeus), 존 위클리프(John Wyclif)와 같은 사람들과 거의 같은 견해를 가졌다고 했다.[109] 바로찌(Barozzi)는 그가 근대 실증주의자처럼 인간 자유의 문제를 심리적 결정론(Psychological determinism)에 의해 해결하였다고 하고 그의 영향과 그에 대한 평가에 대해 다음과 같이 말했다.

그가 그의 언어적 비판적, 주석적 활동에 있어서 에라스무스, 후텐(Hutten), 루터를 예기한 것처럼 자유의지에 대한 그의 교의에 있어서 그는 이 문제에 대하여 루터, 캘빈에 의해 표현된 것과 일치되는 여러 점을 지니고 있었다.[110]

---

108) 루터 자신이 발라를 그 자신의 견해에 대한 완전한 지지자로서 생각했다(*On the Bondage of the Will*, pp. 144~145, *The Table Talk*, trans. P. Smith, Keats Publishing, Inc. 1977, p. 105).

109) *On the Freedom of the Will*, p. 43.

110) *Lorenzo Valla*(Florence, 1891), p. 220, cited in Trinkaus II, p. 154.

끝으로 발라는 인간에게 외양상 소유하고 있는 것 같은 자유의지와 신의 의지 내지 예정 사이에 모순을 이해할 수 있는 어떤 길이 열려 있음을 부인했다. "그 분이 한 사람을 완악하게 하고 다른 사람에게는 자비를 베푼 이유에 대해서는 천사들에게도, 사도 바울에게도 알려지지 않았다."[111] 그는 이 문제의 원인을 알지 못하는 것이 그렇게 중요하지 않다고 하고 다음과 같이 말하고 있다.

우리는 이성의 개연성(probability)에 의해서가 아니라 믿음에 의해서 일어선다. 지식은 믿음의 확증을 위해 얼마나 많은 일을 하는가? 겸손이 더 많은 일을 한다.……신적인 것들에 대한 예지가 유익한가? 사랑이 더 유익하다.[112]

그는 인간의 자유의지와 신의 섭리 사이에 아리스토텔레스적, 스콜라적 조화를 공격하였다. 그에게 신학은 철학의 보호를 필요로 하지 않았다. 오히려 철학은 "우리의 종교(기독교)에 거의 유익이 되지 않을 뿐만 아니라 그것에 몹시 해를 끼쳤다."[113] 이런 점에서 그는 오컴의 입장과 유사하였다. 칸(Kahn)이 말한 것처럼 그는 딜레마로 끝나는 신적 예지와 인간적 의지에 관한 긴 논리적 담화로부터 사도 바울에 토대한 믿음의 권고로 향하였다.[114]

3. 에라스무스적 종합

우리는 데시데리우스 에라스무스(Desiderius Erasmus, 1466~1536)에게서

---

111) *Free Will*, p. 178.

112) Ibid., p. 180.

113) Ibid., p. 155.

114) V. Kahn, "The Rhetoric of Faith and the Use of Usage in Lorenzo Valla's De libero arbitrio", *Journal of Medieval and Renaissance Studies* 13(1983) pp. 91~109.

104

은혜의 신학과 자발적 윤리의 결합이라는 오컴적 경향의 전형적인 예를
볼 수 있다. 에라스무스의 『자유의지론(De libero arbitrio)』(1524년 9월), 이에
대한 루터의 『노예의지론(De servo arbitrio)』(1525년 12월)[115]은 에라스무스와
루터 양자 사이에 자유의지와 은혜의 문제에 대한 심각한 논쟁을 보여
주었다.

양자는 각기 휴머니스트와 개혁자를 대표한다고 할 수 있었다. 전자는
철학자도 신학자도 아니고 학문과 순수한 지적 이해력에 대하여 크나큰
존중을 나타냈고, 가장 일반적인 의미로 그는 기독교적 과거를 실제 있었던
그대로 재구성하는 데 관심이 있었던 문학적 역사가(literary historian)였다.[116]
후자는 비체계적이지만 언어학자요 역사가라기보다 철학자요 신학자였다.
학자로서 그는 기독교 전통 자체를 개선하고 순화시키는 데만 거의 관심을
기울였지 기독교를 그 주위의 세속 문화와 관련시킨다든지 그 사고 형태를
과학적 발견에 적합시키는 데에는 거의 관심이 없었다.[117]

이들 양자 사이에 논쟁은 기질의 문제나 종교적 정신의 깊은 직관에
대한 도덕가의 합리적, 윤리적 관심의 문제를 나타내는 것으로 그치지
않았다. 양자는 두 개의 다른 신학적, 윤리적 견해를 나타냈고 신과 인간을
"함께 생각하는(thinking together)" 두 개의 길을 나타냈다.[118] 이러한 양자의

---

115) *De libero arbitrio(On the Freedom of the Will, a diatribe or discourse)*, trans. E. Gordon
Rupp ; *De servo arbitrio(On the Bondage of the Will)*, trans. Philip S. Watson, 모두
The Library of Christian Classics XVII(Philadelphia : The Westminster Press, 1969)에
수록되어 있다. 이하 *The Christian Classics*라 약함.

116) E. H. Harbison, *The Christian Scholar in the Age of Erasmus*(New York, 1956), pp.
90~92.

117) Ibid., pp. 133~135.

118) E. Gordon Rupp, "Introduction : The Erasmus Enigma" in *The Christian Classics*, pp.
12~13 ; 에라스무스와 루터 양자 사이에 논쟁의 과정과 그 성격에 대해, 졸고,
「에라스무스와 루터 사이에 논쟁의 성격에 관한 고찰」『제주대학교 논문집』 제28집,
1989, 6) 참조.

차이는 본질적이라고 하겠지만 그것은 서로 이질적이라는 뜻이 아니고 서로의 가치를 인정하고 존중하기를 바라는 뜻이 있었다.

에라스무스는 Servo에 대해 *Hyperaspistes*(투사)를 I, II 두 부분으로 나누어 응수했는데(각기 1526년 3월, 1527년 9월)[119] I에서는 의지의 문제보다도 루터와 종교개혁 자체의 문제점을 비난하였고 II에서는 의지의 문제와 루터를 독단주의자, 극단주의자라고 비난하고 자신은 이성이 성경뿐 아니라 진리를 나타낸다고 믿는 휴머니스트라고 했다. 이에 대해 루터는 응답하지 않았고 그들 사이의 논쟁은 가라앉게 된다. 특히 그는 *Hyperaspistes* II의 마지막 절에서[120] 자유의지와 은혜 간의 문제에 대한 신학적 논의의 역사, 중심되는 용어의 다양한 의미의 역사를 개관하고 있다. 여기서는 주로 어거스틴, 오컴, 루터와 관련하여 그의 견해가 무엇인지 살펴보고자 한다.

에라스무스는 어거스틴 이전의 정통 교설에 동의하고 이를 받아들이고 있다. 그것은 "일단 의지가 성령에 의해 자유케 되었으면 그것은 은혜와 협동한다"[121]는 것이었다. 그에게는 엄격한 정통적 교리가 무엇인가에 대해 거의 관심이 없었고 오히려 모든 입장들, 루터의 입장까지도 역사적으로 살아있고 지속적인 전통의 일부로서 생각하였다.

정통 고대인들에 의하면 의인의 과정을 시작(*exordio*), 증진(*incremento*), 성취(*summa*)의 세 단계로 나누었다. 이들에게 의지는 처음과 마지막 단계에서 어떤 역할도 하지 않고 다만 의인으로 이끄는 은혜와 영광에 도달되는 것 사이의 중간에서만 어떤 역할을 하였다. "여기서 이들은 선과 악을 위해 어떤 것을 *liberum arbitrium*에게 돌린다. 즉 이제 은혜에 의해 자유케

---

119) *Hyperaspistes* I, II, LB X, ed. J. Le Clerc, trans. C. Trinkaus(Leiden, 1706).

120) 1521B~1536F, 본서에서는 Charles Trinkaus, "Erasmus, Augustine and the Nominalists" in *The Scope of Renaissance Humanism*에서 재인용되었음을 밝힌다. 이하, *TSORH* VIII이라 약함.

121) 1523E, *TSORH* VIII, p. 278.

된 의지는 작용하는 은혜와 협동하거나 혹은 그것으로부터 물러날 수 있다"[122]는 것이다.

다시 말해서 만약 전체의 사역이 은혜의 탓으로 돌려지고 인간은 능동적으로 '의롭게 하는' 혹은 '작용하는' 은혜와 함께 행하고 은혜에 어떤 손상을 입히지 않는다면 "인간의 자유의지(*liberum arbitrium*)가 작용하는 은혜에 도움이 된다고 우리가 말할 때 그것이 왜 불합리 하느냐"[123]는 것이다.

그런데 에라스무스에 의하면 어거스틴은 펠라기우스와 논쟁하는 과정에서 인간이 "의롭게 되는 은혜를 받는 데 있어서 인간의 의지에 어떤 것도 돌리지 않게 되었다."[124] 그도 처음에는 '인간 안에 선에 대한 본유적 충동 즉 자연적 힘(*a vis naturalis*)이 남아 있다는 것, 다시 말해 이 힘은 타락에 의해 약화되었지만 파괴되지 않았다는 것'을 인정했다. 그러나 논쟁의 과정에서 이 힘 곧 자유의지는 명목상으로 주장되고 실제상으로는 입증되지 않게 되었다.[125]

에라스무스에게 펠라기우스에 대한 논쟁은 말에 대한 논쟁이었다. 즉 어거스틴은 '인간의 본성 안에 은혜에 대한 어떤 갈망이 있다고 인정하면 은혜의 시작이 자유의지에서 비롯되지 않아야 된다는 명분이 위태롭게 될 것'을 두려워했다.[126] 그래서 그는 "말을 지어내고 변화시킴으로써 용인(容認)된 것 즉 인간 안에 선에 대한 본유적 충동이 있다는 것을 피하려고 노력했다." 다시 말해서 '은혜의 도움을 갈망하는 것이 은혜의 시작'이라고 주장함으로써 그는 제3의 은혜 즉 '준비하는 은혜(preparing grace)'라는 개념을 만들었다.[127]

---

122) 1523F, ibid., pp. 278~279.

123) 1524A, ibid., p. 279.

124) 1524B, ibid.

125) 1522A, ibid., pp. 276~277.

126) 1534C-D, ibid., pp. 287~288.

127) 1524B, ibid., p. 279.

그에 의하면 이 은혜는 '작용하고 협력하는 은혜(operating and cooperating grace)'와 구분되는 것이었다. 이렇게 해서 '인간의 자유의지는 명목상의 어떤 것이 되어도 실제로는 아무 것도 아닌 것'이 되었다. 이러한 견해가 버나드 클레르보(Bernard of Clairvaux)(d. 1153), 루터(1483~1546)와 같은 사람들에 의해 계승되었고 휴머니스트들 가운데에는 전술한 바와 같이 발라가 여기에 가까웠다. 이에 대해 오컴 같은 유명론자들은 더 많은 것을 자유의지에 돌렸다.

그런데 에라스무스는 이들의 견해와 어거스틴의 견해 사이에는 본질에서 보다 용어들에서 차이가 있다는 것을 제외하고는 그렇게 차이가 없다고 했다.[128] 여기서 그는 공적(merit)의 의미에 대한 복잡한 논의를 전개하고 루터가 그 의미를 왜곡하였음을 지적한다. 루터에 의하면 공적의 교리는 하나님이 그의 은혜를 인간에게 팔았다는 것을 암시하는 상업적 계약과 같았다. 이를테면 은혜를 기대하고 인달전스의 구입을 통해서 그 은혜를 산다는 것이다.[129]

에라스무스는 비록 그가 그 남용에 대한 루터의 비판에 많이 공감하지만 그것에 개입하지 않았다. 그에게 '공적'이라는 용어는 은혜를 배제하는 식으로 즉시 이해되지 않았다. 이때 그것은 '가치의 결여'(*indignitas*)에 대한 배제를 의미했다. 하나님의 은혜는 인간적인 어떤 것 보다 더 귀하기 때문에 그것이 제공될 때 더욱 더 받아들여져야 하고 그것이 주어질 때 더욱 더 섬김 받아야 된다. 그러므로 그 선물을 소홀히 하거나 그것이 소유될 때 그것을 섬기지 않고 그것을 남용하는 자는 그 은혜를 받을 가치가 없다고 말해진다.[130]

이와 같이 그것이 제공될 때 즉시 그것을 받아들이고 한번 받아들이면

---

128) 1532 C-F, ibid., p. 287.
129) Ibid., p. 280.
130) 1524D-E, ibid.

그것을 잃지 않도록 최대한 주의하여 돌보는 사람은 어떤 점에 있어서 하나님의 선물을 받을 가치가 있다는 것이다. 이렇게 공적(merit)의 용법에 있어서 상업적 거래의 경우와 그 선물을 받을 만한 적절한 가치를 소유한 경우 사이에 구분은 에라스무스에게 근본적인 것처럼 보인다.

그러면 그의 견해와 '적절한 공로(*meritum congruum*)'라는 후기 스콜라적 견해는 어떤 관련성이 있는가? 그는 '은혜를 잘 받아들이고 사용하는 데 있어서 가치 있는 것이라고 일컫는 것을 신학자들이 *meritum congruum*이라고 부른 것'이라고 믿었다.131) 그에게 그 단어 '공적(merit)'은 전술한 바와 같이 만약 정당하게 이해된다면 은혜를 위한 단어와 충돌하지 않았다.

이때 특히 그는 하나님의 약속을 염두에 두고 있었다. 그 약속의 성격은 호의에 의한 것이고 이런 근원에서 비롯되는 것은 무엇이든지 무상이라는 것이다. 그런데 에라스무스편에서 '적절한 공로(*meritum congruum*)'와 '가치 있는 공로(*meritum de condigno*)' 사이에 약간의 혼돈이 있었다.

오베르만에 의하면 *meritum de condigno*는 이미 주어진 은혜에 의해 가치 있게 된 행위들에 적용된 것이었다.132) 그러나 에라스무스는 그것을 하나님이 은혜를 주고자 하는 사람들에게 적용시킨 것 같다. 즉 그는 유명론자들이 하나님의 은혜를 받을 만한 것으로 칭한 *meritum congruum*을 *meritum de condigno*와 일치하는 것으로 보았다. 그러나 그가 전술한 바와 같이 하나님의 약속을 언급한 것은 주목할 만하다. 왜냐하면 그와 같이 유명론자들도 이런 약속에 그들의 '자신 안에 있는 것을 행한다(*facere quod in se est*)'는 교의의 토대를 두었고 이 교의에 의해 *meritum congruum*을 정당화했기 때문이다. 즉 에라스무스는 유명론자들의 표준 어법과 그 용어들에 있어서는 명백히 다르지만 그 의미에 있어서는 차이가 없었다.

---

131) 1525D-F, ibid., p. 281.

132) Heiko A. Oberman, *The Harvest of Late Medieval Theology : Gabriel Biel and Late Medieval Nominalism*(Grand Rapids, 1967) pp. 471~472.

이렇게 그는 도덕적으로 선한 행위는 특별한 은혜 없이 본성의 힘에서 비롯되는데 이것을 통해서 "사람은 하나님의 은혜를 받을 자격이 있다(*merit de congruo*). 그는 자신의 힘에 의하여 구원에 이르지는 못하지만 상당한 신의 동의에 의하여 은혜를 받을 자격이 있게 된다"133)는 오컴적 견해를 긍정하는 경향이 있었다. 그렇다고 이것은 그가 유명론자들의 철학이나 신학을 받아들였다는 것은 아니다. 그는 언어와 진리의 관련성에 대한 수사학적 개념을 추구하는 휴머니스트들의 공통된 관례를 따르고 있었다.

그는 먼저 언어적으로 인간적 동기에 관하여 추정하고 그 다음에 유추에 의해 신학적 진리에 대해 생각하였다. 즉 사람들 사이에서도 은혜란 수행한 일에 대한 대가로 주어지지 않고 오히려 그 은혜는 그것을 기꺼이 받으려고 하지 않는 자들이나 은혜를 모르는 자들이나 그것을 잘못 사용할 자들에게는 주어지지 않게 된다. 왜냐하면 그렇게 해야 될 때 그것을 기꺼이 받아들이지 않는 자는 어떤 것을 잘 이용하지 못할 것이라고 추정되기 때문이다. 같은 식으로 하나님의 은혜의 경우에도 유추되었다.134)

이렇게 에라스무스는 인류의 거룩하고 세속적인 역사적 경험에서든 개인의 개종과 구원의 과정에서든 여러 시대에 걸친 '담화의 논리'에서 비롯된 것을 더 선호함으로써 자유의지와 은혜 사이에 균형된 통찰을 추구했다.135)

이런 관점에서 그는 어거스틴적 견해, 루터적 견해를 전통에서의 이탈로 보았지만 그러나 그들의 견해를 비판적으로 이해하는 입장이었다. 즉 어거스틴이 말한 바 선한 의도는 은혜에 의해 도움 받는 것이 아니고 은혜에 의해 주어진 것이라는 것을 그는 인정하였다. 그러나 그는 인간의 본성

---

133) Hyper. I, LB X, 1323D-E, cited in John B. Payne, *Erasmus : His Theology of the Sacraments*(M.E. Bratcher, 1970), pp. 79~80.

134) 1515B, *TSORH* VIII, p. 281.

135) Ibid., p. 283.

안에 악을 향하는 경향이 있는 것처럼 또한 선에 대한 자연적 욕구도 나타난다고 주장했다. 이때 신의 추진하는 은혜(driving grace)가 그것을 의롭게 되도록 한다고 했다.[136] 여기서 그는 인간 안에 의롭게 될 수 있는 본래적 씨가 있다는 스토아적 비전을 얼마간 간직하고 있음을 볼 수 있다. 물론 이것은 은혜에 의해 발아될 수 있지만 말이다.

그에게 루터적 견해는 전통에서의 극단적 이탈로 고려되었다. 그에 의하면 루터는 은혜로부터 자신을 멀리하는 힘을 자유의지에 돌리기조차도 하지 않았다.[137] 루터는 타락 후에 인간 안에 있는 신의 형상이 완전히 파괴되었다고 생각했다. 그래서 자유의지는 구원에 있어서 아무런 작용을 하지 못한다는 것이었다. '다만 믿음으로(*sola fide*)' 구원받을 수 있었다. 이것은 그의 오랜 갈등과 고뇌 끝에 체험된 것으로서 그의 신학의 토대라 할 수 있다.

그런데 에라스무스는 아담의 죄를 통하여 자유의지는 상처 받은 것이지 소멸된 것이 아니고, 병들게 되었지 죽어버린 것이 아니라고 했다.[138] 그에게 타락 후 인간 안에 있는 신의 형상이 완전히 파괴되었다는 루터적 개념은 또한 인간의 현재적 존엄성을 부인하는 것이 되었다. 무엇보다도 그는 루터가 받은 '독특한 은혜(peculiar grace)'를 인정하지만 그러나 이것을 일반적 교리로 확장하는 것은 필요하지 않다고 했다.[139] 그는 모든 사람들이 함께 나누는 일반적 은혜(general grace)에 큰 강조를 두었다. 그래서 선을 위한 인간의 자연적 힘과(이런 힘은 궁극적으로 세계와 인간을 창조하신 하나님 으로부터 비롯되지만) 이에 작용하는 하나님의 은혜와의 관계에 대한 에라 스무스의 관심은 개인의 개종으로부터 인류의 섭리적 역사에 이르기까지

---

136) 1528D, ibid., pp. 284~285.
137) 1534E, ibid., p. 288.
138) 1523D, ibid., p. 278.
139) 1536B, ibid., p. 290.

확장되었다.

요컨대, 에라스무스는 은혜를 강조하고 본성의 힘을 약화시킨 은혜의 지지자들이나, 어떤 종류의 인간의 공로를 인정하는 자들이나, 각기 그 견해의 정당성을 인식하였다. 반면에 이들은 경건의 동일한 원천에서 비롯되기 때문에 이들 사이에 어떤 일치점이 있음을 보았다. 즉 인간은 자비롭게 구원받지만, 그러나 아무도 부당하게 저주받지 않는다는 것, 하나님의 은혜는 어떤 사람에게도 결여되지 않는다는 것, 인간은 최대의 힘에 의하여 그 자신 안에 수용된 것(*quod in ipso situm est*)을 보여 주어야 한다는 것(이것은 *facere quod in se est*라는 *Via Moderna* 교의에 대한 에라스무스적 설명이라 할 수 있다), 또 우리 안에 있는 어떤 선도 철저히 신의 선에 돌려야 한다는 것 등이다.[140)

여기서 우리는 자유의지와 은혜와의 관계의 역사에서 갈등 내지 대립을 조화시키려는 노력이 에라스무스에 이르러 절정에 달하는 것을 본다. 이것은 성경을 해석하는 데 있어서 그가 형이상학적 방법보다 언어적, 역사적 방법을 적용한 것과 관련된다. 그에 의하면 비록 성경의 해석에 있어 논란이 있지만 만약 우리가 단어의 의미들을 구분한다면, 또 만약 우리가 하나님은 사람들을 구원하고 심판하는 데 있어서 여러 이유들 때문에 행하신다는 것을 고려한다면, 해석상의 갈등을 조화롭게 하는 것은 거의 큰일은 아니었다.[141)

이런 해석은 그의 휴머니스트적 특징이자 그의 광범한 성서 연구의 직접적인 결과였다. 특히 그는 페트라르카와 그를 좇는 이탈리아 휴머니스트들이 그 종교적 관심 안에서 계획하고 성취하고자 한 수사학적 신학(*theologia rhetoria*)을 매우 완전하게 실현시킨 것처럼 보인다.[142) 그 당시 휴머니스트들

---

140) 1535E-F, ibid.
141) 1536A, ibid.
142) *TSORH* V, p. 257.

은 언어학자들로서 그들의 원문 비평(textual criticism)과 언어적 분석에 의하여 성서 해석에 있어 교회의 전통적 해석과 충돌하게 되면 그들은 학문과 신앙 사이에 양립할 수 없는 차이로 인한 딜레마에 직면하였다.

이때 일반적인 경향은 세속적 연구를 성서 연구에서 분리시키는 양극화 경향이었다. 즉 휴머니스트들 사이에는 성서 연구에서 떠나 세속적 연구로 물러가든지, 혹은 세속적 연구를 버리고 신학자들이 되든지 하는 자들이 많았다. 그러나 에라스무스는 하나의 종합을 시도하였다. 그는 신자와 정통적 신학자라는 신분을 언어학자라는 신분과 어렵게 결합하는 데 성공했다.[143] 그의 크리스천 휴머니즘은 많은 사람들을 고취시켰지만 그러나 그것을 채택한 사람은 거의 없었다.

결론적으로 자유의지와 은혜 사이에 문제는 고대 이래 영적, 도덕적 문제에 있어 중요한 이슈로 대두되어 왔다. 특히 중세 말, 르네상스, 종교개혁 시대에는 광범한 문화적 중요성을 띠게 되었다. 13세기 토마스 아퀴나스의 시대에는 인간이 이 세상에서 도덕적 생활을 영위하고 구원을 성취할 합리적 능력을 지니고 있는 것으로 보았다. 그러나 13세기 말, 14세기에 이르러 오컴을 중심으로 하는 온건한 유명론자들은 어느 정도 자유의지를 인정하지만 이것이 구원에 이르게 할 수 없다는 입장을 나타냄으로써 소위 신앙과 이성, 신학과 철학의 분리라는 근대적 이원적 가치 체계가 성립되었다.

*Via Moderna*라고도 하는 온건한 유명론은 페트라르카, 발라, 에라스무스와 같은 휴머니스트들에게도 직접, 간접으로 영향을 미쳤다. 페트라르카와 그를 좇는 휴머니스트들은 그 견해에 있어서 약간의 차이는 있지만 공통적으로 수사학적 전통과 관련된 담화의 논리를 강조하였고, 이 논리를 토대로 그들은 비록 철학적 논리를 강조하는 유명론자들과 그 출발점이 다르다고 하더라도 동일한 역사적, 문화적 위기 상황 가운데서 이들과 유사한 대응을

---

143) Erika Rummel, op. cit., p. 725.

하였다. 그들도 유명론자들과 함께 도덕적 생활과 영적 생활 사이에 분리 의식을 느꼈다. 그러나 이들은 담화의 논리를 통하여 자유의지와 은혜와의 갈등을 극복하려고 했다.

한편, 개혁자들 특히 루터는 인간이 그 자신의 자유의지에 의해 덕이나 의롭다 함을 받음에 이를 수 있다는 힘을 부인했다. 그러나 그는 그 이상의 조치를 취하였는데 그것은 믿음을 통해 얻는 내적인 자유였다. 이 자유는 휴머니스트들이 어렵게 얻은 내적인 자유를 능가하는 중요한 조치였다.

이렇게 양자 즉 휴머니스트들과 개혁자들 사이에는 방법에 있어서는 본질적인 차이가 있었지만 그 개념과 목적에 있어서는 동일하였다.144) 다시 말해 세속적 생활에 있어서 도덕적 행위에 이를 수 없다는 것과 그리고 세속적 염려에 대한 죄책감에서의 해방과 함께 오는 내적인 평화와 자유를 지향하였다는 점에서 일치하였다.

---

144) *TSORH* VII, p. 269.

제4장 페트라르카의 종교사상

Ⅰ. 생애와 중심 사상

페트라르카는 르네상스 휴머니즘의 창시자라기보다 최초의 위대한 대표
자[1] 혹은 휴머니즘의 탁월한 건설자로서[2] 혹은 중세와 근대 사이에 과도기
적 인물로서 최초의 르네상스인이라고[3] 불려지고 있다. 이것은 그가 휴머니
즘의 성립에 있어 두드러진 역할을 하였을 뿐 아니라 그 이후의 휴머니즘의
발전을 예기하는데 있어서도 모델이 될 만큼 큰 영향력을 미쳤음을 의미한다.
또한 그것은 그가 그 시대의 다른 사상에도 중요한 자극을 준 최초의
휴머니스트임을[4] 뜻한다. 다음에서 그의 종교사상을 중심으로 그가 그를
좇는 휴머니스트들에게 어떻게 패러다임적 영향을 미쳤는가, 또 그가 어떻게
근대의 사상적 발전에 영향을 미쳤는가를 고찰하기 전에 먼저 그의 생애와
중심 사상에 대해 간단히 살펴보자.

페트라르카(1304년 7월 20일~1374년 7월 18일)는 젊은 시절에 주로

---

1) Paul Oskar Kristeller, "Petrarch" in *Eight Philosophers of the Italian Renaissance*(Stanford Uni.Press, 1964), p. 5. 이하 Kristeller III이라 약함.
2) Charles Trinkaus, "Renaissance Humanism, Its Formation and Development" in *The Scope of Renaissance Humanism*, Part I(The Uni. of Michigan. 1983), p. 11. 이하 *TSORH* I이라 약함.
3) 김영한, 『르네상스 휴머니즘과 유토피아니즘』(탐구당, 1989), p. 78.
4) Kristeller III, p. 5.

이교적 고전에 관심을 가졌다. 그의 아버지의 방향을 좇아 프랑스의 몽펠리에(Montpellier) 대학교에서(1316~1320), 그 다음에 이탈리아의 볼로냐 대학교에서(1320~1323) 법학을 공부하였는데, 이것은 그의 인문학 연구에 방해가 되었다. 그러나 그의 부친이 죽은 이후(1326) 자유롭게 법학 연구를 포기할 수 있었다. 이미 그는 고전적 학문의 기반을 닦고 있었고 키케로와 버질은 그 이후에도 계속 그러했지만 그가 존경스럽게 여기는 인물들이었다. 특히 키케로는 그 당시 그의 삶에 있어서 뿐 아니라 연구에 있어서도 주요 안내자가 되었다.[5]

이 무렵 그는 어떤 기독교 고전에도 접하지 않은 것 같다. 그가 생애의 후기에 쓴 『후손에게 쓰는 편지(Letter to Posterity)』[6]에는 그의 젊은 시절의 이러한 경향을 다음과 같이 말하고 있다. "나는 예리한 지성보다도 잘 조화된 지성을 지니고 있어서 모든 종류의 선하고 유익한 연구를 좋아하였는데 특히 도덕철학과 시를 좋아하였다. 그러나 나이가 들어감에 따라 후자(시)를 경시하고 성 문학(Sacred literature)을 좋아하였다."[7]

여기서 시는 이탈리아어로 쓰여진 칸초네(Canzoniere)로서 주로 젊은 시절의 로라(Laura)에 대한 사랑과 그 실연에서 오는 비탄의 산물을 가리킨다. 그는 이것들이 많이 읽혀지는 것을 부끄러워하였기 때문에 그것을 그의 말년에 이르기까지 개정하고 보완하였다.[8] 그 다음에 도덕철학은 그의

---

5) Maristella Lorch, "Petrarch, Cicero and the Classical Pagan Tradition" in *Renaissance Humanism* ed, Rabil, Albert Jr. Vol. I(The Uni. of Pennsylvania Press, 1988) pp. 88~89, 이하 *Renaissance Humanism*이라 약함.

6) 그의 후기 생애 중 언제 쓰기 시작했는지 잘 알 수 없다. 다만 그가 교황 우르반(Urban) V세의 죽음(1370년 12월)을 언급한 것으로 보아 이 편지는 그의 마지막에 이르기까지 여러 번 손질된 것으로 짐작한다. 그러나 이 편지는 무슨 이유에서인지 1351년 보클로스(Vaucluse)로 그가 돌아오는 데서 끝난다.

7) *Epistle to Posterity*, 이하 *the Posterity*라 약함, in *Letters from Petrarch*, selected and trans. by Morris Bishop(Indiana Uni. Press, 1969), p. 7, 이하 *LFP*라 약함.

8) 로라의 생전에 쓰여진 시들과 그녀가 죽은 이후에 쓰여진 시들로 크게 구분될

생애의 주요 관심이었는데 이것은 키케로는 물론 그 이후에는 성 어거스틴으로부터 받은 영향이 컸다는 것을 말한다.

그러면 페트라르카가 언제, 어떻게 기독교 고전에 접하게 되고 그의 관심이 도덕적, 영적인 경향을 나타나게 되는가? 이것은 분명하게 말할 수는 없지만 1340년을 전후한 시기로 보여진다. *The Posterity*에서도 약간 밝힌 것처럼, 그는 이미 미약하지만 '성 문학에 담긴 향기'를 발견하고 존중하고 있었다.[9] 그 최초의 시기가 언제인가 역시 확실히 말하기 어렵다. 그러나 페트라르카가 애호하는 책들의 목록 가운데 유일하게 신학자인 어거스틴의 다섯 책들이 포함되고 있는데[10] 그 중에서 『신국론(*The City of God*)』의 사본이 제일 먼저 구입되었고(1324), 『고백록(*The Confessions*)』의 사본은 그가 파리 여행 중에(1333) 그곳의 신학 교수요 뒤에 나폴리 왕국의 주교가 된 디오니지(Dionigi)(그 자신 the Augustinian hermits에 속함)로부터 전해 받은 것을 통해 그가 언제 어거스틴의 책을 접하고 읽게 되었는가 짐작할 수 있다.

특히 『고백록(*The Confessions*)』은 그 이후 그가 어디를 가든지 항상 휴대함으로써 그의 영적 생활의 지침으로서 더욱 애호하게 된다.[11] 1336년 방뚜(Ventoux) 산을 등반한 후에 디오니지에게 보낸 편지에서 그는 『고백록』에서

수 있지만 모두 366편의 시 가운데 로라에 대한 사랑 외에도 고독, 슬픔, 영적 갈등, 자연 예찬 같은 주제들에 관한 것도 많았다. 그는 이것을 "하찮은 것들(trifles)"로 여겼지만 1500년 이전에 34편이 나올 정도로 널리 읽혀졌다(Thomas G. Bergin, ed. *Petrarch, Selected Sonnets, Odes and Letters*(New York, 1966), xv ; J. H. Robinson, H. W. Rolfe, *Petrarch : The First Modern Scholar and Man of Letters*(New York, 1898), pp. 13~22. 이하 *Man of Letters*라 약함).

9) *The Posterity*, p. 7.

10) *the City of God, the Confessions* 외에 *the Soliloquies, On the Speaking God*(a letter to Proba), *On True Religion*이 있었다(Albert Rabil, Jr. "Petrarch, Augustine and the classical Christian Tradition" in *Renaissance Humanism*, pp. 95~96).

11) Nicholas Mann, *Petrarch*(Oxford Uni. Press, 1984), p. 14.

우연히 읽은 한 구절로부터 받은 충격에 대해 쓰고 있다. "'그런데 사람들은 높은 산, 넓은 바다의 출렁임, 거대한 강줄기, 망망 대해 및 별들의 운행을 찬미하기 위해 간다. 그러나 자기 자신을 버린다' 나는 전율하였다. 나는······ 책을 덮고 내가 아직도 세상적인 일들로 기뻐하고 있음에 분노하였다."[12]

크리스텔러는 페트라르카의 이 경험의 충격에 대해 다음과 같이 말하고 있다. "자연으로부터 인간으로의 복귀는 페트라르카의 특징이었고 인간에 대한 철저한 강조는 르네상스를 통하여 아주 중요하였다. 그런데 이런 요소는 그 기원에 있어서 어거스틴이라는 이름과 그의 교의와 관련된다."[13]

이제 그는 아비뇽의 도시 생활에서 그 부근의 조용하고 한적한 계곡인 보클로스(Vaucluse)로 은거하게 되는데(1337), 여기서 서사시 「스키피오(*The Africa*)」[14]와 리비우스의 로마사에 영감을 받아 「저명한 사람들에 대하여(*De Viris illustibus*[On Famous Men])」을 쓰기 시작하고 계관 시인으로 추대 받았고 (1340), 로마의 캐피톨 언덕에서 대관식을 마친 후에(1341년 4월 8일) 다시 이곳으로 돌아왔다(1342). 이 무렵 『내적 갈등(*The Secret*)』을[15] 집필하기 시작하는데 학자들은 그 동기를 대체로 그 당시 그의 도덕적, 영적 위기 의식에서 찾고 있다.[16]

---

12) *LFP*, p. 49, 이 구절은, *The Confession* X, viii에 나온다.

13) P. O. Kristeller, "Augustine and Early Renaissance" in *Studies in Renaissance Thought and Letters*(Rome, 1985), Vol. I, p. 362.

14) 스키피오(Scipio Africanus)의 생애에 대해, 1333년 보클로스에서 영감을 받고 1338년에 시작, 옛 로마와 로마적 이상을 반영하고 그의 학문적 성취와 시적 재능을 나타내고자 함.

15) 원명은 *De secreto conflictu curarum mearum*, 1342년 경에 쓰여진 것 같고 1358년에 이르기까지 계속 개정되었다. 본서에서 사용한 것은 *Petrarch's Secret or The Soul's Conflict with Passion*, Trans. William H. Draper(London, 1911)이다. 이하, *The Secret*이라 약함.

16) Nicholas Mann, op. cit., p. 26 ; J. H. Whitfield, *Petrarch and the Renaissance*(Oxford, 1943). 그의 견해는 Britannica 9 참조 ; Charles Trinkaus, *In Our Image and Likeness : Humanity and Divinity in Italian Humanist Thought*, Vol. I(London, 1970)에서 "Petrarc

　그는 시인으로서 최고의 명예를 얻었지만 이것은 결코 그의 지혜를 증대시키지는 않았다.[17] 그는 그의 종교적 신앙에 따라 살 수 없는 자기 자신에 대해 절망하였고 이것은 아마도 그의 동생 게라르도(Gehrardo)가 카르투지오 수도사가 되려는 결심에 의해 더 심화된 것 같다.[18] 『내적 갈등』에서 그는 그의 생애의 가장 내밀하고 절실한 관심인 인간성과 진리의 문제에 대하여 그가 매우 존중히 여기는 성 어거스틴과의 대화의 형태로 그 자신의 갈등을 나타내면서 구원의 길을 찾고 있다.[19]

　*The Posterity*에 의하면 그는 젊은 시절에 "강렬하지만 부단하고 순수한 애착으로 몸부림쳤는데 만일 죽음이 아니었다면 사그라들던 불길이 꺼지지 않았을 것이다"고 했다.[20] 이것은 그가 아비뇽에 있는 산타 키아라(Santa Chiara) 교회에서 만난(1327년 4월 6일) 로라에 대한 사랑과 1348년 4월 6일 흑사병으로 인한 그녀의 죽음을 가리킨다. 이렇게 로라에 대한 그의 애착은 오랫동안 지속되었지만 한편으로 그는 비정상적인 욕망으로부터 해방되기를 간절히 바라고 있었다. "그러나 나는 비록 젊음의 불에 의해 휩쓸려 들어갈 수도 있었지만 나는 항상 그러한 죄를 내 영혼 깊숙이 혐오했다고 진심으로 말할 수 있다."

　그래서 그는 40세(1344)에 가까워질 무렵 비록 그의 힘은 약화되지 않고 아직도 그의 열정은 강렬하였지만 그는 나쁜 습관을 갑자기 버렸을 뿐 아니라 그것들에 대한 회상도 하지 않게 되었다. 그는 이것을 하나님이 그에게 주신 축복들 가운데 가장 큰 것들에 속한다 하고 '이러한 지긋지긋한 노예 상태에서' 자기를 해방시키신 하나님께 감사하고 있다.[21]

---

h : Man Between Despair and Grace" p. 6. 이하 *IOIAL* IV라 약함 ; Maristella Lorch, op. cit., p. 86.

17) *The Posterity*, p. 11.
18) Whitfield, op. cit., p. 340.
19) *IOIAL* IV, p. 6.
20) *The Posterity*, p. 6.

그러나 페트라르카의 도덕적, 영적 위기의식은 오래 지속된 것으로 보아야 한다. 왜냐하면 1366년(중세 때 대액년이라고 일컫는, 그의 63세가 시작되는)의 한 편지에서 그는 지난날을 회고하면서 그의 마음의 변화가 온전히 이루어진 해를 1350년으로 조심스럽게 잡고 있기 때문이다.[22] 이것은 또한 그의 위기 의식이 그를 고전적 학문과 시에서 성서적, 교부적 저서들로 갑자기 전환케 하지 않았음을 뜻한다.

정말 그가 어떤 계기에서 고전을 버리고 성 문학에 관심을 기울이게 된 것은 페트라르카 생애의 중요한 지점(topos)이 된다. 그러나 그가 전적으로 고전을 버린 것은 아니었다. 그는 죽기 수 주 전에도 카이사르의 생애를 연구하였고 그가 죽은 다음 날 아침에야 그의 머리가 버질의 사본에 숙여진 채 놓여 있는 것이 발견될 만큼 고전에 대한 관심을 계속하였다.[23] 그럼에도 그에게 있어 도덕적, 영적 위기 의식이 현실적이든 학문적인 영역에 있어서든 고전이 그의 관심과 상상력에 대하여 독점적으로 지배하던 데서 그로 하여금 더 많은 생각을 영적인 문제로 돌리게 하였다는 것은 매우 중요하다.[24]

실제로 1350년대부터 페트라르카의 저서들은 더욱 더 죽음과 그것에 대한 적절한 기독교적인 준비에 관심을 갖게 된다. 예를 들면『내적 갈등』, 「무지에 대하여(De ignorantia)」[25]는 종교와 윤리, 하나님과 인간에 대한 그의 사상을 나타내 주는 대표적인 논문이고, 「고독한 삶에 대하여(De

---

21) Ibid.

22) To Boccaccio from Pavia, 29 July 1366, in *LFP*, p. 253.

23) Whitfield, op. cit., p. 341.

24) Mann, loc. cit.

25) 원명은 *De sui ipsius et multorum ignorantia*(*On His Own Ignorance and that of Many others*), 1366년 베니스의 상류층에 속하는 네 사람이 페트라르카는 '확실히 선한 사람이지만 빈약한 업적의 학자일 뿐'이라는 비난을 한 데 대해, 1367년 독설의 고전적 형태로 쓰여진 인간 무지론으로서 반 자서전적 저서. 이하 *De ignorantia*라 약함.

120

Vita Solitaria)」, 「종교인의 평안에 대하여(*De otio religioso*)」[26)]는 덜 개인적인 고려들을 나타내 주는 것이라고 할 수 있다. 그밖에 1350년대 이후 키케로를 모델로 수집된 편지들을 정리, 편집한 서한집은 약 600편에 이르는데[27)] 많은 것들이 위로나 권고조의 소론(essays) 내지 정치, 정부, 교육, 철학, 질병, 죽음과 같은 일반적인 관심들에 대한 작은 논문들(treatises)이었다.

이렇게 페트라르카의 생애를 개관하여 볼 때 그의 주요 관심이 고전 연구를 토대로 하는 문학적, 학문적 활동 소위 휴머니즘 운동 내지 *studia humanitatis* 탐구에 있음을 알 수 있다. 그러나 이것은 앞에서 고찰한 바와 같이(2장 II) 그가 단순히 고전학자나 수사학자라는 뜻이 아니라, 부단히 독서하고 그것을 흡수하고 다른 것들과 대조하거나 원문 비평적 방법을 적용함으로써 과거의 사실에 대한 정확한 설명을 하려는 갈망이 있었음을 말한다.

예를 들어 그는 로마사에 대한 객관적이고 세부적 이해를 하고자 했는데 이때 그는 그것을 그 자신의 시대로부터 분리시키는 거리감을 인식하였다.[28)] 이것은 그에게 최초의 근대적 역사가라는 칭호를 얻게 했다. 그러나 과거의 회복자로서의 그의 임무는 과거에 대한 정확한 이해와 그 지식을 단지 즐기는 것으로는 충분치 않았다. 그것은 그에게 적용되어야 했다. 이것은 그가 고대의 어떤 인물들과 그들이 살았던 세계에 대한 주관적 동일성을 인식했음을 뜻한다. 그가 그 자신의 문학적 노력을 위해 경이로운 것들과

---

26) *De vita Solitaria*는 고독한 삶에 대하여 1346년에 시작, 1371년까지 완성하지 못함. *De otio religioso*는 카르투지오 수도사들을 두고 종교인의 평안함에 대해 1347년에 쓴 초고임, 그 이후 10년까지 명백한 형태로 되지 않음.

27) *Rerum familiarium libri*(24권, familiar matter에 대한 350편의 산문 편지, 마지막 권에 있는 10편은 고대의 위대한 작가들에게 쓴 것), *Rerum Senilium libri*(18권, 후기에 쓰여진 127편의 편지, 마지막 편지가 *Letter to Posterity*), 이 밖에 익명으로 쓰여진 19편의 산문 편지 *Sine nomine*, 운문 형식의 편지 *Epistole*가 있다.

28) Mann, op. cit., p. 35.

유적들 안에서 영감을 발견하고 「저명한 사람들에 대하여」에서 스키피오와 카이사르 같은 두드러진 인물들을 실증하거나, 「스키피오」에서 스키피오를 시적으로 소생시키려 함으로써 단순히 그 문명을 예찬하고 묘사한 것은 아니었다. 오히려 그에게 로마의 영웅들과 로마 자체는 그 자신의 시대에 재창조할 수 있는 시민적 덕과 세계 정부의 이상을 대표하는 것이었다.29)

이와 같이 페트라르카의 학문의 본질은 행동을 위한 프로그램이 되었다. 그의 연구의 핵심은 그를 당시의 정치로 직접 끌어들였다. 40대 초부터 그의 세 가지 관심 즉 교황직을 로마에 복귀시키는 문제, 콜라 디 리엔조(Cola di Rienzo)의 혁명에의 관여, 그리고 로마에 제국의 자리를 부흥시키려는 꿈은 30대 시절 그의 학문적인 독서와 저술의 논리적 결과였다.

그러나 그의 이러한 공적 관여(*negotium*)는 실제적 정치의 현실보다도 이상에 관련된 것이 많았다. 그래서 그는 군주, 교황, 제후들의 일 같은 현실 정치에 관여하는 *negotium*은 그가 매우 소중히 여긴 평온함과 기독교적 사색 같은 *otium*(은거)을 파괴한다고 생각했다.30) 그의 주요한 도덕적 저서들, 많은 서한들에서 그는 끊임없이 행동하는 삶에 관여하는 것의 무익함을 비난하고 그것으로 인해 빼앗긴 그의 연구 시간을 한탄하고 있다. 이와 함께 그는 고독한 삶에 대하여 그리고 사회생활의 시련과 비교할 때 그것의 가치와 유익함에 대해 예찬하고 있다.

여기서 페트라르카와 그가 존경하는 스승이요 친구인 키케로 사이에 *otium*과 *negotium*에 대한 견해 차이에 주목할 필요가 있다. 키케로는 현실적 공적 관여(*negotium*)를 갈망하고 인간성(*humanitas*)의 완전한 실현을 위해서 *otium*의 필요성을 인식하였다.31) 키케로에게 *otium*은 주로 문학적 활동을 위해 공적인 일로부터의 자유를 의미했다.

---

29) Ibid.
30) Ibid., p. 42.
31) Lorch, op. cit., p. 77.

이에 대해 페트라르카는 그의 연구를 위한 본질적인 조건으로서 끊임없이 *otium*을 갈망하였다. 그에게 *negotium*은 문학 연구에 대한 완전한 몰두였다.[32] 이러한 *negotium*을 위한 기본적인 필요조건으로서의 *otium*은 최소한도의 안정, 대중들로부터의 은거할 가능성이었다. 그가 그의 생애의 마지막 20년 동안 밀라노의 비스콘티가나 베네치아의 귀족들로 기울어지게 된 것은 그에게 지적 독립을 보장할 이상적 환경을 찾고자 하는 방편이었다.

이렇게 페트라르카와 키케로 사이에 *negotium*에 대한 견해 차이가 있었지만 양자는 *otium*의 필요성을 인식했다는 점에서 공통점이 있다. 특히 페트라르카는 키케로가 그의 생애의 말년에 인간성을 돕고 참된 자아의 발견에 이바지하는 지식을 얻기 위해 즉 *humanitas*의 실현을 위해 *otium*을 필요로 하였다는 데에 그와의 친근감을 느꼈다.[33] 이것은 그가 은거(*otium*)와 관여(*negotium*)의 결합, 지혜(*sapientia*)와 웅변술(*eloquentia*)의 결합을 추구하는 수사학적 전통 안에 있음을 가리킨다. 그러나 그는 키케로적인 방식으로도 해결할 수 없는 절망감을 체험하였다.

여기에 어거스틴적 모델은 그에게 그의 영적, 도덕적 갈등을 해결하는 길을 제시하였다. 그는 어거스틴 안에서 그가 경험하고 있는 갈등을 경험했고 그가 추구하는 해결을 또한 경험한 사람을 발견했다.[34] 이런 점에서 어거스틴은 키케로보다 페트라르카의 영적, 지적 발전에 더 큰 영향을 미친 요소였다. 그러나 그는 그의 생애 끝까지 애호하는 고전으로서 키케로와 자신 사이에 친화력이 있음을 보았다. 키케로를 통하여 그는 '*humanitas*'의 개념에 도달하였는데 이것은 인간이 인문학을 통해서 그 자신의 가장 고상한 부분을 실현할 수 있다는 것이었다.

이것은 그와 세계 사이에 화해를 맺는데 이바지하고 그의 저술 활동에

---

32) Ibid., p. 80.

33) Ibid., p. 81.

34) Rabil, op. cit., p. 99.

자극을 제공하고 그에게 육신의 죽음을 넘어 지상적 삶의 계속적 형태를 취할 것이라는 희망을 불어넣었다.[35] 그러나 그는 키케로를 통한 이교적 고전의 도덕적 모방을 거부했다. 그는 키케로와 관련하여 어거스틴을 읽음으로써 결국 지식을 뛰어 넘고 기독교적 인간성(*humanitas christiana*)에 공헌할 수 있는 지혜를 얻고자 했다.[36]

이렇게 페트라르카는 키케로적, 어거스틴적 모델을 통해서 그의 영적, 도덕적 문제를 해결할 수 있는 방법과 비전을 제시하였다. 특히 그에게 종교적 신앙과 경건은 그의 사상과 저술들에서 중심적 위치를 차지했다.[37] 그는 휴머니스트들이 확고한 크리스천들로 머물면서 스콜라 철학을 거부하고 그들의 고전적 학문을 그들의 종교적 신앙과 화해하는 것이 가능하다는 명백한 예를 우리에게 보여준다.

Ⅱ. 신학적인 인간론(Theological anthropology)

페트라르카와 그의 전통을 좇는 르네상스 휴머니스트들은 인간성에 대한 중요하고 새로운 개념들을 발전시키고 다듬었는데, 이를 위해 그들은 그들의 문화 속에 존속되고 있는 중세적 전례들뿐 아니라 더 자의식적으로 받아들인 고전적 견해들도 적용하였다(2장 Ⅱ). 이것은 그들의 인간에 대한 비전의 보유가 하나님에 대한 그들의 개념과 분리되기 어려웠다는 것을 의미한다.

우리는 인간에 대한 그들의 사상이 신학적 인간론임을 알게 된다. 그뿐 아니라 이러한 인간론은 인간론적 신학(anthropological theology)으로 발전하

---

35) Lorch, op. cit., p. 74.

36) Ibid., p. 82.

37) Kristeller, op. cit., p. 11.

는 것을 본다.[38] 특히 페트라르카 안에서 이런 것들이 전형적으로 나타났다. 다음에서는 그의 *The Secret*을 중심으로 그의 내면의 깊은 도덕적, 영적 갈등에 대해 먼저 명예 추구의 문제, 그 다음에 영혼의 병(우울증, *accidie*)으로 나누어 구체적으로 살펴봄으로써 그의 신학적 인간론을 고찰하여 보기로 하자.

1. 명예 추구의 문제

*The Secret*은 페트라르카가 38세 때 그 생애에서 비교적 이른 시기의 작품이지만 어느 정도 그의 성숙성을 나타내주는 것으로서, 그 자신의 가치관에 있어서 갈등하는 요소들에 관하여 어거스틴과 3일 간의 대화의 형태로 쓰여진 자서전적인 작품이다.[39] 그는 서문에서 "이 담화는 너무나 은밀하고 깊기 때문에 그것을 잃지 않도록 기록해 두고 책으로 만들었다. 나는 그것을 나의 다른 저서들과 함께 놓고 싶지도 않고, 혹은 그것에서 어떤 명예를 바라지도 않는다"고 했다.[40] 그는 이 책의 이름을 '나의 비밀(*My Secret*)'이라고 부를 정도로 "그것은 그가 침대 곁에 언제나 놓아두었던 책이었고 그의 충실한 카운슬러요 친구였다."[41]

첫째 날에는 진리에 대한 그의 망각을 주제로 하고 있는데 즉 그 자신도 한번 죽는다는 것, 덕과 구원에 이르는 길, 그가 악은 외적인 것이라고 생각한 것이 사실은 그 자신의 마음의 산물이라는 것, 이러한 진리를 잊고서 어떻게 자기를 기만하며 살아 왔는가, 또 어떻게 진리가 아닌 삶의 길에 그가 심리적으로 속박 당하였는가에 대한 것이다.[42] 여기서 인간 본성에

---

38) *IOIAL* IV, pp. 3~4.

39) Ibid., p. 4.

40) *The Secret*, p. 5.

41) Ibid., xxii.

42) *IOIAL* IV, p. 6.

대한 진리가 심도 있게 논의되면서 페트라르카는 어거스틴을 통하여 마침내 자신의 연약한 심령(weak spirit)을 인정하고 여기에 "나의 고통의 자리가 있고 여기서부터 나는 나의 죽음이 올 것을 두려워한다"고[43] 고백하고 있다.

이러한 진리의 인식을 토대로 둘째 날에는 '그의 영혼을 압박하는 모든 해악들', 그로 하여금 '고상한 것을 꿈꾸게 하고' 그의 '연약함을 잊게 하는 것들', '죽음에 대한 묵상을 하지 못하게 하는 원인들', 그로 하여금 '바른 길에서 벗어나게 하는 것', '죽음에 대한 묵상에서 그를 억제하게 하는 것, 그로 하여금 세상의 여러 근심들로 괴롭게 하는 것'들에 대해 상세하게 다루고 있다. 먼저 지식, 웅변술, 외모에 대한 자부심을 들고,[44] 그 다음에 세속적인 것들에 대한 욕망을 언급하고 있는데 예를 들면 제왕과 같이 "심홍색 수의에 입혀져 대리석 무덤에 안장되고 싶다"[45]든지, "제왕도 충분히 누리지 못한 부와 권세에 대해 꿈꾼다"[46]든지, "노년에 가까이 올수록 그 길을 위한 준비로 근심하고 아직도 돈을 갈망한다"[47]든지 하는 것들이다.

여기서 어거스틴은 "네가 죽을 날이 올 때 너를 발견하는 일 외에 무엇이 남아 있는가"[48]라고 묻는다. 이에 대해 페트라르카는 노년의 가난에 대비하는 것이 그렇게 잘못된 일인가 반문한다. 그가 원하는 것은 '내가 사는 동안 나의 일을 처리할 만큼 수수한 생계를 유지하는 것'[49]이었다. 그런데 "만약 생이 더 길어지게 되면 앞에 무슨 일이 닥칠지 염려되고 그래서 미래에 대비할 것이다. 그러나 나는 이 일에 너무 무관심하여 그런 생계를

---

43) *The Secret*, p. 46.
44) Ibid., pp. 50~60.
45) Ibid., p. 63.
46) Ibid., p. 71.
47) Ibid., p. 66.
48) Ibid.
49) Ibid., p. 62.

위해 남에게 몸을 굽힐 것이 아주 명백하다”[50]고 했다.

이에 대해 어거스틴은 '그런 것은 세속적인 것에 대하여 관심을 갖고 영원한 모든 것에 대해 무관심한 너의 오래된 습관'이라 하고 또 개미를 따르는 것의 한계를 지적한다.[51] 이에 페트라르카는 “나에게 가난을 동경하라고 하는가, 나는 가난을 사모하지 않겠다”고 하자, 어거스틴은 그에게 중용을 목표로 하도록 권면한다. 그러면서도 “너 자신의 가난의 원인은 바로 너 자신이다”고 말하고 '탐욕의 갈고리에 의해 이끌려질 때마다 너의 높은 사색에서 비열한 생각으로 떨어지는' 인간 영혼의 슬픈 맹목성을 지적한다.[52] 페트라르카도 '인간은 모든 피조물 중에서 대체로 결핍된 상태에 있는 피조물'임을 인정하면서 그런 위험성을 느낀다. 어거스틴은 이런 그에게 다음과 같이 말한다.

……그러므로, 불가능한 것에 대한 너의 꿈을 포기하라, 그리고 인간성에 어울리는 몫을 받아들이는 데 만족하라. 그러한 생각과 함께 왕들에게조차 압박하는 운명의 굴레를 벗어나려고 하지 말고, 결핍 속에서도 풍부 속에서도 살 줄 알고 명령하기도 복종하기도 할 줄 알라, 인간의 열정을 조금도 바라지 않고 덕의 법칙에 온전히 복종할 때 너는 이런 굴레에서 해방될 것이다. 아무 것도 원하지 않을 때 너는 자유케 될 것이다. 그때 너는 자립하게 될 것이다. 요컨대 그때 너는 진실로 강하고 완전히 행복한 왕이 될 것이다.[53]

---

50) Ibid. 이것은 그가 1353년 밀라노의 비스콘티가에 의탁하여 그곳에 8년 동안 머물게 됨을 말한다. 처음에 그는 도시의 소음과 뿌리 깊은 자유와 변화의 기질이 제약받을 것을 두려워하여 망설였으나, 조반니(Giovanni)가 '와서 머무는 것만으로도 그와 그의 정부에 영광'이라고 하면서 간청함으로 그 당시 있을 곳이 마땅치 않은 그는 머물기로 결심한다. 그후 1362년 가을에는 전염병의 창궐로 인해 베니스로 옮겨 여기서 5년 동안 머문다(*Man of Letters*, pp. 119~128).

51) *The Secret*, p. 67. 이것은 쥬비날(Juvenal)의 풍자시 '어떤 사람들은 개미와 같이 배고픔과 추위를 두려워한다'는 데서 나온 말이다.

52) Ibid., pp. 67~68.

이때 페트라르카는 "이제 나는 진실로 모든 것에 대해 참회한다. 나는 아무것도 원하지 않는다. 그러나 나는 아직도……나의 마음의 밑바닥에서 어떤 필요를 항상 의식하고 있다"고 한다.[54] 어거스틴은 그에게 "죽음에 대한 묵상에서 너를 억제하게 하고 너를 지상의 여러 근심들로 괴롭게 하는 것이 바로 그것이다"고 한다. 그러면 페트라르카로 하여금 그의 마음의 밑바닥에서 항상 필요성을 의식하게 한 그것은 무엇일까?

어거스틴은 세속적 욕망과 관련하여 제기된 야심(ambition)에 대해 말해 달라고 하는 페트라르카에게 명예(honours) 문제를 거론하면서 "너는 아직 명예에 대한 추구를 단념하지 않았다"[55]고 한다. 이 명예에 대해서는 셋째 날에 상론하게 된다. 여기서 어거스틴은 말하고 있다.

나는 너에게 야심 없이 살라고 충고하지는 않겠다. 그러나 나는 너에게 항상 덕을 명예 앞에 놓으라고 강권하고 싶다.……그러므로 네가 살아야 될 규칙은 이렇다. 즉 덕을 추구하라. 그리고 명예로 하여금 스스로를 돌보게 하라.……나는 덕의 진정한 동반자인 저 명예에 대해 말하고 있다. 다른 수단에 의해 육신적 매력이든 단순한 솜씨에 의해서든, 사람들이 만든 수많은 방법으로 얻은 명예에 대해서는 그 이름으로 불릴 가치가 없는 것 같다.[56]

이에 페트라르카는 "이 연구에 나 자신을 넘겨주기 전에 이런 모든 것을 말했더라면" 그것을 포기할 수도 있었지만 지금은 "성공할 가망이 있는 그러한 일을 미완인 채 두고 싶은 생각은 거의 없다"[57]고 한다. 그는 "모든

---

53) Ibid., pp. 71~72.

54) Ibid., p. 72.

55) Ibid., p. 74.

56) Ibid., pp. 182~183.

57) Ibid., p. 184. 그는 앞에서도 *The Africa*를 반 정도 해 놓고 포기하는 것보다 더 쓰라린 고통은 없다고 하고 있다(ibid., p. 170).

샛길을 철저히 버리고 구원의 길을 똑바로 따르는 것이 훨씬 더 안전할 것이라는 것"을 알았다. 그러나 그는 '학문을 좋아하는 저 옛 성향에 저항할 힘'58)이 없었다. 이에 어거스틴도 "달리 어떻게 할 수 없다면 그렇게 할 수밖에 없다"고 하고 "네가 어디로 가든지 하나님이 너와 함께 하시고 그가 네 발걸음을, 비록 방황할지라도, 진리의 길로 인도하시도록"59) 기도해 주는 것으로 긴 대화의 막이 내린다.

여기서 우리는 진정한 구원의 길, 신앙의 길과 글 쓰는 것 내지 학문을 통한 명예의 길 사이에 갈등하는 페트라르카를 본다. 페트라르카는 둘째 날 대화에서 어거스틴이 지적한 노여움(anger), 육욕의 죄(sin of lust)를 인정하고 그의 조언을 받아들인다.60) 특히 육욕의 죄는 셋째 날에도 로라에 대한 사랑과 관련하여 상세하게 논의된다.61) 그러나 그는 학문의 길을 포기할 수 없었다. 말년에, 글 쓰는 일을 좀 쉬도록 조언한 보카치오(Boccaccio)에게 그는 다음과 같이 편지를 쓰고 있다.

> ……끊임없고, 끈질긴 노동은 나의 마음의 양식이다. 내가 해이해지고 안일하게 될 때 나는 곧 삶을 멈출 것이다. 당신이 나에게 감하도록 한, 읽고 쓰는 일은 단지 가벼운 일일뿐이다. 오히려 그것은 무거운 노고를 잊게 해 주는 청량제이다. 어떤 것도 펜보다도 덜 무겁고, 어떤 것도 펜보다도 더 기분이 나게 하지 않는다.……나는 내가 시작한 방대한 일들에 만족하지 않고……계속 새로운 일들을 추구한다.……나는 나의 일이 나의 삶과 함께 완성될 수 있기를 바란다. 그러나 그 일은 그렇게 기대하기에는 너무나 크기 때문에 죽음의 사자가 올 때 내가 읽거나 쓰고 있음을, 혹은 그리스도의 뜻이라면 기도하고 울고 있는 것을, 목격하게 되기를……62)

---

58) Ibid., p. 192.
59) Ibid.
60) Ibid., pp. 75~83.
61) Ibid., pp. 110~165.

페트라르카는 이 지상에서 살고 있는 한 '그의 관심을 기다리고 있는 중요한 일들'[63]을 소홀히 할 수 없다고 생각했다. 그래서 읽고 쓰는 일을 멈출 수 없었다. 그러나 그에게 이것이 전부는 아니었다. 다시 말해서 그는 읽고 쓰는 일, 학문이 신앙과 덕에 유익하다고 생각했다. 1362년 역시 보카치오에게 보낸 편지에서 그는 "덕에 대한 권면도, 다가오는 죽음에 대한 논의도 우리를 학문으로부터 옮길 수 없을 것이다. 왜냐하면, 건강한 정신에, 그것은 덕에 대한 사랑을 일으키고 죽음에 대한 두려움을 사라지게 하거나 적어도 감소시키기 때문이다"[64]고 했다.

그에게 '학문을 버리는 것은 지혜보다도 자기 신념의 결핍'과 관련되었다. 우리가 매우 모방하기 원하는 종교인들은 그들의 전체 삶을 학문에 바쳤다고 해도 과언이 아니다. "학문 없이 경건하게 된 사람들도 많다. 그러나 어떤 사람도 거룩함의 길을 따르는데 있어서 학문에 의해 방해받지는 않았다."[65] 여기서 학문은 세속적 학문을 가리킨다. 그러므로 "비록 경건하더라도 무지는 학문에 친근한 자의 밝은 경건(enlightened devoutness)과 같은 수준에 놓을 수 없다."[66]

그가 이렇게 세속적 학문 내지 이교적 고전을 인정하였지만, 그것을 신중하게 연구했다. 그뿐 아니라, 종교적 학문 내지 그리스도교적 고전을 더 우위에 두었다. 1360년경 한 친구에게 보낸 편지에서 그는 얼마 전부터 "나의 생각과 나의 저술을 성 문학(Sacred literature)으로 향하였다" 하고 그 이유에 대해서 "젊은 시절에는 그 나이에 알맞은 연구를 하였지만 이제 장년이 되어서는 인생의 더 중대한 문제에 마음과 시간을 바치게 되었다"고

---

62) To Boccaccio, from Padua, 28. April, 1373 in *LFP*, pp. 301~302.

63) *The Secret*, p. 191.

64) To Boccaccio, from Padua, 28 May, 1362 in *Man of Letters*, pp. 391~392.

65) Ibid., p. 393.

66) Ibid., p. 394.

담담하게 말하면서 이교적 고전과의 관계도 언급하고 있다.

나는 키케로를 사랑했음을 인정한다. 또 나는 버질을 사랑했다. 나는 너무나 두드러지게 그들의 사상과 표현을 통해 기뻐했기 때문에 나는 어떤 것도 그들을 능가할 수 없다고 생각했다. 나는 또한 많은 다른 사람들도 사랑했다. 그러나 나는 키케로를 마치 나의 형처럼 사랑했다……이와 유사하게 나는 그리스인들 중에서 플라톤과 호머를 사랑했다. 내가 이들의 재능을 우리 자신의 스승들(키케로와 버질)의 그것과 비교할 때 나는 흔히 온건한 판단을 하기가 어려웠다. 그러나 이제 나는 더 심각한 문제에 대해 생각해야 된다. 나의 관심은 고상한 언어에 대한 것보다, 나의 구원에 더 기울게 되었다……이제 나의 웅변가들은 암브로스, 어거스틴, 제롬, 그레고리가 될 것이고, 나의 철학자는 바울이 될 것이고, 나의 시인은 다윗이 될 것이다……그러나 비록 나는 기독교 저술가들을 첫 자리에 두지만, 나는 다른 사람들을 거부하지 않는다……금도 은도 돈에 속한다. 그래서 너도 그들의 가치를 알고 그들을 혼동해서는 안 된다.……[67]

그러면 앞에서 제기한 문제로 돌아가서 페트라르카로 하여금 그의 마음의 밑바닥에서 항상 필요성을 의식하게 한 그것은 무엇일까? 어거스틴은 이것이 그로 하여금 죽음에 대한 묵상을 억제하게 하고 지상의 여러 근심들로 괴롭게 한다고 했다. 그것은 명예의 추구와 관련된 문제라고 생각된다. 어거스틴은 "만약 너에게 앞으로 1년의 기간만이 주어진다면 너는 너의 구원을 위해서는 마지막 시간을 남겨 두고 그 외의 시간에 대해서는 여러 어리석은 일에 분배할 것인가"[68]는 문제를 제기하고 "가장 좋은 것을 마지막으로 미루는 것은 참된 질서를 거스르는 일이 아닌가"[69]라고 묻는다. 이에 페트라르카는 "나는 그렇게 생각지 않는다" 하고 다음과 같이 그의 원리에

---

67) To Francesco Nelli, from Milan, 18 September, Probably 1360 in *LFP*, pp. 190~192.
68) *The Secret*, p. 174.
69) Ibid., p. 176.

대해 말한다.

> ······나의 원리는 우리가 여기 지상에서 기대해도 좋은 명예에 관해서는 우리가 여기 지상에 살고 있는 동안 추구하는 것이 옳다는 것이다. 우리가 하늘에 도달하게 될 때, 우리는 하늘에서 저 다른 더 빛나는 영광을 누리게 될 것을 기대할 수 있을 것이다.······그러므로 내가 생각한 바대로 죽어야 될 인생들은 먼저 유한한 것들에 관심을 가져야 하고 또 영원한 것들이 일시적인 것들에 뒤를 이어 나타날 것이라는 것은 참된 질서에 속한다.[70]

이 원리는 오컴 내지 *Via moderna*의 이원적 윤리 체계를 반영하는 것 같다(3장 Ⅲ 참조). 그러나 이에 대해 어거스틴은 "하늘과 땅에서 모든 기쁨을 누리고 항상 어디에서든지 행운이 있고 번성하리라고 꿈꾸는 것은 미망에 지나지 않는다"고 하고 그것은 마치 "한 발은 땅에 한 발은 하늘에 두고 있는 것 같아서, 너는 여기 지상에 설 수도 없고 하늘로 오를 수도 없다.······그뿐 아니라 네 모든 계획과 사업이 진행되는 도중에 언제 이 세상을 떠날는지 모른다. 그때 너는 모든 것을 얻고자 하다가 모든 것을 잃게 되니 얼마나 슬프고 부끄러운 일이겠는가!"[71]고 하자, 페트라르카도 이를 인정하고 '지존자가 그의 자비로 나를 이런 불행에서 구원해 주시도록'[72] 기도한다.

그럼에도 불구하고 그는 앞에서도 언급한 바와 같이 진행 중인 연구 내지 학문을 포기할 수 없었다. 어거스틴도 이러한 그를 막을 수 없었다. 이것은 '역사적 페트라르카' 안에서 진정한 명예의 길을 추구하고자 갈등하는 모습을 보여준다. 그는 일찍이 볼로냐의 학생 시절에 친구에게 보낸 편지에서 이미 "진정한 명예는 생전에 얻을 수 없다는 것, 우리가 도달한

---

70) Ibid.

71) Ibid., pp. 176~177.

72) Ibid., p. 177.

132

명예는 하나의 순간, 하나의 안개, 하나의 그림자에 지나지 않는다는 것, 그러므로 살아 있는 동안 덕을 추구하라, 그러면 진정한 명예를 얻게 될 것이라는 것"73)을 말하고 있다. 이렇게 볼 때 그가 그의 손에서 펜이 떨어질 때까지 연구를 포기하지 않은 것은 이것이 자신에게는 진정한 명예를 얻는 최선의 길이라고 믿었기 때문이라고 생각된다.

페트라르카가 "죽음에 대한 묵상 보다 진지한 노고를 통하여 죽음에 대한 더 합리적 준비를 하였다"는 것은 그의 시대의 이상을 초월하는 근대적 신념의 표출이라고 생각된다.74) 그뿐 아니라 우리가 그를 휴머니즘의 진정한 건설자 내지 아버지라고 부르는 이유도 이러한 그의 신념과 태도에 기인한다고 생각된다. 왜냐하면 그러한 신념이 인문학과 함께 성문학의 출현을 낳게 했고 나아가 양자 곧 인문학(*studia humanitatis*)과 성문학(*studia divinitatis*)의 상호 관련성 안에서 르네상스 휴머니즘이 성립하는 데 이바지했기 때문이다.

살루타티도 도미니크파 수도사 조반니 도미니치(Giovanni Dominici)가 자신을 공격하면서 크리스천들이 이교적 철학이나 학문을 연구하는 것을 비난한 데 대한 답변에서 "인문학과 성문학은 서로 깊이 관련되어 있기 때문에 어느 하나의 참되고 완전한 지식은 다른 하나 없이는 가능하지 않다"75)고 했다. 이렇게 인문학과 성문학의 밀접한 관련 속에 인간적 문화를 사색하고, 연구하고, 묘사하는 기쁨을 지향할 뿐 아니라 그 당시의 영적, 도덕적, 문화적, 지적 문제들을 다루는 새로운 방법을 모색하려는 휴머니즘 운동이 대두하였다. 페트라르카는 이러한 휴머니즘의 성립과 발전에 패러다

---

73) *Man of Letters,* p. 414.

74) 김영한 교수는 페트라르카가 철저하게 근대적이지 못했다고 했지만 필자는 그가 근대적 신념을 견지했다는데 그 의미를 두고 싶다(김영한, 앞의 책, p. 37).

75) Trinkaus, "Introduction : Salutati's Programmatic Response to Giovanni Dominci" in *IOIAL* vol. I, p. 560.

임적 역할을 하게 된다.

2. 영혼의 병 : 우울증(accidie)

어거스틴은 둘째 날 '신적인 것들에 대한 생각을 하지 못하게 하는' 육욕의 죄를[76] 잠시 언급하고 나서 (이에 대한 상세한 논의는 셋째 날로 미루고 있다) 페트라르카에게 있어 '영혼의 가장 깊은 상처'라 할 수 있는 우울증을 다루고 있다. 그는 실로 '영혼의 비참한 병이라 할 수 있는 우울증의 희생자'[77]였다. 그는 '우울증'이라는 소리만 들어도 전율할 정도로 그것에 대해 몸서리치고 있는데 이는 그가 "그 무거운 짐에 너무 오래 시달려 왔기 때문이었다." 그러므로 페트라르카 자신도 *The Secret*에서 이 우울증 문제를 가장 본질적인 것으로 다루지 않았나 생각된다. 그래서 본절에서도 *The Secret*에 나타난 우울증의 원인, 증상, 그 치유책을 살펴봄으로써 페트라르카의 종교사상 내지 신학적 인간론의 본질과 그 의미를 찾아보고자 한다.

1) 운명의 영향

먼저 페트라르카는 우울증을 다른 질병과 비교함으로써 그것이 얼마나 심각한 병인가를 말하고 있다.

……나를 괴롭힌 거의 모든 다른 질병에서는 어떤 거짓된 기쁨이라도 섞여 이 비참한 상태에서는 모든 것이 잔혹하고, 침울하고, 불유쾌하다. 절망에의 길이 항상 열려 있어서 모든 것은 사람의 비참한 영혼을 자멸로 이끈다. 더욱이 다른 격정(Passions)은 나를 일시적 기간만 공격한다. 그것은 빈번하지만 다만 짧고 잠시 뿐이다. 그러나 이것은 대체로 나를 너무나 가까이에서 포위하기 때문에 그것은 수많은 낮과 밤에 온통 나에게 달라붙고

---

76) *The Secret*, pp. 77~83.

77) Ibid., p. 84.

나를 고통스럽게 한다.……[78]

　이렇게 우울증은 그에게 "한 낮에도 기쁨이 조금도 없게 하고 마치 지옥의 어두움에 던져져 매우 잔인한 형태로 죽음을 맛보는 사람같이 되게 했다." 무엇보다도 그를 비참하게 한 것은 "그가 병적인 매력에 이끌려 그의 눈물과 고통을 먹고 지내는데 너무나 기울어졌기 때문에 그 자신의 의지로써는 거기서 벗어날 수 없다"[79]는 것이었다. 그러면 이러한 우울증의 원인은 무엇인가?

　어거스틴은 페트라르카에게 "너를 현재 매우 억누르는 그 우울증은 무엇인가, 그것은 인간사의 일반적 과정인가, 아니면 어떤 육신적 고통인가, 아니면 운명의 어떤 치욕인가?"고 묻자, 그는 "이것들의 어떤 것도 아니다"라 하고 "나는 지금 수많은 적들에 의해 포위당하였다"고 말한다. 여기서 그가 말하는 적들이란 운명(Fortune)이 몰고 오는 것들을 가리킨다.

　운명의 여신은 나를 굴복시키기 위해 모든 군대를 동원하여 공격한다. 여신은 현재 당하는 슬픔, 과거의 불행에 대한 기억, 또 언젠가 직면하게 될 해악에 대한 두려움을 쌓는다. 이때 결국 나는 사면초가가 되고 이것들이 쌓여진 불행으로 공포에 사로잡혀 나의 비참한 숙명(fate)을 슬퍼하고 나의 영혼 안에서 삶에 대한 지독한 경멸감이 솟아오르는 것을 느낀다.[80]

　이렇게 그는 운명(Fortune)에 의한 공격으로 인해 '자유의 상실'[81]이라는 치명타를 입고 철저히 놀라고 압도당하지 않을 수 없었다. 이에 대해 어거스틴은 그의 불행이 '단 하나의 그릇된 개념에서 비롯되었다'고 말한다. 그러면

---

78) Ibid.
79) Ibid., pp. 84~85.
80) Ibid., pp. 85~86.
81) Ibid., p. 86.

그것은 무엇일까?

어거스틴은 페트라르카에게 "너는 너 자신에 대한 그릇된 자부심을 가지고 있다"[82]고 말하고 그가 "운명의 희생자라면서 운명에 대해 부당한 불평을 하고 있다"고 한다. 예를 들어 어거스틴이 "너는 배고픔과 목마름, 추위를 감수할 정도로 가난하지는 않지 않았나"[83]라 하자, 페트라르카는 "운명이 나를 그렇게 가난하게 하지 않았다"고 하면서 "지금까지 나는 항상 다른 사람들의 후원에 의존하여 살아 왔다. 이것이 무엇보다도 가장 쓴 잔이다"[84]라고 불평하고 있다.

이에 대해 어거스틴은 "꼴찌가 되지 않은 것, 가혹한 운명에 의해 그렇게 심한 타격을 받지 않은 것에 대해 감사하라"[85]고 하면서 "요컨대 네가 운명의 변덕에 놓여 있다고 하더라도 너는 염려에서 벗어난 삶을 살 것이다"[86]고 한다. 결국 어거스틴은 그에게 "인간의 어떤 지상적인 운명도 자기가 원하는 것에 도달한 사람이든, 그렇지 못한 사람이든, 불평에서 벗어날 수 없다"고 하고 세네카의 조언을 제시한다. "네가 얼마나 많은 사람들이 네 앞에 있는가를 알게 되면 또한 얼마나 많은 사람들이 네 뒤에 있는가 생각하라."[87]

이에 페트라르카는 "나도 최고의 자리에서는 내가 모든 다른 것 위에 두는 영혼의 안정과 침착을 결코 발견하지 못했다"[88]고 하고 "이 문제에 대해서 나는 신중하게 판단하여 어떤 중간적 위치를 택하였다"고 한다. 그러나 그는 "그러한 중간적 위치를 누리는 것이 나의 몫이 되지 못했다"고

---

82) Ibid.
83) Ibid., p. 89.
84) Ibid., p. 94.
85) Ibid., p. 90.
86) Ibid., p. 94.
87) Ibid., pp. 90~91.
88) Ibid., p. 92.

136

불평하고 있다. 이에 대하여 어거스틴은 다음과 같이 반문한다.

> 그런데 만약 네가 중간적 위치라고 생각하는 것이 진실로 현재 너의
> 위치보다 밑에 있는 것이라고 한다면 어떠냐, 만약 실제로 네가 오랫동안
> 그 위치를 두고 그것을 충분히 누렸다고 하면 어떠냐, 아니 만약 네가
> 진실로 그 위치를 현재 네 위치보다 훨씬 뒤에 두고 많은 사람들에게
> 무시당하기보다 더 선망의 대상이라고 한다면 어떠냐?[89]

그러자 페트라르카는 "만약 그들이 나의 몫을 선망 받는 것으로 생각한다
고 하더라도 나는 오히려 반대로 생각한다"고 말한다. 이때 어거스틴은
바로 '이런 너의 잘못된 견해가 네 모든 불행의 원인'[90]이라고 한다. 그러면
페트라르카의 문제는 무엇인가?

그는 자신의 조건보다도 여러 염려로 인해 자기 운명의 가혹함에 지나치게
불평했음을 토로한다. 특히 그는 당시 거의 모든 휴머니스트들이 그러했던
것처럼 다른 사람의 후원에 의존하는 삶의 고달픔에 대해 불평하였는데,
이것은 다른 사람들의 의지에 의하여 자신의 삶이 점유된다고 생각했기
때문이다. 그러나 이제 그는 "그러한 삶이 가난한 삶이 아니라 다소 봉사하는
삶이 되었다"는 어거스틴의 책망을 받아들이고 "나는 더 이상 결코 다른
사람들에 대한 나의 의무나 나의 가난에 대해 불평하지 않겠다"[91]고 한다.

이상에서 페트라르카는 운명(Fortune)의 존재 내지 운명의 힘을 인정하고
있음을 본다. 그는 외적인 것(external goods) 내지 물질적인 것(material goods)
이 운명의 영역에 속한다는 아리스토텔레스의 견해를 받아들이면서도 이러
한 외적인 것이 그에게는 신의 선물이라 생각되었다.[92] 그래서 선이나

---

89) Ibid., pp. 92~93.

90) Ibid., p. 93.

91) Ibid., p. 95.

92) V. Cioffari, "Fortune, Fate and Chance" in *Dictionary of the History of ideas*, Vol. II(Charles

악은 인간이 그것들을 소유하는 데서 비롯되지 않고 그것들을 얼마나 잘 이용하느냐 안하느냐에 달려 있었다.

아리스토텔레스에 의하면 외적인 것에는 좋은 가문, 부, 권력, 친구, 좋은 자녀들, 미 등이 속하였는데 운명은 비결정적인 원인으로서만이 아니고 인간의 행복에 미치는 식으로 이러한 것들을 통제하고 그 분배를 정하는 힘으로서 작용하였다.93) 그러나 페트라르카는 원인으로서의 운명의 성격에 대한 아리스토텔레스적인 설명을 받아들이지 않았다. 오히려 그는 운명, 숙명을 구분하지 않고 양자를 신의 뜻으로 보는 스토아적 개념을 받아들인다.

그래서 인간을 견인불발케 하는 시금석으로서의 운명의 개념이 페트라르카의 견해 가운데 계속 나타난다. 그러나 스토아 학자들에 있어서 그 시금석은 내세에 대해 어떤 의미를 지니지 않았다. 반면에 페트라르카에게 있어서 그 시금석은 영원성을 위한 준비로서 이해되었다.94) 그에게 불운의 뿌리는 어떤 자연적 경향이 아니고 인간이 신의 선물을 오용한 것에 대하여 지는 형벌에 있었다. 그러므로 그는 운명이란 극복될 수 있다고 믿었다.

둘째 날 대화의 끝 부분에서 어거스틴이 "이제 너는 네 슬픔을 버리고 네 운명에 더 조화될 수 있다고 느끼는가?"라 묻자, 페트라르카는 "우리가 논의한 문제에 관한 한 당신의 훈계는 아주 도움이 되어서 나의 운명을 대부분의 다른 사람들과 비교할 때 그것은 전과 같이 더 이상 나에게 그렇게 불행한 것 같지 않다"95)고 대답하고 있다. 그러면 그가 어떻게 이런 체험을 하게 되는가?

페트라르카는 운명의 영역에 속하지 않는 육신의 요소(goods of the body), 영혼의 요소(goods of the soul)들과 관련하여 우울증의 원인을 계속 논의한다.

Scribner's, Sons, Publishers, 1978), p. 234. 이하 *DHI*라 약함.

93) Aristotle, *Magna Moralia*(1206b, 30ff), cited in *DHI*, p. 228.

94) Cioffari, loc. cit.

95) *The Secret*, ibid., p. 105.

138

여기서 육신의 요소와 외적인 요소 사이에는 신체적 매력이나 미와 같이
유전에 속하는 것인 경우에는 중복되는 점이 있지만, 외적인 요소와 영혼의
요소 사이에는 그런 혼돈의 염려가 없다. 뒤에 학자들에게 전해진 운명의
영역은 영혼의 요소에 반대되는 것으로서 외적인 요소의 영역이다.[96) 다만
운명은 영혼의 요소에 영향을 미치는 것으로 보여진다. 어거스틴이 지금까지
"우리가 말해 온 것과 별도로 너를 고통스럽게 하는 것이 무엇이냐"고
묻자 페트라르카는 '육신이 주는 부담감',[97) '영혼의 문제',[98) "그가 살고
있는 도시(아비뇽)의 더러움, 시끄러움, 잡다한 사람들의 구걸과 궁상, 사치와
방종, 다양한 개성과 역할을 가진 사람들의 떠들고 다투는 소리로 인한
무질서와 우울함이 가져오는 메스꺼움"[99)에 대해 말한다.

여기서 우울증(*Accidie*)은 운명에 의하여 또는 육신을 통하여 또는 도시
생활의 혼잡에서 영혼 안에 나타난 의기소침과 우울증의 상태라고 말할
수 있을 것이다. 이것은 서두에서도 말한 것처럼 그의 영혼의 깊은 상처였고
그의 영혼의 비참한 병이었다. 이제 영혼의 본성에 대하여 의지와의 관계,
육신과의 관계를 중심으로 더 살펴보기로 하자.

2) 의지의 문제

이들 문제에 대해서는 첫째 날의 대화에서 잘 다뤄지고 있다. 왜냐하면
이 날 어거스틴은 페트라르카에게 망각된 진리를 깨우치고 있기 때문이다.
먼저 어거스틴은 "사람의 불행에 대해 회상하고 죽음에 대해 종종 묵상하는
것이 세상의 유혹을 경멸하고 폭풍 사이에서 영혼을 가라앉히는 데 가장
확실한 도움"[100)이 된다 하고 다만 그러한 묵상이 피상적인 것이 아니고

---

96) Aristotle, loc. cit.
97) *The Secret*, ibid., pp. 95~96.
98) Ibid.
99) Ibid., pp. 97~98.

뼈 속 깊은 것이 되어야만 한다는 조건을 붙인다. 이것은 스토아적, 합리적 처방을 제시한 현자의 역할이 죽음, 지옥, 그리고 죄의 무서움을 깊이 묵상하도록 조언하는 성자의 역할로 변형되고 있음을 뜻한다.101)

　대화 속의 어거스틴도 언뜻 보면 스토아적 입장을 반영하고 있는 것처럼 보인다. 오히려 대화 속의 페트라르카가 역사적 어거스틴의 입장을 반영하는 것 같다. 왜냐하면 대화 속에서 어거스틴은 철학적, 종교적, 도덕적 진리를 대표하고 페트라르카는 심리적(경험적) 진리를 대표하기 때문이다.102) 어떻든 역사적 페트라르카는 이 대화에서 두 어거스틴, 두 페트라르카 사이에 갈등을 통하여 깊은 영혼의 문제를 드러내고 구원에의 길에 이르게 된다.

　어거스틴이 처음부터 죽음에 대한 묵상을 언급하고 계속하여 이를 강조하는 것은 "누구나 한번은 죽어야 한다는 사실보다도 더 확실한 것이 없고 그 죽음이 임하는 시간보다도 더 불확실한 것"103)이 없기 때문에 그로 하여금 '위험이 너의 머리 위에 걸려 있다는 것'104)을 깨우치고자 함이었다. 그러나 페트라르카에게는 그러한 취지가 잘 전달되지 않는다.

　그는 "깊은 묵상에 의해 자기가 불행하다고 발견한 사람은 더 이상 그렇게 되지 않고자 간절히 바라게 될 것이고 그런 소원을 가진 자는 그것이 성취되도록 추구할 것이고 그렇게 추구하는 자는 그가 원하는 것을 성취할 수 있을 것이다"105)고 하는 말에 선뜻 동의하지 못한다. 그는 먼저 원하고 그 다음에 구하는 것을 받아들인다고 하더라도 세 번째 성취하는 문제에 대해서는 동의하지 않는다. 즉 "비록 우리가 부지런하다고 하더라도 우리는

---

100) Ibid., p. 7.
101) Charles Trinkaus, "Themes for a Renaissance Authropology" in *The Scope of Renaissance Humanism*(The Uni. of Michigan Press, 1983), p. 386. 이하 *TSORH* II라 약함.
102) *IOIAL* IV, p. 6.
103) *The Secret*, p. 33.
104) Ibid., p. 8.
105) Ibid.

140

원하는 바를 결코 얻지 못했고 또 결코 얻지 못할 것이다"[106]라고 한다.

이에 어거스틴은 "그것은 다른 소원들에 대해서는 들어맞을지 모르지만 우리가 지금 논의하고 있는 경우는 전혀 다르다"고 하고 그 이유를 다음과 같이 말한다. "왜냐하면 만약 다만 그가 진지하게 그의 마음을 다하여 원하기만 하면 그의 불행에서 구원받고자 원하는 모든 사람은 그가 원하는 것을 얻지 못함이 없을 수 없기 때문이다."[107] 이에 대하여, 페트라르카는 다음과 같이 대답한다.

> ……많은 것들을 결여하고 있다고 느끼지 않는 사람들이, 또 지금까지 불행했다고 고백하지 않는 사람들이, 진실로 거의 없다. 자기 자신의 본질을 탐구한 사람은 누구든지 그것이 맞다는 것을 인정할 것이다……모든 사람들은 다 아는 것처럼 이 불행의 짐을 기꺼이 내려놓고자 한다. 그러나 모든 사람은 또한 그렇게 할 수 있는 사람은 거의 없다는 것을 안다……그러면 나에게는 수많은 사람들이 그들 자신의 의지에도 불구하고 강제로 불행하다는 것은 전혀 의문의 여지가 없는 것 같다.[108]

여기서 경험적 진리와 철학적 진리, 더 나아가 신앙적 진리 사이에 갈등하는 페트라르카의 모습을 본다. 이것은 "계시된 것으로서의 기독교 진리가 사람들 자신에 의하여 사람들이 발명한 어떤 인간적 수단, 어떤 기술이나 과학에 의해 얼마나 깨닫게 될 수 있는가 하는 문제"[109]와 깊이 관련된 것이었다. 사람들은 12세기 이래 믿음에 대해서 뿐 아니라 마술적이고, 표적적이고, 마력적인 것에 대해 매일 기대하는 시대에서부터 점차 도시를 건설하고 무역과 상업을 확장하면서, 물질적 존재의 문제들을 해결하고

---

106) Ibid., p. 9.
107) Ibid., pp. 9~10.
108) Ibid., p. 10.
109) *IOIAL* IV, p. 22.

있는 시대로 옮겨가고 있었다.

이때 기독교는 세속적 사상과 세속적 행위에 의해 도전 받게 되었다. 그래서 두 전통 즉 기독교적, 고전적 전통의 관계성에 대한 문제, 더 나아가 이보다 더 근본적인 것 즉 종교적, 세속적 인간성의 관계에 대한 문제가 불가피하게 전면에 나타나게 되었다.[110] 여러 점에서 페트라르카의 생애와 동일시되는 휴머니즘의 출현은 이런 문제에 대한 응답이었다.

그가 "많은 사람들이 그들의 의지에도 불구하고 불행하다"고 말했을 때 이것은 비록 새로운 문제 제기는 아니라고 하더라도 그 당시의 철학적, 종교적 윤리에서 벗어난 것으로서 그의 체험에서 나온 고백이었다. 스토아적 관점에 의하면 인간은 자신의 힘과 의지를 통하여 덕스럽게 되고 그 불행을 피할 수 있었다.[111]

대화 속의 어거스틴은 이와는 좀 차이가 있지만 깊은 묵상을 통하여 불행을 피할 수 있는 길에 비교적 쉽게 이를 수 있다고 함으로써 스토아적 입장을 옹호하였다. 페트라르카에게 이러한 입장은 그 자신의 경험과 모순되기 때문에 받아들이기 어려웠다. 그의 입장은 "인간의 그 불행에서 벗어나고자 하는 소원 즉 의지가 있다고 하더라도 그렇게 할 수 없다"는 것이요 그래서 "어떻게 그 의지를 강하게 해서 그 불행에서 벗어날 수 있느냐"는 것이었다.

이것은 권고를 통하여 개개인의 본성을 자극시키고 그 의지를 움직이는 것을 강조한 수사학적 입장이었다.[112] 그가 존중한 키케로나 세네카는 물론 성 어거스틴도 인간의 지력보다도 의지를 중요시하는 수사학적 전통에 있었다. 철학적으로도 13세기 후반 이후 약 2세기 동안 유럽적 정신에 영향을 미친 것은 토마스 아퀴나스와 그의 제자들의 주지론과 대조되는

---

110) Ibid., pp. 18~28.
111) Ibid., p. 45.
112) Ibid., pp. 47~48.

온건한 주의론(Voluntarism)이었다.[113] 여기서 의지란 합리적 욕구 내지 이성에 의해 이해된 선에 대한 갈망으로서 정의되었고 양자 사이에 선택하는 기능으로는 정의되지 않았다.[114] 그러므로 의지와 선택과의 관계, 의지와 은혜와의 관계는 논쟁의 문제였다(3장 Ⅲ 참조).

그러면 의지의 문제에 대한 어거스틴과 페트라르카 사이의 대화를 좀 더 살펴보자. 어거스틴은 '어떤 사람도 그의 의지에 반하여 불행하게 되거나 불행할 수 있다고 가정하는 것'을 듣고 매우 분노하면서 "아무도 자신의 결함을 통해서 얻어지는 것 외에는 불행하게 되거나 불행할 수 없다"[115]는 사실을 지적한다.

이에 페트라르카는 이 사실을 인정하면서도 "많은 사람들에게 그들의 결함의 멍에를 깨뜨릴 수 없다는 것보다 더 고통스러운 것은 없다"[116]고 말한다. 그는 성모(진리를 상징)와 성자(어거스틴) 자신을 증인으로 내세워 "그가 얼마나 그 자신의 불행과 죽음의 문제에 대하여 숙고했는지 그의 허물을 씻고자 얼마나 눈물을 흘리며 구했는지" 입증할 수 있다고까지 한다. 그러나 '모든 것이 헛수고였다'고 하고 다음과 같이 말한다.

　　이것만이 나를 당신이 수립하고자 한 저 명제의 진리 즉 아무도 자기 자신의 자유의지로 말미암는 것 외에는 불행에 빠지지 않았다거나, 혹은 자기 자신의 동의에서 비롯된 것 외에는 불행한 상태로 머물지 않았다는 것을 의심하게 한다. 나는 나 자신의 슬픈 경험 속에서 이것과 정 반대되는 일들을 체험하였다.[117]

---

113) J. B. Korolec, op. cit., pp. 640~641.

114) Ibid., p. 630.

115) *The Secret*, op. cit., p. 13.

116) Ibid., pp. 13~14.

117) Ibid., p. 15.

어거스틴은 이러한 불평이 오래 되고 끝이 없는 논쟁이라고 하면서도 그 자신 "아무도 그가 그렇게 선택하지 않으면 불행하게 되거나 불행할 수 없다"[118]고 하는 그의 주장을 철회하지 않는다. 이제 그는 죽음에 대한 깊은 묵상을 통하여 구원의 길에 이르는 것과 불행의 원인이 인간 자신에게 있다는 것을 주장하고 있다. 전자의 경우 계속 논의하는 가운데 어거스틴 자신이 영혼의 연약함과 함께 의지의 한계를 인정하면서 하나님의 은혜만이 진정한 구원의 길이 됨을 말한다. 후자의 경우 인간 의지의 한계와 관련되기 때문에 페트라르카도 곧 이를 수긍하고 받아들인다. 이 문제에 대하여 먼저 좀 더 살펴보자.

어거스틴은 불행의 원인과 관련하여 '사람 안에는 스스로 속이는 어떤 뒤틀어지고 위험한 경향이 있는데 이것이 삶에 있어서 가장 치명적인 것'이라고 하고 세상에 어떤 사람도 강제로 죄를 짓지 않는 이유에 대해 다음과 같이 말한다.

> 왜냐하면 현자들은 죄란 고의적인 행위이어야 한다고 요구하기 때문이다. 실제로 그들의 정의는 너무나 엄격해서 이런 임의성이 없다면 그 때 죄는 또한 존재하지 않을 것이기 때문이다. 그러나 죄 없으면 어떤 인간도 불행하지 않을 것이다.……[119]

여기서 죄가 모든 불행의 근본 원인이라고 하는 것에 주목할 필요가 있다. 이것은 페트라르카가 죄의 심각성을 인식하고 있음을 말해 주는 것으로서 불행의 원인을 육신에 돌리는 플라톤파나 마니교도라든지,[120]

---

118) Ibid.

119) Ibid., p. 16.

120) Augustine, *The City of God,* trans. Marcus Dods, in *Great Book of the Western World* ed. Robert M. Hutchins, 18(Encyclopaedia Britannica Inc. 1978), Book XIV, Chap. 3,5, 이하 *The City of God*라 약함.

144

스토아파와 같이 인간이 덕의 성취를 통하여 불행을 극복할 수 있다고 하는 이교적 고전의 사상에서는 결여되고 있는 요소였다.

특히 그는 성 어거스틴의 영향을 받아 하나님의 은혜가 아니면 이 문제를 해결할 수 없다고 본다. 이에 대해서는 좀 뒤에 더 고찰하기로 한다. 페트라르카는 불행의 원인에 대한 어거스틴의 삼단논법적인 추론에 '자기 자신의 의지에도 불구하고 인간은 불행하다'는 그 자신의 명제를 떠나서 '나의 불행의 시작이 나 자신의 의지에서 비롯되었다'는 것을 점차 인정하지 않을 수 없게 된다. 그러나 그도 어거스틴에게 한 가지 사실을 인정하도록 한다.

> 어떤 사람도 본의 아니게 타락하지 않은 것이 참 말인 것처럼 고의적으로 타락한 수많은 사람들이 자발적으로 그렇게 머물러 있지 않는다는 이것 또한 참 말이다, 나는 나 자신의 자아에 대해 이것을 자신 있게 긍정한다. 더욱이 나는 죄에 대한 나의 형벌 때문에 이러한 타락을 받게 되었음을 믿는다. 마치 내가 할 수 있을 때 서지 않고자 하는 것처럼 이제 나는 내가 원해도 일어설 수 없는 것과 같다.[121]

이에 어거스틴은 그의 말이 '지혜롭고 참된 견해'라고 칭찬하면서도 그 견해의 허점을 지적한다. 즉 "타락하게 된 것(falling)과 타락한 상태에 머물러 있는 것(remaining fallen)은 시간상으로 차이가 있지만 동일한 인간의 타락한 본성 안에서 행해지는 것이라는 점에서 차이가 없다"[122]라 하고 "타락한 상태에서 벗어나고자 하는 소원은 좋지만 그 소원을 갖는 것 외에는 아무 것도 할 수 없다고 하는 것은 자기 합리화에 지나지 않는다"는 의미의 말과 함께 "문제가 되는 것은 의지의 결핍이지 힘의 결핍이 아니다"[123]고

---

121) *The Secret*, ibid., p. 17.
122) Ibid.
123) Ibid., p. 19.

한다.

이세 어거스틴도 불행의 원인과 관련이 있는 '의지의 결핍(want of will)'을 거론함으로써 인간의 본성에 대한 더 깊은 탐구로 들어가게 된다. 그는 페트라르카의 고뇌와 아픔을 이해한다고 하면서 자신의 개종에 관한 경험담을 말한다. 이것은 "깊은 묵상이 어떻게 모든 그의 불행의 뿌리를 보여주고 그 후에 어떻게 그의 의지가 온전히 변화되었는가, 기이하고 매우 축복된 변화에 의해 어떻게 또 하나의 어거스틴이 되었는가"124)라 말하고 있다.

물론 그 내용이 *The confessions*(고백록)과 좀 차이가 있지만 그는 조금 후에 "무화과 나무의 기억이 네게 의의 길, 쇠하지 아니하는 확실한 희망 즉 머지않아 신의 용서가 너의 것이 될 것이라는 희망을 제공할 것이다"125)고 말함으로써 페트라르카가 성 어거스틴의 역사적 개종에 관한 사실을 잘 알고 있음을 말해 준다. 이것은 그의 다음과 같은 말을 통해서도 잘 알 수 있다. "나는 종종 당신의 *Confessions*를 읽고 두 반대되는 정서 사이에, 희망과 절망 사이에 당신의 갈등의 분담자가 되었다. 그 때 나는 읽으면서 눈물을 흘리며 나 자신의 자아에 관한 이야기를 듣는 것 같았다."126)

이 사실의 중요성은 그의 구원의 길에 이르는 데 성 어거스틴의 영향이 지대했다는 것과 관련되기 때문이다. 이제 페트라르카는 "자유에 대한 소원과 그의 불행을 끝내려는 소원이 너무 미지근하였다"127)는 것을 분명히

---

124) Ibid., pp. 19~20.

125) Ibid., p. 20 ; Augustine, *The Confessions*, trans. Edward B. Pusey in *Great Books of the Western World* ed. Robert M. Hutchins, 18(Encyelopaedia Britannica Inc. 1987), Book VIII, Chap. 12에서, 그의 나이 32세 때 하나님께 돌아가고자 하는 갈망과 함께 내적인 갈등을 하는 중 '들어서 읽어라, 들어서 읽어라(Take up and read, take up and read)'라고 하는 어린아이들의 소리를 통하여 하나님의 음성임을 깨닫고 무화과 나무 아래에서 성경을 들어 펼쳤을 때 로마서 13장 13, 14절이 들어와 읽었던 기이한 개종을 체험하고 있다. 이하 *The Confessions*라 약함.

126) *The Secret*, p. 21.

127) Ibid., p. 23.

인정하고 더 뜨겁고 진지하게 갈망하는 것이 필요하다는 것을 깨닫게 된다. 이때 어거스틴은 "모든 선에 대한 갈망은 모든 더 낮은 소원을 쫓아 내지 않고는 존재할 수 없다"고 하고 "네가 제일의 선(the chief good)에 대한 갈망으로 타오를 수 있기 전에 너는 먼저 이 모든 것들을 무익한 것으로서 간주할 줄 알아야 한다"[128]고 한다. 이에 페트라르카가 "그러면 당신은 인간이 세상의 족쇄를 깨뜨리고 위의 영역으로 완전하고 흠 없이 올라가기 위해서 그 영혼을 위해 무엇을 해야 된다고 생각하는가"라 묻자 그는 다음과 같이 대답한다.

> 이 목표로 인도하는 것은 서두에서 말한 것처럼 죽음에 대한 묵상을 하고 죽어야 되는 우리의 본성에 대한 끊임없는 회상이다.[129]

여기서 우리는 어거스틴과 페트라르카의 대화가 처음의 명제 즉 '죽음에 대한 깊은 묵상의 길'에 다시 이르게 된 것을 본다. 어거스틴은 친구들, 왕들과 지배자들의 죽음, 인간 재난의 역사적 참상들에 대해 관조함으로써 '바로 나 자신이 한번은 죽어야 한다'[130]는 사실을 심각하게 고려하도록 한다. 또한 죽어 가는 사람의 몸의 각 부분에 대하여 죽음이 미치는 영향력을 상상해 본다든지, 시체가 씻겨지고 수의를 입히는 광경을 직접 목격함으로써 "죽음에 대한 생각이 머리에 미칠 뿐 아니라 마음 속에 깊이 스며들도록 하라"[131]고 한다.

이때 "만약 네가 유황 불 못의 여러 형벌과 고통, 소동과 통곡 소리를 상상하게 되고……만약 네가 이런 것들에 대해 가볍게도 그렇다고 절망적으

---

128) Ibid., p. 25.
129) Ibid., p. 26.
130) Ibid., pp. 27~29.
131) Ibid., pp. 32~33.

로도 아니고 하나님 안에서 소망으로 가득 차서 생각한다면, 그래서 그의 강한 오른손이 너를 그러한 큰 참화로부터 끌어내실 수 있으며 또 끌어낼 준비를 하고 계신다고 생각한다면……그때 너는 헛되이 묵상하지 않았음을 확신해도 좋을 것이다.”[132]

이제 페트라르카는 “하나님이 큰 자비를 베푸셔서 나의 사상을 이와 같은 묵상에 젖게 하시기를 바란다.” 그는 지금 “진실로 죽음의 어두운 그림자를 바로 가까이에 있는 것으로서 감지하고 있었다.”[133] 그러나 그에게는 ‘아직도 그를 망설이게 하는 문제’가 있었다. 그것이 무엇인가? 그는 대화를 통하여 그의 죽음에 대한 생각이 너무 피상적임을 깨닫고 죽음에 대한 깊은 묵상의 길을 인정하게 되었지만 그러나 그에게는 아직도 그것이 ‘아무런 소용이 없고’[134] ‘어떤 선을 가져오지 못한다’[135]고 느껴졌다. 어거스틴도 그의 이런 문제를 알아차리고 다음과 같이 말한다.

……너는 아직도 어떤 것이 부족하다고 느끼기 때문에 나는 그것이 무엇인가, 너에게 드러내고 또 하나님이 기뻐하시면 그것을 제거하겠다. 그래서 네가 일어서서, 너를 오랫동안 짓누른 저 옛 결박을 자유롭고 앙양된 정신을 가지고 떨쳐 버릴 수 있도록 하겠다.[136]

3) 육신과의 관계

먼저 어거스틴은 영혼의 기원과 이 영혼의 육신과의 관계에 대해 말하고 있다. “영혼은 하늘에서 비롯되었지만 그것이 갇혀 있는 육신과의 접촉으로 그 본래의 빛이 많이 상실되었다.” 그뿐 아니라 “시간이 경과함에 따라

---

132) Ibid., p. 35.
133) Ibid., pp. 35~36.
134) Ibid., p. 37.
135) Ibid., p. 38.
136) Ibid., p. 41.

영혼은 어떤 의미에서는 잠들게 되었고 또 그 창조주를 잊어버렸다."137)
또한 그는 버질의 *Aeneid*에서 '육신과 관련하여 영혼 안에 생긴 네 가지의
격정(Passions), 두려움, 욕망, 슬픔, 기쁨'을 언급하고 있는데 '이 네 머리를
가진 괴물'이 인간의 본성에 매우 치명적인 것138)이라고 한다.

여기서 보면 페트라르카는 육신을 영혼에 치명타를 입히고 영혼을 병들게
하는 근본 원인으로 간주하는 것처럼 보인다. 이것은 물론 *The City of God*에
나오는 성 어거스틴의 견해는 아니다. 성 어거스틴은 오히려 인간 영혼의
신적 기원을 말한 플라톤파가 육신은 모두 악하며 죄의 원인이라고 한
것은 오류임을 밝히고 있다.139) 따라서 역사적 페트라르카의 견해도 플라톤
적인 것이 아님이 분명하다고 할 것이다.

비록 본문에서 페트라르카는 육신에 대한 플라톤적, 마니교적 경멸을
공격하는 성 어거스틴의 견해를 간과하고 받아들이지 않는 것 같지만 대화편
전체의 흐름을 통해서 보면 성 어거스틴적이라고 생각된다. 이것은 페트라르
카의 종교사상을 이해하는 데 매우 중요한 문제이기 때문에 이에 대해
좀 더 살펴보기로 하자.

무엇보다도 어거스틴은 "부패하기 쉬운 육신(corruptible body)이 영혼을
짓누르고 지상의 장막이 여러 가지를 생각하는 정신을 내리 누른다"140)고
하는 지혜서(Ecclesiasticus) 말씀을 인용하고 있는데 이것은 '영혼에 짐이
되는 것은 육신이 아니라 육신의 부패성(corruptibility) 때문'141)이라는 성

---

137) Ibid., p. 42.
138) Ibid. ; *Virgil's Aeneid*, trans. Frederiek Holland Dewey, Book VI, 730-34(New York, 1917).
139) *The City of God*, XIV, 3.
140) 지혜서 9장 15절, 이것은 B.C. 180~175년경 벤 시라(Ben Sira)에 의해 히브리어로 쓰여졌고 그리스어로도 번역되었는데, 로마 가톨릭에서는 정전으로 받아들였지만 유대교, 프로테스탄트에서는 위서로서 채택되지 않았다(Britannica 4).
141) *The City of God*, XIV, 3, p. 378.

어거스틴의 견해를 따르고 있음을 말해 준다. 그러면 부패하기 쉬운 육신이 모든 불행의 근본 원인인가? 그것은 아니다.

앞에서도 언급한 바와 같이 모든 불행의 근본 원인을 죄라고 보는 데에는 어거스틴이나 페트라르카가 일치하였다. 죄가 모든 불행의 근본 원인이라면 육신의 부패성 혹은 타락성은 무엇인가? 이것은 죄의 결과에서 오는 죄의 형벌이었다.142) 그러므로 부패하기 쉬운 육신은 영혼에 짐이 된다고 하더라도 불행의 근원이라고는 할 수 없었다.

그런데 플라톤파나 마니교도 같은 이들은 모든 육신이 죄의 원인이 되고 모든 불행의 근원인 듯이 생각하는 오류를 범하였다. 또한 이러한 오류는 죽음에 대한 견해와도 관련되었다. 영혼의 신적 기원과 육신의 사악함에 대해 말하는 플라톤파는 영혼과 육신의 분리인 죽음을 영혼의 완전한 축복에 이르는 순간이라고 생각했다.143) 다시 말해서 그들은 영혼이 육신에서 분리될 때에만 그 영혼의 축복이 완전하다고 생각했다. 이것은 영혼과 육신의 분리를 죄의 형벌로서 보는 성서적 견해와는 다르다. 그런데 그들은 최고 신에 의해 만들어진 신들은 육신과 영혼이 관련됨으로써 죽어야 되지만 그들의 창조자(최고 신)의 의지와 명령에 의해 불멸의 육체를 가지고 있다고 명백히 선언하고 있다.144)

이것은 어떤 육신과 관련을 맺는 것이 영혼에게 형벌이라고 하면서도 신들에게는 그들의 본성에 의해서가 아니고 창조자의 능치 못함이 없는 의지에 의해서 불멸의 몸이 허용된다는 모순을 나타내고 있다. 이 모순은 한편으로 신들조차 죽음 즉 영혼과 육신의 분리를 두려워하기 때문에 신이 그들에게 불멸성을 약속함으로써 그들을 안심시키려 한다는 것을 말해 준다.145)

---

142) Ibid.

143) *The City of God*, XIII, 16, p. 367.

144) Ibid ; Plato, *Timaeus*, 41.

한편으로 그것은 육신의 불멸이란 영혼이 항상 몸 안에 있어 가없은 결박에 묶여 있는 고통을 의미하는 것이요, 그래서 사람들은 이러한 불멸을 바라지도 않을 뿐 아니라 이러한 불멸은 있을 수도 없다는 것을 말해 준다. 따라서 이러한 불멸에 대한 부정은 곧 죽음과 부활의 소망에 대한 성경의 가르침을 부정하는 것을 의미했다. 성경은 다음과 같이 말하고 있다.

> 만일 땅에 있는 우리의 장막 집이 무너지면 하나님께서 지으신 집 곧 손으로 지은 것이 아니요 하늘에 있는 영원한 집이 우리에게 있는 줄 아나니 과연 우리가 여기 있어 탄식하며 하늘로부터 오는 우리의 처소로 덧입기를 간절히 사모하노니 이렇게 입음은 벗은 자들로 발견되지 않으려 함이라. 이 장막에 있는 우리가 짐진 것 같이 탄식하는 것은 벗고자 함이 아니요 오직 덧입고자 함이니 죽을 것이 생명에게 삼킨 바 되게 하려 함이라.146)

이상에서 불행의 원인과 관련하여 육신의 부패성과 죄, 육신과 영혼과의 관계에 대하여 또 영혼과 육신의 분리로서의 죽음은 죄의 형벌이며, 따라서 새 몸이 입혀지기를 바라는 부활의 소망에 대한 성 어거스틴적 견해를 살펴보았다. 그러면 다시 처음의 문제로 돌아 와서 이에 대한 페트라르카의 견해에 대해 좀 더 생각해 보자.

본문의 대화에서 페트라르카는 기독교적, 성 어거스틴적 교의를 그대로 따르기보다도 플라톤적, 아리스토텔레스적, 특히 스토아적 견해를 절충적으로 받아들이고 있는 것 같다. 또 때로는 오컴적 경향을 나타내고 있는 것 같다(2장 Ⅲ 참조). 그러나 그의 종교사상의 중심을 관류하고 있는 것은

---

145) *The City of God*, XIII, 16, p. 367.
146) 고린도후서 5:1-4.

성 어거스틴적이었다. 그는 어거스틴을 통하여 죽음에 대한 깊은 묵상을 강조하고 있는데 이것은 "이를 통하여 영혼이 유일하고 으뜸가는 선(The One Chief Good) 곧 하나님께로 올라갈 수 있다"[147]고 믿었기 때문이다.

그런데 그의 죽음에 대한 묵상은 '죽음은 모든 무서운 현실들 가운데서 가장 무서운 것'[148]으로서 누구나 한번은 죽어야 한다는 필멸성에 근거하고 있다는 것이다. 이것은 '죽음을 영혼이 완전한 행복에 이르는 길'이라고 하면서도 막연히 두려워할 수밖에 없는 플라톤파의 견해와는 다르다. 또 '인간이 그 자신의 힘과 의지로 덕스럽게 되어 불행을 피할 수 있다'는 스토아파의 견해와도 다르다. 그에게 이러한 묵상은 '하나님 안에서 자원하여 치료받고자 하고 세움 받고자 하는 소망(부활의 소망)'[149]과 관련된 것이었다.

이렇게 페트라르카는 하이트만(Heitmann)이 주장한 것처럼 성 어거스틴의 참된 견해를 단순히 잊어버리고 대화 가운데 표면상 나타난 바와 같이 어거스틴의 입을 통하여 어거스틴 이전의 고전주의와 기독교의 교부적 조화를 말한 것은 아니었다.[150] 트린카우스는 페트라르카가 교리의 미묘함을 잊었다기 보다는 무시했다고 보는 것이 더 낫다고 하고 다음과 같이 말하고 있다. "그에게 더 중요한 것은 엄격한 문자적인 어거스틴적 정통성보다도 방황, 양면 가치(ambivalence), 영혼의 분열 및 은혜의 도움을 통하여 그의 갈등의 궁극적 해결과 구원이라는 성자 자신의 체험의 패라다임적 성질이었다."[151]

---

147) *The Secret*, p. 43.

148) Ibid., p. 32.

149) Ibid., p. 35.

150) Klaus Heitmann, *Fortuna and Virtus, in Eine Studie zu Petrarcas Lebensweisheit, Studi italiani*, Vol. I, p. 127(Köln-Graz, 1958).

151) *IOIAL* IV, p. 14.

4) 영혼의 연약함과 그 치유책

그러면 마지막으로 '영혼의 연약함'과 '우울증'의 관계, 그 치유책에 대해 간단히 살펴보기로 하자. 먼저 모든 불행의 근본 원인인 죄는 어떻게 시작되었는가 언급하는 것이 좋겠다. 비록 페트라르카는 대화 가운데 이 문제를 밝히고 있지는 않지만 전체 문맥을 통해서 볼 때 죄는 영혼에서 비롯되었다는 성 어거스틴의 견해[152](이것은 또한 성서적 입장)를 알고 있었고 또한 그것을 전제로 하고 있다고 생각된다. 그 다음에 그 영혼은 죄로 인해 병들거나 연약해졌으며 이로 인해 도덕적 의지력이 연약해졌다는 것이다. 그래서 인간의 힘과 의지로는 덕스럽게 될 수 없거나 구원에 이를 수 없다는 것이 성 어거스틴의 입장이었고 페트라르카도 마찬가지였다. 그러므로 죄의 또 다른 결과인 '육신의 부패성'이 영혼에 짐이 된다고 할 때 그 영혼에 어떻게 짐이 되는가에 대해 어거스틴은 다음과 같이 말하고 있다.

> ……실제로 눈에 보이는 사물의 수많은 형상들(forms)과 표상들(images)이 육신의 감각에 의해 하나씩 영혼 속으로 들어와 내적인 중심에 모이게 된다. 그런데 영혼은 이것들과 유사하지 않거나 그것들을 익힐 수 없기 때문에 그것들은 그것을 내리 누르고 또 그들의 모순으로 그것을 압도한다. 이렇게 너무 많은 인상들의 번거로움은 영혼의 생각하는 기능을 분열시키고 해를 입힌다. 또 그 치명적이고, 산란시키는 복잡성으로써 명석한 묵상의 길을 막는다. 이 묵상에 의하여 영혼이 유일하고 으뜸가는 선(the One Chief Good)으로 오를 수 있다.[153]

여기서 인간 영혼은 본래 운명의 힘이나 육신의 힘에 의해 영향 받을 수도 받지 않을 수도 있는 힘이 있는 별개의 실체였지만, 죄로 인해 연약해진 영혼은 부패하기 쉬운 육신에 의해 영향을 받고 명석한 묵상을 하는 데

---

152) *The City of God*, XIV, 3, p. 378.
153) *The Secret*, p. 3.

방해를 받고 있다. 이제 어거스틴은 깊은 묵상 내지 명석한 묵상의 길을 계속 언급하면서도 영혼의 연약함으로 인해 그것이 제약받는다는 것을 인정하고 있다. 이것은 성 어거스틴의 *The Confessions* 제10권에 대한 산만한 반향을 보여주고 있는데 여기서 성 어거스틴은 '크고 두렵고, 깊고 무한한 기억력'에 대해 말하고 '이 힘의 범위를 넘어서 그분에게 이르고자 하는 간절한 소원'[154]을 말하고 있다.

그런데 이 소원은 '참으로 행복한 생활을 추구하려는 것'으로서 '이것은 그 분을 추구하는 것'과 관련되었다. 왜냐하면 "그 육신은 그 영혼에 의해 살아나고 그 영혼은 그 분에 의해 살아나기 때문이었다."[155] 이러한 행복의 추구는 '그 영혼 안에 간직된 그 분에 대한 기억을 좇아 그 분에게 이르고자 하는 것'[156]이었다. 이것이 대화 속에서 어거스틴이 말하는 '명석한 묵상'이라 생각된다. 또 반복해서 강조되고 있는 '죽음에 대한 깊은 묵상'도 이러한 행복의 추구와 관련된 것이었다.

그러나 영혼에 의한 이런 행복의 추구는 그 연약함으로 제약받았다. 이것이 페트라르카를 망설이게 하는 것이었고 그의 '우울증'의 근본 원인이었다. 어거스틴은 이러한 영혼의 연약함에 대해 다음과 같이 말하고 있다.

> ……네 연약한 심령(weak spirit)은 그것에 작용한 너무 많은 잡다한 인상들로 압도되고 그 자체의 염려와 끊임없이 싸우면서 분쇄된다. 그래서 그것은 먼저 무엇을 공격해야 되는지 판단하거나, 무엇을 소중히 해야 되는지, 무엇을 파괴시켜야 되는지, 무엇을 물리쳐야 되는지, 분별할 힘을 지니지 못한다. 모든 그것의 힘과 숙명(Fate)[157]의 인색한 손이 허용하는 시간은

---

154) *The Confessions* X, 17, p. 78.

155) Ibid., X, 20, p. 78.

156) Ibid., X, 19, 20, pp. 78~79.

157) 숙명(Fate)은 대체로 원인과 결과의 필연적 연쇄, 우주의 법과 질서 같은 것으로서 숙명의 법칙은 신의 명령으로 이해되었다(*Timaeus* 41E), 그러나 페트라르카는

그렇게 많은 요구들을 위해서는 충분치 않다.……이렇게 고결한 영혼이 만일 허용된다면 삶의 길에 있어 그 영혼을 도울 수 있는 죽음에 대한 묵상이나 어떤 다른 묵상에 이르고 그 자체의 예리함에 의해 그 자체의 본성 깊이로 뚫고 들어갈 때마다 그 영혼은 거기에 머물 수 없고 여러 염려에 의해 그 영혼은 다시 되돌아오게 된다. 그러면 그렇게 만족스러워 보이고 그렇게 좋아 보이던 일이 시들고 불안정하게 된다. 또 우리가 그렇게 말해 왔던 저 내적 불화와 또 그 자체에 분노한 영혼의 저 성가신 고뇌가 일어난다. 그 영혼이 그 자신의 더러움을 혐오하지만 그러나 그것을 정결케 하지 못하고, 구부러진 길을 보지만 그것들을 버리지 못하고, 다가 오는 위험을 두려워하지만 그것을 피하기 위해 한 발도 움직이지 못한다.[158]

이때 비로소 페트라르카도 "오, 슬퍼라! 이제 당신은 나의 상처를 여실히 드러냈다. 거기에 나의 고통의 자리가 있고 여기서부터 나는 나의 죽음이 올 것을 두려워한다"[159]고 고백하고 있다.

이상에서 '우울증'의 원인과 그 증상에 대해, 특히 그 원인으로서 운명의 영향, 육신의 영향에 대해, 무엇보다도 근본적 원인으로서 '연약한 심령'에 대해 살펴보았다. 페트라르카에게 있어서 '우울증'은 중세적 전통과 관련된 것이었지만 그 원인과 증상이 내포하고 있는 가치관에 있어서는 근대적인 요소가 있었다.[160] 특히 그는 '우울증'을 통하여 철학적, 종교적, 도덕적 갈등을 영적, 심리적, 도덕적 갈등으로 전환시키고 그 치유책을 찾고자 했다는 점에서 휴머니스트로서, 도덕적 철학자로서의 그의 근대성, 위대성 이 있다고 할 것이다.[161] 그러면 그 치유책은 무엇인가?

첫째, 권면과 묵상 : 페트라르카의 주요 관심은 영혼의 분석이 아니고

전술한 바와 같이 운명과 숙명을 구분하지 않았다.

158) *The Secret*, pp. 45~46.

159) Ibid., p. 46.

160) 김영한, 앞의 책, p. 31.

161) *IOIAL* IV, p. 16.

영혼의 치료에 있었다. 그의 논의가 절충적이고 모순적인 이유가 여기에 있었다.[162] 이러한 치료는 권면과 묵상을 중요시하였다. 특히 권변은 수사학적 전통에 속한 것으로서 웅변과 지혜의 결합을 통하여 설득하고 그 마음에 감동을 준다는 점에서 중요시되었다. 예를 들어 페트라르카는 대화를 통해서 "인간의 불행에 대한 완전한 지식에 이르고 이것은 그 불행을 제거하려는 완전한 갈망을 일으키게 된다"[163]는 것을 인정함으로써 권면의 중요성을 암시하고 있다. 묵상으로는 죽음에 대한 묵상, 행복한 삶에 대한 묵상 외에, 독서를 통하여 중요한 구절을 메모하고 그것을 암송하고 묵상하는 방법[164]을 제시한다. 또한 영혼을 이성의 지배 아래 두도록 권면하고 있다.[165]

둘째, 은혜와 믿음 : 페트라르카에게 있어서 근본적인 치유책은 인간의 힘과 의지에서 나오지 않고 하나님의 은혜를 통하여서만 가능하였다. *The Secret*에서는 은혜와 믿음에 대해 그렇게 강조하고 있지는 않지만 그러나 영혼과 그 의지의 연약함을 인정하고 근본적으로 하나님의 은혜와 자비에 의지하고 있다. 둘째 날 대화의 마지막 부분에서 어거스틴을 통한 '마음의 슬픔'에 대한 권면은 페트라르카의 이러한 경향을 잘 나타내 준다.

만약 네가 너 자신뿐 아니라 다른 사람들의 삶을 주의 깊게 관찰하고 그 삶에 있어서 슬픔의 많은 원인들이 없는 사람이 거의 없다는 것을 깊이 생각하게 된다면, 그래서 네가 저 하나의 정당하고 유익한 근거인

---

162) Ibid., p. 11.

163) *The Secret*, p. 22, 라빌은 *The Secret*에서 신과의 관계성 보다 페트라르카가 경험하고 있는 것을 경험한 또 다른 인간과의 사회적 관계성 즉 친구요 안내자와의 대화를 통하여 담화의 사회적 성격을 회복하고 더욱 건설적인 현세성에 대한 추구의 시작을 본다고 하였는데(Rabil, op. cit., p. 107), 필자는 그런 점에 동의하면서도 페트라르카의 주요 관심과 목표가 영혼의 치료에 있었다는 트린카우스의 견해를 더 적절하다고 생각한다.

164) *The Secret*, p. 99, 102.

165) Ibid., p. 96.

너 자신의 죄에 대한 회상을 받아들인다면……그때 확실히 너는 네가 투덜거리고 불평한 많은 것들과 함께 하늘(Heaven)이 너에게 위로와 기쁨의 근거가 되는 많은 선물들을 너에게 부여하였다는 것을 긍정하게 될 것이다.……[166]

여기서 다른 사람들과 비교하지 않고 자신의 죄를 하나님 앞에 겸손히 인정할 때 위로부터 오는 위로와 기쁨이 있다는 것을 말하고 있다. 이렇게 "침착하고 평온한 영혼은 본질적으로 외부로부터 오는 어떤 어둠의 세력을 두려워하지 않는다."[167] 이때, "너는 마른 땅에서 위험을 피한 사람처럼 다른 사람들의 조난을 바라 볼 것이다.……비록 너는 그것을 보고 궁휼히 여기게 될 것이지만 그러나 그것은 또한 안전하게 거하고 있는 것에 대한 너 자신의 감사와 기쁨의 척도가 될 것이다."[168] 어거스틴은 이제 그에게 "나는 머지않아 네가 너의 영혼을 압도한 모든 우울증을 내쫓고 물리치게 될 것을 확신한다"[169]고 말한다.

앞에서 페트라르카는 '인간의 불행에 대한 완전한 지식은 그 불행을 제거하려는 완전한 갈망을 낳는다'는 사실을 대화하는 가운데 인정하게 되었다고 하였다. 그러나 이때 '다만 제거하는 힘이 그 갈망을 수반해야 된다'는 전제 조건이 있었다. 그러면 그 힘은 어디에서 비롯되는가? 어거스틴이나 페트라르카의 경우 이성은 자아 내에 있는 모순들을 극복할 수 없었다. 왜냐하면 이들은 이성보다도 더 깊게 의지 안에 있기 때문이었다. 그런데 의지의 갈등은 다만 은혜를 통해서 치료될 수 있었다.

트린카우스는 이것에 대해 다음과 같이 말하고 있다. "자아에 관한 통찰은 충분하지 않았다. 어거스틴에게나 페트라르카에게나 자아에 관한 통찰은

---

166) Ibid., p. 103.
167) Ibid., p. 104.
168) Ibid.
169) Ibid.

은혜의 가능성을 위해 필요로 하는 예비 단계였다."170) 페트라르카에게 "인간이란 그의 죄 외에는 그 자신의 것으로 어떤 것도 소유하지 못했다."171) 비록 인간은 자기 힘으로 물질적 재화나 세속적 명예를 얻을 수 있을지 모르지만 이런 것들은 사라져 없어질 것들이기 때문에 '참된 위로나 영광이 되지 못하고' 오히려 '수치와 두려움'을 가져다준다.

더욱이 "내적인 마음의 평화는 인간의 덕을 통해서가 아니라 다만 하나님의 은혜에 의해서만 올 수 있다."172) 여기에 그의 이교적 도덕철학에 대한 근본적 비판이 있었다. 그는 구원하는 은혜에 대하여 깊은 믿음을 가졌을 뿐 아니라 인간 영혼이 그 자체를 가라앉힐 수 있다는 힘을 깊이 의심하였다.

페트라르카를 비롯한 휴머니스트들은 개개의 의지를 움직이는 문제에 대해 깊은 관심을 가졌기 때문에 그들은 그들의 종교적 견해에 있어서 어거스틴을 따르는 경향이 있었고, 동시에 키케로와 플라톤은 물론 세네카와 아리스토텔레스와 같은 합리적 저술가들의 도움을 찾았다. 특히 스토아 철학은 고대의 도덕적 분파 중에 가장 합리적 입장을 취하였는데 인간 행동이란 개개인에 대하여 본성을 자극시키는 진리를 나타냄으로써만 변화될 수 있다고 생각했다.173) 그러나 그들이 키케로나 세네카로부터 받아들인 것은 결코 스토아 철학의 형이상학적 타당성이 아니라 그들의 권고의 설득력이었다. 페트라르카는 *De ignorantia*에서 키케로와 세네카 같은 이들의 도움과 그 한계에 대해 다음과 같이 말하고 있다.

……그러나 우리 라틴 저술가들에 친근해진 모든 사람들은 그들이 사람의 마음 속에 가장 예리하고 열렬하게 찌르는 듯한 말을 새기게 한다는 것을

---

170) Charles Trinkaus, *The Poet as Philosopher : Petrarch and the Formation of Renaissance Consciousness*(New Haven, 1979), p. 48.

171) *De otio religiouso* ed. Giuseppe Rotondi, 1958, p. 100, cited in *IOIAL* IV, p. 45.

172) Ibid., p. 46.

173) Ibid., p. 47.

158

안다.……

그때 지상적인 것들은 더럽게 된다. 악에 대한 견해는 사악한 생활에 대한 크나큰 혐오를 일으킨다.……그러나 나는 이런 모든 것이 그리스도의 가르침 밖에서 그의 도움 없이는 성취될 수 없다는 것을 너무나 잘 안다.…… 그러나 많은 것이 또한 내가 방금 말한 저술가들(키케로, 세네카, 호레이스)에 의해서 성취된다. 그들은 이런 목표에 이르는 길을 찾는 사람들에게 큰 도움이 된다. 이것이 많은 사람이 그들 저서들의 많은 것에 대해 생각한 것이고 어거스틴도 그런 견해를 고백한다.……왜냐하면, 비록 우리의 궁극적 목표는 덕에 있지 않지만(철학자들은 그것을 덕에 놓는다) 그 목표가 있는 곳으로 인도하는 것은 덕을 통해서이기 때문이다. 그래서 내가 덧붙이고 싶은 것은 이런 덕들은 단지 알려지는 데 그치지 않고 사랑받아야 한다는 것이다.……유능하고 명쾌한 지력에 대해서보다 선하고 경건한 의지에 대해 노력하는 것이 더 안전하다. 의지의 목적은 선해지는 것이고 지력의 목적은 진리이다. 진리를 아는 것보다 선을 의지하는 것이 더 낫다.[174]

그에게 진리란 논리적 실체도 형이상학적인 실체도 아니었다. 그것은 인식론적으로 설득력이 있는 것보다 더 뛰어난 어떤 것, 개인적 신념(personal conviction)이었다. 이것이 사람의 의지를 지배하든 안하든 그것은 그 '올바름(rightness)'에 대한 사람의 동의를 얻지 않으면 안 되었다.[175] 그래서 그것은 선의 개념과 분리될 수 없었다. 그러나 이것은 그가 '아는 것은 선에 도달하는 것'이라는 소크라테스적 개념을 받아들였다는 것을 의미하지 않는다. 오히려 그에게 진리와 선은 인간이 노력해야 되는 올바른 목표들에 대한 동일한 진술로서 이해되었다.

그에게 중요한 '유일한 진리'는 '심리적(Psychological)이고 도덕적(moral) 진리'였다. 이것이 '성모(spirit of Truth)'가 그의 영혼의 본성의 가장 깊은

---

174) *De ignorantia*, trans. Hans Nachod in *The Renaissance Philosophy of Man*, ed. E. Cassirer, P. 0. Kristeller, J. H. Randall Jr.(The Uni. of Chicago Press, 1948), pp. 104~105.
175) *IOIAL* IV, p. 6.

갈등에 관하여 어거스틴과의 대화 속에 나타난 까닭이다. 즉 이것은 그가 "진리를 파악하는 인간의 능력, 진리의 지식에 의해 변형되려 하고 진리에 따라 그의 삶을 살려고 하는 인간의 감수성"에 대해 관심을 가졌음을 의미한다.176)

그러면 이러한 진리와 선에 이르는 길은 무엇인가? 이것은 그 당시 유행하던 논리적 철학이나 아리스토텔레스적 자연철학과 도덕철학으로는 부족하였다. 오히려 그는 전술한 바와 같이 수사학적인 근거에서 아리스토텔레스보다는 키케로, 세네카, 호레이스를 더 선호하였다. 이에 대하여 그는 *De ignorantia*에서 다음과 같이 말하고 있다.

> 그는 덕이 무엇인지 가르친다. 나는 그것을 부인하지 않는다. 그러나 그의 교훈은 찌르고, 불붙게 하고, 사랑, 덕, 악에 대한 증오로 나아가게 하는 교훈이 결여되어 있다. 혹은 어떻든 그런 힘이 충분하지 않다. 그런 것을 찾는 사람은 라틴 작가들에게서 그것을 발견할 것이다.177)

이렇게 그는 수사학적 전통 내에서 경건과 정의를 지향하는 인간을 움직이는 철학을 받아들였다. 이것은 어떤 의미에서 반합리주의였고, 개연성을 허용하는 철학이었다.178) 그는 키케로의 '적절성(appopriateness)'의 개념, 즉 '적절한 시기에 적절한 곳에, 적절한 일의 개념'179)을 받아들일 수 있었다. 그러나 종교적 진리에 관한 한 그는 크리스천으로서 이러한 개념

---

176) Trinkaus, "Question of Truth in Rhetoric and Anthropology" in *The Scope of Renaissance Humanism*, p. 439.

177) *De ignorantia*, p. 103.

178) *IOIAL* IV, p. 28.

179) Cicero, *De officiis*, 허승일 옮김, 『키케로의 의무론 : 그의 아들에게 보낸 편지』(서광사, 1989). 적절성(decorum)을 유지하기 위해 인간 본성의 보편적인 법칙을 거역치 않고 자신의 고유한 본성을 따르도록 한다(I, 31, pp. 82~83). *modestia*(적합함)란 적절한 시기에 적합한 행동을 하는 것이다(I, 40, pp. 102~103).

내지 개연론을 이용할 수 없었다. 진실로 그에게 인간의 의지를 바르게 움직일 수 있는 길은 기적적인 혹은 불가해한 것의 개입이 없이는 불가능하였다.[180] 이것이 성 바울로 시작되는 은혜의 신학이었고 페트라르카도 이것을 이해하였다.

그는 "인간 본성에 대한 지식은 다만 불행과 절망에 대한 지식으로 이끌 뿐"[181]이라는 것을 알았다. 이때 그는 인간과 신 사이에 무한한 거리감을 느꼈다. 도저히 이 갭을 메울 수 없을 것 같았다. 그러나 그는 *De otio religioso*에서 하나님의 은혜로운 신비에 의해 메워질 수 있게 되었다고 했다. 이것이 '성육신(The Incarnation)'의 개념이었다.

이 개념은 '플라톤도 거부하였을 뿐 아니라 세네카도 모른다고 고백한 것'이었다는데, 그것은 그들이 '인간성은 위로 오르고 신성은 아래로 향한다'는 것만 알고 있었기 때문이다. 그런데 이제 '두 가지가 동시에 그분을 통해 이루어지게 되었다.' 이 불가해한 은혜에 의해 "인간의 본성과 그분 곧 아버지와 같은 본체인 아들, 말씀(the Word)에 의해 양자가 된 인간, 참되고 온전한 인간의 본성을 자기 자신 안에 공유하게 되었다."[182]

이 은혜 안에서 믿음의 길이 개개의 의지를 움직이는 진리 내지 선에 이를 수 있다는 것을 페트라르카는 이해하였다. 이 성육신의 개념은 페트라르카의 종교사상에 이르는 열쇠요 일반적으로 휴머니스트 종교사상의 열쇠였다.[183]

---

180) *IOIAL* IV, p. 47.

181) Ibid., p. 36.

182) *De otio religioso*, pp. 40~41, cited in *IOIAL* IV, p. 37.

183) loc. cit.

Ⅲ. 맺음말

르네상스와 그 중심으로서의 휴머니스트 운동은 복합적이고 개개의 변화들로 가득한 다양성을 나타냈다. 그러나 그 시대는 이러한 다양성 가운데서도 단일성이 나타나는 독자적인 시대이기도 했다. 특히 우리는 휴머니스트들 가운데 인간 본성(human nature)과 신성(divinity)에 대한 사상의 다양성과 단일성을 엿볼 수 있다.[184]

한편으로 페트라르카, 살루타티, 발라에 의한 신학화의 추구에서, 다른 한편으로는 마네티, 모란티, 알베르티에 의한 새로운 인간관의 추구에 이르기까지, 또한 후자와는 대조가 되는 포지오의 과도한 비관적 인간론, 이보다는 덜하지만 불행을 지상적 존재의 정상적인 조건으로 간직한 파찌오(Fazio), 다 바르가(da Barga), 브란돌리니(Brandolini) 같은 사람들, 또 시민적 휴머니즘의 브루니와 같은 휴머니스트들은 각기 다양한 사상을 전개하였다. 그러나 대체로 이들은 인간의 존엄성이라는 테마를 중심으로 인간의 본성과 지위에 대한 공통된 관심과 탐구를 나타냈다.

중세 말 유럽의 확대되는 경제, 정치, 사회적 활동에서 나타나는 세속주의의 증대와 금욕, 은둔, 가난, 지상적 인간의 무가치를 강조하는 중세 기독교적 요소들 사이에는 고유한 긴장이 있었다. 이렇게 세속적인 것과 거룩한 것 사이에 분리의식을 느끼며 양자 간의 조화를 추구하는 문제는 중세 말 사상의 중심되는 국면이었다. 이제 영적인 것과 물질적인 것, 윤리와 경제 사이의 토마스적 종합은 적절치 않게 되었다. 이것은 아리스토텔레스적 형이상학과 기독교적 윤리 및 신학의 무리한 결합이었다.[185]

오컴을 중심으로 하는 유명론자들은 이 결합의 논리적, 인식론적 취약성

---

184) Trinkaus, "Unity and Plurality in the Humanist Visions of Man and God : an Appraisal" in *IOIAL* Vol. II, p. 761. 이하 *IOIAL* III이라 약함.

185) *IOIAL* IV, p. 18.

162

을 드러냈다. 그들은 세속적인 것과 영적인 것, 자연적인 것과 도덕적인 것을 분리시키고 가치의 이원적 체계를 구성하는 데 기여하였다. 이러한 분리 의식은 페트라르카를 비롯한 휴머니스트들에게도 공감하는 바였다. 그러나 기독교 생활을 영위하는 방법에 있어서 그들이 지적, 논리적으로 다루는 경향에 대해서는 휴머니스트들은 크게 의심했다.[186]

그래서 특히 페트라르카는 어거스틴 안에서 형식과 내용에 있어서는 매우 고대적이지만 이교적 고대와 모순되고 대조되는 기독교를 발견하고 감동을 받았다. 그 당시 고도로 조직화되고 관례지향적(practice-oriented) 기독교 문화가 결여했던 신선함과 아름다움, 인간적 관련성을 위해 그를 비롯한 휴머니스트들은 고전으로 향하게 되었다.[187] 그들은 어거스틴을 모델로 고전에 대한 동시대인들의 의심과 비판을 두려워하지 않고 고전을 읽고, 탐구할 수 있었다. 여기서 고전은 스콜라 철학자들의 경우처럼 고대의 우주론, 물리학, 논리학과 관련된 것이 아니고 고대의 문학과 도덕철학에 관련된 것이었다.

그들은 이런 고전적 가르침이 기독교적 가르침과 어떻게 관련되는가, 더 나아가서 기독교와 이 세계에서의 인간의 삶 사이의 관계는 어떠한가를 탐구하였다. 다시 말해서 그들은 기독교적, 고전적 전통 사이의 관계성뿐만 아니라 더 근본적인 문제, 종교적, 세속적 인간성 사이의 관계성에 대한 문제를 구명하고자 했다. 결국 이들에 의한 기독교적, 고전적 전통의 어떤 결합은 인간성에 대한 새로운 개념을 구성하게 했다.[188] 그들이 이렇게 할 수 있었던 것은 고대와 그들 자신과의 거리감과 함께 고대 세계의 문화에 대한 친밀한 의식 곧 역사의식이 있었기 때문이다.[189]

---

186) Ibid., p. 19.
187) Ibid., p. 20.
188) Ibid., p. 21.
189) 파노프스키는 이런 역사의식이 고대에 대한 중세적 태도와 구분되는 요인이라고

이렇게 휴머니스트들은 유명론자들과 함께 아리스토텔레스와의 조화를 추구한 13세기의 스콜라 체계를 공동으로 부인하였을 뿐만 아니라 또한 그 당시 전문적 철학자나 신학자들(유명론자들도 포함하여)이 사변적이거나 논리적 경향으로 치우침으로써 소홀히 했던 도덕적, 영적 문제에 관심을 가지고 새롭게 대두된 도시민층이나 속인 계층의 영적, 도덕적 욕구를 충족시키는 데 기여했다. 곧 이들에 의해 세속적인 것과 거룩한 것 사이의 갭이 메워지기 시작했다.

그들은 기독교와 분리되는 세속적, 이교적, 철학적, 혹은 수사학적 성격을 갖는 어떤 사상을 선택할 때마다 그것들이 완전히 통합되지 않는 곳에서도 즉시 양자 사이에 적절한 관계성을 확립하고자 고민하였다. 그렇지 않으면 그들은 재해석의 과정에 의해 두 영역 사이에 공통된 기반이나 혹은 참된 신앙과 이교적인 것이나 세속적인 것 안에 숨겨진 조화를 찾고자 했다.190) 이러한 관례나 태도는 르네상스 내지 르네상스 휴머니즘의 명백한 특징이 되었다. 이것은 중세적이지도 근대적이지도 않았다.191)

이상에서 르네상스 휴머니즘이 고전연구 내지 *Studia humanitatis*의 연구로 시작되지만 단순히 그것으로만 끝나지 않고 부분적으로 그 당시 기독교의 통용되는 교리와 관행 및 도시 생활의 경험 사이의 거리감 혹은 거룩한 것과 세속적인 것 사이의 갭을 메우고 조화시키려는 지적 운동이요, 그 당시의 위기적 상황에 대한 하나의 응답으로서 대두되었음을 본다. 이러한

했다(Erwin Panofsky, *Renaissance and Renascences in Western Art*(Stockholm, 1960), Vol. I, pp. 108~113).

190) *IOIAL* III, p. 763.

191) 어떤 점에서는 중세적 관례와 유사하지만 휴머니스트들은 중세인들보다 훨씬 더 자의식적(self-conscious)으로 그렇게 했다. 또한 르네상스 사상가들 특히 휴머니스트들과 플라톤주의자들은 압도적으로 전통의 수용을 강조하지만 그 이후에는 전통의 분리를 강조하는 경향, 그래서 완전히 '가톨릭적이다', '복음적이다', '세속적이다'라고 일컫게 되었다. 이것은 다원성 안에서 단일성을 추구하는 르네상스적 견해가 아니었다(ibid., p. 764).

운동과 응답에 있어서 페트라르카는 그 이후의 휴머니스트들에게 패러다임적 영향을 미쳤다고 생각한다.

운동과 응답에 있어서 페트라르카는 그 이후의 휴머니스트들에게 패러다임적 영향을 미쳤다고 생각한다.

제5장 발라의 종교사상
- 그의 기독교 에피쿠로스주의(Christian Epicureanism)를 중심으로 -

Ⅰ. 머리말

로렌초 발라(Lorenzo Valla)는 휴머니즘의 건설자라고 하는 페트라르카의 성과를 누구보다도 공감적으로 계승, 발전시켰다고 하기도 하고[1] 어떤 의미에서는 일반적인 휴머니즘의 흐름에서 이탈한 독특한 개성과 사상을 지녔다고도 한다.[2] 혹은 그의 작업은 역사적으로 휴머니스트적인 사상과 학문의 수준을 윤리 외에 다른 철학적인 분야에 적용시키려고 한 최초의 시도로서 중요하다고 한다.[3]

그는 길지 않은 생애 동안(1407~1457) 과격한 독설과 열정적인 논쟁과 급진적인 사상으로 많은 적들을 낳고 비난과 오해를 불러일으키기도 하였다. 특히 현존하는 그의 최초의 저서로서, 그의 사상의 본질을 잘 나타내준다고 할 수 있는 『참된 선, 거짓된 선에 대하여(*De vero falsoque bono : On the true and false good*)』(이하 『대화편』이라고 약함)에 대한 해석과 평가에 있어서도

---

1) Introduction, by M. Lorch in *De vero falsoque Bono*(Abari Books, 1977), trans. in English, p. 14, 이하 서문은 Lorch Ⅰ이라 약함, *De vero falsoque Bono*는 이하 Bono라 약함.

2) Charles Trinkaus, "Lorenzo Valla : *Voluptas et Fruitio, Verba et Res*" in *IOIAL* p. 103. 이하 트린카우스의 이 논문을 Trinkaus Ⅰ로 약함.

3) P. O. Kristeller, "Valla" in *Eight Philosophers of the Italian Renaissance*(Stanford Uni. Press, 1964), p.35, 이하 Kristeller Ⅰ이라 약함.

그 당시에는 물론 19세기에 들어와서도 그의 기독교 정통성이나 종교사상에 회의를 나타내거나 심지어 그를 르네상스 이교주의를 대표하는 에피쿠로스주의자라고 말하기도 하였다. 그러나 지금까지 르네상스와 그 중심으로서 르네상스 휴머니즘에 대한 해석이 진전됨에 따라,[4] 발라의 상기 저서를 중심으로 그의 사상에 대한 새로운 조명이 시도되었고 그 결과 그의 휴머니즘에 대한 진정한 의미와 본질의 파악이 가능해졌다.[5]

새로운 해석을 토대로 발라의 사상에 접근해 볼 때 그가 에피쿠로스적인 쾌락을 중시한 것처럼 보이나 실제로는 이교적인 이상을 지향하지 않고, 오히려 기독교 정신에 뿌리를 두었다는 것을 알게 된다. 이러한 그의 모습은 *studia humanitatis*로 발전되어 가는 서구의 오랜 수사학적인 전통 가운데 독특한 단계로서의 르네상스 휴머니즘의 본질을 생각한다면[6] 쉽게 이해할

---

4) 필자는 르네상스 휴머니즘에 대한 해석과 본서를 쓰는 데 있어서 트린카우스에 힘입은 바가 크다. 르네상스 휴머니즘의 제 해석에 대해서는 2장 참조.

5) 16세기 초 베네치아의 휴머니스트 알레안드리(Aleandri)는 발라의『대화편』이 종교적 중요성을 지닌 문서로서 출판되어야 한다고 했고, 같은 시기의 바데(Bade)는 제3권만이 읽을 가치가 있다고 하고 그 테제나 그 방법에 대해서는 유보하였다. 19세기 말 피오르센티오(Fiorcentio)는 발라가 기독교 구조 내에서 에피쿠로스주의의 표현을 허용하고자 했다고 하였고 이에 대해 시몬즈(Symonds)는 발라의 견해를 에피쿠로스적이라고 했다. 20세기에 들어와서 포이스(Fois), 디 나폴리(Di Napoli)는 발라의 가톨릭적 정통성을 옹호하려고 했고 바솔리(Vasoli), 가에타(Gaeta)는 그러한 정통성에 반대하고 발라의 언어적, 비판적인 방법이 가톨릭적 경건의 한계를 뛰어넘어 생에 대한 그 당시의 기독교적인 비젼을 개혁하는 데에 목표를 두었다고 했다. 필자가 본장을 쓰는 데 있어서, 많이 참고한 학자들은 트린카우스, 로치, 크리스텔러, 세이겔 등이다. 이들의 공통점은 발라의『대화편』에 있어서 그의 진정한 견해가 1, 2권에 있는 세속적 에피쿠로스주의가 아니고 3권에 있는 기독교 에피쿠로스주의임을 그들의 저서에서 각기 밝히고 있다는 것이다(*Lorch* I, pp. 27~28 ; Trinkaus I, pp. 106~107 ; Kristeller I, pp. 31~32 ; J. E. Seigel, *Rhetoric and Philosophy in Renaissance Humanism*, Princeton, 1968, pp. 146~149, 이하 Seigel I이라 약함).

6) P. O. Kristeller, *Reaissnce Thought : The Classic, Scholastic and Humanist Strains*(Harper Torchbooks, 1961), p. 11.

수 있다. 르네상스 휴머니즘은 단순히 고전을 수집하고 연구하는 것으로 그치지 않고 그 시대의 문제와 관련하여 *studia humanitatis* 즉 문법, 수사학, 역사, 시, 도덕철학 같은 인문학으로까지 발전되었다.

특히 농촌적이고 정체적인 봉건사회가 해체되고 새롭게 대두된 진취적인 도시민들에게 정치, 사회, 경제적인 문제도 중요했지만 인간 자신의 문제, 인간과 인간 사이, 인간과 자연, 인간과 신 사이의 문제는 더 심각한 도덕적, 영적인 문제였다. 그래서 페트라르카로부터 에라스무스에 이르기까지 크고 작은 많은 휴머니스트들이 *studia humanitatis*를 공통된 기반으로 인간성과 신성에 대한 단일한 주제, 한 마디로 인간의 존엄성 문제를 다루었던 것이다.[7] 그러므로 이들의 많은 저서들 가운데는 고전적인 전통과 기독교적인 전통과의 관계, 나아가 세속적, 종교적 인간성 사이의 관계를 구명하고자 하는 종교사상들이 담겨있는 것이다. 이들 중에서 이탈리아의 페트라르카, 살루타티, 발라와 북방의 콜레트, 에라스무스 등이 가장 두드러지게 종교사상을 연구하였고, 나아가 이들은 휴머니즘의 신학화를 추구하였다고 볼 수 있다.[8]

발라는 기독교적인 전통 위에서 휴머니즘의 신학화를 추구한 휴머니스트로서 활약했으나 그의 종교사상은 다른 휴머니스트들의 영향을 벗어나는 독특한 것이었다. 그렇다면 발라는 기독교적 성향을 유지하면서 휴머니즘을 어떻게 에피쿠로스적 쾌락과 접목시켰으며, 그가 애써 설명하려고 했던 '기쁨(*voluptas*)'의 본질은 무엇일까? 또한 '*voluptas*'를 핵심으로 하는 그의 에피쿠로스주의를 '기독교 에피쿠로스주의(Christian Epicureanism)'라고 할 때, 논리의 전개에 있어서 수사학적 방법론은 어떻게 적용되었으며, 그러한

---

7) Trinkaus, "Unity and Plurality in the Humanist Visions of Man and God : An Appraisal" in *IOIAL* Vol.II, p. 761 이하.

8) Trinkaus, "Italian Humanism and Scholastic Theology" in *Renaissance Humanism : Formations, Forms, and Legacy*, Vol. III, ed. Albert Rabil Jr.(Uni. of Pennsylvania Press, 1988), p. 342. 이 논문을 이하 TrinkausII라 약하고, 그 논문이 실린 책을 *Renaissance Humanism*이라 약함.

방법을 통해 논증이 가능했다고 말할 수 있을까? 그 당시 여전히 강한 영향력을 지녔던 논리와 연역적 방법론을 통렬히 비판하면서 새로이 제시한 수사학적 방법론은 그것과 어떤 면에서 대조적인 차이를 보이고 있을까? 기독교 에피쿠로스주의에서 제시되는 덕과 선의 개념과 그것의 본질적 의미는 어떻게 설명되고 있는가?

이와 같이 제기되는 의문점들은 발라의 종교사상을 파악하기 위해서 반드시 검토되어야 할 문제들일 것이다. 따라서 본절에서는 적어도 네 번에 걸쳐 개정되면서도 포기되지 않고 오히려 더 명확해진『대화편』의 중심 개념인 *voluptas*의 의미를 살펴보고, 나아가 실제로『대화편』안에서 수사학적인 방법을 통하여 덕의 개념과 선의 개념이 어떻게 전개되는가, 결국 어떻게 기독교 에피쿠로스주의에 이르게 되는가를 살펴봄으로써 그러한 의문점들을 풀어 보고자 한다. 이때 그가 전통적 논리를 개혁하고 수사학적인 방법론을 추구하며 서술했다고 할 수 있는 *Dialeticae disputatones*(1439, 논리적 토론술, 이하 *Dialeticae*라 약함)[9] 안에 있는『대화편』과 관련된 부분들이 분석될 것이다.

Ⅱ.『대화편』의 개정과 ‘*Voluptas*’의 개념

발라는 1407년 로마에서 교황청에서 근무하는 법률가의 아들로 태어났다. 그의 외삼촌 스크리바니(Scrivani)도 교황청의 비서로 있었다. 그는 이런 환경을 통하여 그 당시 로마 교황청의 지적, 문화적 분위기에 접할 수 있었다. 그의 핵심 저서인 *De voluptate*(기쁨에 대하여, On pleasure)가 처음

---

9) *Dialeticae*의 첫 판은 *Repastinatio dialeticae et philosophiae*라고 불렸고 1438~1439년에 쓰여졌는데 아직 인쇄되지는 않고 사본으로 전해졌다. 본서에서는 *Laurentii Valle Repastinatio dialetice et philosophie* ed. G. Zippel(Venice, 1509)을 Trinkaus I에서 인용한 것을 주로 재인용하였다. 이하 *Repastinatio*라 약함.

나오게 된 것은 이러한 로마적 배경과 관련되었다. 이 책은 그의 잔존하는 저서들 가운데 제일 처음으로 쓴 책으로서(1431), 참된 선의 성격에 대하여 스토아파, 에피쿠로스파, 기독교측을 대표하는 세 대담자를 중심으로 전개되는 대화편인데 그의 생애 동안 적어도 네 번이나 개정될 만큼 그가 소중히 여기고 고심하여 완성한 역작이라고 할 것이다. 그러므로 이 책 속에는 그의 중심 테마 내지 사상이 내포되어 있다고 할 수 있으며 한편으로 그 과정으로 미루어 볼 때, 그의 사상이 어떻게 변화되고, 발전되었는가를 짐작할 수 있으리라고 생각된다. 그래서 다음에서는 *De voluptate*가 어떻게 4번에 걸쳐 개정되었는가를 살펴봄으로써 그가 휴머니스트로서 생애에 걸쳐 추구하였던 *voluptas*(기쁨, 쾌락)의 개념이란 무엇인가, 나아가 그의 중심 사상이 무엇인가를 고찰하고자 한다.[10]

발라는 그의 생애에서 젊은 시절부터 죽기까지 철학자, 신학자, 법학자들 뿐 아니라 동료 휴머니스트들과도 거의 끊임없이 논쟁을 한 것으로 인해 이 도시에서 저 도시로, 이 궁정에서 저 궁정으로, 이 대학에서 저 대학으로 옮겨 다니지 않으면 안 되었다.[11] 그 당시는 지적인 검투사의 시대라고 할 수 있었고 이러한 시기에 그는 누구보다도 전투적이었다. 이는 그가 기질적으로 과민하고 까다롭고 성 잘내는 사람임을 나타낼 뿐 아니라 사상적으로도 독창적이었음을 말해 준다. 아직 많은 전통들이 신성시 되고 있는 시대에 그는 언어학과 역사에 기초를 둔 근거와 일치하지 않는 진술을 하는 자들이나 혹은 자연이나 인간성의 가장 명백한 실체(reality)에 반대되는 말을 하는 자들을 무자비하게 공격하였다.[12]

---

10) 발라의 『대화편』에 대한 개정과 그 내용의 변천에 대해서는 Lorenzo Valla, "*De vero falsoque bono*," ed. M. Lorch(Bari, 1970)의 서문에서 상세하게 연구되고 있다. 이하 Lorch II라고 약함.

11) Lorch I, p. 8.

12) Ibid.

170

그는 20대 초인 1431년에 로마 교황청에서의 구직의 길이 막히자 로마를 떠나기까지 발라는 거기서 라틴 문법과 수사학을 공부하였고 그후 파비아에 와서는 그 곳 대학에서 수사학을 가르치고 로마에서 이미 구상한 바 있는 『기쁨에 대하여(*De voluptate*)』를 처음으로 출판하였다. 1433년에는 14세기의 저명한 법학자 바르톨루스(Bartolus)의 상스러운 말(*Barbarism*)이나 문법 위반(*Solecism*)을 비판함으로써 이 대학의 법학부를 자극했기 때문에, 그는 밀라노로 어쩔 수 없이 옮겨야 했다.13) 이곳에서 그는 *De voluptate*(기쁨에 대하여)의 명칭을 *De vero falsoque bono*(참된 선, 거짓된 선에 대하여, On the true and false good)로 변경하고 배경과 대담자들을 모두 교체하였으며 내용에 있어서도 약간의 개정을 하였다.

그의 나이 28세 되던 1435년에는 나폴리 왕 아라곤의 알폰소의 궁정에서 비서이자 역사가로서 활동하였고, 그 이후 1448년에는 로마 교황청의 서기직으로(55년에는 비서직으로까지) 임명되어 로마로 떠나게 된다. 나폴리에 머물었던 13년 동안 그의 또 다른 주요 저서들이 나오게 된다. 그중에서도 『자유의지에 관한 논문(*De Libero Arbitrio*)[On Free Will]』(1435~1443, 이하 *Arbitrio*라고 약함), 『논리적 토론술(*Dialeticae*)』(1439), 『라틴 문체에 대한 긴 에세이(*Elegantiae Linguae Latinae*)』(1444, 이하 *Elegantiae*라고 약함) 등이 그의 문법적, 수사학적, 철학적, 신학적인 견해를 나타내주는 대표적인 저서들이라고 할 수 있다.

이들 저서들은 각기 주로 그의 신학적 내지 종교적인 것, 철학적 내지 수사학적인 것, 문법적 내지 수사학적인 것을 드러낸다고 하겠지만, 휴머니스트로서 두드러지게 기여한 것은 그가 문법학자로 출발했지만 그것으로 끝나지 않고 수사학자, 철학자, 신학자로서의 면모를 보여주었기 때문이다. 특히 이 무렵(1444~1449) 그의 『대화편』도 세 번째 개정되어 타이틀이

---

13) Ibid.

*De vero bono*로 바뀌고 내용상으로도 앞의 세 가지 주요 저서들과 관련되어 중요한 변화가 있게 된다. 말년에는 『대화편』 타이틀이 다시 *De vero falsoque bono*로 바뀌고 내용상으로도 약간의 변화가 있게 된다. 우리가 앞으로 고찰하게 될 『대화편』은 물론 마지막 판, *De vero falsoque bono*가 되겠지만 여기에서 우리는 그의 문법적, 수사학적, 철학적, 신학적인 주장과 견해들이 종합적으로 용해되어 나타나고 있음을 볼 것이다.

발라는 처음에 『기쁨에 대하여(*De voluptate*)』라는 제목으로 그의 필생의 작업을 시작하였다(1431). 그는 이 책의 서문 서두에서 왜 타이틀을 *voluptas*(쾌락, 기쁨)라고 했는가를 밝히고 있다.[14] 이는 어떤 독자들이 그 제목만 보고 그가 세속적인 쾌락을 추구하는 것이 아닌가 의아스럽게 여길 것을 알고 이를 불식시키기 위함이었다. 그가 말하는 *voluptas*는 세속적, 육신적인 쾌락이 아니라 그 영혼에 참된 기쁨을 주는 그러한 것이었다. 그에게 이것은 실로 최고선(highest good)이었고, 그의 『대화편』 전체를 통하여 추구하는 테마였으며 그의 생애에 걸쳐 성취하고자 한 개념이었다고 해도 과언이 아닐 것이다.

그는 이 서두 말미에 *voluptas*를 '참된 선, 유일한 선'이라고 하면서도 '이중적'이라고 하였다.[15] 여기서 이중적이라는 의미는 하나는 이 생에서 누리는 것이고 다른 하나는 내생에서 누리는 것을 의미한다. 양자는 그에게 모두 필요하고 본질적으로 하나였다. 그런데 1433년 타이틀을 *De voluptate*에서 '쾌락, 기쁨'이라는 단어를 빼고 *De vero falsoque bono*로 아주 바꾸고 서문 서두의 쾌락(*voluptas*)을 옹호하는 문단도 삭제하고 있다. 이는 오히려 세속적인 쾌락을 옹호한다는 불필요한 오해의 소지를 없앨 뿐 아니라 독자들로

---

14) M. Lorch, "Lorenzo Valla's Defense of Voluptas in the Preface to his De Voluptate" in *Philosophy and Humanism : Renaissance Essays in Honor of Paul O. Kristeller*, ed. E. P. Mahoney(Leiden, E. J. Brill, 1976), p. 217, 이하 Lorch III이라 약함.

15) Ibid.

172

하여금 그 책을 직접 끝까지 읽어봄으로써 진정한 쾌락의 의미를 깨닫도록 하려는 수사학적인 방편 때문이었다. 이때 그는 새 교황 유진(Eugene) 4세 (1431~1447)의 부름을 기대하기도 했다. 그러나 교황청 비서로 있던 포조 (Poggio)의 비난으로 그러한 희망은 사라졌다. 그 이후 포조와의 논쟁은 그의 말년에 이르기까지 계속된다.[16]

제2판의 개정은 타이틀만이 아니라 그 배경과 대담자들의 이름들도 함께 바뀌었다. 먼저 무대는 로마 근교에서 파비아의 한 수녀원으로, 대담자들은 브루니(Bruni, 스토아파), 파노르미타(Panormita, 에피쿠로스파), 니콜리 (Niccoli, 기독교측)에서 각각 카톤(Catone), 사코(Sacco), 마페오 베기오(Maffeo Vegio), 안토니오 라우덴시스(Antonio Raudensis)로 바뀌었다. 그러면 제2판의 개정에서 발라는 왜 그렇게 그 배경과 대담자들의 이름과 같은 외적인 요소들을 전면적으로 바꾸었을까?

그 이유는 무엇보다도 에피쿠로스 대담자 역을 맡았던 파노르미타의 동성애적인 부도덕 행위가 프란체스코파 수도사 라우덴시스에 의하여 공격을 받았기에 발라의 쾌락이 최고선이라는 테제가 오해를 받을 수 있다는 점에서 찾아볼 수 있다. 즉 수사학적인 방편에서 파노르미타로 하여금 시인으로서 허구적인 표현을 통하여 에피쿠로스파를 지지하게 하였는데, 이제 그가 그러한 부도덕성으로 비난을 받자 그의 표현이 허구가 아닌 사실처럼 여겨질 수 있었다. 그래서 발라는 오히려 라우덴시스를 지지하고 (얼마 후 기독교 대담자로 받아들임), 파노르미타와는 절교하는데 파노르미타와의 적대 관계는 그의 생애가 끝날 때까지 계속되었다.[17]

---

16) 1451년 2월 포조는 발라를 비판하는 그의 첫 『독설』을 출판하고 이에 대해 발라는 같은 해에 세 권으로 된 『해독(*Antidotum*)』으로 응수했다. 다음 해에 포조는 다른 네 가지의 『독설(*Invectives*)』을 내고, 이에 대해 발라는 이들 중 두 번째 이후에 『우화(*Apologus*)』라는 타이틀로 두 개의 대화를 쓴다(Lorch II, XXXVI).

17) Lorch I, pp. 21~23 ; Lorch II, XXXVI-XL.

한편으로 발라 자신의 지적, 직업적인 발전 등 개인적인 면에서도 그 원인을 생각해 볼 수 있다. 이전에는 외삼촌 스크리바니 덕택으로 로마 교황청의 분위기에 접하게 되었던 발라가 이제는 수사학 교사 내지 교수로서 존경받게 되었고 다른 동료들과 함께 새롭게 문제의식을 갖게 되었다. 젊은 언어학자요 휴머니스트인 발라의 눈으로 볼 때 그 당시 롬바르드 지역의 지적, 문화적 분위기는 중세적인 낡은 라틴 문법과 문체가 여전히 지배를 하고 있었고, 철학과 신학에 있어서는 오컴적 논리학의 영향이 명백해 보였다.

그는 롬바르드 지역에서 당면한 지적인 문제들을 인식하고 그가 무엇을 해야 될지, 그것을 성취하기 위한 학문적인 수단이 무엇인지를 충분히 인식할 수 있었다. 한마디로 그는 난해하고 거친 연역적인 추론을 하는 스콜라적인 방법이, 인간을 길러내고 변형시키는데 적합한 심성과 열정을 일으키는 웅변술(eloquence)의 방법으로 대체되어야 한다고 생각했다. 더 나아가 도덕적, 영적인 문제의 근본적인 해결을 위해 그는 성경과 교부들, 하나님에 대한 사랑(*caritas*) 등과 같은 기독교적인 개념을 지지하게 되었던 것이다.[18)

이제 처음에 발라가 아버지라고 부르며 존경했던 브루니(초판에서 스토아파 대담자)의 영향권에서도 점차 발라는 이탈하게 된다. 브루니는 최고선의 개념을 보이티우스, 키케로에 의해 표현된 것뿐 아니라 아리스토텔레스의 윤리학에서 표현된 것으로서 옹호했다. 그는 행복을 덕스러운 생활과 동일시했다. 이런 덕스러운 생활에는 건강이나 부나 좋은 환경이 필요하다고 생각했다. 이런 점에서 브루니는 스토아적이라기보다 아리스토텔레스적이었다. 그에게 모델은 성경이나 교부들이 아니라 키케로와 아리스토텔레스였다. 브루니는 종교의 역할을 감소시키는 대신에 도덕철학을 너무 강조했다.

---

18) Lorch I, pp. 23~24.

174

이런 것이 젊은 발라로 하여금 브루니로부터 벗어나게 했다.[19]

다음에 그가 3판(1444~1449경)으로 개정하게 된 배경을 잠시 살펴 볼 필요가 있다. 왜냐하면 그에게 3판 개정을 전후한 시기는 매우 어려웠고, 그러한 가운데서 내용상에 있어서도 큰 변화가 있었기 때문이다. 무엇보다도 그의 수사학적인 논리학이 확립되었다고 할 수 있는 *Dialeticae*가 완성되었고 (1439) 그 다음 해에 알폰소와 교황 유진 4세 사이에 정치적인 긴장과 관련하여 유명한 *Declamatio*(Discourse on the Forgery of the Alleged Donation of Constantine)를 저술하였다. 그 당시 교황은 바로 이 「콘스탄틴 기진장」이라 는 문서에 입각하여 이탈리아 남부와 여러 섬들의 상위 주군임을 주장하고 알폰소를 나폴리 왕으로서 승인하지 않았다. 그런데 발라는 그 문서가 위조된 문서임을 언어학적, 역사적으로 입증하였다. 그럼에도 불구하고 상위 주군으로서의 교황의 지위와 영향력은 무시할 수 없었고 결국 알폰소 자신이 화해하려고 노력함으로써 1443년에 교황으로부터 나폴리 왕으로서 의 지위를 인정받게 된다.[20]

이런 정치적인 변화와 함께 이 무렵 발라의 적들은 그의 새로운 개념들에 대하여 '변명'을 표명토록 압력을 가하고 있었다. 1441년 친구 세라(Serra)에게 보내는 편지에서 그는 "선진들에 대한 비판이 없이 어떻게 학문적인 문제에 대하여 어떤 것을 쓸 수 있는가, 다른 사람의 오류, 탈락, 과장된 표현들을 바로 잡지 않고 어떻게 글을 쓸 수 있는가"[21]라고 말함으로써 그의 비판과 수정에 대한 동료들과 다른 학자들의 공격에 대하여 답하고 있다.

특히 교회 측의 압력은 무시할 수 없었다. 발라의 후원자, 알폰소가 교황과 화해를 하게 되자 이제 그는 교회와 관련된 그의 사상과 태도들에

---

19) Ibid., pp. 18~20.

20) Denys Hay & John Law, *Italy in the Age of the Renaissance*, 1380~1530(Longman, 1989), pp. 169~174.

21) Lorch I, p. 9에서 재인용.

대해 변호하고 정당화 할 필요가 있었다. 그런데 그가 1444년 사도신경(the Credo)이 사도들로부터 비롯된 것이 아니고 니케아 종교회의(325)에서 결정된 것이라고 하자, 그 당시 인기 있는 설교자 프라 안토니오(Fra Antonio)와 논쟁에 휩싸이게 되고 나아가 두 사람의 주교들에 의해 고소를 당하여 나폴리의 종교재판소에 소환되었다.[22]

이때 발라는 사도신경에 관한 자기 주장을 굽히지 않았고 그의 다른 책들, 특히 『대화편』(2판, 아직 3판의 개정은 완성되지 않고 있었다), *Dialeticae* 에서 공언한 사상들에 대해 양보하지 않았다. 그러나 알폰소의 중재로 그는 자유롭게 되었다. 그는 알폰소에 의해 새롭게 준비되는 재판에 대비하여 처음 재판이 끝난 후 곧 서둘러서 「철학적 질문에 대한 답변(*Defensio quaestionum in philosophia*)」(이하 *Defensio*라 약함)이라는 문서를 작성하였고 (1444), 그 내용은 거의 같지만 용어나 톤에 있어 다른 「변명(*Apologia*)」을 써서(1445) 교황 유진 4세에게 바쳤다.[23] 이 *Defensio*나 *Apologia*에는 특히 『대화편』에 대한 변명이 많은 것으로 보아 그가 종교재판에 소환되었을 때 『대화편』과 관련된 것들이 심문의 주요 대상들이 되었음을 짐작할 수 있다. 알폰소에 의해 추진하고자 한 새로운 재판은 열리지 않았고 다만 *Dialeticae, Elegantiae*가 개정되고 특히 『대화편』 3판이 *De vero bono*라는 이름으로 나폴리에서 개정되어 나온다. 이 3판에는 뒤에 언급되다시피 *Dialeticae*가 쓰여진 이후 그의 수사학적인 방법론이 명백히 선호되고 적용되었다는 점에서 주목되어진다.

이 3판의 개정에는 또한 그동안 여러 차례 그의 고향이 있는 로마의 교황청에 진출하고자 한 그의 꿈과도 관련되었다. 즉 1444년 경, 유진 4세에게 보내는 편지와 함께 『대화편』 3판인 *De vero bono* 제3권을 증정한

---

22) Ibid., p. 10.
23) Lorch II, XLVIII ; Lorch III, pp. 218~219.

176

것은 바로 그러한 시도였다.[24] 그러나 번번이 좌절된 것처럼 이번에도 무산되었다. 여기서 우리는 그가 개정판을 내는 목적이 어떤 자리나 인기를 얻기 위해서 타협하는 것이 아니고 자신의 주장 내지 사상의 정당성을 더 구체적으로 더 명확하게 드러내려는 데 있음을 보게 된다. 다만 표현이나 톤에 있어서 변화가 두드러지지만 내용에 있어서는 근본적인 변화가 없이 그의 중심되는 사상이 더 분명하게 형성되고 전개되고 있음을 볼 수 있다. 그래서 로치에 의하면 그의 『대화편』이 개정될수록 그 표현이 이해하기 쉽게 더 간결해지며 더 정확하게 되지만 그 내용에 있어서는 더 확충이 된다고 하였다.[25] 이러한 그의 태도는 그가 로마로 가는 티켓이 좌절된 이후, 곧 얼마 되지 않아 1446년 경 유진 4세에게 보낸 *Apologia*에서도 잘 나타난다.

발라는 *Apologia*의 결론 부분에서 *voluptas*의 의미보다도 그 단어 자체를 사용한 것에 대해 끈질기게 불신과 혐오를 나타내는 사람들에 대해 분노와 좌절을 나타내고 있다.

교황이여, 내가 바로 그 책에서 지적했던 것처럼, 나는 그것을 단어의 문제로 보지 않습니다. 만일 어떤 참된 덕도 내가 입증하려고 시도했던 것처럼 하나님을 섬기는 것 외에 있을 수 없다는 것이 명백하다면 각기 좋을 대로 *voluptas*나 *fruitio*나 *delectatio*나 *felicitas*나 *beatitudo* 등으로 그것을 일컫게 해도 좋습니다. 그래서 우리는 스토아 철학자들 같은 사람들이 참된 덕을 소유했다고 선언하는 고대 예찬자들의 모욕적인 말을 무효화시킬 수 있을 것입니다.[26]

발라가 *voluptas*라는 용어를 사용하는 것은 에피쿠로스적인 쾌락을 옹호하

---

24) Lorch II, LV-LVII.
25) Ibid., LI-LII, LIII-LV.
26) Lorch III, p. 218에서 재인용.

기보다 참된 기쁨과 행복으로서의 쾌락이 참된 선이요 최고선이라는 것을 입증하고자 함이었다. 그런데 그에게 참된 기쁨과 행복은 하나님으로부터 오는 기독교적인 것이었고 이러한 행복에 이르는 수단이 되는 것이 덕이었다. 그래서 하나님을 섬긴다든지 하나님을 사랑하고 이웃을 사랑하는 것이 참된 덕이었고 이런 덕과 관련하여 참된 기쁨 내지 행복이 있게 된다는 것이다. 그러므로 아직 하나님을 모르는 고대의 철학자들은 참된 덕을 지녔다고 할 수 없고 지복(至福, *beatitudo*)에도 이를 수 없었다.

이렇게 발라의 주장은 분명하였고 그의 톤은 공세적이었다. 특히 그를 그리스도의 군사로서 인정하기를 거부하는 동료들에 대한 변명에 있어서는 더욱 그러했다.

> 나를 나의 믿음에 충실하지 않다고 비난하는 사람들은 어디에 있습니까, 진실로 나는 그것을 위해 지속적으로 싸워왔고 정말로 바로 이 순간에까지 싸우고 있습니다. 나를 비난하는 그 사람들이 바로 우리의 신앙을 공격하는 반면에 그것을 옹호하는 자는 바로 나입니다.[27]

이런 비타협적인 분명한 자세가 교황 유진으로 하여금 그를 받아들이기를 꺼리게 했는지 모른다. 그러면 다음에 발라의 『대화편』이 4판에 이르기까지 개정되면서 *voluptas*의 개념을 중심으로 원문과 그 내용에 있어서 어떤 중요한 수정과 변화가 있었는가를 잠시 살펴보기로 하자.

먼저 2판 1권에서는 선(the good)을 '올바른 것(the rightful, 곧 덕에 해당)'과 '즐거운 것(the pleasurable, 곧 쾌락에 해당)'으로 구분하고 즐거움에는 유익함이 수반된다고 하고 모든 즐거움 즉 모든 쾌락은 선하다고 말한다. 그래서 3권에 가면 쾌락(*voluptas* : pleasure)의 의미를 즐거움이나 기쁨(*delectatio* : delight)과 같은 의미이고 다만 기쁨의 큰 체험을 라틴어로는 *voluptas*라고

---

27) Ibid., p. 219.

178

번역하였다고 발라는 의미를 부여하고 있다.[28]

무엇보다도 1판에 비해 2판에서의 중요한 변화는 선(*bonum*, good)과 이것의 행복(*felicitas*)과의 관계로서 덕(*virtus*)을 다루고 있다는 것이다. 1판에서는 이러한 테제에 대해 논의되지 않고 다만 "만약 *honestas* 즉 철학적인 덕이 이익을 위해 힘쓰지 않는다면 그 대신에 불행하게 된다"[29]고 진술하고 있다. 이는 보이티우스가 그의 연역법에서 선한 사람은 행복하다고 결론 내린 것이 잘못되었음을 입증하려고 하는 것이지만 1판에서(3권, 12장)는 보이티우스가 다만 부수적으로 언급되고 있다.

> 그러면 무엇이냐? 보이티우스가 선언한 것처럼 선한 사람과 악한 사람은 동일한 것을 목표로 하지 않은가? 다만 전자는 미래의 행복(future goods)을, 후자는 현재의 행복(present goods)을 동경하면서……[30]

이에 대해 2판에서는 철학자로서 보이티우스가 이 지상에서 악인들이 때때로 번영하고 선인들은 그렇지 못하기 때문에 덕과 행복 사이의 관계에 대한 문제를 해결할 수 없다고 지적하면서 그 문제를 언어적 기반 위에서 비판하고 있다. 즉 "아마 어울리지 않을지 모르지만 향기를 지닌 자는 향기롭다고 하고 명예를 지닌 자는 명예롭다고 불려지는 것처럼 선 다시 말하면 행복인 선을 지닌 자도 선하다고 불려져야 한다"고 하고 있다. 여기서 선과 행복이 동일시 되고 있다. 이는 뒤에 다시 상론하겠지만 최고선 으로서의 행복 내지 쾌락을 의미한다. 그런데 발라는 또 다른 선으로서의 덕을 말하고 있다.

"그런데 선은 덕이다. 그러므로 모든 선은 덕을 지닌다. 아무도 행복하기

---

28) Lorch II, XLIII ; *Bono* , p. 89, 7~13줄, p. 267, 18~28줄. 이하 줄은 생략함.
29) Lorch II, LV.
30) Loc. cit.

때문에 선하다고 불리지 않고 덕을 지니고 있기 때문에 선하다고 불린다.”[31] 이는 넉이란 행복을 얻게 하는 수단으로서 유익하다는 의미에서 선하다는 것이다. 결국 발라는 보이티우스의 삼단논법(“선한 사람은 누구든지 어떤 선을 소유한다. 행복은 하나의 선이다. 그러므로 모든 선한 사람은 행복하다.”)을 다음과 같이 수정하게 된다. “선한 사람은 누구든지 어떤 선을 소유한다. 덕은 하나의 선이다. 그러므로 모든 선한 사람은 덕을 소유한다.”[32]

이와 같이 2판에서는 언어적인 기반 위에서 보이티우스에 대해 비판적인 자세를 보였지만 3, 4판에서는 보이티우스가 사용한 단어의 모호함(verbi ambiguitas) 때문에 오류가 있었다는 점을 지적하고, 낱말의 사용과 의미에 초점을 맞추어 적극적으로 보이티우스를 반박하고 있다. 발라는 3판에서 덕과 행복이라는 단어가 각기 행위와 특질을 나타내는 개념으로 구분하였다. 그러나 보이티우스는 이런 개념을 구분하지 못하고 오해함으로써 오류를 범하게 되었다고 분명히 말하고 있다. 여기에는 *Dialeticae*의 수사학적 영향이 반영되었음을 말해 준다.[33]

발라는 안토니오를 통하여 “선한 사람은 누구든지 어떤 선을 소유한다”는 것을 인정하면서도 “당신은 어떤 선에 대해 말하고 있는가?” 묻고 있다. “만약 당신이 행복의 선에 대하여(*de bono felicitatis*) 말한다면 나는 그것을 받아들이지 않겠다”고 한다. 왜냐하면 선한 사람이라고 모두 행복하지는 않기 때문이다. 반면에 “만약 당신이 덕의 선에 대하여(*de bono virtutis*) 말한다

---

31) *Bono*, p. 271, 35~36.

32) *Bono*, p. 271, 36~37.

33) 발라는 *Dialeticae*에서 스콜라 학자들 사이에서 사용되던 추상적인 용어들을 모두 없애고 *res*(thing)라는 용어 하나를 남겼고, 이 *res*는 3개의 범주 즉 본체(substance), 특질(quality), 행위(action)로 이뤄지는 것으로 단순화 하였다. 예를 들어 선이라는 것에는 기본적으로 본체가 있지만 특질, 행위는 우리가 관찰할 수 있고 이름지을 수 있게 나타난다고 했다. 여기 본문에서 그는 행복이나 쾌락(기쁨)의 선은 특질에 속하고 덕의 선은 행위에 속한다는 것이다(III절 참조).

면 그 때 나는 받아들이겠다"고 한다. 모든 선한 사람은 덕을 지니고 있다는 것이 사실이기 때문이다.[34]

이상과 같이 발라가 2판 이후, 특히 3판에서 덕으로서의 선과 행복으로서의 선을 언어학적으로 구분함으로써 철학자 보이티우스의 논리적 방법의 오류를 드러내고 수정했음을 확인할 수 있다. 다시 말해 발라는 "덕을 지닌 자는 누구든지 행복한 것이 아니고 악한 자는 누구든지 불행한 것이 아니다. 바르게 사는 것과 행복하게 사는 것은 별개다"[35]는 주장을 입증하고자 했다. 덕을 지닌 자는 선하다고 하지만 반드시 행복하다고 할 수 없다. 덕이란 행복(쾌락)에 이르는 수단이지 목적이 아니라는 것이다. 이는 스토아 철학을 비롯한 모든 철학적 입장에 대한 비판과 수정을 의미한다. 오히려 그는 쾌락을 옹호하는 에피쿠로스적 주장을 선호하면서도 그 결함을 보완함으로써 기독교 에피쿠로스주의에 도달하게 된다. 즉 쾌락 곧 행복이 인간이 추구하는 목적이요 최고선, 참된 선이 된다는 것이다. 이것이 발라가 그의 『대화편』에서 추구하고자 했던 목표였다.

발라가 그의 20대 초에 'voluptas'라는 테마를 직관적으로 붙들게 된 이래 그는 그것을 결코 포기하지 않고 지속적으로 추구함으로써 그것이 삶에 대한 그 자신의 개념의 열쇠가 되게 하였다. 1판의 제목인 *De voluptate*를 *De vero falsoque bono*로 바꾸고 또 그 서문 서두의 *voluptas*라는 단어를 옹호하는 한 문단을 2판 이후에 모두 삭제한 것은 로치의 말대로 그가 *voluptas*라는 테마를 버린 것이 아니었다.[36] 그는 적들의 반대로 인한 염려도 생각했겠지만 무엇보다도 수사학적인 방편상 그의 논리를 전개하는데 더 적합하다고 판단되었기 때문에 그렇게 하였다. 삭제된 서두의 말미에는 '*bonum*은 하나밖에 없는데 그것이 *voluptas*'라고 하면서도 '그것은 이중적'이라고 하였다.

---

34) *Bono*, p. 271, 18~34.

35) Loc. cit.

36) Lorch III, p. 217.

즉 이 생에서의 *voluptas*와 내생에서의 *voluptas*라는 것이다.

그런데 2판 이후에는 처음부터 '두 개의 신'으로 구분하고 있다. 이러한 구분은 유일한 선이 *voluptas*라는 그의 테제를 버리는 것인가? 그것은 결코 아니다. 그것은 곧 이어지는 다음의 문장에서 확인될 수 있다. "반드시 나는 이들 양자를 다루지 않으면 안될 것이다. 그러나 첫 번째 것에서 두 번째 것으로 점차 옮겨지는 식으로 다룰 것이다."[37] 즉 처음의 선을 최고의 쾌락으로 이끈다는 것이고 그래서 양자는 모두 쾌락이라는 것이다. 다시 말해서 그는 본능적인 추진력으로서의 *voluptas*로부터 신의 사랑인 *voluptas*로 발전될 수 있음을 입증하고자 하였다. 이러한 입증은 그의 생애를 통하여 약 15년 동안 장기적, 지속적으로 추구된 것으로 보인다. 실제로 본능적인 *voluptas*에서 신적인 *voluptas*로 이행하는 과정은 1판에서부터 보이지만, 그러나 4판에 이르기까지 개정을 거듭하는 동안 그의 생애의 중심 개념으로서의 *voluptas*는 로치가 말한 대로 '두드러진 휴머니스트 안에 깊이 느껴진 윤리적, 종교적 신념이 성취되어 나타난 개념'[38]이 된 것이다.

이제 『대화편』에 있어서 1, 2권에 나타나는 에피쿠로스주의가 발라의 진정한 사상이고 3권에 나오는 기독교 에피쿠로스주의는 그 앞에 나온 쾌락적, 외설적인 사상을 위장하기 위한 하나의 방편에 지나지 않는다고 말하는 사람은 없다. 이는 『대화편』을 비롯한 그의 저작들과 그 생애를 주의 깊게 연구함으로써 얻어진 값진 성과이다.

발라는 『대화편』 서문 끝 부분에서 자신을 골리앗을 때려 눕힌 소년 다윗에 비유했다. 다윗은 아직 징집되지도 않을 만큼 젊은 소년이었다. 그러나 그는 하나님과 함께 하는 자였다. 발라는 자신이 이런 다윗과 같이 아직 징집되지도 않을 만큼 젊고 미미한 자이지만 하나님이 함께 하시는

---

37) *Bono*, p. 49, 4~6.
38) Lorch I, pp. 28~29.

자임을 믿었다. 하나님이 함께 하심으로 그는 그리스도의 이름을 위해 그 막중한 사명 곧 스토아적인 덕을 추구하는 자들(이는 그리스, 로마적인 덕, 그 외에 모든 철학적인 덕을 추구하는 자들을 가리킴)이 참된 덕이 아니라 덕의 그림자를, 명예가 아니라 허영을, 지혜가 아니라 어리석음을 추구한 것에 지나지 않았음을 입증할 수 있다고 확신했다.[39] 이러한 그의 믿음과 열정은 그 서문이 1444년 이후에도 수정되지 않은 것으로 보아 변함이 없었던 것 같다.

그는 당시 개개인의 일상적인 삶과 유리된 철학과 종교를 혐오하고 지상적, 인간적인 경험에 입각한 수사학적 철학 내지 인문학 연구를 통하여 참된 신앙에 이르고 참된 신앙을 통하여 참된 덕, 참된 선에 이르는 길을 보여주었다. 그의 주요 관심은 평범한 한 인간의 말과 행위와 관련된 도덕적 문제에 있었다. 그러나 그러한 문제를 근본적으로 해결하는데 있어 그의 영감의 원천은 종교 즉 기독교에 있었다. 요컨대 그는 그 당시의 인간의 도덕적, 영적 문제에 대한 위기의식을 느끼고 그러한 문제를 근본적으로 해결하기 위해 그의 수사학적 방법론을 적용함으로써 참된 신학의 영역에 도달했다고 생각한다.[40]

---

39) *Bono*, p. 51, 23~39.

40) 발라의 저작들 가운데 *De libero Arbitrio*(1440년 경)는 주로 믿음의 길, 은혜의 길을 다루고 있다. 곧 인간의 자유의지와 신의 예지 사이에 양립을 말하면서도 신의 의지와 예정된 조건에 따라 가는 인간 의지의 무력함을 말함으로써 그는 인간이 구원 받고 안 받고는 신의 절대주권에 속한다는 입장에 선다. 이는 루터, 캘빈의 입장과 가까웠다(3장 III. 2, 주102) 참조). 이 책의 영문판으로, "Dialogue on Free Will", trans. C. Trinkaus, in *The Renaissance Philosophy of Man*, ed. P. O. Kristeller et al.(The Uni. of Chicago Press, 1948)이 있다. 이하 *Free Will*이라고 약함.

Ⅲ. 수사학적 방법에 의한 기독교 에피쿠로스주의

발라의 수사학적인 입장은 특히 페트라르카, 살루타티를 계승하는 것이었지만 그에게 있어 이것은 그의 사상의 기본적인 테제들 가운데 하나였다. 그는 일찍이 공인된 키케로보다도 퀸틸리안의 중요성을 인식하고 철학과 수사학 사이에 반대 개념에 도달했다. 그는 퀸틸리안의 영향을 좇아 수사학을 인간이 지어낸 모든 것을 포괄하는 최고의 기술로서 생각했다. 그에게 수사학은 단순히 말하고 쓰는 것에 관한 분야가 아니고 말이나 글로써 인간이 자기 주위 세계와의 관계를 표현하는 것으로서 보았다. 그래서 그것은 모든 기술, 모든 분야를 포함하였다.[41] 발라가 개인으로서 그리고 사회 구성원으로서 인간과 직접적으로 관련된 모든 연구 분야에 자신을 적용하고자 했던 것도 이런 신념에서였다. 이때 그가 강조한 것은 언어학적인 정확성과 이와 관련된 역사의식이었다.

발라의 수사학적인 방법론은 그의 20대 초반에 이미 나타났지만, 30, 40대에 이르기까지 서서히 확립되어 간 것으로 보인다. 그 당시 많은 법학자들이나 많은 휴머니스트들은 『로마법 대전』이나 아쿠르시우스(Accursius)(d. 1260), 바르톨루스(Bartolus) 같은 선진들의 책을 비판할 수 없는 신성한 것으로 여겼다.[42] 그러나 휴머니스트들, 특히 발라는 원문 비평, 역사 비평을 통해서 원문의 정확한 이해와 해석을 하고자 했다. 그는 키케로의 수사학적인 태도를 존중하면서도 그의 책이나 도덕적인 철학을 웅변과 지혜의 완전한 표현으로서 모방하고 예찬하는 브루니, 포조, 파치오 같은 휴머니스트들에 대해 반대했다. 이는 스토아 철학을 비롯한 모든 철학적 윤리에 대한 반대를

---

41) Maristella Lorch, "Lorezo Valla", in *Renaissance Humanism*, Vol. I, p. 339, 이하 Lorch Ⅳ라 약함.

42) Quirinus Breen, *Christianity and Humanism*(William B. Eerdmans Publishing Co., 1968), p. 188.

의미하는 것이었지만 무엇보다도 이는 그가 철학적 방법론, 주로 추상적, 연역적인 방법론 대신에 수사학적인 방법론을 확립하게 되었음을 의미한다.

대체로 그의 수사학적인 방법론은 1439년 *Dialeticae*가 완성됨으로써 그 윤곽이 잡히게 되었다고 할 수 있다. 이 책은 3권으로 되어 있는데 1권에서는 기본적인 개념에 대해, 2, 3권에서는 논리학을 위한 전제에 대해 다루고 있고 그 목적은 논리학이 수사학을 위한 유익한 안내가 되게 함으로써 모든 지식의 근거를 다시 탐구하려는 것이었다. 다음에 그의 수사학적 방법론에서 중요한 위치를 차지하고 있는 언어학적 개념론, 의미론, 해석론 에 대해 잠시 살펴보기로 하자.

그 당시 아리스토텔레스 학자들은 그들이 논리학자들이든, 법학자들이든, 신학자들이든, 거의 모두 논리학과 수사학 사이에, 이성과 일상의 언어 사이에, 이분법을 강조했다. 게를(Gerl)이 말한 대로 그들은 어떤 사물에 대한 인간적인 차원의 표현으로서 말의 모든 기능을 포기했다.[43] 진실로 그들의 이론은 사물 자체(thing in itself)를 인간적인 의미로부터 분리시키려 했고, 순수하게 외적이고 과학적인 설명을 선호함으로 공동체에서의 창조적 인 판단을 소홀히 했다. 이렇게 그들은 언어를 버림으로써 동시에 사물(the thing)이 없이 지내게 되었고, 실재(reality)의 건설에 있어서 말 자체의 역할이 사라지게 했다.

이에 대해서 발라는 아리스토텔레스적 논리학을 개혁함으로써 말의 공통된 관례(common use of words)를 더 단순하게, 더 적절하게 하고자 했다. 그는 1권에서 10개의 논리적 범주를 3개로, 즉 본체(substance), 특질(quality), 행위(action)로 줄인다. 또한 스콜라 철학적 선험적인 용어들, 곧 존재(being), 실체(essence), 본질(quiddity), 진리(truth), 선(goodness), 단일성(unity) 같은 것들

---

43) Gerl, *Rhetorik als Philosophie : Lorenzo Valla*(Munch, 1974), pp. 227~228, in Richard Waswo, "The 'Ordinary Language Philosophy' of Lorenzo Valla"(*Bibliotheque d'humanisme et Renaissance* 41, 1979), p. 269.

을 없애고, 역시 매우 모호하지만 하나의 용어, 사물(res, thing)을 남긴다.[44] 이 사물 안에는 본체, 특질, 행위가 모두 어떤 식으로 나타날 것이기 때문이었다.

특히 특질과 행위는 관찰할 수 있고, 그래서 이름지을 수 있고 논의할 수 있다고 했다. 다만 본체는 그 사물이 존재하는 추상적인 기본 가정이라고 했다. 이는 오컴의 입장과 유사하다고 하겠는데 그가 오컴의 영향을 받은 것에 대해 입증할 수는 없지만, 그는 당시 오컴에 대해 알고 있었던 것 같다.[45] 그러나 그는 자신의 방법으로 그러한 입장에 도달한 것으로 보인다. 말하자면 그는 더 철저하게 수사학적, 언어학적인 방법으로 오컴과 유사한 인식론, 존재론에 도달하게 된 것으로 보인다.[46]

발라에게 있어 인식론의 전개는 오컴에 비해 덜 논리적이고, 그렇게 명확하지 않은 것 같다. 그러나 그는 더 쉽고 단순하게 그의 인식론을 밝히고 있다. 그의 출발점은 진리에 대한 그의 개념에서 찾을 수 있다. "진리란 어떤 것에 대한 적절한 지식이나 개념이다. 또 감각에 미치는 마음의 빛과 같다. 나는 이런 빛이 마음 자체에 속한다고 주장한다. 그것은 태양과 같은 외적인 어떤 것이 아니다. 그러나 태양이 눈에 색채를 보여주는 것처럼 신(God)은 마음에 사물의 질을 보여준다."[47] 즉 그에게 진리란 사물들의 개념을 부여하는 마음의 빛 곧 하나님을 가리켰다.

그런데 이런 개념은 우리가 그 사물들에게 부여한 이름 안에 내재한다고 했다. 예를 들어 이것을 '빵'이라고 하고, 저것을 '포도주'라고 부를 때 우리는 암묵적으로 진리를 긍정하고 있는 것이다. 만일 의견을 달리하는 사람이

---

44) *Repastinatio*, ff. 42 v(왼쪽 페이지)-44 r(오른쪽 페이지), 46r.-48r. : Trinkaus I, p. 151에서 재인용.

45) 그의 친구 세라(Serra)에게 보내는 편지에서 오컴, 알버트 삭소니(Albert of Saxony) 등의 이름이 나타나고 있다(Trinkaus II, p. 340).

46) 오컴의 인식론, 존재론에 대해서는 3장 II, 1, 참조.

47) *Repastinatio*, ff. 50v.-51r. : Trinkaus I, p. 152에서 재인용.

186

있으면 우리가 그 대상을 부른 이름을 거부함으로써 우리의 것들을 거짓되다고 할 것이다.

이렇게 언어란 지식이 된다. 이것이 진리인지 오류인지 여부는 그 이름을 적용하고 말을 사용하는 인간의 판단에 따라 다르게 된다. 발라에게 언어란 지각할 수 있는 실재(sensible reality)에 대한 평가이고 말들이란 개념이었다.[48] 이런 유사한 전제가 *Elegantiae*에서도 나타나고 있다. '성경 본문은 진리를 간직한다는 것, 그래서 성경을 정확히 읽을 의무와 그 보상에 대해서는 의문의 여지가 없다는 것'[49]이다. 그는 이런 전제 아래 그 가능성을 세속적 고전에도 확대하고자 했다. 그가 추구하고자 한 것은 언어를 통한 인식의 추구였다.

이것은 언어란 진리를 구현할 수 있고 때로는 진리를 구현한다는 작업 가설에 토대를 두고 있었다. 이러한 가설은 근본적으로 그의 경우 특히 기독교적인 경험에서 비롯된 것이었다. 기독교적인 가르침과 믿음을 통한 그의 경험은 그의 수사학적 방법의 토대가 되었다. 이러한 수사학적인 방법으로 그는 그 당시 스콜라 철학과 혼합된 기독교에서 순수한 기독교로 회복하려는 노력과 열망이 있었다.

이제 발라는 말(words)과 사물(things)과 의미(meanings)가 동일하다고 한다. 그에게 진리의 인식은 '마음의 빛' 곧 하나님으로부터 비롯되었다. 그런데 이런 인식을 말로 바르게 나타냄으로써 참된 개념 내지 지식을 얻게 된다고 했다. 그가 이런 인식의 과정을 오컴과 같이 분명하게 전개하고 있지는 않지만, 그의 경우 말이란 어떤 사물을 나타냄이요 그 나타냄이 개념이요 의미를 가리켰다.

여기서 하나님의 역할은 인간으로 인식하게 하고, 말을 가능하게 하는

---

48) Waswo, op. cit., p. 262.

49) Alan Fisher, "The Projet of Humanism and Valla's imperial Metaphor", in *Journal of Medieval and Renaissance Studies*, 1993, Fall, p. 312.

것이지 그 이상을 벗어나지는 않았다. 소리는 자연적이지만 말과 의미로서 만들어지는 소리의 시용은 인위적이었다. 의미는 인간에 의해서 만들어지는 것이지 태어나는 것은 아니었다.[50] 게를이 말한 대로 그에게는 "존재와 의미, 사물과 단어는 인간 세계에서 분리될 수 없었다." 사물이 무엇이냐는 것은 단어가 무엇을 의미하느냐는 것이었다. 이것은 인식론적인 동일시보다도 언어학적인 동일시를 뜻하였다.

요컨대 발라에게 실재란 유명론자들의 경우처럼 순수하게 사물(thing)도 아니고 실재론자들의 경우처럼 순수하게 추상 내지 보편도 아니었다. 그의 경우 실재란 말에 의해 지정된 것으로서 여러 가능성 있는 의미들 가운데서 독특한 의미가 있는 것이었다.[51] 그는 존재론에서 보편성을 제거하는 데 유명론자들에게 동의하였다. 그러나 그는 그들처럼 보편성을 개념화하는 대신에 문제되는 개체의 구체적인 특성을 나타내는 역사적, 문학적인 의미에 있어서의 해석을 강조하였다. 그래서 '개념화 될 수 없는 것도 해석에 의해 확실히 설명되고 모든 것은 그 의미에 있어서 이해될 수 있다'[52]는 것이다.

이렇게 발라는 *Dialeticae* 1권에서 먼저 사물(res)과 말(verba) 사이에 적절한 상응관계를 나타내고자 하였고, 나아가 구체적으로 신과 인간의 본성과 그들의 상호관계, 영혼에 대한 이론, 인간과 동물과의 관계, 악의 문제, 무엇보다도 덕의 이론 등에 대해 길게 논리적 방식에 따라 다루고 있다. 그에게 이러한 논리적인 방식은 존재하는 것을 전달하는 수사학을 돕는 방편이었다. 즉 수사학적인 지식이나 진리를 순서있게 전개하고 구성한다는 점에서 논리학은 유익한 도구였다.[53]

그는 철저하게 철학과 논리학을 부정한 것은 아니었다. 다만 이들에게서

---

50) Waswo, ibid., p. 266.

51) Gerl, op. cit., p. 65, Waswo : ibid., p. 263에서 재인용.

52) *Repastinatio*, ff. 59v.-60r. : Trinkaus I, p. 152에서 재인용.

53) Fisher, op. cit., p. 321.

188

오류를 발견할 뿐 아니라 이들이 필요없이 복잡하다는 것을 알고 이들을
수정하고 단순화시킴으로써 이들의 지위를 수사학 아래에 놓이게 했다.
그에게 수사학은 인간 언어의 모든 양식에 대한 모든 가르침 및 분석적인
연구를 포함하는 종합적인 학문이었다. 캄포레알레(Camporeale)는 이러한
발라의 개혁의 혁명적인 충격에 대해 다음과 같이 말하고 있다. "철학은
형이상학적인 사색임을 멈추고 수사학은 설득적 기술의 제한을 뛰어 넘고
논리학은 더 이상 사상의 구조에 대한 자율적인 분석이 되지 아니한다."54)

Dialeticae 1권의 테마들의 많은 것이 『대화편』에서도 다뤄지고 있지만
여기서는 농담과 기지가 가득찬 어조의 대화체로 서둘러서 다루고 있기
때문에 저자 발라의 사상이 어디에 있는지 의구심을 품는 학자들도 있었다.
그러나 *Dialeticae*에서는 수사학적, 시적인 비전과 대화체의 마스크를 사용하
지 않고 그러한 테마들을 보다 광범하고도 진지하게 다룸으로써 그의 윤리적,
종교적 사상과 그 수사학적인 방법론을 더 명백하게 전개하고 있다. 특히
*Dialeticae*라는 새로운 방법론에 대해 집필하고 있다는 사실이 『대화편』에도
나타나고 있는데 *Dialeticae* 1판이 1439년에 나왔으므로 이 무렵 발라는
『대화편』 3판의 개정작업을 진행하고 있었다.55) 그래서 『대화편』 3판에는
*Dialeticae*의 영향을 받은 흔적이 많이 나타나고 있다.

다음에 『대화편』에서 덕의 개념, 선의 개념, 나아가 기독교 에피쿠로스주
의가 수사학적 방법에 의하여 어떻게 전개되고 있는가, 이와 관련하여
인간의 본성에 대해 *Dialeticae*에서는 어떻게 다루고 있는가, *Dialeticae*의
수사학적 방법론이 『대화편』에 어떻게 영향을 미쳤는가를 살펴보기로 하자.
여기서 '수사학적 방법론'이란 위에서 고찰한 바와 같이 사물(*res*)에 대한
정확하거나 그렇지 못할 경우 적절한 의미나 혹은 개념에 도달하는 것을

---

54) S. Camporeale, *Lorenzo Valla : umanesimo e teologia*(Florence, 1972), p. 81 : Waswo,
　　ibid., p. 262에서 재인용.
55) *Bono*, p. 273, 16~19.

목적으로 한다. 이를 위해 가능한 한 모든 자료를 수집하고 이를 언어적, 역사적 비평에 의해 검토하며, 해석하는 모든 작업을 의미한다고 할 것이다. 또한 이런 의미나 개념을 바르게 전달하기 위해서 수사학적인 논리를 따라 말이나 글에 의하여 조리있게 나타내는 작업을 포함하는 것은 물론일 것이다.

『대화편』은 서문과 3권으로 이루어져 있다. 서문에서는 쾌락이 최고선으로서 지상적, 영적인 두 가지 형태를 지니지만 본질적으로 하나라는 그의 주장을 소개한다. 이를 입증하기 위해 1권에서 먼저 스토아파 입장의 짧은 진술이 있고, 그 다음에 그 입장에 대한 에피쿠로스파의 공격과 자기 자신에 대한 옹호를 하는 훨씬 긴 진술이 2권에까지 계속된다. 마지막으로 3권에서는 양자의 이교적인 가르침을 반박하는 명백히 기독교적 입장의 진술이 있다. 1, 2권에서는 스토아 입장보다 에피쿠로스 입장을 더 선호하고 있지만, 3권에 이르러 에피쿠로스파의 자연적, 본능적인 쾌락이 극복되고, 스토아적 덕의 위선과 거짓이 기독교적인 덕으로 대체된다. 말하자면『대화편』의 서문에서부터 1, 2권, 그리고 3권에 이르기까지 한 가지 주제, 참된 선 곧 *voluptas*의 개념을 중심으로 수사학적인 방법론을 좇아 일관성이 있게 담론을 전개함으로써 마침내 가장 적절한 개념으로서 기독교 에피쿠로스주의에 도달했다고 할 것이다.

카톤(Catone, 스토아파 대담자)은『대화편』1권에서 사람들의 영혼 안에 보편적인 악의와 연약함이 있어서 소수의 사람들만이 유일한 선인 덕 (*honestas*)을 구하고 다수의 사람들은 그것을 무시하거나 경멸하거나 미워하고 쾌락을 추구한다고 했다. 이런 점에서 인간은 자연스럽게 안녕을 추구하는 동물만도 못하다는 입장이다.[56] 또한 인간의 연약함이나 불행과 관련하여 카톤은 자연의 인간에 대한 잔인성, 적대감을 말함으로써 자연에게 어느 정도 죄를 뒤집어씌우고 있다.[57] 여기서 카톤을 통한 스토아파의

---

56) *Bono*, p. 59, 20~42 ; p. 63, 34~65, 14.

인간관은 이상적이면서 비관적인 경향을 나타내고 있다.

이에 대해 베기오(Vegio, 에피쿠로스파 대담자)는 사람들은 쾌락으로 정의될 수 있는 그들의 선을 자연적으로 추구하지, 자발적으로 덕스럽게 되려고는 하지 않는다는 입장이다. 왜냐하면 그 덕은 엄하고 까다롭고 가혹하기 때문이라는 것이다. 여기서 베기오는 기독교적인 배경에서 자연과 인간을 옹호하고 있다. 그의 인간관은 현실적이면서 낙관적인 경향이 있다. 이는 발라 자신이 선호하는 입장이라고 할 수 있다.

그런데 위에서 말한 카톤의 자연관은 사실 자연적 섭리의 스토아적 비전이라기보다 에피쿠로스적 원자적 개념에 입각한 맹목적, 적대적인 자연관에 해당되었다. 또한 베기오의 경우에서도 고전적 에피쿠로스파의 기본적 신조였던 바와 같이 섭리나 인과율을 부정하는 자세로부터 벗어나 있었으며, 오히려 그는 만물이 자연이나 신의 섭리적 배려에 따라 창조되었음을 인정하고 있다.

이것은 카톤이나 베기오를 통해서 발라가 어떤 유파에 속하지 않고 논의를 위해서는 원하는 자료를 어디에서든 끌어올 수 있는 수사학적인 방법을 적용하고 있음을 말해준다.[58] 그의 목적은 이 세상에서든, 저 세상에서든, 인간이 경험할 수 있는 최고선으로서 쾌락 내지 행복을 입증하기 위한 방편으로서 수사학적인 것이었지, 이론적인 것이 아니었다. 그에게 수사학적인 방법은 "자기의 주장을 관철하기 위해 상대방을 굴복시키는 데 그 목적이 있지 않고 그 논의를 통해서 진리나 의가 드러나는 데 있어야 한다"[59]고 했다. 어떤 의미에서 그는 이러한 목적을 위해 어떤 철학이든 이용하였다고 할 수 있다.

발라에게 있어 스토아파는 고대든, 중세든 거의 모든 철학과 철학자들을

---

57) *Bono*, p. 63, 22~34 ; p. 67, 7~23.

58) *Bono*, p. 75, 28~37.

59) *Bono*, p. 87, 22~37.

의미했다. 그는 이러한 철학이 사령관이요, 여왕인 변론술(oratory)의 명령에 따르는 장교나 군사와 같다고 했다.[60] 뒤에 3권에서도 그는 안토니오 (Antonio, 기독교인 대담자)를 통하여 철학자 보이티우스의 논리적 오류(2장 참조)를 지적하면서 철학적인 방법보다 수사학적인 방법이 인간과 그의 주위의 세계에 대한 통찰을 훨씬 더 명확하게 할 수 있게 한다고 했다. 왜냐하면 철학자의 논리적인 방법은 '하나의 단어라도 잘못되면 전체의 논리가 망가뜨려지기 때문'이지만, 수사학적인 방법은 '대조되는 점들을 찾고 여러 예들을 수집하고 비교하는 등 여러 다른 과정을 종합적으로 사용'[61]하기 때문에 덜 위험하다는 것이다.

그러면 자연(Nature)이나 신(God)과 관련하여 인간의 본성에 대한 문제에 대해 좀 더 생각해보기로 하자. 카톤에 의하면 대부분의 인간이 최고선인 덕을 추구하지 않고 동물적인 쾌락으로 기울어지는 것은 그 영혼이 사악하기 때문이라고 했다. 여기에다 적대적인 자연이 인간의 본성을 더 악하게 한다는 것이다. 이에 대해 베기오는 인간 영혼의 사악한 본성에 대해서는 거의 언급하지 않고 잘못된 자연관에 대해서 바로 잡고 있다.

한 마디로 자연이나 신은 인간과 동물에게 여러모로 혜택을 준다는 것이다. 다만 전쟁이니 난파니 기근이니 하는 대부분의 재난들은 사악한 인간들을 벌하기 위한 것이라는 것이다.[62] 그러므로 인간은 자연이 제공한 여러 혜택들을 적절히 즐기는 법을 알아야 할 의무가 있다고 한다.[63] "만약 어떤 과오를 범하지도 않았는데도 어느 날 당신이 재난을 당했다면, 당신은 마음의 힘으로 그것을 참고 더 좋은 날을 희망해야 한다"고 하고, 특히 이러한 삶의 과정 속에서 "슬픈 사건을 회상하기를 좋아하면서 행복한

---

60) *Bono*, p. 75, 35~36.
61) *Bono*, p. 273, 9~12.
62) *Bono*, p. 81, 41~44.
63) *Bono*, p. 85, 31~49.

192

날들의 기쁨을 빼앗기지 않도록 조심하라"고 당부하고 있다. 여기서 발라는 베기오를 통하여 인간은 자연 안에서 선한 것을 얻을 수 있는 힘을 가지고 있음을 말하고 있다.64) 이는 인간의 본성이 동물과 정도의 차이는 있을지라도 본질상 아무런 차이가 없다는 견해와 관련된다.

앞에서 카톤은 동물들이 자연스럽게 자신의 안녕을 추구한다는 점에서 인간보다 낫다고 하면서도 그들의 쾌락 추구의 경향은 선하지 않다고 했다. 카톤에 의하면 인간이 쾌락을 추구하는 것은 동물적인 것으로 악하다는 것이다. 그러나 베기오는 인간이 추구하는 모든 쾌락은 본능적, 자연적인 것으로 선하다고 한다. 이 점에서 인간과 동물은 본질적으로 다를 바가 없다는 것이다. 왜냐하면 양자는 본질상 거의 차이가 없이 지음을 받았기 때문이다.

그래서 "동물들도 인간과 같이 숨을 쉬고, 먹고, 마시고, 잠을 잔다. 그들도 우리와 다를 바 없이 사랑이 싹트고, 잉태하고, 출산하고, 양육한다. 그들도 인간이 가지고 있는 이성과 기억의 약간을 지닌다. 어떤 것은 다른 것들보다 더 많이, 우리는 그들보다 더 많이 지닌다. 우리는 거의 모든 점에서 그들과 같다. 결국 그들이 죽는 것처럼 우리도 죽는다."65) *Dialeticae* 1권에서 발라는 이러한 인간과 동물의 본성에 대하여 더 명확하게 진술하고 있다.

발라는 인간을 영혼과 육신이라는 두 개의 본체들(substances)로써만 이뤄지기보다도 여러 특질들(qualities), 행위들(actions)로써 이뤄진 복합체로서 본다. 이런 인간은 하나님에서부터 사물에 이르는 존재의 연쇄 가운데서 어떤 위치에 있는가? 그에 의하면 크게 영(spirit)과 혼(soul)으로 구분되고 영에는 창조하는 하나님 자신으로부터 피조된 천사들, 마귀들이 있고 혼에는 인간과 동물들의 육신 안에 있는 것들이 있다.

---

64) Ibid.
65) *Bono*, pp. 219, 41~221, 5.

여기서 영은 몸이 없는 본체이고 혼은 몸이 있는 본체라는 점에서 영과 혼이 서로 구분이 된다고 하겠다.[66] 결국 인간은 천사와 같은 점도 있고 동물과 같은 점도 있는 영육간의 존재, 즉 영혼의 소유자임을 말해준다. 인간이 영혼의 소유자라는 것은 비록 그 영혼이 타락되었을지라도 그리스도를 통하여 동물성을 초월하고 하나의 신과 같은 존재가 될 수 있음을 의미한다. 이것은 그 당시 널리 알려진 존재의 연쇄의 계서적인 비전을 부인하는 것이었다.[67]

한편으로 『대화편』에서 인간의 영혼이 타락했다는 카톤(스토아파)의 견해를 거부하지 않는 발라는 베기오(에피쿠로스파)를 통해서 이 지상에서 아직 그리스도가 오기 전에는 동물적인 쾌락 추구의 삶이 인간에게 자연스럽고 선하다고 한다. 반면에 덕이나 악덕의 존재를 인정하면서도 덕 자체를 목적으로 추구하는 스토아적인 삶은 위선적이고 공허하고 무익하다고 말한다. 『대화편』 1, 2권에서 베기오를 통하여 참된 선, 유일한 선, 곧 최고선인 기쁨 내지 쾌락이란 무엇이고 어떤 것들이 있으며 어떻게 받아지게 되는가, 로마적 영웅들의 덕과 사색적인 삶의 본질이 무엇인가를 길게 언급하고 있다.

베기오에 의하면 쾌락이란 "그 출처가 무엇이든간에 영혼과 육신에 의해 느껴지는 기쁨의 감각 속에 있는 선"[68]이었다. 먼저 외적인 세계에서 비롯되는 선들(돈, 가문, 결혼관계, 명예, 권력 등)을 말하는데 이런 것들이 육신,

---

66) *Repastinatio*, ff. 66r.-67r. : Trinkaus I, pp. 153~154에서 재인용.

67) 플라톤 철학자 피코(Pico, 1463~1494)는 그의 *Oration on the Dignity of Man*(1498)에서 인간의 자율성을 강조하고 그가 선으로 지향하고자 택하면 천사도 되고, 신과 같이 될 수도 있고, 반대로 악으로 지향하고자 택하면 동물과 같이 될 수도 있고, 목석 같이 될 수도 있다고 하였다. 이에 대해서 발라는 그리스도에 의한 구원을 통해서 인간이 신과 같이 될 수 있다는 점에 포인트를 두고 있다고 할 것이다(Trinkaus I, pp. 155~156 참조).

68) *Bono*, p. 89, 29~30.

영혼의 기쁨에 영향을 미친다. 그 다음에 육신적인 선들(건강, 미, 힘 등), 영혼에 관련된 선들(신중, 절제, 정의, 온건 등, 소위 덕이라고 불리는 네 가지 특질들을 간단히 언급하고 있는데 그 한계성도 말하고 있다.[69] 스토아적인 덕들에 대한 상론은 2, 3권에서 하고 있음)을 들고 있다.

여기서 특히 베기오는 외적인 선들을 육신의 5감(시, 청, 미, 후, 촉)과 영혼의 제6감을 통하여 받음으로 쾌락 내지 기쁨을 느끼게 된다고 한다. 이렇게 받는 요소(ex.눈)와 받아지는 요소(ex.아름다움)가 하나가 되어 향유되는 쾌락을 적절히 선이라고 불릴 만하다는 것이다.[70] 이러한 쾌락에는 감각적, 심리적인 쾌락뿐만 아니라 외설적인 쾌락도 포함하고 있다. 이는 발라의 관심이 도덕을 무너뜨리려는 데 있지 않고, 다만 철학이란 사람들의 행위를 억제할 어떤 권리를 가지고 있지 않다는 것을 보여주는 데 있었다. 말하자면 그는 합리적, 철학적인 덕을 불신하는데 관심이 있었다.[71]

2권에서 베기오는 덕의 구체적인 예로서, 카톤에 의해 인용된 로마적 영웅들의 동기를 분석하고 그 덕에 이의를 제기한다. 그는 그들이 나라를 사랑하는 것은 덕 자체를 사랑하기 때문이라기보다 오히려 자유로운 나라에서 그들의 안전과 명예를 사랑하기 때문에 그렇게 한다는 것이다.[72] 이는 본질적으로 그 동기가 자신의 쾌락을 추구하거나 차선책으로 고통을 피하려는 데 있음을 말해 준다.[73] 이렇게 당분간 발라에게 있어 선의 궁극적인 기준은 에피쿠로스적 견해를 좇아 개인에게 쾌락을 가져오는 효용성(*utilitas*)이나 방편성(expediency)에 있었다.[74]

특히 아리스토텔레스를 비롯한 철학자들과 그 당시 휴머니스트들 가운데

---

69) *Bono*, pp. 93, 20~115, 40.

70) *Bono*, p. 115, 3~8.

71) Seigel I, Chp. 5, pp. 150~151 ; Trinkaus I, p. 119.

72) *Bono*, p. 175, 39~44.

73) *Bono*, pp. 143, 43~145, 8.

74) *Bono*, p. 89, 9~16.

도 최고의 가치 있는 삶으로 간주하고 있는 '사색적인 삶(contemplative life)'에 대해서도 발라는 베기오를 통해 '그것은 덕에 의존하는 것도 아니고 신적인 것도 아니다'고 하고, 오히려 '그것은 쾌락을 목적으로 하는 인간적인 삶'이라고 했다. 이러한 그의 견해는 처음부터 나타나고 있다. 그러나 3판에서 인간의 본성과 관련하여 신의 본성에 대한 견해에 있어 상당한 변화가 나타나고 있다. 이는 *Dialeticae*와도 관련되기 때문에 이에 대해 좀 더 살펴볼 필요가 있다.

예를 들면 1판에서 "누가 육신의 쾌락이 영혼의 도움으로, 영혼의 쾌락이 육신의 도움으로 일어난다는 것을 의심하는가, 우리는 우리의 마음 속에서……우리가 어떤 감각으로 보고 듣고 지각한 것들과 일치하지 아니한 어떤 것을 생각하는가?"[75]라 했고, 2판에서는 "……철학자들은 다만 광장에서 선술집을 보는 젊은이들과 같은 방식으로 천체, 땅, 바다를 숙고한다.……그러나 당신이 천체를 관측하면서 얻는 기쁨이 내가 아름다운 얼굴을 보는 데서 얻는 기쁨보다 더 크지 않다"[76]고 했다. 한편 신들에 대한 견해로 1판에서는 다음과 같이 말하고 있다.

만약 누가 신들은 몸이 있는 본체(substance)라고 나에게 말한다면 나는 그 때 즉시 그들은 사색으로만 만족하지 않고 또한 행동할 것이라고 답할 것이다. 만약 몸이 없는 것이라고 한다면 나는 그들이 어떤 종류의 것인가 물을 것이다. 그들은 육신 없는 우리의 영혼들과 같은 것인가, 영혼 자체는 만약 그것이 육신적인 것과 관련되지 않으면 행동하거나 사색할 수도 없기 때문에 이것이 어떻게 일어날 것인가?[77]

그런데 3판에서는 다음과 같이 말하고 있다.

---

75) *Bono*, p. 199, 35~39.
76) *Bono*, p. 201, 12~24.
77) *Bono*, p. 203, 17~29.

아무도 그가 알지 못하는 것을 배우려고 하는 것 외에 사색하려고 하지 않을 것이다. 그러나 신들이 지식이 결여되어 계속 배우려는 과정 속에 있다고 말하는 것은 불경한 짓이다. 신들을 사색적인 것으로서 이해하는 것은 매우 괘씸한 일이라고 생각한다. 그렇다고 그들이 결코 아무 것도 하지 않는다고 말하는 것은 훨씬 더 잘못된 것이다.[78]

여기서 항상 움직이실 수도 있고, 주무시지도 않을 수도 있고, 홀로 있는 대신에 서로 대화하며 협의하며 서로 간의 사랑이나 은혜를 표현하시는 행동적인 신의 모습을 나타내고 있다. 발라는 베기오를 통하여 "만약 두 과정 중에 하나가 선택되어야 한다면 나는 사색적인 신들보다 행동적인 신들을 가질 수 있기를 바란다"고 그의 바라는 바를 분명히 말한다. 그래서 그들이 사회적인 교제를 즐길 줄도 알고, 시민적인 기능을 이행할 수 있을 뿐만 아니라, 사람들과의 관계에 있어서도, 그들이 인간을 낳고 양육하며 인간사에 대비하는 일에 분주하게 되고 항상 창조적이 되기를 바라고 있다.

이에 비해 *Dialeticae*에서 발라는 기독교적인 입장에서 더 분명히 자신의 견해를 표명하고 있다. "하나님 안에 행동이 있다는 것은 아마도 하나님을 정지 상태에 있도록 원하는 사람들을 기쁘게 하지 않을 것이다. 그러나 나는 움직임도 휴식도 하나님께 돌리지 않고 행위를 하나님께 돌린다."[79] 『대화편』에서 발라는 베기오(에피쿠로스파)를 통하여 인간적인 입장에서 신들도 사색적인 삶보다도 행동적인 삶을 더 선호할 것이라고 함으로써 사색적인 삶을 저 천상에서 이 지상으로 끌어내리고 신들의 활동이 아니라 평범한 인간의 활동이 되게 했다. 반면에 *Dialeticae*에서 발라는 하나님은 능동적인 분이심을 분명하게 말하고, 그러하기 때문에 인간도 능동적이 되고 그의 주위 세계를 변화시킬 수 있게 된다고 하고 있다.

---

78) *Bono*, p. 201, 34~38.

79) *Repastinatio*, f. 68r : Trinkaus I, p. 163에서 재인용.

이상에서 인간이 자연 안에서 선한 것들을 얻을 수 있거나, 비록 불완전하지만 덕을 행하거나, 사색하는 힘이 있기 때문에 육신이나 영혼의 쾌락 내지 기쁨에 이르게 됨을 본다. 그러면 이런 힘은 어디서 오는 것인가? 발라는 *Dialeticae*에서 그러한 힘이 영혼과 관련되어 있음을 말하고 있다. 그는 성 어거스틴의 『삼위일체론(*De Trinitate*)』을 좇아 인간의 영혼에 대한 이론을 그 영혼이 신의 삼위일체의 형상대로 지어졌음에 토대하고 있다.

발라에 의하면 단일체로서의 하나님도 본체(substance), 특질(quality), 행위(action)를 가지는데 본체는 3위에 모두 공통되지만 특질과 행위는 3위가 각기 다르다고 한다. 특히 성부, 성자, 성령, 3위들은 특질들로서 서로 구분된다고 한다.[80] 그가 이렇게 3위들을 특질들로서 구분한 것은 인간의 영혼이라는 본체에도 특질들이 있는데 그 영혼이 지음 받아 나온 그 모델에도 특질들이 있어야 한다고 생각했기 때문이다. 그는 이 삼위일체의 하나님에 대해 진동, 빛, 열을 가지고 있는 태양을 유추하여 논의를 한다. 이러한 논의와 관련하여 그의 인간의 영혼에 대한 이론을 전개하고 있는데 이에 대해 잠시 살펴보기로 하자.

태양이라는 본체(substance)에 진동, 빛, 열이 있는 것처럼 인간의 영혼이라는 본체에도 세 가지의 영구적인 특질들 곧 기억력(memory), 지성(intellect), 사랑(love)이 있다. 기억력은 영혼의 생명이고, 지성은 이성과 같고, 항상 기억력에서 생겨나고, 사랑은 또한 기억에서 나와 지성으로 흘러들어 간다. 더 나아가 마치 태양이 진동에 의해 외적인 것들로 들어가고 빛에 의해 조명되고 열에 의해 따뜻하게 되는 것처럼(이것들은 그 행위들이다), 영혼도 기억에 의해 다른 것들을 이해하게 되고 마음에 간직하게 된다. 또 그들이 존재하는지, 그들이 무엇인지, 그들은 어떤 종류의 것인지, 지성에 의해 고찰되고 판단되어지고 또 사랑에 의해 그것들을 품거나 거부하게 된다.[81]

---

80) *Repastinatio*, f. 67v. : Trinkaus I, p. 154에서 재인용.
81) *Repastinatio*, f. 71r. : Trinkaus I, p. 156에서 재인용.

여기서 기억력이 영혼의 특질들 가운데 중요시되는 것을 본다. 이는 기억력에서 지성이 생겨나고 또한 사랑이 나오기 때문이다. 사람들이 여러 학문에 종사하고 예술 활동을 하고 물건을 만드는 일을 하는 것은 지성과 관련된다. 그러나 기억 없이는 될 수 없다는 것이다. "기억은 그 어머니다. 그래서 지혜란 경험과 기억의 딸"이라고 한다. 뒤에 언급하게 될 믿음, 소망 같은 특질들(qualities)은 이 지혜, 진리, 지식과 관련되고 덕을 이루는 특질들(신중함, 의로움, 견인불발, 절제 등)은 의지, 정서, 사랑과 관련된다. 그러나 이 모든 특질들이 근본적으로는 기억력에서 비롯된다고 하겠다. 그런데 영혼의 힘과 관련하여 발라는 인간의 영혼 안에 본유적인 경향이 없다는 사상을 거부하고 있다.

> 나는 인간의 마음이 아무 것도 그려져 있지 않고 그려질 수 있는 백지(*tabula rasa*)와 같다는 것을 인정하지 않는다. 왜냐하면 오히려 그것은 하나님의 형상으로 그려졌고 그려질 수 있기 때문이다. 이것의 증거는 아담과 이브가 태어났을 때 즉시 그들 안에 지식이 있었다는 것이다.……색깔을 찾는데 있어서 눈, 소리를 듣는데 있어서 귀, 냄새를 맡는데 있어서 콧구멍, 맛을 아는데 있어서 입천장과 혀는 외부로부터 어떤 힘을 받는가, 혹은 다른 어떤 곳에서 가르침을 받는가, 시간이 지난 후 알려지고 그려지는가, 즉시 그 자신의 힘과 본성에 의해 보고, 듣고, 냄새 맡고, 맛보고, 느끼지 않는가? 만약 영혼으로부터 그들의 힘을 받은 감각이 이것을 할 수 있다면, 왜 영혼은 또한 그 자신의 힘을 통해서 할 수 없는가, 즉 왜 그것은 먼저 그려지지 않고 장식되지 않았을 것인가?[82]

이렇게 영혼은 본유적인 힘이 있었지만 그 영혼이 타락되었기 때문에 그 힘이 많이 상실되고, 특히 덕을 행하는 힘에 있어서는 거의 상실되었다고 보는 것이 발라의 입장이라고 생각된다. 그에게 인간의 연약함은 경멸되어야

---

82) *Repastinatio*, f. 76r.-v. : Trinkaus I, p. 163에서 재인용.

할 특질이었다. 왜냐하면 그것은 모든 종류의 치사하고 비열한 정신을 위장하고 숨기고 있기 때문이다. 그는 인간의 연약함에 대해 다음과 같이 말하고 있다.

> ……인간은 연약함에 의해 정복되어 죄를 범한다. 즉 사랑이나 미움이나 시기나 욕망이나 그가 정복해야 하는 것에 대한 두려움 때문에 오히려 정복된다. 아무도 강하지 않으면 이런 것들을 정복하지 못한다. 또 사람이 그가 할 수 있을 때 압박 당하는 자로부터 불의를 제하지 않을 때, 이것은 또 다른 종류의 불의라고 말해질 수 있다. 그는 연약함 외에 어떤 다른 이유 때문에 그것을 몰아내지 못하겠는가? 이 한 가지 사실에서 덕과 악덕의 핵심이 발견될 수 있다.……[83]

발라에게 있어 인간의 영혼이 타락되고 그리스도가 아직 오기 전까지 인간은 스토아적인 덕을 추구하는 위선적이고, 공허한 삶보다는 영혼으로부터 오는 힘에 의하여 자연 안에서 선한 것들을 얻음으로써 육신이나 영혼의 쾌락에 이르는 것이 더 유익하고 선하였다.『대화편』제3권에서 발라는 안토니오(곧 라우덴시스(Raudensis))를 통하여 스토아적인 견해, 에피쿠로스적인 견해, 양자가 과오를 범했다고 선언한다. 다만 이들은 진리의 그림자만을 보았을 뿐이라는 것이다. 그러나 그는 에피쿠로스적인 견해를 선호했다. 왜냐하면 그것은 덕이란 그 자체에 목적이 있는 것이 아니고 더 높은 목적에 이바지한다는 것을 인식했기 때문이었다.[84] 그러면 참된 덕, 참된 선이란 무엇인가?

『대화편』2판, 3권에서 발라는 덕이나 악덕은 개별적인 시간, 개별적인 사건에 알맞는 이름으로 불려지는 하나의 덕, 하나의 악덕이 있는 것이지

---

83) *Repastinatio*, ff. 72v.-73r. : Trinkaus I, p. 159에서 재인용.
84) *Bono*, p. 265, 9~21.

지나친 것과 결핍된 것 사이에 중간의 덕이 있는 것이 아니라고 아리스토텔레스적 덕의 개념에 비판을 가한다.[85] 이는 인간의 도덕성의 성격을 고대 철학파의 추상적인 개념에서 분리시키고 좀 더 경험적인 관찰에 기초를 둠으로써 선험적이고 독단적인 규범에서 해방시키려 함이었다.

3판에서는 '덕이나 악덕은 그것이 밑에 있다든지, 중간에 있다든지, 꼭대기에 있다든지에 따라 양을 측정하기'보다도 그 배후에 있는 동기와 지혜를 토대로 덕스러운가, 덕스럽지 않은가를 평가한다고 한다. 마치 누가 낭비적이라면 동시에 후하다고 하기보다 탐욕스럽다고 하는 것이 더 쉽고, 또 누가 검약적이라면 탐욕적이라기보다도 동시에 후하다고 하는 것이 더 쉬운 것처럼 말이다.[86]

이렇게 덕이나 악덕은 서로 대조되는 두 종류 간에 상응하기보다 같은 종류 간에 서로 응한다고 한다. 어떤 한 가지 원인이 우리를 덕으로 기울게도 하고 악덕으로 기울게도 한다는 것이다. 4판에서는 "어떤 극단적인 아름다움이나 어떤 극단적인 지혜는 중간적인 것보다 더 낫다. 그 반면에 최소의 보기 흉함이나 최소의 어리석음이 어떤 적절한 것보다 더 낫다"고 함으로써 때때로 극단이 덕이 되고 중용이 악덕이 됨을 말하고 있다.[87]

발라는 *Dialeticae*에서 이러한 덕의 성격에 대해 좀 더 분명하게 말하고 있다. 앞에서도 언급한 바와 같이 그에게 덕이란 인간의 영혼 가운데 의지와 정서 내지 감정에 속하는 문제지, 지성이나 기억의 문제가 아니었다. 그는 이 정서 내지 열정은 어거스틴을 좇아 인간성의 선한 부분으로서 삼위일체의 하나님에 있어 성령에 해당된다고 생각하였다. 그러기 때문에 감정 내지 정서의 본성과 사용은 그들의 목적이 무엇이든 동일하다는 것이다.

다만 그 목적이 올바르면 감정은 선하게 움직이고, 그 목적이 잘못된다면

---

85) *Bono*, pp. 239, 38~241, 9.
86) *Bono*, p. 247, 16~40.
87) *Bono*, p. 247, 8~15.

감정은 악하게 움직인다는 것이다. 다른 말로 하면 덕이란 감정의 올바른 사용에 있다기보다 적절한 목적을 지향하는 애착심에 있다는 것이다. "만약 내가 해야 되는 것들로부터 슬퍼하고 기뻐하고, 내가 갈망하고 두려워해야 되는 것들을 갈망하고 두려워한다면 덕이고 그렇지 않으면 악"[88]이라고 한다. 이렇게 그에게 덕이란 정서나 열정을 억제하고 완화하고 보상하는 데에 있지 않고 개인에게 최대의 선을 포함하고 있는 목표들을 지향하여 나아가는 충분하고 힘찬 표현에 있었다.

발라는 『대화편』에서 안토니오(라우덴시스)를 통하여 스토아파가 덕이 무엇에 의지해야 되는지 알지 못하고, 덕 자체의 광휘에 의하여 덕 자체를 위하여 덕을 추구하고 현실 문제는 도외시 한 점, 반면에 주로 에피쿠로스파 는 어떤 가능한 목표를 의식하지 못하고 자신의 유익을 위하여 덕을 추구한 점을 지적하고,[89] 이제 인간의 영혼이 그리스도로 말미암아 죽어야 될 운명에서 해방되어 모든 것들의 아버지와 함께 완전한 행복을 향유할 수 있게 되었다고 말하고 있다.

이제 덕이란 이 지복을 향하는 단계로서 추구되어야 한다고 한다. 또한 이 행복 내지 쾌락은 그 자체로서 추구될 수 있다는 것이다. 여기서 쾌락의 경험의 이중성, 즉 지상적인 것과 천상적인 것 사이에 상충하는 문제가 있다. 그러나 『대화편』 서문에서도 밝혔듯이 발라는 지상적인 것에서 천상적 인 것으로 이행하는 과정을 거쳐야 한다고 한다. 그에 의하면 정말 참된 쾌락이나 참된 행복을 원하는 사람은 이 지상의 쾌락을 절제할 줄 알아야 한다고 한다. 그래서 후에 올 쾌락에 대한 희망을 도외시하고 현재의 쾌락에 대한 희망으로 행해진 것들 즉 "집을 짓거나 땅을 사거나 사업을 하거나 결혼을 하는 큰 일들뿐만 아니라, 먹고 자고, 활동하고, 이야기하고, 어떤

---

88) *Repastinatio*, f. 71r.-v. : Trinkaus I, pp. 156~157에서 재인용.
89) *Bono*, p. 267, 1~7.

것을 희망하는, 작은 일들까지도" 모두 죄라고 하고 있다.[90]

이렇게 양자는 같은 범주에 속한다고 하겠지만 하늘과 땅, 영혼과 육신 사이에 차이가 있는 것처럼 서로 차이가 있다. 아래의 것은 불확실하고 사람을 실망케 한다. 그러나 위의 것은 확실하고 믿을 만하다. 여기 하늘에서의 삶에는 있음직한 쾌락이 없는 것이 없다고 한다. 이러한 최고의 쾌락은 미래의 행복에 대한 소망에서 온다는 것이다. 그러므로 "마음은 바른 행위를 인식하고 영혼은 부단히 하늘 일들을 묵상함으로 하늘 나라 시민의 후보로서 자신을 생각하라"고 한다.[91] 3권, 17장 이후에서는 안토니오를 통하여 좀 더 구체적으로 성경 속에 명시된 신의 섭리, 성육신, 속죄, 구원의 은혜에 대해 말하고, 끝으로 낙원 안에서의 영원한 행복을 상상하거나 묘사함으로써 발라는 사람 안에 본능적인 쾌락을 억제할 수 있는 힘을 불어넣을 수 있기를 기대하였다.

그러면 여기서 진정한 덕의 문제로 돌아와서 뒤에 올 참된 쾌락, 즉 지복을 소망하면서 산다는 것은 덕스럽게 사는 것을 의미한다. 말하자면 공허하고 무익했던 스토아적인 덕이 자발적이고 능동적인 기독교적인 덕으로 대체되는 것이다. 이러한 대체는 덕을 행할 만한 영혼의 힘이 있음을 의미한다. 발라는 그리스·로마의 고대인들이 인문학, 철학, 특히 웅변술에 있어서 뛰어났음을 인정하지만 그러나 그들이 참된 덕의 지식에 도달하지 못했다고 했다.[92]

이는 그들이 '하늘 아버지에 의해 보냄 받은 산 자와 죽은 자의 구주, 그리스도'를 모르기 때문이었다. 그러나 이제 그리스도의 오심으로 '진리의 빛에 의해 조명을 받고 그 사랑의 열에 의해 태워짐으로' 잡초와 가시가 사라지고 열매를 맺을 수 있게 되었다. 마치 태양의 빛과 열을 받지 못하면

---

90) *Bono*, p. 267, 34~44.
91) *Bono*, pp. 267, 44~269, 12.
92) *Bono*, p. 261, 20~22.

달은 빛을 내지 못하고 모든 생명체는 생명을 유지할 수 없듯이, 그리스도의
이 빛과 열을 받지 못하면 인간의 행위는 공허하고 형벌을 받을 수밖에
없다는 것이다.[93] 그러므로 이 그리스도에 대한 믿음과 하늘 나라의 상급에
대한 소망을 가질 필요가 있다는 것이다.

무엇보다도 하나님에 대한 사랑, 이웃에 대한 사랑으로 나아가야 한다는
것이다. 특히 하나님에 대한 사랑을 하게 될 때 모든 덕의 원리에 도달되었다
고 할 수 있기 때문이다. 이 하나님에 대한 사랑은 하나님 자신을 위해서(目的
因) 내가 사랑해야 하는 사랑이 아니고 하나님이 먼저 나를 사랑하였기
때문에(動因) 내가 자발적으로 하나님을 사랑하는 사랑이다. 이 하나님에
대한 사랑에서 인간은 최고의 기쁨 내지 쾌락을 체험하게 되고, 인간으로서
최고의 덕에 이르게 된다는 것이다.[94] 발라에게 이 하나님에 대한 사랑,
신적인 쾌락이 삶에 있어서 진정한 목표요 그 절정이었다. 그는 *Dialeticae*에서
하나님을 사랑할 수 있는 힘이 있고 능동적인 영혼에 대해 다음과 같이
말하고 있다.

불꽃이 물건을 엄습하고 삼키고 재로 변화시키는 것처럼 영혼도 배움으로
살찌고, 그 자체 내에서 지각된 것을 간직하고, 그것을 그 자신의 열과
빛으로 변형시킨다. 그래서 그것은 다른 것들에 의해 그려지기보다 오히려
다른 것들을 그리게 된다. 또 태양은 윤택하고 부드러운 것들 안에 그
이미지를 그리고 그 자체 안에 그들의 이미지를 받지 않는 것처럼, 영혼도
그 자신의 빛에 의해 외적인 것들 안으로 나아가는데 그 기억, 지력, 의지의
어떤 이미지를 투사하고 그린다.[95]

이렇게 발라는 인간을 세계에 자극을 주는 영적인 힘으로서 이해했다.

---

93) *Bono*, p. 269, 13~22.
94) *Bono*, pp. 275, 13~277, 19.
95) *Repastinatio*, f. 76v. : Trinkaus I, p. 164에서 재인용.

이런 힘이 있으므로 전에는 자연적인 만족을 절제하고 존재의 불가피한 고통을 견디어내던 견인불발(fortitude)이라는 스토아적인 가치관이 처음으로 덕스럽게 되었다. 그에게 견인불발과 사랑은 동일하였고 인간의 최고의 덕이 되었다. 말하자면 모든 고난과 위험에 대항하여 굳게 서고 그 바람직한 목표를 향하여 두려움 없이 나아가는 힘이 되었다. 이는 트린카우스에 의하면 발라에 의해 이루어진 덕에 대한 고대의 시적(詩的), 기독교적, 어거스틴적 개념들의 반(反)합리적, 반(反)철학적인 종합이었다.96)

Ⅳ. 맺음말

발라는 『대화편』을 통해서 스토아주의를 중심으로 한 고전적 철학적 관념론이라는 그릇된 종교는 신 없는 쾌락주의의 무가치한 대안에 지나지 않고, 반면에 기독교가 인간의 보편적인 쾌락주의에 대한 진정한 대안이 됨을 보여주었다. 기독교적인 대안은 덕 자체를 추구하는 삶의 불행과 어려움 대신에 구원의 확실한 목표로 대체되었고, 감각적, 심리적 만족 대신에 사랑으로 승화된 기쁨으로 대체되었다. 이제 염직(廉直)이라는 덕 자체에 현혹되는 스토아적인 가치관은 기독교 스토아주의(Christian Stoicism)로 변화되었고 목적의 효용성과 경험의 쾌락을 중요시하는 에피쿠로스적 가치관은 기독교 에피쿠로스주의(Christian Epicureanism)로 변화되었다. 이는 그리스도의 구속의 은혜로 말미암는 믿음, 소망에 의해서, 사랑이라는 덕에 의해서, 인간의 영혼이 죽을 운명에서 해방되어 새 힘을 얻고 지복(至福)에 이를 수 있기 때문에 가능하였다.

그는 『대화편』에서 수사학적 방법이 철학적 방법보다도 이런 참된 덕, 참된 선에 이를 수 있음을 보여주고자 하였다. 그 당시 신학과 철학이

---

96) Trinkaus I, p. 161.

실제 삶에서 유리된 채 변화되는 시대의 사람들의 영적, 도덕적인 갈증을 채워주지 못하고 있을 때, 페트라르카를 계승한 발라는 누구보다도 인간의 영혼, 도덕성, 신앙의 문제를 언어적, 역사적, 수사학적으로 다룸으로써 참된 덕, 참된 선에 이르는 길을 보여주었다. 그는 철학과 신학이 종합에 이른다거나 양립될 수 있다는 것에 반대했다. 또한 그 당시 휴머니스트들 사이에 불었던 스토아 철학의 부흥에도 참여하지 않고, 후기 신플라톤주의를 예기하지도 않았다. 그는 신학은 철학의 보호를 필요로 한다고 생각하지 않았다. 오히려 철학은 기독교에 거의 유익하지 않고, 몹시 해를 끼쳤고, 많은 이단들의 근원이라고 생각하였다.[97]

이에 반해 수사학은 신학에 봉사하고 수사학과 신학은 조화를 이룰 수 있다고 믿었다.[98] 본래 교회의 기둥들은 뛰어난 웅변적 저술가들이었다. 그들 중에서 제일 탁월한 사람은 그에게는 사도 바울이었다.[99] 그는 사도 바울을 이상적인 권위로서 내세웠다. 이는 복음적인 순수성에 대한 요구일 뿐 아니라 수사학이 아직 아리스토텔레스의 형이상학과 논리학에 의해 대체되지 않은 신학 곧 사도들과 교부들의 신학으로 회복되는 것을 의미했다.[100] 그의 방법론은 뒤에 에라스무스에게도 영향을 미쳤고,[101] 그의 종교

---

97) *Free Will*, trans., C. Trinkaus, p. 155 ; *Bono*, p. 273, 20~30 ; Preface to Book IV of the Elegances(1450), trans. Brayton Polka, in *Readings in Western Civilization, vol. I, The Intelectual Adventure of Man to 1600*, ed. Brayton Polka & Benard Zelechow(Alfred A. Knopf, 1970), pp. 223~224. 이하 *Elegances*라 약함.

98) *Elegances*, pp. 225~226 ; Bono 3권, 특히 pp. 229~231.

99) *Elegances*, ibid.

100) Lorch IV, p. 337.

101) 발라는 일찍이 신약성경에 대한 연구를 시작하였지만 그것을 여러 번 개정하면서 *Adnotationes in Novum Testamentum*으로 로마에서 완성하였다(1453). 이것은 복음서, 서한서, 계시록의 원문에 대한 비판적인 주석을 모아놓은 것이었다. 그 후에 에라스무스가 이 사본을 루방(Louvain) 근처의 한 수도원에서 발견하고(1504), 다음 해에 그것을 출판하였다. 에라스무스는 그 방법론에 있어서 큰 자극과 안내를 받고 마침내 *Novum Instrumentum*이라는 이름으로 출판하였다(1516). 여기에는 그리스

사상은 종교개혁자 루터, 캘빈에게도 공감되었다.[102] 그래서 그는 종교개혁을 예기했다고 하기도 하고, 혹은 자율적으로 종교개혁을 수행했다고도 한다.[103]

원본에 기초한 라틴어 번역과 주가 달려 있다.

102) 루터는 *De Servo Arbitrio*에서 '나의 편에 어거스틴뿐만 아니라 한 사람 위클리프가 있고 또 다른 사람으로 발라가 있다'고 했다(WA. XVIII, 640). 또한 "로렌초 발라는 순수하고 단순하고 분별력이 있고 솔직한 사람이다. 그는 자유의지에 대한 좋은 책을 썼다. 그는 경건과 학문을 제휴시켰다"(Table Talk, P. Smith, trans. & ed., p.105)고 했다. 캘빈도 *Institutes of the Christian Religion*에서 "그러나 나에게 발라는 이런 논쟁이 불필요하다는 것을 보여줌으로써 탁월한 예리함과 분별력을 발견한 것처럼 보인다"고 했다(3권, 23장 6절).

103) C. Trinkaus, "The Religious Thought of the Italian Humanists : Anticipation of the Reformers or Autonomy?" in *The Scope of Renaissance Humanism*, pp. 247~255.

제6장 콜레트의 종교사상
-그의 구원론의 플라톤적 성격을 중심으로-

Ⅰ. 머리말

존 콜레트(John Colet, 1467~1519)에 대한 연구는 국내에서는 거의 이루어지지 않은 것으로 알고 있다. 그런데 구미 학계에서도 그에 대한 연구가 그의 사후 300년이 넘어서야 신빙성이 있는 자료에 근거하여 연구되기 시작하였다. 그래서 그에 대한 평가도 '경건한 가톨릭적인 개혁가'니 '프로테스탄트 개혁의 선구자'니 하며 엇갈렸다. 특히 영국이 로마 가톨릭에서 분리되어 국교회로 되기 때문에, 콜레트를 오랫동안 흔히 '원 프로테스탄트(proto Protestant)'니 '국교회 건설의 선구자'니 하면서 프로테스탄트 개혁과 관련하여 평가하여 왔다.

이렇게 콜레트의 연구가 소홀하게 된 것은 첫째, 그의 저서들이 소규모로 출판되었기 때문에 19세기 말에 가면 이미 절판되어, 영국에서도 그 자료들이 매우 희귀하였다는 것이다. 하물며 대륙에서는 콜레트에 대한 자료를 찾기가 어려웠다. 둘째, 그의 지위가 매우 안전하게 자리잡았기 때문에 더 이상 해야 될 일이 거의 없어 보였다는 것이다. 콜레트에 대한 에라스무스의 편지 형식의 전기는[1] 그를 '경건한 가톨릭인'으로서 개혁적인 경향을

---

1) Erasmus of Rotterdam, *The Lives of Jehan Vitrier and John Colet*, trans. with Notes and Apprentices, by J. H. Lupton(London, 1883), pp. 19~47. 이하 Erasmus, *The Lives*라

띠고 있다고 묘사한다. 사람들은 오랫동안 이를 거의 액면 그대로 받아들이고, 자기 나름대로 평가한 것이다.

여기에서는 그에 대한 연구와 평가가 어떻게 전개되었는지, 크게 셋으로 나누어 정리해보고자 한다. 첫째, 프로테스탄트 개혁의 선구자로 보는 경향이다. 콜레트가 죽은 이후 루터의 종교개혁이 일어나고, 영국 국교회가 성립되는 16세기 동안에 특히 그러하였다. 특히 존 폭스(John Foxe, 1517~1587)는 『순교 사화(*Books of Martyrs*)』(1570)라는 책에서 콜레트가 성직자에 대한 비판, 복음적인 설교, 롤라드파가 그의 설교를 듣기 위해 성 바울 성당으로 여행한 사실 등을 들어 그를 원 프로테스탄트로 보았다.[2] 이런 해석은 다음 4세기에 걸쳐 콜레트 전기에 매우 영향을 미쳤다.

17~19세기 전반기에 이르기까지도 콜레트에 대한 해석에 있어서 원 프로테스탄트라는 꼬리표를 떼지 못하였다. 특히 화이트 케네트(White Kennett, b. 1660) 주교는 콜레트의 생애에 대한 광범한 주를 달았다. 폭스의 자료에 대해 주를 달면서 콜레트를 '영에 있어서는 프로테스탄트이고 매우 필요로 하는 종교개혁의 선구자, 복음주의자'로 보았다.[3] 그는 이 주석을 하나의 출판된 전기로 만들지 않고, 그 아이디어를 사무엘 나이트(Samuel Knight)에 넘겼다.

나이트는 국교회적 범위 안에서 프로테스탄트적 성향을 가진 사람으로서 1724년에 *The Life of Dr. John Colet, Dean of St. Paul's in the Reigns of K. Henry VII and K. Henry VIII and Founder of St. Paul's School*(London)이라는 최초의 온전한 콜레트 전기를 출판했다. 그의 원문이 1823년 다시 인쇄되므로 프로테스탄트 콜레트라는 환상은 영속화 되었다. 그러나 폭스에서 나이트

약함.

2) J. Foxe, *The Ecclesiastical History, Containing the Ats and Monuments of Martyrs*(London, 1570), Vol. II, book VII, p. 838.

3) British Library, Lasdowne MS 1030, fols. 2r and 12r.

에 이르는 역사가들은 콜레트의 지적인 생활보다 그의 개혁적인 노력에 집중하였다. 이러한 지적 기원에 대한 학문적인 탐구의 결여는 시도된 콜레트의 개혁에 대한 동기를 잘못 해석하게 했다.[4]

둘째, 프레데릭 씨봄(Fredeick Seebohm), 조셉 랍튼(Joseph Lupton)의 연구와 그 영향 및 이들에 대한 비판 : 씨봄은 *Oxford Reformers*(London, 1867)에서 콜레트가 여전히 원 프로테스탄트임을 주장한다. 그는 빅토리아적 복고풍의 영향 아래 옥스퍼드에 있는 휴머니스트들 그룹이 곧 모어, 에라스무스, 콜레트 등으로 구성되었다는 판타지에 공헌한다. 실제로 옥스퍼드에서 이들 사이에 접촉이 있었다는 증거는 없다. 이는 잘못된 연대에 기반으로 하고 있다.[5]

다만 그는 에라스무스 이래 처음으로 콜레트 생애의 중요한 국면인 이탈리아 휴머니즘을 인식하였다는 점에서 새로운 영향을 미쳤다. 그는 콜레트가 성경을 풍유적 해석보다 문자적 해석을 함으로써 새로운 종류의 해석을 시작하였다고 했다. 그리스어에 대한 확실한 지식을 가졌고, 가톨릭적 미신을 경멸하였다든지, 에라스무스에게 근본적인 영향을 미쳤다고 했다. 그러나 이런 모든 주장들은 글리슨(Gleason)이 주장하는 것처럼 사실이 아니다.[6]

랍튼은 성 바울 학교의 보조 교사로서 *A Life of John Colet, D.D.*(Lodon, 1887)이라는 콜레트의 전기를 저술하였는데, 이는 에라스무스, 폭스, 케네트, 나이트, 씨봄으로부터 얻어진 자료를 사용한 그 시대의 가장 포괄적인 연구 성과라 할 수 있다. 그는 씨봄이 했었던 것보다 개혁자로서 콜레트에 대한 편향적인 묘사를 훨씬 적게 하고 있다. 그의 온건하고 친절한 언급은

---

4) Jonathan Arnold, *Dean John Colet of St. Paul's : Humanism and Reform in Early Tudor England*(I. B. Tauris, New York, 2007), p. 6.

5) Ibid., p. 7.

6) J. B. Gleason, *John Colet*(Uni. of California Press, Berkley, California, 1989), p. 8.

210

자연적으로 콜레트의 교육적인 업적을 강조한다.[7] 그러나 그의 최대의 약점은 콜레트의 생애와 그의 저작들을 거의 관련시키지 못한다는 것이다. 즉 그는 그가 편집했던 저작들의 의미를 스스로 다시 생각하는 대신에 20여 년 전에 씨봄이 제시했던 개념적 구조를 그대로 받아들이고 있다.

20세기에 들어와서 주로 논문 형태의 연구를 통해서 콜레트의 새로운 면모를 발견하고 있다. 알렌(Allen)은 워햄(Warham) 대주교와 콜레트의 관계성에 대한 논문에서 종교개혁 이후의 관점에서보다 종교개혁 이전의 시각에서 콜레트의 삶을 이해하려고 노력한다.[8] 유진 라이스(Eugene Rice)는 한 논문에서 콜레트의 신비적인 휴머니즘과 자유주의를 부인하고 그 대신에 그를 이전의 기독교 신학과 철학의 반자연주의적 흐름과 또한 공동생활형제단과 같은 그의 시대의 금욕적 개혁자들과 관련짓는다.[9]

월리엄 클레브쉬(William A. Clebsh)는 한 논문에서 인간적인 기록으로서 바울의 서한에 대한 진정한 휴머니스트적인 접근을 강조한다. 또 그의 교회에 대한 고수 입장을 논한다. 콜레트에게 개혁자보다 더 좋은 용어는 '처음으로 돌아가려는 자(repristinator)'일 것이라고 제안한다.[10] 하비슨(E. H. Harbison)은 *The Christian Scholar in the Age of the Reformer*(New York, 1956, pp. 59~60)에서 "모든 학문적 태도에서 가장 어려운 노력은 사소하고 관련이 없는 것들의 파악에서 전체의 파악으로 지향하는 것이다. 콜레트는 사도 바울이 전체 서한에서 말하고자 했던 것의 전체에 대해 관심을 가졌다는 것을 두 차례의 강의에서 처음부터 명백히 했다"고 했다. 헌트(E. W. Hunt)는 *Dean Colet and His Theology*(London, 1956)라는 소규모 전기에서 콜레트를

---

7) Ibid., p. 12.

8) P. S. Allen, "Dean Colet and Archbishop Warham", *EHR*, 17, 1902, pp. 303~306.

9) E. F. Rice Jr., "John Colet and the Annihilation of the Natural", *The Harvard Theological Review* 45, 1952, p. 141. 이하 Rice, 'John Colet and the Annihilation'이라 약한다.

10) William A. Clebsh, "John Colet and the Reformation", *Anglican Theological Review* 37, July, 1955, pp. 167~177.

개혁가, 설교가, 주석자로서 균형잡힌 연구를 하고 있다. 그는 국교회적인 입장에 서 있다.

셋째, 1960년대 이후 30년 간 수정주의적 경향 : 마일스(L. Miles)는 *John Colet and the Platonic Tradition*(Lasslle, Illinois, 1961)에서 콜레트의 개혁사상에 플로렌스적 플라톤 사상이 미친 영향에 대해 말한다. 하지만 그는 콜레트가 프로테스탄트적이라는 견해를 나타낸다. 제인(S. Jayne)은 *John Colet and Marsilio*(Oxford Uni. Press, 1963)에서 Oxford의 All Soul's College에 있는 사본에서 피치노의 *Episloae*에 대한 콜레트의 난외주를 편집하고 번역하였다. 그는 기독교 도덕적 가치관과 피치노를 통한 신플라톤 철학의 결합이 콜레트의 사상에서 강한 요소들임을 보여준다. 그러나 그는 뒤에 보듯이 피치노와 콜레트 사이에 차별성을 너무 부각시키고 있다.

포터(H. C. Porter)는 한 논문에서 1510년 경 주교회의 설교에서 콜레트가 말한 법에 관련된 문제에 대한 집착을 고찰하면서 그가 교회 법정의 권력을 축소하기를 원했다고 했다. 또한 콜레트의 정신이 절충적이지만 상궤를 벗어난 경향을 나타냈음을 인정한다. 즉 디오니시우스의 플라톤 전통, 피치노, 피코를 통한 플라톤 사상의 영향을 받지만 바울의 우위성을 지적한다.[11] 이에 대해 헤이그(C. Haigh)는 한 논문에서 콜레트의 교회 법정에 대한 반성직자주의 및 불만은 특정한 장소에서 특정한 이해 집단에 제한되었다고 입증하고 있다.[12]

트랩(J. B. Trapp)은 콜레트의 이탈리아 휴머니즘과의 제휴와 디오니시우스의 저서에 대한 그의 헌신적 연구에 대하여 자세히 논할 뿐만 아니라, 콜레트의 사본에 대한 고문서학적 필적 확인에 있어서도 가치 있는 공헌을

---

11) H. C. Porter, "The Gloomy Dean and the Law", in G. V. Bennett and J. D. Walsh eds., *Essays in Modern English Church History in Memory of Norman Sykes*(Black, London, 1966), pp. 24~26.

12) C. Haigh, "Anticlericalism and the English Reformation", *History*, 68, 1983, pp. 391~407.

212

하고 있다. 그는 설득력 있게 콜레트를, 비정통적이고 경솔하지만, 종교개혁 이전 가톨릭 교회의 충성된 구성원이요, 사도 바울, 디오니시우스, 그리고 피치노에 헌신한 열정적인 크리스천 휴머니스트라고 규정한다.13)

카우프만(P. I. Kaufman)은 한 논문에서 하비슨의 견해 즉 콜레트가 어떤 다른 인간보다 더 에라스무스의 비전과 소명의식의 근원이었다는 것을 반박한다. 그는 콜레트가 에라스무스에게 지적인 빚을 졌다고 옳게 볼 뿐만 아니라 에라스무스의『그리스도 군사의 편람(*Enchiridion*)』(1503, 이하 *Enchiridion*이라 약함)이 콜레트가 지어낸 어떤 것보다 영국 종교개혁의 초기 단계에 훨씬 더 영향력이 있었다고 본다.14)

재로트(C. A. L. Jarrott)는 콜레트의 사도 바울 주해와 에라스무스의 주석들을 비교하는데, 이들 사이에 여러 유사점들을 강조한다. 그녀는 콜레트의 휴머니스트적 열정이 그에 대한 어떤 특성 묘사를 어두운 것으로 가렸다고 말한다.15) 버나드 오켈리(Bernard O'Kelly)는 1985년 콜레트의『고린도전서 주해』에 대한 개선된 라틴어 원문과 영어 번역 및 서론과 함께, 재로트의 주석을 포함한 책을 출판하였다.16)

이 30년 동안 중요한 수정주의는, 자료에 대하여 더 사회학적인 접근을 하므로, 또한 로마와의 단절 전야에 가톨릭 교회의 인기가 상당했다는

---

13) J. B. Trapp, "John Colet, His Manuscrips and the Psudo-Dionysius" in R. R. Bolgar ed., *Classical Influences on European Culture, 1500-1700 : Proceedings of an International Conference held at King's College, Cambridge, April 1974*, Cambridge Uni. Press, 1976, pp. 205~222. 이외에도 이와 관련된 논문들 다수가 있다.

14) P. I. Kaufman, "John Colet and Erasmus's Enchiridion", *Church Histoty*, 46, 1977, pp. 296~312.

15) C. A. L. Jarrott, "Erasmus's Annotations and Colet's Commentaries on Paul : A Comparison of Some Theological Themes" in R. L. De Molen ed., *Essays on the Works of Erasmus*(Yale Uni. Press, 1978), pp. 125~144.

16) *John Colets's Commentary on First Corinthians : A New Edition of the Latin Text, with Translation, Annotations, and Introduction*, by B. O'kelly & C. A. L. Jarrott, *Medieval and Early Renaissance Studies*, Vol. 21(Binghamton, New York, 1985).

인식을 새롭게 함으로써, 종교개혁의 기원과 영향을 재평가하고 있다. 중세 말기의 교회가 씨봄이나 랍튼 등이 주장했던 것처럼 부패하지 않았다는 것을 발견했다. 오히려 당시 교회는 건강하고, 헌신적이고, 자기비판적이었다.

콜레트를 논의함에 있어 수정주의자들은 휴머니즘을 그들의 주제로 채택했다. 즉 렉스(R. Rex)는 그의 책 *The Theology of John Fisher*에서[17] 피셔를 중심으로 하는 휴머니스트 가톨릭 개혁 써클을 옹호함으로써 그들을 옥스퍼드 개혁자들의 써클이라 보는 씨봄의 견해를 거부한다. 또한 브리그덴(S. Brigden)은 그의 책 *London and the Reformation*에서[18] 콜레트를 영국의 휴머니스트 공동체의 가장 밝고, 가장 선한 사람들 사이에 놓는다. 그들은 종교개혁 전야에 런던에서 모였다.

하퍼-빌(C. Harper-Bill)은 그의 책 *The Pre-Reformation Church in England, 1400-1530*에서[19] 콜레트의 설교가 '단지 전통적 테마에 대한 새로운 휴머니스트적인 변화'였다고 선언한다. 이것은 헤이그도 그의 책 *English Reformation : Religion, Politics, and Society under the Tudors*에서[20] 공감하는 견해다. 반면에 카우프만은 한 논문에서 콜레트의 논문 「성사론(聖事論, *De sacramentis*)」과 사제장으로서의 그의 경력의 부분들에 대한 관찰에서 그가 성직 혐오자가 아니고, 비타협적인 이상주의자라고 결론짓는다.[21]

지금까지 나온 콜레트의 생애에 대한 연구서 가운데서 가장 주목할

---

17) R. Rex, *The Theology of John Fisher*(Cambridge Uni, Press, 1991), pp. 22~26.

18) S. Brigden, *London and the Reformation*(Oxford Uni. Press, 1989), p. 71.

19) C. Harper-Bill, *The Pre-Reformation Church in England, 1400-1530*(Boydell Press, Woodbridge, 1989), p. 26.

20) C. Haigh, *English Reformation : Religion, Politics, and Society under the Tudors*(Clarendon, Oxford, 1993), p. 9.

21) P. I. Kaufman, "John Colet's Opus de Sacramentis and Clerical Anticlericalism : The Limitations of 'Ordinary Wayes'", *The Journal of British Studies*, 22, 1982, pp. 1~22.

214

만한 것은 글리슨(J. B. Gleason)의 *John Colet*이다.[22] 그는 콜레트의 '잘못된 정체성'을 다룬 최초의 학자로서, 콜레트가 원 프로테스탄트였다는 잘못된 개념과 드잡이하면서 설득력 있게 그를 보수적 가톨릭 영역에 돌려놓는다. 특히 그는 콜레트를 흔히 진보적인 인문주의적인 경향이라고 여겨진 학교의 설립자로 고려하고자 한다. 그러나 실제로는 매우 보수적인 경향을 띤다고 한다. 하지만 필자가 볼 때 그는 콜레트를 너무 부정적으로 보지 않았는가 생각된다.

가장 최근에 나온 연구서로는 조나단 아놀드(Jonathan Arnold)의 *Dean John Colet of St. Paul's : Humanism and Reform in Early Tudor England*이다.[23] 그는 지금까지 경시된 분야인 콜레트의 교회론과 그의 생애의 특정한 시기인 성 바울 성당의 사제장으로서 1505~1519년 재직하는 기간 동안에 관심을 집중한다. 특히 그는 콜레트의 지적 발전, 교회에 대한 그의 비전, 그의 사상이 어떻게 성 바울 성당에서 표현되었는가를 고찰한다.

본장에서는 콜레트를 휴머니스트요, 직업적 사제로 본다. 특히 그가 주로 1505년 이후 사제장(dean)으로서, 1510년 이후에는 성 바울 학교 교장으로서도 활동하면서, 강의하고, 설교하며, 교회를 관리하고, 왕의 정책에도 관여하며, 어린 학생들을 가르치는 일을 감독하는 생애를 살았던 행동적인 지식인으로 본다. 그러나 본서에서는 그의 행동적인 삶보다도 그런 삶의 토대라 할 수 있는 그의 구원론이 어떠한가, 그의 휴머니즘이 어떠한가를 구명하고자 하였다.

특히 그의 휴머니즘이 에라스무스를 비롯한 크리스천 휴머니스트들과 어떻게 다른가, 그의 구원론에 피치노의 플라톤 철학이 어떻게, 얼마나 영향을 미쳤는가를 고찰하고자 하였다. 그에 대한 원사료는 라틴어로 되어

---

22) J. B. Gleason, *John Colet*(Uni. of California Press, Berkley, California, 1989), p. 14.

23) Jonathan Arnold, *Dean John Colet of St. Paul's : Humanism and Reform in Early Tudor England*(I.B. Tauris, New York, 2007).

있지만, 주로 영역본으로 하였다. 씨어스 재인의 *John Colet and Marsilio*와 그 부록에 나오는 피치노의 『서한집(*Epísloae*)』 사본에 대한 콜레트의 난외주를 영역한 것,[24) 콜레트의 『고린도전서 주해』를 버나드 오켈리가 영역하고, 재로트가 주석을 붙인 것을 많이 참조하였다.[25) 또한 조나단 아놀드, 존 글리슨, 크리스텔러, 트린카우스의 책 등도 참조했음을 밝힌다.

Ⅱ. 콜레트와 휴머니즘

존 콜레트(John Colet, 1467~1519)는 부유한 양모 상인이자 뒤에 런던 시장이 되는 헨리 콜레트(Henry Colet)와 크리스천 콜레트(Christian Colet) 사이에 22명의 자녀들(11 아들, 11 딸) 가운데 장남으로 태어났다. 그의 형제들이나 자매들은 어린 시절이나 젊은 시절에 죽었고, 그가 유일하게 생존하였다. 그보다 12살 아래의 동생 리처드가 법률을 공부하였고 성년이 되기까지 생존하였지만 안타깝게 일찍 죽는다.[26)

콜레트가 성장기 동안 맞이한 이런 가족의 죽음 장면들은 한 소년으로 하여금 세상에 대한 어떤 거부감을 갖게 했고, 이런 거부감은 콜레트의 사상에 있어 매우 두드러진 요소가 될 수 있었다. 그는 천성적으로도 경건하고 종교적이었다. 그는 소년시절을 보내고 라틴어 문법학교를 마친 후에 신학 공부에 착수하였다. "그의 교사로 그는 바울을 택했다. 옥스퍼드와

---

24) 씨어스 제인이 그의 책 *John Colet and Marsilio*의 부록에서 주로 피치노의 『플라톤신학(*Theologia Platonica*)』과 관련되어 주고 받은 편지를 모아 놓은 『서한집(*Epistolae*)』을 콜레트가 필사하고 난외주(*marginalia*)를 단 것을 제인이 영역하였다. 이하 난외주를 Jayne, *Marginalia*라 약한다.

25) 콜레트의 『고린도전서 주해』를 오켈리가 영역한 것을 이하 O'Kelly, *First Corinthians*, 재로트가 주석을 단 것을 Jarrott, *Notes*라고 약한다. 또한 O'kelly의 서문을 이하 O'Kelly, *Introduction*이라고 약한다.

26) J. B. Gleason, *John Colet*(Uni. of California Press, Berkley, California, 1989), p. 16.

캠브리지에서, 그리고 이후에 이탈리아에서도 그는 바울에 정통했다."27)
그는 캠브리지 대학교에서 학사(1485), 석사(1488) 학위를 받았다.28)

그 당시 석사 학위를 받으면 2년 동안 그 대학교에서 강의할 의무가
있었다. 21살의 콜레트도 커리큘럼에 따라 전체 기초과목에 대해 강의하였
다. 그 후 아마 관례에 따라 옥스퍼드 대학교에서 2년간의 박사과정을
시작하였을 것이다. 그리고 나서 3년간의 이탈리아 여행에서 돌아오자마자
1496년 가을부터 공부를 계속하여 8년 동안 중단하지 않고 연구를 한
결과, 1504년 신학박사 학위를 받고 신학 교수의 자격을 얻게 된다.29)

그 다음 해 6월 2일에는 영국왕 헨리 7세의 특별한 추천으로 런던에
있는 성 바울 성당의 사제장으로 선출되는데, 그 한 달여 전에 참사회원으로
도 임명되었다. 이 사제장 지위는 그가 죽을 때까지 유지되었다. 사제장은
그가 속한 대성당의 주교를 보좌하고 대성당을 관리하는 여러 사제들을
돌보고 교육하며 책임지는 행정적 지위였다. 특히 "런던의 사제장은 영국의
모든 사제장들보다 우위에 있었기 때문에 이들을 관할할 수 있었다."30)
콜레트가 1498년 사제로 서품된 지 7년째가 되고 아직 30대 후반의 젊은
나이로 갓 신학박사 학위를 받았는데도 그가 사제장으로 임명된 것은 아버지
헨리 경의 덕을 많이 보았기 때문이다.

즉 1496년 2월에 영국의 헨리 7세와 저지대(the Low Countries, 지금의
네덜란드)의 필립 대공 사이에 무역상 조약을 맺을 때 양쪽의 지도적 위치에
있는 무역 도시들은 그 규정을 지키기 위한 보증을 하고 서명을 해야
했는데, 런던에서는 여러 복잡한 이유들 때문에 이를 거부하였다. 헨리

---

27) P. Vergil, *The Anglica Historia of Polydore Vergil AD. 1485-1537*, trans. & ed. Denys
   Hay(London : Royal Historical Society, 1950), p. 146 : 글리슨의 책, p. 39에서 재인용.
28) Ibid., pp. 39~40.
29) Ibid., pp. 42~43.
30) Erasmus, *The Lives*, p. 24.

7세는 분노와 곤혹 속에 이 사안에 대해 헨리 경에 도움을 청하였다. 이때 헨리 경은 런던 시장으로서 개인의 직권으로 5월 1일 그 조약에 대한 충실한 준수를 위해 현재는 물론 앞으로도 그의 전 재산을 담보하겠다고 하면서 서명하였다. 이렇게 해서 조약은 체결되었고 왕은 이에 대한 보답을 한 것이다.[31]

콜레트는 아직 사제도 되기 전에 아버지와 모계 쪽 친척들과 관련된 여러 성직록을 물려받았기 때문에 부유하였다. 그는 두드러진 겸직을 가진 성직자(pluralist)가 되었지만, 그러나 많은 다른 겸직자들처럼 영혼의 치료와 관련된 주제넘은 성직록을 위한 재정적 필요를 호소하지 않아도 되었다.[32] 그는 사제장으로서 비교적 부유하지만 검소하고 품위 있는 삶을 살았다.[33]

약 3년간(1492, 9~1496, 1)의 이탈리아 여행에서 콜레트는 무엇을 하였을까? 에라스무스는 조더커스 요나스(Joducus Jonas)에게 보내는 편지 형식의 전기에서 단순히 교부들을 연구하는 데에 전념하였다고 한다.[34] 그는 콜레트가 정말 관심을 가지고 있는 분야 곧 마르실리오 피치노(Marsilio Ficino, 1433~1499)를 중심으로 하는 신플라톤 철학에 대해서는 거의 언급하지 않는다.

글리슨(Gleason)에 의하면 콜레트는 자신의 지적 영웅인 피치노를 만나보기 위해 그가 살고 있는 플로렌스에서 적어도 2년을 보냈을 것이라고 한다.[35] 피치노는 플로렌스에서 3마일 가량 떨어진 카레기(Careggi)에 있는

---

31) Joseph Lupton, *A Life of John Colet, D.D.*(Lodon, 1887), pp. 11~12 ; Gleason, op. cit., p. 32. 헨리 7세의 즉위에 대해 반대하는 반란들이 있었고, 런던에도 반왕파들이 있었던 것으로 보인다.

32) Ibid., p. 43.

33) Ibid., p. 33.

34) Erasmus, *The Lives*, p. 21.

35) Gleason, op. cit., p. 52. 제인은 콜레트가 피치노와 서신 교환을 한 시기가 영국에 돌아온 1496년에서 피치노가 소천한 1499년 사이에 이루어졌을 것이라고 한다. 이에 대해 글리슨은 콜레트가 플로렌스에 적어도 2년 이상을 머물면서 자신이

218

아담한 빌라에서 살고 있었다. 그는 코시모 메디치 치세에 설립되었고(1462), 특히 로렌초 위엄 공 치하에서 육성되었던 플라톤 아카데미를 약35년 동안 주재해 왔다.

콜레트는 피치노에게 '지력과 의지 사이의 관계'에 대해 편지를 함으로 피치노를 면담하기를 바랐지만(현존하지 않음), 성사되지 못하고 다만 피치노로부터 답신을 받았을 뿐이다.[36] 콜레트는 두 번째 면담을 간절히 요청하는 편지를 보내지만 알려지지 않은 한 대학원생의 '절망적인 동경을 공손히 비난하는' 답신을 받게 된다. 그가 피치노를 만날 수 없었던 데에는 로렌초 공의 죽음(1492)과 그의 비열한 아들 피에로가 공의 지위에 오르지만 곧 추방되기까지(1494) 하는 절망적인 정치적인 상황과도 관련된다고 보여진다.[37]

3년여의 이탈리아, 유럽 여행을 통해서 콜레트는 신플라톤 철학과 설교를 위한 교부들을 연구하였고, 영어로 된 약간의 저서들을 읽는 정도였다. 또한 파두아나 오를레앙에서 민법과 교회법을 연구하기도 했다. 그는 유럽의 한 대학교에서 정규적인 연구에 종사한 것은 아니었다.[38] 하지만 이 기간에 그는 당대인들이 그 안에서 찬탄한 학문에 대한 튼튼한 기반을 놓았다.[39]

콜레트는 영국에 돌아오자마자, 1496년 가을 옥스퍼드에 정착하고 박사 과정을 계속 수행하면서 모든 사도 바울 서신서에 대한 강의를 하게 된다. 그의 로마서와 고린도전서 강의는 현존하고 있다. 이 무렵 1499년 에라스무스가 영국에 첫 방문을 하게 되고, 그도 콜레트의 사도 바울 서신서에 대한 강의를 듣고 큰 자극과 도전을 받게 된다. 그런데 같은 해, 두 사람

숭모하는 위대한 학자인 피치노를 면담하고자—비록 면담은 성사되지 못하였지만—편지를 했을 것이라고 한다. 본장에서는 글리슨의 견해를 취했다(ibid, pp. 47~52).

36) Ibid., p. 47.
37) Ibid., pp. 51~52.
38) Ibid., p. 52, pp. 59~60 ; Erasmus, *The Lives*, p. 22.
39) Gleason, op. cit., p. 62.

사이에 겟세마네 동산에서 드리는 그리스도의 기도에 나타난 고뇌의 의미에 대해 '작은 논쟁'을 하게 된다.

이것은 두 사람 사이의 지적 스타일의 차이뿐 아니라 성경 해석상의 차이도 분명히 드러내 준다. 특히 그 당시와 그 이후에 있어 콜레트의 성경 해석의 방법과 원리를 알 수 있게 해 준다. 이 문제는 III절에서 논하기로 하고 다만 여기에서는 두 사람의 휴머니즘들이 어떤 차이가 있는지, 언급하고 가는 것이 좋을 것 같다.

본서에서 필자가 정의하고 있는 르네상스 휴머니즘에 대한 개념은 2장에서처럼 크리스텔러, 트린카우스에게 많이 시사받았다. 크리스텔러는 르네상스 휴머니즘이 서구 지성사에 있어서 수사학적 전통의 특이한 발전 단계로 보고, 그것은 본질적으로 전문적 철학 운동이 아니고 교육적, 문학적 운동이며, 나아가 15세기 중엽 이후 다른 학문 분야에도 적용되어 새로운 르네상스 문화, 근대적 싹이 트는 문화로까지 발전할 수 있게 하는 문화적 운동이었다고 하였다.

크리스텔러는 르네상스 휴머니즘의 본질을 어떻게 잘 말하고, 잘 읽게 해서 감동을 주고, 설득할 수 있게 하는가, 하는 수사학적인 전통 속에서 찾는다. 이를 위해 뛰어난 휴머니스트들은 대개 변론술(수사학)에 덕(지혜)을 결합하고자 하였다. 이것이 15세기 초, 살루타티, 브루니 같은 플로렌스의 휴머니스트들을 중심으로 자기들 도시 국가의 공화적 자유를 지키기 위해 싸웠기 때문에, 시민적 휴머니즘(Civic Humanism)으로 불리게 되었다. 또한 15세기 중엽 이후에는 알프스 이북에서 르네상스 운동이 활발하게 전개되는데, 여기서는 낡은 봉건적인 전통과 부패한 중세 교회를 개혁하기 위해 교부들과 성경 원전으로 돌아가서 연구하고 초대 교회의 정신을 되찾아야 한다고 해서, 에라스무스, 콜레트, 모어 같은 이들의 휴머니즘을 크리스천 휴머니즘(성경적 휴머니즘)으로 불리게 된다.

물론 이탈리아 휴머니스트들 가운데에도 페트라르카, 살루타티, 발라, 마네티와 같은 이들은 어거스틴 같은 교부들이나 성경을 읽고 연구하였다. 이들은 성경의 원문이 이교적 고전의 원문을 읽고 연구하듯이 그렇게 할 수 있다고 생각했다. 이때 마치 시나 문학의 의미를 알듯이 성경 속에 담긴 시적, 문학적인 의미를 알게 된다고 하였다. 이들의 성경에 대한 이런 자세는 나아가 교리적 목적을 위해 분석적, 논쟁적이 되거나 혹은 선을 지향하고, 믿음, 소망, 사랑을 지향하는 그 영감을 위해 접근하게 할 수 있었다.[40] 트린카우스는 이들 휴머니스트들의 신학적인 경향을 '수사학적 신학(rhetorical theology)'이라고 했다(2장 Ⅲ절 혹은 4장 참조).

특히 발라는 언어나 말이 사람의 사상이나 성격을 드러내듯이 성경 안에는 인류에 대한 하나님의 목적과 행위의 유용한 증거가 나타난다고 했다. 그에게 성경 연구는 언어학적, 문법적, 문장론적 문제만이 아니었다. 그는 인간 존재에 대한 그의 체험에 더 적절한 창조적 종합을 이루기 위해 기독교 신학과 윤리의 어떤 근본적인 것들과 씨름하였다. 그는 성경의 원문비평 연구가 의미 있는 종교적 논쟁을 위해서도, 진정한 개혁을 위해서도, 효과적인 도구가 될 수 있다고 깨달은 최초의 사람이었다.[41]

에라스무스는 이런 발라에게서 큰 영감을 받는다. 여기에서 우리는 이탈리아 휴머니즘은 세속적이고 알프스 이북의 휴머니즘은 기독교적이라고 이분화하는 것을 삼가야 된다는 것을 알 수 있다. 페트라르카에서 발라, 발라에서 에라스무스로 이어지는 전형적인 크리스천 휴머니스트들의 공통점은 인문학적 관심에서 성경적 혹은 교부적, 신학적 관심으로 이행한다는 것이다. 그러면 콜레트는 어떠했는가?

---

40) C. Trinkaus, "Italian Humanism and the Scriptures", in In *Our Image and likeness*, Vol. 2(The Uni. of Chicago Press, 1970), p. 564. 이하 Trinkaus, 'Italian Humanism'이라 약한다.

41) Ibid., pp. 576~577, 또한 5장 참조.

그는 여러 점에서 에라스무스와는 다른 성향을 나타낸다. 물론 그도 신학에 뜻을 두고 직업적인 사제가 되기까지는 인문학적인 소양을 쌓는다. 그는 6세나 7세 때 라틴어 문법학교에 들어가서 처음에는 영어로 읽고 쓰는 것을 배우고 교리문답과 다른 기본적인 종교의식서를 익혀야 했을 것이다. 그리고 나서 계속 라틴 문법을 배웠을 것이다. 8년간의 과정에서 실용적인 라틴어를 익힌 뒤에 행정직이나 학문적인 직업에 종사하도록 도왔다.[42] 그는 우주란 철저히 만들어졌으며, 어떤 사람이 그것의 열쇠를 가지고 있다는 운명적인 가정을 받아들인 것으로 보인다. 그가 알게 된 교사로서 가르치는 일 따위에 수반된 계서제적인 엄격성은 그 자신의 가치관의 두드러진 특징이 되었다.[43]

그가 신학에 뜻을 정하고 15세 경에 캠브리지에 들어와서 무엇을 배웠을까? 에라스무스는 그의 친구 조도커스 요나스(Jodocus Jonas, 1493~1555)에게 보내는 편지 형식의 전기에서 다음과 같이 쓰고 있다.

> 젊은 시절 영국에서 과목들의 모든 원리들을 부지런히 마스터하고, 7 자유학과의 지식을 말해주는 타이틀을 얻었다. 그는 키케로의 저서들을 진지하게 탐독하였고 플라톤과 플로티노스의 저서들을 부지런히 탐구하였다. 그러면서 손을 대지 않은 수학 분야는 없을 정도였다.[44]

이는 그가 학사, 석사 과정을 이수하면서 인문적 교양을 배우고 특히 플라톤을 비롯한 신플라톤 철학에 깊은 관심을 나타냈음을 말해 준다. 한편 1516년 에라스무스는 수년 동안 캠브리지에서 가르친 이후 가까운 영국인 친구에게 편지하면서 "약 30년 전의 캠브리지(콜레트의 학생 시절)는

---

42) Gleason, op. cit., pp. 36~37.
43) Ibid., p. 38.
44) Erasmus, *The Lives*, p. 21.

알렉산더(Alexander)와 소위 '작은 논리학(Small Logicals)', 그리고 스코투스에서 나온 현안들(Questions)과 함께 고대의 저 아리스토텔레스적 규정들 외에는 어떤 것도 가르치지 않았다"고 했다.[45] 이는 1480년대에 캠브리지에서 가르친 라틴어와 철학이 야만스러웠음을 말한다.

알렉산더는 운문에 있어 문법에 대해 저술한 13세기 초의 사람으로 북방 휴머니스트들 가운데 비판의 표적이었다. 에라스무스는 그의 라틴어가 "반은 라틴어, 반은 프랑스어"라고 주장했다.[46] '작은 논리학'은 스페인의 피터(13세기 말에 요한 21세로 교황이 되는)가 지은 또 다른 문법 교재였는데, 그에게 문법은 단지 논리학의 시녀였고, 한편으로 시와 수사학은 훨씬 더 낮은 단계로 내려앉았다.[47]

에라스무스는 50세였을 때 그런 경멸감을 나타냈는데, 10대의 콜레트가 그런 느낌을 받았을 것 같지는 않다. 무엇보다도 콜레트는 에라스무스와 같이 언어의 기술에 그렇게 예리하지 않았다. 그는 결코 문학에 강하게 끌리지 않았다. 만약 그가 시에 대해 주저했다면 수사학에 대해서는 훨씬 더 신뢰하지 못했을 것이다. 만약 그가 스페인의 피터에 반대했다면, 그 이유는 그런 미묘함이 그리스도에게서 꾀어내는 것이었지 시와 수사학에서 꾀어내는 것은 아니었을 것이다.[48]

15세기 말 영국의 대학교 상황은 에라스무스가 말한 대로 라틴어나 수사학에서는 뒤처졌는지 모르지만 아직 정규 커리큘럼 밖에 있었을지라도

---

45) *Colleted Work of Erasmus*, Vol. 4, trans. R. A. B. Mynors & D. F. S. Thomson, annot. James K. McConica(Uni. of Toronto Press, 1977), Eps., 456:253~255. 이하 *CWE*라 약함.

46) 1489년 경 한 친구에게 보내는 편지에서, *CWE*, Vol. 1, trans. R. A. B. Mynors & D. F. S. Thomson, annot. Wallace K. Ferguson(Uni. of Toronto Press, 1974), Eps., 31:42~43.

47) Gleason, op. cit., pp. 40~41.

48) Ibid., p. 41.

그리스어에 대한 관심과 능력이 증대되고 있었다. 콜레트의 친구들 가운데 윌리엄 그로신(William Grocyn)은 플로렌스에서 돌아왔는데, 1491년에서 적어도 1493년에 이르기까지 옥스퍼드에서 그리스어를 강의하고 있었다. 또한 증대되는 수의 그리스, 라틴어 고전 사본들이 들어오고 있었다. 또한 자연과학과 경제학이 공식적인 학위 과정의 일부가 되기 오래 전에 가르쳐지고 있었다.[49]

콜레트가 이런 새로운 흐름에 얼마나 관심이 있었는지 말할 수는 없다. 다만 그가 피치노의 서한집에 대한 난외주에 *philopompi*(사이비 학자들)를 'Cantabrigienses(캠브리지 사람들)'라는 의미심장한 단어로 주를 달고 있는 것에서 그의 캠브리지 생활을 짐작할 수 있을 것이다.[50] 이것은 캠브리지를 졸업한 자신을 포함한 다른 친구들을 의미한다고 보여진다. 그러면 그는 사이비 학자가 되지 않기 위해 어떻게 했는가?

그가 1490년 23세에 신학 박사과정에 들어서 3년의 이탈리아, 유럽 여행을 제외하고라도 1504년에 박사학위를 받기까지 적어도 10년간 그는 자기가 하고 싶은 신학을 공부하였다. 특히 그의 신학은 중세의 스콜라 신학은 아니었다. 그의 신학은 설교하고 목회하는 데에 초점을 맞춘 성경적 신학이었다. 이런 점에서 그는 에라스무스와 함께 크리스천 휴머니스트에 속한다고 할 것이다. 그러나 뒤에 더 살펴보겠지만 양자는 성경을 해석하는 방법이나 지적인 태도나 삶의 스타일에 있어서 차이가 있었다.

콜레트는 건축이나 회화에 대해 거의 언급하지 않았다. 그는 자신이 관심을 가져야 할 어떤 특별한 이유가 없는 것들, 이를테면 이탈리아 문학과

---

49) Ibid.

50) Jayne, *Marginalia*, 28. '근원은 흐름(풍조)보다 더 중요하다'는 제목 아래에 *philopmpi*, Cantabrigenes가 있다. 그런데 그 왼쪽 편에 "……그러나 만약 네가 현명하게 그들에게 (사이비 철학자들에게) 정통한 어떤 것을 질문하면 너는 그들이 물리학에 대해 조금, 수학에 대해서는 더 적게, 형이상학에 대하여는 거의 알지 못할 것임을 알게 될 것이다"고 번역한 문장들이 있다.

224

그리스 문학 같은 것들을 선별해서 채택했다. 버질은 단지 두 번 언급된다. 오비드(Ovid, B.C. 43~A.D. 17)의 약간, 카툴루스(Catullus, c. 84 B.C.~c. 54 B.C)의 대부분, 루크레티우스(Lucretius, B.C. 1세기 경)의 모든 것이 배제되었다. 그는 또한 좋은 라틴어 문체를 발전시키는 데에는 관심이 없었다.[51]

반면에 그는 기본적으로는 사제로서, 교회적, 사회적으로는 사제장으로서, 신학과 관련하여 박식하다는 평을 받았다. 그의 박식은 성경과 기독교 고전에 기초한 것으로 고풍스럽고 기초가 튼튼한 것이었다. 에라스무스는 편지 형식의 그 전기에서 이렇게 쓰고 있다.

> 초기의 저술가들, 이를테면 디오니시우스(Dionysius), 오리겐(Origen), 싸이프리언(Cyprian), 암브로스(Ambrose), 제롬(Jerome) 등에서 매우 큰 기쁨을 발견하였다. 덧붙인다면, 이들 저술가들 사이에서 어거스틴보다도 더 호의적이지 않은 사람은 없었다. 동시에 그는 스코투스, 토마스, 그리고 그런 종류의 다른 사람들을 빼놓지 않고 읽었다, 물론 이 경우에는 그것을 필요로 하였기 때문이지만 말이다.[52]

그는 디오니시우스(500년 경)의 『교회의 계서제(*Ecclesiastical Hierarchy*)』에 대한 주해를 쓰고, 그의 교회 개혁의 영감을 얻는다.[53] 싸이프리언, 암브로스, 제롬, 어거스틴 같은 라틴 교부들은 물론, 오리겐이나 크리소스톰(Chrysostom) 같은 그리스 교부들도 라틴어로 번역된 것을 읽었다. 그는 주로 라틴어로 읽고 연구하였다. 그의 박식은 라틴적 박식이었다.[54] 교부들은 그가 설교를 하고 목회를 하는 데에 있어 본이 되었을 것이다.

---

51) Gleason, op. cit., pp. 63~64.

52) Erasmus, *The Lives*, pp. 21~22.

53) J. Arnold, *Dean John Colet of St. Paul's : Humanism and Reform in Early Tudor England*(I. B. Tauris, New York, 2007), p. 13.

54) Gleason, op. cit., p. 63.

그러면 콜레트의 스콜라 철학에 대한 태도는 어떠했는가? 그도, 에라스무스도, 페트라르카나 발라 등 거의 모든 휴머니스트들이 스콜라 철학을 혐오하였다. 왜 그러했을까? 첫째로, 많은 휴머니스트들은 스콜라 철학의 차가운 지성과 인간적 특질의 결여에 반대했다. 나아가 스콜라 철학자들의 야만적인 어법과 단조로운 구문론에 극도의 불쾌감을 느꼈다. 둘째, 많은 사람들이 그것이 사람들을 더 낫게 했다고 발견하지 못하기 때문에 스콜라 철학을 거부했다. 스콜라 철학은 그 당시 새롭게 변화된 다수의 도시민들의 믿음과 경건에 아무런 영향을 미치지 못한 것이다.

끝으로 많은 사람들이 모든 것을 정의하기 위해 개념 규정을 하고 뽐내고 다투며 논쟁하는 것에 반대했다. 나아가 아리스토텔레스의 철학을 가진 그리스도의 가르침이라는 불순품을 내놓는 것에 반대하였다. 이것이 콜레트로 하여금 스콜라 철학을 제일 혐오스럽게 했다.[55] 에라스무스는 편지 형식의 그 전기에서 다음과 같은 일화를 소개하고 있다.

콜레트는 때때로 그의 견해가 널리 받아들여진 것들과 크게 달랐다. 그러나 그는 다른 사람들의 견해를 존중하고 그들에게 상처를 주지 않고자 놀라운 자제력을 보여주었다. 하지만 그는, 친구들과 학자들 사이에서는, 매우 자유롭게 자신의 감정을 노출하곤 했다. 예를 들면, 스코투스파에 대해 사람들은 '미묘함(subtlety)'으로 알쏭달쏭하게 한다고 비난했다. 이에 대해 콜레트는 그들을 우둔하고 어리석으며 결코 지성적이지 않다고 말했다. "왜냐하면 다른 사람들의 말과 견해에 대해 말장난 하는 것은 빈약하고 메마른 지성의 표시이기 때문이다."

그런데 어떤 이유에서인지 그는 스코투스에 대해서보다 아퀴나스에 대해 더 냉혹하였다. 한번은 에라스무스가 그에게 아퀴나스를 칭찬하여 오늘날에도 경멸받지 않아야 될 저술가라고 했다. 왜냐하면 그는 성경도

---

55) Ibid., p. 142.

교부들도 연구한 것처럼 보이고, 또한 그의 저술에는 어떤 흥미가 있기 때문이라고 했다. 이때 콜레트는 한 번 이상 답변을 억제하고 자신의 불쾌감을 숨겼다.

그러나 또 다른 대화에서, 에라스무스가 같은 견해를 더 강하게 반복하였을 때, 그는 에라스무스를 험상궂게 쳐다보면서 그 말이 진지함에서 하는 것인지, 빈정대고 하는 것인지 알려고 하는 것 같았다. 그런데 에라스무스가 진지한 마음으로 그렇게 말하는 것을 알아차리자, 콜레트는 홀린 사람처럼 자신의 감정을 폭발하였다.

> 왜 당신은 그 사람을 나에게 칭찬하는 거요? 왜냐하면 아주 참람하지 않고야 그가 그런 무분별하고 오만한 태도로 모든 것을 결코 정의하지 않았을 것이기 때문이요. 게다가 세속적 정신이 얼마간 없다면 그가 그리스도의 온전한 교의를 그의 불경스러운 철학으로 그렇게 오염시키지 않았을 것이기 때문이요.[56]

스콜라 철학은 아직도 콜레트 시대의 학생들에게 신학하는 하나의 방법이었다. 어느 정도 분별력이 있는 사람이라면 스콜라 철학을 교의적인 내용과 동일시하는 오류를 범할 위험은 없었다. 스콜라 철학의 비판자들도 적어도 전문적인 철학(곧 신학)을 하고 싶다면 스콜라 철학적인 방법을 사용해야 했다.[57] 그 방법은 연역적이고 사변적, 논쟁적이었다. 그 내용도 뛰어난 교부들, 신학자들에 의해 주장된 우주적, 물리적 원리나 기독교 교의들이었다. 이런 신학은 사람들의 실제적인 경건에서 유리된 것이었다. 스콜라 철학이 그 방법의 결함에도 불구하고 오래 존속한 이유는 무엇일까?

르네상스 휴머니즘이 실질적인 철학의 역할을 하지 못했기 때문이다.

---

56) Erasmus, *The Lives*, pp. 32~33.
57) Gleason, op. cit., p. 143.

에라스무스는 1520년 7월 한 친구에게 보내는 편지에서 "신학이 냉랭하고 논쟁적이어서 무익한 역청 속으로 빠져들기 때문에 그것을 근원으로 되돌리는 것이 본질적이다. 그렇다 하더라도 나는 신학에 대한 더 나은 접근이 나오기까지 파괴보다 개선을, 적어도 관용을 보고 싶다"고 말하고 있다.[58] 그는 제한적이고 조건적인 인정을 허용하였다.

그가 말하는 신학에 대한 더 나은 접근은 성경 원문으로 돌아가는 것일 것이다. 이것은 트린카우스에 의하면 신학화를 추구하는 일단의 휴머니스트들에 의하여 이미 이루어지고 있었다. 에라스무스는 이런 면에서 전형적인 휴머니스트였다. 또한 루터와 같은 개혁자들도 다른 면에서 참된 신학으로 돌아가려고 했다. 그러면 1500년을 전후하여 콜레트는 어떠했는가?

콜레트는 아마 이탈리아에서 돌아온 후 곧 옥스퍼드에서 신학 박사과정을 계속하고 사도 바울 서신서에 대한 강의를 하면서, 신학사 학위를 받고, 1498년 3월(31세)에 사제로 서품 받은 것으로 보인다.[59] 그의 생애는 본질적으로 사제로서 설교하고 목회하는 일에 뜻을 두고 그렇게 출발하였고, 그 다음에 사제장으로서, 교육자로서 그의 뜻을 이루고자 실천한 삶이었다. 이런 점에서 그의 생애는 본서에 다루고 있는 에라스무스를 비롯한 발라, 페트라르카와 같은 휴머니스트들의 생애와 차이가 있었다.

하지만 그는 성경 원문으로 돌아가서 참된 신학, 참된 교회를 회복하려는 크리스천 휴머니즘의 원대한 뜻에 공감하고, 그 뜻을 이루고자 함께 했다는 점에서 그도 크리스천 휴머니스트였다. 그러나 위에서 고찰한 바대로 이교적인 고전을 극히 선별적으로 받아들였고, 토마스적인 종합, 곧 '아리스토텔레스의 자연 신학과 교회적 윤리 및 신학의 종합'도 철저히 거부하였다는 점에서 그의 친구 에라스무스와 차이가 있었다. 물론 에라스무스도 이교적

---

58) *CWE*, Vol. 8, trans. R. A. B. Mynors, annot. Peter G. Bietenholz(Uni. of Toronto Press, 1988), Eps. 1127:16~20.

59) Gleason, op. cit., p. 16.

고전을 선별적으로 받아들였지만 그가 수용하는 고전의 범위는 더 넓고 다양하였다(7장 I 참조). 나아가 성경 해석에 있어서도 차이가 있었다.

Ⅲ. 콜레트와 피치노의 플라톤 철학

콜레트는 피치노를 통하여 신플라톤 철학의 영향을 받는다. 그가 받은 신플라톤 사상의 중심 내용은 무엇인가를 간단히 살펴보기로 한다. 피치노에 의한 라틴어판 플라톤 전집이 1484년에 출판되었기 때문에 콜레트는 에라스무스가 말한 대로 학생 시절에 플라톤에 접할 수 있었을 것이다. 그런데 피치노에 의한 플로티노스의 라틴어판은 1492년 이후에야 나왔기 때문에 아마 콜레트는 박사 과정에 들어가서 플로티노스를 접하고 이탈리아 여행 중에 계속 읽었을 것이다. 그에게 아리스토텔레스 철학은 스콜라 신학의 정규 과정을 통해서 접했지만 기피하는 경향이 강했다고 했다.

반면에 정규 과정에는 포함되지 않았지만 플라톤 철학 내지 신플라톤 철학은 그의 마음을 끄는 신선한 면이 있었다. 특히 그가 일찍이 그의 멘토로 받아들인 사도 바울과 그의 서신서를 읽고 연구하면서 바울에 의해 처음으로 개종한 그리스인이라고 하는 디오니시우스에 관심을 가지게 되고, 디오니시우스가 플라톤 내지 신플라톤 철학에 영향을 받았기에 플라톤 철학에 관심을 갖지 않을 수 없었다. 나아가 그 당시 플라톤 철학의 최고의 권위인 피치노에 관심을 갖게 되고 이탈리아 여행 중 플로렌스에 머물면서 그를 만나고자 했던 것이다. 한편으로 그가 창세기를 연구하는 중에 피코 (1463~1494)의 창세기 주석서인 *Heptaplus*를 접하게 되고, 피코는 그에게 더욱 더 피치노로 인도했을 것이다.[60]

피치노는 고대의 플라톤 철학자들, 플라톤, 플로티노스, 디오니시우스

---

60) Sears Jayne, *John Colet and Marsilio*(Oxford Uni. Press, 1963), pp. 42~44.

등을 라틴어로 번역하고 기독교와 그들의 관련에 대하여 상세히 주를 달았을 뿐 아니라, 기독교 신학과 플라톤 신학 사이의 조화에 대한 결정적인 긴 저술을 내놓는데,『플라톤 신학(*Theologia Platonica*)』(1482)이라고 일컫게 되었다. 이것의 출판은 많은 서신 왕래를 야기하였는데, 피치노는 서신들에서 이단과 이교주의의 비난에 대하여 여러 문제점들을 옹호해야 했다. 그가 플라톤 신학에 대하여 주를 단 긴 편지들이 전체 서한의 큰 부분을 이루는데, 이 서한이 *Epistolae*라는 이름으로 1495년에 출판되었다.[61]

피치노의 플라톤 철학은 그리스적, 플라톤적 신비, 그리스, 라틴 시인들의 신탁적 성격을 받아들이고 있기 때문에 기독교, 휴머니즘 사이에 어떤 소원감이 좁혀지게 되었다. 또한 그의 플라톤 철학은 진리, 선과 함께 미의 가치를 인식하고 있었기 때문에 이것은 휴머니즘의 문학적 비전과 시각적 예술가의 감각 사이에 다리를 놓는 역할을 하였다.[62] 에라스무스와 같은 휴머니스트들은 주로 교부들과 성경을 통해서 고전적 전통과 기독교적 전통의 조화를 이루고, 그들 자신의 내적인 갈등을 극복할 뿐 아니라 교회와 공동체 사회의 개혁을 추구하고자 하였다.

그런데 피치노의 플라톤 철학 내지 플라톤 신학은 그러한 휴머니스트들에 의한 기본적인 성과들과 관련을 맺으면서 매우 영향력이 있게 되었다.[63] 그 성과들이란 인간의 존엄성을, 인간은 신의 형상대로 창조되었을 뿐 아니라 인간성의 완성이 신성과 동일하게 실현될 것으로 보는 그것을 강조하는 경향들을 가리킨다.[64] 휴머니스트들은 자신들의 그러한 활동의 형이상학적 정당성에 대한 기본적 욕구를 만족시키고, 그들의 복잡한 많은 갈등들을

---

61) Ibid., p. 43.

62) Charles Trinkaus, "Renaissance Humanism, Its Formation and Development", in *The Scope of Renaissance Humanism*(Ann Arbor : The University of Michigan Press, 1983), p. 30.

63) Ibid., p. 31.

64) Ibid., p. 29.

230

해결하는 다리 역할을 해주는 듯이 보이는 그의 철학을 환영하였다.[65]

물론 피치노의 철학은 휴머니즘의 철학이 아니었다. 르네상스 휴머니즘은 그 수사학적인 성격에 의해 반(反)형이상학적, 절충적, 회의적 전제에서 전개되었다. 하지만 스콜라 철학이 13세기에 논리와 계시를 무리하게 종합하는 형식적, 방법론적인 경향을 나타낸 것에 반해, 피치노의 종합은 종교적인 문맥 속에 수사학적 요소를 받아들였기 때문에 휴머니스트들에 의하여 더 지지를 받은 것이다.[66]

영국에서도 15세기 말, 16세기 초 그리스어, 그리스 문학, 플라톤 철학의 부흥 곧 기독교의 튜더적 그리스화의 과정이 나타났다. 콜레트를 모어, 에라스무스, 그로신, 리나커와 연결시킨 것은 바로 이런 과정이었다. 그러나 콜레트는 학생 시절 이후 오랫동안 그리스어를 애써 배울 필요를 느끼지 못하였다. 그에게는 성 제롬이 라틴어로 번역했다고 하는 『발게이트판(*editio vulgata*) 성경』이면 충분하다고 생각했다.[67] 그러나 그는 1516년 에라스무스가 그리스어에서 새롭게 라틴어로 번역하고 주를 단 『신약성경』이 나오자, 그리스어가 성경의 진지한 연구에 본질적이라는 것을 이해하였다. 그는 에라스무스에게 "이제 나는 그리스어를 배우지 않은 것을 후회한다. 그것의 마스터 없이는 아무 것도 아니다"[68]라고 편지했다. 그는 49세의 나이에 이르러서야 그리스어를 배우고자 하였지만, 52세에 소천하게 된다.

콜레트는 이런 그리스화를 기독교의 세속화라고 생각하지는 않았다.[69] 이것은 언어적 분석이나 역사적 상황에 대한 탐구, 어떤 귀납적인 절차 같은 방법론에 관한 것들이기 때문이었다. 또한 내용에 있어서도 참된

---

65) Ibid., p. 31.

66) Ibid.

67) Gleason, op. cit., p. 58.

68) *CWE*, Vol. 3, trans. R. A. B. Mynors & D. F. S. Thomson, annot. James K. McConica(Uni. of Toronto Press, 1976), Eps. 423:14~15.

69) S. Jayne, op. cit., p. 40 ; O'Kelly, *Introduction*, pp. 34~35.

모든 것들, 이를테면 플라톤이나 플로티노스나 심지어 방법론에서 혐오한
아리스토텔레스도, 나아가 점성가들 같은 비성경적인 사상도, 특히 그가
숭모한 피치노 같은 이의 사상은 상응하는 진리에 있어서 성경과 근본적으로
동일하다고 생각하였다. 그래서 그는 성경 특히 바울의 서한을 깊이 이해하
거나 그 해석을 명확하게 하기 위해 이용할 수 있다고 보았다.[70]

그는 물론 자신을 기독교 사상의 반(反)이교적 전통 내에 놓는다. 그는
신의 지혜와 인간의 지혜, 계시의 진리와 사람들이 알 수 있거나 안다고
생각하는 것은 무엇이든지 그것 사이에 극복할 수 없는 틈을 가정하였다.[71]
그에게 이교적 서적을 읽는 것이 그 사람으로 하여금 성경을 이해하도록
돕는다고 주장하는 것은 착각이요 아마 자기기만으로 보였을 것이다. 그는
고린도전서 10장 마지막을 주해하면서 이렇게 말한다.

> 이제 진리는 은혜에 의해서 이해된다. 은혜는 우리의 기도가 응답될
> 때 부여된다. 우리의 기도는 온 마음을 드리는 헌신에 의하여 예리하게
> 되고, 금식에 의하여 강하게 될 때, 응답된다. 만약 당신이 어떤 다른 과정에
> 의지한다면, 당신의 행동은 미친 짓이다.[72]

콜레트가 주로 피치노를 통해 받아들인 플라톤 사상 내지 신플라톤
사상 가운데 두드러진 것은 사도 바울의 구원론을 해석하는 것과 관련된
것이라 생각된다. 그것은 영혼이 본래 나온 영적인 세계로 날개를 치고
올라간다는 것이다. 피치노에 의하면 하나님께로 향하는 영혼의 비상은
지력과 의지의 두 날개의 도움으로 성취된다.[73] 이때 하나님의 지식이

---

70) O'Kelly, *Introduction*, p. 37.

71) Ibid., p. 34.

72) O'Kelly, *First Corinthians*, p. 219.

73) P. O. Kristeller, "Ficino", in *Eight Philosophers of the italian Renaissance*(Stanford Uni.
Press, 1964), p. 44. 이하 Kristeller, "Ficino"라 약한다 ; Jayne, *Marginalia* 7에도 인간

하나님의 사랑에 의하여 각 수준에 알맞게 얻어지게 된다. 여기서 지력은 사물을 생각하는 것과 관련되고, 의지는 모든 사물을 하나로 묶어주는 힘이 되는 사랑과 관련된다. 그런데 인간 영혼이 그 생각과 사랑을 모든 사물로, 가장 높은 곳에서 가장 낮은 곳으로 확장시킨다는 것이다.[74] 그래서 인간 영혼은 다시 한번, 새로운 의미에서 우주의 중심이 된다. 그것은 자연의 모든 이적들 중에서 최대의 이적이다. 왜냐하면 그것은 모든 사물들을 결합하고, 모든 사물들의 중심이 되고, 모든 힘들을 소유하기 때문이다. 실로 그것은 모든 사물들의 중간적 지위에 있는 실체로 우주를 결속케 하고 접합시킬 수 있다.[75] 이것은 아리스토텔레스적인 정체적인 계서제에서 벗어난, 여러 실체들과 단계들이 하나가 될 수 있는 역동적인 우주관을 제시하고 있음을 말한다.

이런 영혼은, 그는 분명히 언급하고 있지는 않지만, 거듭난 영혼으로 보여진다. 그는 다만 인간의 영혼이 일상의 삶에서 지속적인 불안과 불만의 상태에 있음을 경험하지만, 그것은 육신과 외적인 세계에서 벗어나고 그 자신의 내적인 실체에 집중할 수 있다고 한다. 그래서 그 자체를 외적인 것들로부터 정화시키고, 그 영혼은 관조적인 삶으로 들어가서 더 높은 지식에 도달하고, 그동안 닫힌 영적인 세계를 발견하게 된다는 것이다.[76]

피치노는 이런 관조적인 삶을 항상 진리와 존재의 더 높은 단계로 지향하려는 영혼의 점진적인 비상으로 해석한다. 이런 비상은 마침내 하나님에

영혼이 의(행동)와 지혜(묵상)의 두 날개로 그 영혼이 본래 나온 영적인 세계로 올라가는데, 이때 영혼은 하나님의 은혜로 의롭다 함을 받아야 하고, 의롭게 되어야 한다고 한다. 이런 피치노의 해석을 콜레트가 주를 달고 있는데, 요약해서 오랫동안 사용되지 않은 선과 지혜의 날개를 쳐서 하늘로 다시 돌아가려고 한다고 한다. 이 날개의 비유는 플라톤의 *Phaedrus*, 246B-248E에서 나온다.

74) Kristeller, "Ficino", pp. 43~44.

75) Ibid., p. 43.

76) Ibid., p. 44.

대한 직접적인 지식과 비전에 이르는 것으로 절정에 달하게 된다. 이런 하나님의 지식이 인간 생활과 존재의 궁극적인 목표를 나타내 준다. 이런 지식을 가질 때에만 우리 영혼의 불안은 사라지고 참 만족을 얻게 된다. 따라서 인간의 삶과 인간 지식의 모든 다른 양식과 단계들도 이런 궁극적인 목표를 위한 다소 직접적이거나 의식적인 준비들로서 이해되어야 한다. 그도 플로티노스와 일치하여, 이런 최고의 경험이 현세 중에, 적어도 몇몇 특별한 은혜를 입은 사람들에 의해서, 도달될 수 있다고 확신했다.[77]

그런데 피치노도 이런 비상의 과정에서 지력과 지식, 의지와 사랑 중에 어느 것이 더 중요한가 하는 문제를 다루었다. 비록 그는 그의 여러 저술들에서 다른 결론들에 이르는 것 같지만, 대체로 지력과 지식에 대해 의지와 사랑의 우월성을 선호하는 경향이다. 그에게 이런 문제는 그렇게 중요하지 않았다. 왜냐하면 그는 하나님의 지식과 하나님의 사랑을 동일한 기본적인 경험, 즉 궁극적인 목표를 향하는 영혼의 관조적인 비상에 대한 단지 두 개의 다른 국면이나 해석으로 보았기 때문이다.[78]

더욱이 그는 구체적인 도덕적인 계율에 관심을 갖지 않았다. 그의 전체적인 도덕적인 교의는 그런 관조적인 삶에 대한 예찬으로 단순화 시킨 것이라고 할 수 있다. 그에 의하면 이런 삶에 도달한 사람은 운명의 타격에서 벗어나서, 내적인 확신과 통찰에 의하여 생기를 얻고 어떤 주어진 상황 아래에서도 올바른 일을 알고, 행할 수 있다고 했다.[79] 그러면 콜레트는 바울의 구원론을 해석함에 있어서 피치노로부터 어떤 영향을 얼마나 받은 것일까?

콜레트는 물론 영혼이 지력과 의지의 두 날개로 비상하는 과정을 받아들인다. 그런데 그는 고전 13:13절에 나오는 믿음, 소망, 사랑과 관련하여 해석하고자 한다. 첫 로마서 주해시(1-5장) 지력의 덕으로서 믿음을, 의지의 덕으로서

---

77) Ibid.
78) Ibid., pp. 44~45.
79) Ibid., p. 45.

사랑 바로 밑에 놓고, 소망은 생략한다. 이때 촛불의 비유를 사용하여 믿음의 흰 초가 사랑에 의해 불이 붙게 된다. 이는 교부적 견해에서 빌려 온 것으로 보인다.[80]

두 번째 로마서 주해시(6-11장) 『플라톤 신학』을 읽고 지력·의지의 문제를 피치노의 영혼의 개념과 관련지으려고 한다. 이제 영혼의 지력은 하나님을 믿는 믿음이고 그 의지는 인간의 사랑(charity)과 하나님의 사랑(love)이 된다. 이때 그는 촛불 대신에 태양 빛의 플라톤적인 비유를 채택한다.

> 이 믿음은 신적인 태양에서 인간의 영혼 안에 스며든 일종의 빛이다, 이 빛에 의하여 하늘의 진리들이 불확실성이나 의심이 없이 드러나게 된다, 그래서 그것은 이제까지 확실성이 불확실성을 능가하는 것처럼 이성의 빛을 능가한다.……
> ……반면에 사랑은 믿음과 함께 영혼을 소유해서 그것을 분산시키기도 약하게도 하지만, 인간에 의해 행해질 수 있는 한, 그것으로 하나님과 그의 그리스도는 영접되고 경배 받게 되는 것이다. 이 둘은, 나에게는 이렇게 다른 것 같지만, 실제로는 다르지 않고, 일종의 서로 교환할 수 있는 것이다, 즉 덜 일치된 믿음, 말하자면 더 퍼진 사랑으로 있다. 다른 한편으로 사랑은 더 농축되고 일치된 믿음이다.[81]

그는 믿음과 사랑의 덕을 권위 있는 토마스 방식으로 부음 받은 덕으로 간주하지만 또한 그들을 피치노를 따라 영혼의 기능으로 다루고자 한다. 같은 주해서에 소망도 믿음, 사랑과 관련을 짓고 있지만, 본질적으로 아직 이원적인 구분을 하고 있다. 씨어스 제인은 콜레트가 지속적으로 피치노의

---

80) S. Jayne, op. cit., p. 61. 제인은 로마서 1-5장의 주해 시기를 1498년 1월로 본다. 반면에 글리슨은 로마서 전체 주해가 1499~1505년 경에 된 것으로 본다. 여기서는 제인의 견해를 따른다.

81) Ibid. : 제인의 책에서 재인용.

『서한집(*Epistolae*)』이나 디오니시우스의『하늘의 계서제(*Heavenly Hierarchy*)』
와 같은 플라톤 사상의 영향을 받아 고린도전서 주해시에 소망을 단일성
(unity)·존재(being)와 관련을 짓고, 믿음·빛, 사랑·열로 관련을 지으면서 소망·
믿음·사랑의 순서로 놓고 있다.[82) 이 구원의 과정은 뒤에 계속 논하게
된다.

마침내 로마서 마지막 세 번째 주해시(12-16장), 인간 영혼이 소망(존재·단
일성·능력)－믿음(지력·빛·진리)－사랑(의지·열·선)의 과정을 거치면서 어
떻게 하나님께로 비상하는가, 곧 구원의 완성에 이르는 길을 가는가를
보여주고 있다.

왜냐하면 단일성(unity)에서 간결함과 능력이 나오고, 빛(light)에서 진리와
고결성이 나오고, 열(heat)에서 정직과 선한 행동이 나오기 때문이다. 은혜의
하나가 되게 하는 빛에 의하여 영혼이 하나님과 하나가 됨으로써, 영혼은
거듭나게 되고 새로운 존재가 된다. 왜냐하면 어떤 것도 단일성(unity)을
제외하고는 존재가 될 수 없기 때문이다. 영혼이 조명을 받으므로, 그것은
하나님을 신뢰하고 믿게 된다. 그 믿음 안에서 가장 명확한 비전을 가지게
되고, 그 비전에서 가장 명확한 믿음을 가지게 된다. 마지막으로 영혼이
열을 받으므로 그것은 하나님을 사랑하고 사모하게 된다. 게다가 하나님을
위하여 모든 신적인 것들을 동경하게 된다.……

영혼이 새로우면서 신적인 생명 안에서 존재하게 되는 세 가지 기능,
곧 소망, 믿음, 사랑을 자리매김 함에 있어서, 나는 소망(Hope)을 연합
(union)과 존재(being)라는 항목 아래에, 믿음(Faith)을 조명(illumination)과

---

82) Ibid., pp. 65~66, 단일성(unity)의 개념은 *Margilnalia* 40에서도 '플라톤 신학의
개요'라는 제목 아래에 성부의 속성 가운데 단순성·권능으로, 성자의 속성 가운데
순수성·사랑·진리로 관련짓고 있다. 성령 대신에 목적인으로서 정신을 들고 있다.
다른 곳에서는 세계 영혼(World Soul)이라고 한다. 콜레트는 인간의 정신을 지력으로
본다. 이처럼 '단일성'의 개념을 인간에게 적용시킨다. 말하자면 하나님과 하나가
되어야 거듭난 새로운 '존재'가 된다는 것이다.

지혜(wisdom), 사랑(Charity)을 열(heat)과 애정(love)이라는 항목 아래에 놓았다.……

의심할 것도 없이, 이 세 가지 기능들, 믿음, 소망, 사랑은 하나님의 하나의 선하고 아름다운 영에 의해 동시에 영혼 안으로 주입된다. 그러나 아직도 만약에 순간적으로 일어나는 기능들에 있어서 추정되는 순서, 첫째, 둘째, 셋째를 배열하는 순서를 금하는 어떤 것이 없다면, 확실히 이성은 믿음이 사랑을 앞서고, 소망은 믿음을 앞선다고 요구한다. 왜냐하면 소망은 연합으로, 믿음은 빛으로, 사랑은 열로 이루어지기 때문이다. 게다가 만약 기능들의 순서가 모든 것이 빛의 상태에 있기 전에 단일성의 상태에 있어야 하고, 열이 있기 전에 빛이 있어야 한다는 것을 요구한다면, 그 때에 물론 소망이 첫 자리를 차지하는 것이 필요할 것이다, 이는 그것이 마음의 단일성과 확고함 같은 것으로 존재하기 때문이다. 믿음은 마음의 조명이고 하나님에 대한 인식이기 때문에 두 번째 자리를 차지한다. 사랑은 마지막 세 번째 자리를 차지한다, 왜냐하면 그것은 알려지고, 그에 대한 동경이 있을 때, 하나님에 대한 사랑이기 때문이다.……그러한 하나의 아름다운 선, 선하고 아름다운 하나, 하나의 선한 아름다움은 바로 영혼의 생명이다, 영혼을 강하게 하고, 아름답게 하고, 선에 대해 능동적이 되게 한다. 그것의 단일성은 확실한 소망이고, 그것의 아름다움은 빛나는 믿음이고, 그것의 선은 불타는 사랑이다.[83]

로마서 주해서에서, 콜레트는 구원의 과정과 관련하여 거듭나서 새로운 존재가 될 때 소망을 가지게 되고, 이때 영혼은 위로부터 오는 조명을 받아서 하나님을 믿고 신뢰하게 되고, 비전을 가지게 되며, 이때 영혼은 열을 받아서 하나님과 사람들을 사랑할 수 있는 사랑을 하게 된다고 보았다. 그는 이 사랑을 최고의 단계로 보았다. 이것은 사랑으로 행함이 없으면 죽은 믿음이요 헛된 소망임을 말한다. 그런 점에서 그는 그 당시 르네상스 휴머니스트들 대부분처럼 주의주의자였다.

---

83) Ibid., pp. 65~66 : 제인의 책에서 재인용.

그런데 제인은 콜레트가 피치노와 양립할 수 없는 차이를 느꼈다든지, 콜레트를 주의주의자로, 피치노를 주지주의자로 간주하는 등 콜레트와 피치노를 너무 차별화 시키지 않았는가 생각된다. 그는 콜레트가 이런 구원론을 해석함에 있어서 피치노로부터 영향을 받았다고 하면서도 별로 도움을 받지 못하고 메울 수 없는 현격한 차이를 인식했다는 것이다.[84] 그러나 크리스텔러는 피치노도 의지·사랑의 우위를 지지하는 주의설의 경향이 있다고 하였다. 피치노는 전문적인 철학자요 사제로서 그의 주된 관심이 플라톤 사상의 종교성을 그가 최고의 종교라고 한 기독교와 조화, 접목시키려고 한 것이었다.[85]

그 가운데 하나가 바로 영혼이 하늘로 비상하여 최고의 지식인 하나님을 아는 지식에 이르고 하나님의 사랑을 나타내는 것이었다. 그에게 하나님의 지식은 앞에서도 언급한 바와 같이 어떤 운명적인 상황 가운데서도 바른 일을 알고 행할 수 있게 하는 힘이 있었다. 콜레트는 전문적인 신학자요 사제로서 그의 주된 관심은 바울의 서한서에 나타난 구원론을 적절히 해석하여 드러내는 데에 있었다. 이를 위해 피치노의 심원한 사상에서 영감을 얻었고, 실제적인 유익한 도움을 받았다고 생각된다.

앞 절에서 잠시 언급한 것처럼 콜레트가 1495년 경 플로렌스에서 피치노에게 '지력과 의지의 관계'에 대한 그가 주요 관심으로 여기는 문제에 대해 첫 편지를 띠우면서 면담을 요청했을 것(이 편지는 현존하지 않음)이라고 한 글리슨의 말이 옳다면, 콜레트는 이미 '지력과 의지의 관계'에 대한 피치노의 견해를 접했을 것이라 생각된다. 그 편지에서 피치노는 이렇게 말한다.

---

84) Ibid., p. 68.
85) Kristeller, "Ficino", p. 49.

238

······지력이 먼저이고 사랑이 다음이다. 지력이 사랑을 낳고 사랑은 지력에서 나온다. 지력은 내적으로 향하고 사랑은 외적으로 향한다. 지력은 최종적으로 더 순수해지고, 더 명확해지고, 더 참되어진다. 사랑은 더 다양하고, 더 집중되고, 더 농축된다.······나의 사랑하는 존, 나는 자네가 이 신비 곧 의지는 거친 지력인 반면에 지력은 순수하고 정제된 의지라는 것을 이해하기 바라네. 이렇게 의지는 이해되고 지력은 의지된다. 오히려 지력과 의지 양자 안에 있는 것은 무엇이든지, 그것이 어떤 인식의 본질이다. 그러나 지력은 자족적인 인식이거나 혹은 적어도 의지보다 덜 결핍된 인식이다.······의지는 어떤 것을 필요로 하는 인식의 형태이다. 그래서 이런 이유 때문에 의지는 갈망하고 얻고자 한다. 의지는 지력보다 물질적인 대상에 더 친근하고, 그것들을 더 수월하게, 매우 게걸스럽게 인식하기 때문에, 의지는 만약 그것이 더 정제된 지력으로 간파하면 인정되지 않을 수 있는 어떤 것을 받아들이고 인정할 수 있을 것이다.······[86]

여기서 피치노는 지력이 기능의 순서에 있어서 먼저이고 의지가 다음이지만 상호간에 보완하는 관계에 있음을 말한다. 그래서 의지는 거친 지력이고, 지력은 순수하고 정제된 의지라고 한다. 그는 콜레트에게 이런 상호간에 보완적 기능이 있다는 신비로움을 이해하기를 바라고 있다. 이것은 의지가 지력에서 나오지만 처음에는 거친 데서 점차 순수해지고 정제될 수 있음을 말한다. 여기에서 필자는 전체적으로 볼 때, 피치노가 지력을 중요시하지만 그것의 외적인 나타남으로서 의지·사랑의 중요성을 강조하고 있음을 본다.

이런 피치노의 영향이 콜레트의 고린도전서 주해에서 잘 나타난다. 고린도전서 주해는 로마서 세 번째 주해보다 좀 앞서 행해진 것으로 본다. 1장 주해에서 그는 이렇게 말한다. "인간 영혼은 지력과 의지로 이루어진다. 우리의 지력에 의해 우리는 지혜롭게 되고, 우리의 의지에 의해 우리는 일을 할 힘을 가진다. 지력의 지혜가 믿음이고, 의지의 능력이 사랑이다.

---

86) Jayne, op. cit., pp. 82~83 : 부록의 서한문에서 재인용.

이제 그리스도는 하나님의 힘 곧 하나님의 능력이고 하나님의 지혜이다(고전 1:24)."[87]

그러면 지력이 왜 지혜를 얻어야 하고, 어떻게 지혜를 얻을 수 있는가? 인간의 정신(혹은 지력)은 지적인 실재들을 사람마다 다양한 정도로 알고, 이해하는 데에 적절하다. 그러나 인간은 순수성을 잃고 혼합되었고, 여러 문제에 관여함으로 존재가 분산되고, 정신과 의지가 무감각에 빠지기 쉽다. 또한 순간적인 쾌락을 위한 근시안적인 본능에 휘둘리기 쉽다. 이런 것들이 인간 정신으로 궁극적이고 진실로 의미 있는 실재에 대한 어떤 개인적인 관여를 발견하거나 찾지 못하게 한다.[88]

그러하기 때문에, 지력은 지혜를 소유해야 한다. 이런 지혜는 지혜의 아버지인 하나님 안에서만 찾을 수 있다.[89] 이를 위해 하나님의 지혜이신 그리스도께 참여해야 한다. 이 참여의 원리는 피치노에 의한 플라톤 사상의 영향을 말해 준다. 그는 플라톤의 '이데아'를 아리스토텔레스의 내재적 형상의 이론과 결합시키면서, 사물 내의 형상은 사물 위의 형상에서 비롯된다고 주장한다. 이데아는 그 자체를 개개의 사물에 전달함으로써 그것은 본질적 형상의 원인이다. 궁극적으로 이 참여는 제일 원인인 그리스도께로 돌아간다.[90]

이런 그리스도에의 참여 없이는 다만 마음의 어두움, 어리석음, 무지가 있을 뿐이다. 더욱이 진정한 영지(gnosis)는 "높고, 훨씬 위에 있는 추론에 근거하고, 육신의 눈이 아니고 믿음의 눈에 의해서만 지각될 수 있다."[91] 많은 사람들이 땅 속 깊은 곳이나 물 속 깊이에 있기 때문에 태양 빛을

---

87) O'Kelly, *First Corinthians,* p. 79.
88) Ibid., pp. 81~83.
89) Ibid., p. 87.
90) Jarrott, *Notes,* 고린도전서 13장 N. 9 참조.
91) O'Kelly, *First Corinthians,* p. 83.

인식할 수 없는 것처럼, 인간 존재의 위대한 실재이신 그리스도를 인식할 수 없다. 이런 영지는 인간 자신의 선택이나 노력에 의하여 도달할 수 있는 것이 아니다. 고린도전서 2장 주해에서 이렇게 말하고 있다.

> 이제 아무도 그가 복음의 가르침에 의하여 이 세상의 물에서 성령 안으로, 어둠에서 빛으로, 분열에서 통합으로, 거짓에서 진리로, 사악함에서 선함으로, 소망, 믿음, 사랑으로, 이끌어 올려지지 않으면, 이런 모든 것을 보고 이해할 수 없다. 그래서 하나님 안에서 하나가 되지도, 하나님을 믿는 믿음을 가질 수도, 하나님을 사랑할 수도 없다. 하나님으로부터만 그는 견고한 존재가 되고, 분명한 지혜를 가지게 되고, 선한 행동을 하게 된다.[92]

여기서 콜레트는 로마서 마지막 주해에서처럼 의도적으로 짝을 짓지 않지만, 소망·존재, 믿음·지혜, 사랑·행동(의지)의 과정을 통하여 온전한 구원에 이르게 된다는 것을 은연중에 보여주고 있다. 그런데 고린도전서 7장에 가면, 먼저 그리스도의 복음 혹은 그리스도의 빛을 받아들이는 자는 하나님과 하나가 되어, 새롭게 태어나고, 하나님 안에서 소망을 가지며, 새로운 존재가 된다. 다음에 하나님께 대한 믿음을 가지고 더욱 더 하나님을 아는 참된 지혜에 이르게 된다. 마지막으로 선에 대한 사랑을 하고, 행함에 이르게 되는 과정이 보인다.[93] 곧 그리스도에 참여함으로 하나의 인간이 존재, 지혜, 선을 가지게 된다.

이제 우리는 피치노에서처럼 콜레트의 구원론에 있어서 정신(지력)과 의지의 불가분성, 상호보완성에 대해 언급해야 할 차례가 되었다. 어둠이 있는 곳에 냉랭함이 있고, 어리석음이 있는 곳에 악독이 있으며, 보지 못함이 있는 곳에 무력함이 있는 것처럼, 빛이 있는 곳에 따뜻함이 있고, 지혜가

---

92) Ibid., p. 93.
93) Ibid., p. 151.

있는 곳에 선함이 있으며, 참된 비전이 있는 곳에 힘이 있다. 영지와 행함은
분리될 수 없다. 비록 그는 영지에게 이론적인 우선권을 약간 인정하지만,
그리스도를 인정하고 그에게 관련된 모든 것을 믿는 믿음이 그 길(the
Way)로 들어서는 구성요소가 된다. 그러나 아무도 그것들을 의지하는 것
없이 선과 참을 정말 볼 수 없다. 그는 고린도전서 7장 주해에서 이렇게
말하고 있다.

> 예수 그리스도에 대한 진정한 믿음, 그리고 그에 대한 지식은 선한 행위의
> 수반 없이 결코 있을 수 없다. 말하자면, 행위는 믿음에 의해 시작된 여행을
> 더 진전시키는 것이고, 사람이 목표에 도달하는 수단이다. 이것은 우리의
> 목표요 우리의 행복인 그리스도이시다. 게다가 어떤 것도, 바울이 갈라디아
> 인들에게 쓴 것처럼, "사랑으로 나타난 믿음 외에"(갈 5:6) 그 분의 눈에는
> 가치가 없다.94)

콜레트는 믿음으로 '의롭다 하심'을 받은 후에 계속적으로 행함이 뒤따라
야 한다고 한다. 여기서 행함은 하나님께 대한 사랑, 이웃에 대한 사랑으로
요약된다. 그는 연약해서 반복하여 넘어지더라도, 그리스도를 따르고자
하고, 닮아가고자 하는 의지, 하나님의 사랑으로 선을 행하려는 의지를
포기하지 않아야 한다고 한다. 선을 택하고 악을 버리는 의지의 힘을 중요시
한다. 그래서 계속적으로 사랑으로 나타나는 믿음의 행위가 없으면, 그
믿음은 헛되고 공허하게 된다. 그는 야고보서 2:14-17, 요한 1서 2:3, 4
등을 인용한다.95) 그의 이런 해석은 에라스무스라든지, 르페브르(Lefévre)
같은 휴머니스트들도, 루터와 같은 종교개혁자들도 거의 같은 입장이었
다.96) 무엇보다도 그가 존경하고 영향을 받은 피치노도 그런 입장이었다는

---

94) Ibid., p. 147.
95) Ibid., p. 145.
96) 에라스무스는 『신약성경 주석』(1535)에서 믿음과 사랑의 실제적 불가분성의 표시로

242

것은 주목할 만하다.

피치노는『플라톤 신학』에서 대체로 의지·사랑에 우위를 두는 경향이라고 앞에서 이미 말한 바 있다. 특히 그는 사도 바울에 대한 주해서에서 성령의 선물에 대해 말하면서 사랑은 지식보다 더 효능이 있다고 했다. 이때 그는 바울뿐만 아니라 플라톤에 의지한다. "이런 이유 때문에 플라톤은 「심포지움(*Symposium*)」에서 사랑을 통해 신적인 정신과 하나가 된 우리의 정신은 사물들의 이데아요 완성(그리스도 : 필자 주)을 관조할 뿐 아니라 그 자체 안으로 그것들(필요한 이데아들 : 필자 주)을 가져오기도 한다."[97]

그는 또한 인간이 율법의 행위 없이 의롭다 함을 받지만, 인간이 구원을 성취하기 위해서는 선행이 의롭다 함을 뒤따라야 한다고 주장한다. 믿음과 소망은 사랑과 불가분의 관련을 맺고 있는데, 그 사랑은 우리를 위한 하나님의 사랑에 그 기원이 있는 사랑이다. "만약 하나님에 대한 우리의 사랑이 우리를 위한 하나님의 사랑 안에 그 시작이 있다면, 그 때 우리의 사랑과 우리의 공로 곧 믿음과 소망에 필요한 것들도 동일한 신성에서 비롯된다."[98] '동일한 신성'이란 하나님의 우리 인간들에 대한 사랑이겠다.

이렇게 소망·믿음·사랑의 불가분성, 특히 믿음(지력)·사랑(의지)의 상호 보완성을 볼 수가 있지만, 그 가운데서 사랑(의지)의 우위성도 볼 수 있다. 고린도전서 13장 주해에서 콜레트는 사랑(charity)이 다만 우리가 하나님을 기쁘시게 할 수 있는 것이라고 하며 이렇게 말하고 있다.

서 갈 5:6절을 인용하였다. "갈라디아인들에게 바울은 사랑을 통해 일하는 믿음을 묘사한다. 즉 사랑의 일들은 믿음에 돌려져야 한다. 그러므로 사랑이 믿음에서 분리된다고 주장하는 사람은 누구든지 뿌리를 가지로부터 나누고 있다." 루터도 『갈라디아서 강해』(1519)에서 이렇게 말하고 있다. "에라스무스가 그리스어판에서 보여준 것처럼 그것은 적극적인 믿음이다. 그것이 한 번 얻어지자 코를 골거나 이적을 통해 강해지는 것이 아니라, 사랑을 통해서 매우 적극적이 되는 것이다"(Jarrott, *Notes*, 고린도전서 7장 N. 18 참조).

97) Jarrott, *Notes*, 고전 7장 N. 16 참조.

98) Ibid.

　　성령은 사랑의 완전케 함이 없이도 심히 풍성하게 은사들을 만들 수 있다. 즉 소망은 단일성, 단순성, 견고함으로 정화시킨다. 믿음은 계시의 지식으로 밝게 한다. 그러나 사랑의 완전케 함이 없으면 양자는 거짓되고, 무익하고, 믿을 수 없다. 사랑은 우리를 완전함에 이르도록 불을 붙인다. 그래서 온전케 되어 우리가 하나님을 기쁘시게 할 수 있을 것이다. 비록 일이 아름답고 적절히 시작되었다고 하더라도 온전케 되지 않으면, 그 일은 귀하게 여겨질 수 없다.99)

　　성령의 도우심으로 사람이 소망을 가지고, 믿음을 가지며, 이에 필요한 모든 은사를 가진다고 하더라도, "사랑이 없으면 당신은 불완전하고, 완전한 하나님을 결코 기쁘시게 하지 못한다."100) "사랑은 믿음의 꽃이고, 행위는 사랑의 열매이다."101) "완전함은 진실로 사랑이다."102) 믿음(지력)과 사랑(의지)의 불가분성을 말하면서도 사랑의 힘을 강조하고 있다. 그러면 어떻게 모든 은사를 완전케 하는 사랑의 힘을 가질 수 있는가?

　　여기에는 특별한 방법은 없는 것 같다. 왜냐하면 사랑 자체가 하나님이 주시는 은사들 중에 더 좋은 은사(카리스마, χάρισμα)이기 때문이다. 하나님이 주시는 이런 은사를 잘 받으려면 성령의 기뻐하시는 뜻을 좇아 순종하는 데에 있다고 생각된다. 콜레트는 믿음으로 의롭다 함을 받은 후에 '당신이 하나님으로부터 사랑을 받은 것처럼 당신이 사랑하려는 의지'를 포기하지 않는 것이 중요하다고 하였다. '완만한 준비 후에 한 순간에 상급인 사랑이 나타난다'고 한다.103)

　　그런데 콜레트는 이 사랑을 고전 13장에서 모든 은사들로 이루어진

---

99) O'Kelly, *First Corinthians*, pp. 257~259.
100) Ibid., p. 259.
101) Ibid., p. 257.
102) Ibid., p. 259.
103) Ibid., p. 261.

244

형상(form), 완전해지고 완성된 형상, 영적인 인간의 본질적인 형상, 은혜의 흠 없는 형상이라고 한다. 여기서 형상(form)과 질료(matter)라는 전통적인 아리스토텔레스적 스콜라 철학의 용어를 사용하고 있다. 스콜라 철학적 의미로 형상은 질료에 의미와 목적을 준다. 콜레트는 이것을 영적 생활에 적용시켜 인간 존재에 의미와 목적을 주는 영적 원리로 보았다.[104] 이것은 그리스도에 의해 우리에게 제공되는 모범의 힘, 은혜의 능력이었다. "그리스도의 삶의 형상을 통해서, 마치 희생적인 산제물에 의한 것처럼, 우리는 하늘로 들어갈 수 있다."[105]

그러면서 플라톤적인 개념과 결합시킨다. 앞에서 피치노는 플라톤의 '이데아'와 아리스토텔레스의 '내재적 형상'의 이론과 결합시켜 '사물 내의 형상' 이론으로 대체함으로써 그리스도에게로 참여하게 된다고 하였다. 이때 이데아는 제일 원인으로서 개개의 사물에 그 자체를 적합하게 전달함으로 본질적인 형상이 되게 한다. 여기서 제일 원인은 그리스도 혹은 그리스도의 영, 성령이 된다.

이제 본질적인 형상인 사랑이라는 은사를 받기까지의 과정을 요약해 보자. 먼저 질료로서 육신적인 인간을 이데아로서 제일 원인인 그리스도의 영, 성령이 영향을 미치고, 마음에 변화를 일으키고, 적절한 성품으로 준비시킨다. 그래서 일부는 그 일이 적절한 순서로 진행되도록 하고, 일부는 하나님이 그 성품으로 그 사람이 얼마나 겸손한가, 얼마나 인내심이 있는가, 얼마나 적절한가, 알고자 하신다. 마침내 은혜의 흠 없는 형상이 나타난다. 이 개화된 형상이 사랑이다. 이 사랑에서 일의 열매가 나온다. 사도 바울이 이 일들을 흔히 열매라고 부르는 것은 그것들이 사랑의 꽃에서 나타나기 때문이다.[106]

---

104) Jarrott, *Notes*, 고전 1장 N. 4 참조.
105) O'Kelly, *First Corinthians*, p. 169.
106) Ibid., p. 259.

여기서 성령을 '본질적인 작인(作因, causality)' 혹은 '유익한 동인(動因, agent)'이라고 하는데 이는 피치노의 플라톤 철학에서 나오는 신플라톤적 개념이다.

> 모든 원인은 어떤 형상을 통해서 작용하고, 그 형상 안에서 어떤 의미에서는 그와 유사한 결과를 나타낸다. 그것이 결과의 형상은 원인에 의해 이해되어야 하는 것이 필요한 까닭이다. 신은 모든 것들의 원인이기 때문에 모든 것들의 형상은 그 안에 있어야 한다. 그러므로 신은 본질적으로 모든 형상(omniform)이다.[107]

이렇게 유익한 동인인 성령이 일하심으로 육신적인 인간 자신이 영과 동인으로 변형되고, 본질적인 형상으로 된다. '형상이 된 대상은 마침내 스스로(per se) 행동한다.' 마침내 '인간은 존재할 수 있게 된다.'[108] 이렇게 온전한 형상이 되기 전에는 성령이 그 대상 안에서 일하였다. 그러나 완전한 대상이 된 인간의 모든 올바른 행위는 그 자신의 형상에 의한 것이다. 이제 "사랑의 완전함 안에서 영적이 된 인간은 성령 안에서 영적인 행위를 할 능력과 통제력을 갖게 된다."[109] "인간은 그 자신의 형상과 사랑에 의해 행하지만, 아직도 그는 그 자신의 일의 제일 원인이 아니고, 성령과 함께 일하는 살아 있는 완전한 도구가 된다."[110] 그는 자율적 의미의 동인이 아니고 도구적 동인이 된다.

성령은 아직 사랑이 없는 사람, 죽은 사람, 몸이 되지 못하는 사람 안에도 일하신다. 적어도 잠시, 교회의 건설을 위해서 그렇게 하신다. 그러나 성령은 그의 몸의 살아 있는 구성원들이 되게 한 도구와 종들을 사용할 때, 자기

---

107) Jarrott, *Notes*, 고전 13장 N. 9 참조.
108) O'Kelly, *First Corinthians*, p. 259.
109) Ibid., p. 261.
110) Ibid.

자신을 세우는데, 매우 참되게, 유효하게 일하신다. 이들은 그들 자신이 세움 받은 것처럼, 세운다. 사랑은 세운다. 그러나 생명이 없는 도구들은 그들 자신이 세움 받지 못했기 때문에, 아마 때때로 세울지 모른다. 그러나 이것은 그들 자신의 팽창을 의미한다.[111]

콜레트는 성령이 아직 사랑하지 못하는 사람들 가운데도 일하시지만 그 사람들이 사랑하는 본질적인 형상을 지닌 존재들로 변화되기를 바라고 있다.

> 인간의 사랑이 없이도, 인간 안에서 성령의 역사가 있을 수 있다. 이런 역사는 선하고, 성령에 의하여 선한 목적으로 향하게 된다. 하지만 그가 사랑이 없는 한, 인간 자신을 위해서, 그것은 선하지 않다. 그러나 그가 사랑을 많이 받아서, 그 자신 사랑에 의해 불이 붙고 온전케 되어, 사랑의 성령과 함께 일하게 될 때, 그 때 그 일은 또한 인간 자신에 속하고, 그것은 그 사람을 위해 선하고, 칭찬할 만하다.[112]

이제 사랑할 수 있는 본질적인 형상으로 변화된 사람은 선한 일의 근원이 될 수 있다.[113] 그러나 콜레트도 인간의 사후적 완전을 말하고 있다.[114] 인간은 하나님의 사랑으로 스스로 사랑하고 앞으로 나아갈 수 있는 힘을 얻게 되었다. 이것이 능동적인 동인인데, 그러나 하나님의 사랑이 없으면 인간은 뒤에, 세상에 붙어 있고자 한다. 여기에서 '앞의 것(the prior)', '뒤의 것(the posterior)'이라는 개념이 나온다. 그래서 "완성은 인간 안에 앞의 것이 없으면 존재할 수 없다. 앞의 것은 뒤의 것이 없어도 인간 안에 존재할 수 있다. 하나님의 사랑은 인간 안에 앞의 것을 일으킨다."[115]

---

111) Ibid.
112) Ibid., p. 265.
113) Ibid.
114) Ibid., p. 263.

그리스도 안에서 살아 있는 도구가 된 사람은 성령을 통해서 신의 무한히 지혜로운 계획을 성취하는 일에 참여하고 협동할 수 있다. 그러나 방법 상의 차이로 그런 협동을 거부할 수 있는 의지의 자유를 인정한다. 물론 저주의 길을 가는 의지의 자유는 여기서 제외한다. 반면에 지력은 반드시 참되다고 인정한 것에 동의해야 한다. 예를 들면, "예수가 성육신하신 하나님 의 아들이시라는 것, 그가 인간들을 대신해 하나님을 기쁘시게 하고, 하나님 과 화목하게 하기 위해서 십자가에서 죽으셨다는 것, 이밖에 그리스도를 믿는 것과 관련된 모든 것들이다."[116]

결국 본질적인 형상을 지닌 완전한 사람들은 그리스도의 지체들로서 그리스도 안에서 한 몸이 되어야 한다. 이 땅에서는 육신을 입은 존재이기 때문에, 방법상의 차이 때문에, 한 몸이 되기가 어렵다. 그러나 한 몸이라는 지체 의식을 가져야 한다. 가능한 한 한 몸이 되도록 최선을 다해야 한다. 이때 모범이신 그리스도를 본받아 성령의 도우심을 받아야 한다. 그래서 그리스도를 모범적 작인이라고도 한다.[117] 그리스도는 '목적인, 동인이면서 모범인이시다.' 이 그리스도를 힘써 좇을 때, 이 땅에서는 완성이 되지 못하고, 불완전하다고 하더라도, 끝날에 모든 사람들이 생명을 받고, 한 몸이 될 것이다.[118]

이제 콜레트가 로마서나 고린도전서를 주해할 때, 주로 피치노를 통한 플라톤 사상이 어떤 영향을 미쳤는가, 그의 성경 주석의 성격이 어떠한가, 간단히 살펴보기로 하자. 그의 주해에서 중심이 되는 것이 구원론이었듯이,

---

115) Ibid. 이것은 피치노에 의해 발전된 개념인데, 위에 있는 등급은 그들이 가지고 있는 것을 받아서 그들 자신의 힘과 본질의 영향을 그들 밑에 있는 등급에 전한다는 것이다. 이렇게 해서 'anterior' 혹은 'prior'는 'superior'와 거의 대등하게 되고, 'posterior' 는 'inferior'와 거의 같게 된다(Jarrott. *Notes*, 13장 N. 15 참조).

116) Ibid., p. 143.

117) Ibid., p. 263.

118) O'Kelly, *Introduction*, p. 47.

248

그 주해의 성격도 설교를 듣거나 주해서를 읽는 사람들로 하여금 구원을 얻도록 하는 것이 포인트가 되었다. 그래서 그의 주해도 아카데믹하기보다 교훈적이었다. 중세의 아카데믹한 전통은 본문의 한 절, 한 절을 따라 상세하게 주해하였는데, 중세의 또 다른 전통인 교훈적인 전통은 어떤 부분은 넘어가고 어떤 부분에는 매우 빈약한 관심을 나타내었다.[119]

콜레트는 토마스 아퀴나스를 중심으로 하는 아카데믹한 전통에 있는 중세의 스콜라 철학적인 주해에서 진정으로 벗어난 최초의 성경 신학자라 할 수 있다. 그는 토마스처럼 본문의 의미보다도 교훈적인 권고에 치중하였다. 그래서 그의 언어나 사고의 범주에 있어서도 토마스처럼 개념적인 명확성, 정밀성보다도 상징적, 신비적 성격을 나타내었다.[120]

이런 방법론은 페트라르카에서 발라, 발라에서 에라스무스로 이어지는 휴머니즘의 수사학적 전통에 함께 하는 것이었다. 이들 휴머니스트들은 4~5세기 교부들과 관련되는데, 교부들은 문자적 의미를 강조하는 안디옥 학파와 영적인 의미를 강조하는 알렉산드리아 학파로 나뉜다.

대체로 이들은 문자적 의미와 영적 의미를 조화시키려고 하였다.[121] 에라스무스도 이들 양자를 조화시키려는 입장이었다. 그런데 콜레트는 영적인 전통을 중시하는 희귀한 전통에 서 있다.[122] 그러기 때문에 그는 발라나 에라스무스와 같은 휴머니즘과 성경 해석에 있어서 구원론적인 교훈을 이끌어 내고자 했다는 점에서 공통점이 있다고 할 것이다. 특히 콜레트의 그다운 점은 그가 직업적인 사제로서 성경 원문으로 돌아가는 설교나 주해를 하였다는 점이다.

---

119) Ibid., p. 29.

120) Ibid.

121) Trinkaus, "Italian Humanism", pp. 564~565.

122) Daniel T. Lochman, "Colet and Erasmus : The Disputatiuncula and the Controversy of Letter and Spirit" in *Sixteenth Century Journal*, XX, NO. 1, 1989, p. 80. 이하 Lochman, "Colet and Erasmus"라 약함.

요컨대, 콜레트는 개념적, 논리적, 정체된 우주론과 관련된 형이상학적인 스콜라 철학적 성경 연구의 장치를 제거하였다. 하비슨(Harbison)은 그의 강의가 "문맥에서 벗어나서, 교의의 논리적 구성으로 사용된 입증된 본문들로 가득차기보다 역사적 배경에서 그것들을 해석했다는 점에서 혁명적"이라고 했다.[123] 그래서 그의 강의는 역동적인 우주론에 근거한 형이상학적인 구원론을 제시함으로써 성직자들만이 아니고 학생들, 일반 교수들, 교양 있는 도시민들도 널리 접근하게 하였다. 이런 점에서 그의 사고의 구조와 언어는 에라스무스 같은 휴머니스트보다 더 사색적이고, 논리적, 비경험적, 형이상학적이었다.

이와 관련하여 그의 성경 해석에 있어서 단일 의미에 대해 살펴보자. 중세의 신학적 전통의 주류는 아카데믹한 전통이었다. 이것은 성경이 성령에 의해 쓰여진 하나님의 말씀이기 때문에 그 의미는 무진장하다는 것이었다. 이는 문자적 의미를 중시하는 것이다. 이를 위해 문법적, 역사적 의미도 찾아야 한다는 것이 발라나 에라스무스와 같은 휴머니스트들의 입장이었다.

이에 대해 영적, 교훈적인 전통은 본문이 '표면적(문자적) 의미 외에 달리 말하고 있는' 풍유적(allegorical) 의미를 찾아야 한다는 입장이다. 여기에도 영적 의미를 강조하는 정도의 차이가 있지만, 콜레트는 영적인 단일 의미를 강조하는 희귀한 입장에 서 있다. 그도 모든 사람들과 같이 일반적 원리 곧 "문자적 의미가 있는 곳에 항상 풍유적 의미가 있는 것은 아니다. 그러나 다른 한편으로 풍유적 의미가 있는 곳에 문자적 의미가 항상 그것의 전제가 된다"[124]는 것을 받아들였다.

그도 성경의 네 가지 의미 곧 역사적, 풍유적, 비유적, 신비적 의미에 대한 공통적으로 받아들여진 중세적 교리에 매우 친근하였다. 그에게 신약은

---

123) E. H. Harbison, *The Christian Scholar in the Age of the Reformer*(New York, 1956), p. 58.

124) *On Dionysius' Ecclesiastical Hierarchy*, 235, 238 : Gleason의 책, p. 135에서 재인용.

250

'온전히 문자적'이었다.[125] 하지만 이런 문자적 의미를 누가, 어떻게 해석하느냐에 대해서는 매우 신중한 태도를 취하였다. 그에게 성경적 해석은 보통의 의미에서 학문적 연구의 결실이 아니라 해석자의 계시의 성격과 관련된 것이 된다.

그는 영적 의미란 성령에 의해 연약한 자들과 불경스러운 자들로부터 숨겨진다고 한다. 오히려 "사람들 사이에 첫째가 되고 제일 훌륭한 사람들에게 더 계시적인 통찰력이 부여되고, 그들 마음 가운데 하나님으로부터 더 직접적인 교화가 있게 된다."[126] 성령은 다양성으로부터 진리의 충만함을 보호하고, 성령은 단일화된 진리의 지각에 의해 고취된 자들을 주의 깊게 선택한다는 것이다. 이들은 "거룩한 문자의 더 거룩하고 더 내면 깊숙이에 있는 성소로" 들어간다. 여기에서는 "저 아주 단일한, 매우 강력하고, 매우 참되고, 매우 완전한 의미를 제외하고" 어떤 것이 보여질 수는 없다.[127] 이것은 그가 피치노에 의해 번역된 디오니시우스의 저서들에 담긴 기독교적 플라톤 사상에서 영향 받았음을 말해 준다.

이러한 콜레트의 입장은 가장 영적인 것이 다른 것들보다 더 참되다는 경향을 띠게 된다. 그래서 해석의 가치는 해석의 단일한 원천인 성령에 얼마나 근접하느냐에 따라, 또한 단일성에의 접근에 따라, 영성의 정도에 따라, 정해진다.[128] 반면에 그의 친구인 에라스무스는 문자적 의미의 온당함과 전통적 권위에 집중한다. 이런 양자의 해석상의 차이를 극명하게 보여준 것이 1499년 10월 경 두 사람이 중심이 되어 그리스도의 겟세마네 동산에서의 기도의 의미에 대한 토론이다.

---

125) O'Kelly, *Introduction*, p. 29.

126) *On Dionysius' Celestial Hierarchy*, 174 : Gleason의 책, p. 138에서 재인용.

127) *Colet's commentary on the Eccelsiastical Hierarchy of Dionysius*, LB, 5:1292D ; Lochman, "Colet and Erasmus", p. 85에서 재인용.

128) Lochman, "Colet and Erasmus", p. 85.

이 토론 후에 두 사람은 편지로 정리된 것을 주고 받았는데, 에라스무스가 그 편지들을 더 부연, 증보하여「작은 토론」으로 출판하였다.129)「작은 토론」의 원 제목은「임박한 십자가의 고난 앞에서 예수님에 의해 느끼신 고뇌, 놀람, 슬픔에 관하여 친구들 사이의 토론」130)인데, 영국을 첫 방문하고 대륙에 돌아온 후, 1503년 2월에 타이틀이 암시하듯이 '등불 곁에서' 종교적 토픽들에 대한 짧은 저술들과 저술들을 모아 놓은 *Lucubratiunclae et Lucubrationes*에 함께 수록된 것이다. 여기에 중심이 된 책자는『그리스도 군사의 편람(*Enchiridion Militis Christiniani*)』인데, 여기서 에라스무스는 오리겐을 본받아 영적인 해석을 중요시 한다(7장 Ⅳ절 참조). 그러나 뒤에 신약성경을 내놓을 때에는 문자적인 해석과 영적인 해석을 조화시키려고 한다(7장 Ⅴ절 참조).

그리스도의 겟세마네 동산에서의 고통과 슬픔에 대한 전통적인 해석은 임박한 죽음 앞에서 인간적인 두려움으로 본다. 반면에 콜레트의 경우, 그리스도는 인류에 대한 완전한 사랑으로 인해 죽음에 대한 그런 두려움을 배제할 수 있다는 것이다. 그는 성 제롬에게서 그의 해석을 근거로 하는데,

---

129) 토론 후에 즉시 1499년 10월 경 콜레트는 에라스무스에게 편지를 했는데, 이 편지는 전해지지 않고, 다만 에라스무스가 콜레트에게 보낸 답신(Ep. 108)이 있고, 이를 더 부연, 설명하여 출판하였다(Gouda MS 1324), 이 편지 1~41줄을 다시 개정하여 뒤에 '작은 토론'이라는 이름으로 출판할 때, 서론으로 하였고, 42줄 이후는 본래의 편지대로 수록한 것이 Ep. 109로 남아 있다. 에라스무스의 두 번째 편지에 대한 콜레트의 답신이 Ep. 110으로 있는데, 이는 발표되지 않다가 1518년「작은 토론」을 다시 낼 때 함께 수록하였다, 이때 콜레트에 대한 답신 Ep. 111도 함께 넣었다. Ep. 109와 Ep. 111을 새롭게 개정하여 설득력 있게 자신의 견해를 밝힌 것이 바로「작은 토론」이다, *CWE*, Vol. I(University of Toronto Press, 1974).

130) *Disputatiuncula de taedio, pavore, tristicia Jesu*(A Short Debate Concerning the Distress, Alarm, and Sorrow of Jesus), ed. John W. O'Malley, trans. & annot. Michael J. Heath, in *Collected Works of Erasmus*, Vol. 29(Uni. of Toronto Press, 1998). 이하 *Disputatiuncula*라 약함.

이는 희귀한 해석이다. 곧 자기 자신의 죽음 앞에 두려워 한 것이 아니고, 자기를 십자가에 못 박게 한 유대인들에게 임할 심판 앞에 고통하고 슬퍼했다는 것이다.

이에 대해 에라스무스는 제롬에 근거한 콜레트의 견해를 조건적으로 받아들인다. 다시 말해서, 그것이 틀리다는 것은 아닌데, 단지 다른 많은 교부들, 신학자들의 견해, 즉 인간적인 두려움으로 보는 해석도 인정할 경우에 그렇게 하겠다는 것이다. 그의 입장은 성경 구절에 둘 이상의 의미가 있을 수 있다는 것이다. 그러나 콜레트는 단일 의미를 고수한다. 콜레트는 에라스무스의 편지(Ep. 109)에 대한 답신(Ep. 110)에서 이렇게 말하고 있다.

> 언제나 토론술의 힘과 또한 유력한 예들이 많은 만큼 비중이 크고, 무게가 실려 있는 사실에도 불구하고, 그것은 아직 지금까지는 나로부터 나 자신의 견해를 빼앗거나, 나의 눈에 소홀하지 않게 한다. 나는 그 견해를 제롬으로부터 철저히 섭취하였다. 나는 비뚤어진 완고함으로 고집이 세거나 굳어진 것이 아니고, 내가 믿은 것처럼, 정당하게, 내가 받아들이고 옹호하고 있는 관점을 진리나 혹은 진리에 적절히 근접한 것으로 고려하고 있다. 이런 이유 때문에, 나는 당신의 반론에ㅡ그것들이 매우 설득력이 있다고 하더라도 ㅡ내가 그것들을 반박하고자 하는 것처럼, 기꺼이 양보할 수는 없다.[131]

에라스무스는 원문을 분석하여, 그리스도가 겟세마네 동산에서의 슬픔과 고통 가운데 기도하는 것은 분명히 유대인들 때문이 아니고 자기 자신 때문이라고 한다. "내게서 그 잔을 옮기시옵소서"에서 '그 잔'이란 '당신의 잔(*Calix iste*)' 곧 아버지께서 건네주신 나의 잔을 가리키지, 아버지께서 유대인들에게 주신 잔을 가리키지 않은 것은 확실하다. 이 잔은 그리스도를 영접하지 않은 유대인들만이 아니고 자기를 믿고 따르는 제자들, 백성들,

---

131) *CWE*, Vol. 1, trans. R. A. B. Mynors & D. F. S. Thomson, annot. Wallace K. Ferguson(Uni. of Toronto Press, 1974), Eps. 110:9~17.

나아가 아직 믿지 않지만 예비된 모든 인류를 위해 대신 죽는 죽음의
잔을 가리킨다. 그러하기 때문에, 이 기도는 십자가 죽음 앞에 고통하고
슬퍼하는 성육신하신 그리스도의 인간적인 연약한 모습을 잘 드러내 준
다.132)

에라스무스는 또한 신성만이 아니고 인성을 지니신 그리스도론을 통하여
그의 죽음 앞에서의 두려움은 신학적으로 정당하며, 오히려 이를 통해서
그의 완전한 사랑을 나타내고 있음을 상세하게 고찰하고 있다. 신성을
지니신 그 분은 그 잔이 그에게서 옮기지 않을 것을 예지하시기 때문에
그의 기도에서 '가능하다면'이라고 말씀하신 것은 그의 인간적인 관점에서
나온 기도였다.133)

그리스도는 타락하기 전에 가졌던 인간성을 입을 뿐 아니라, 타락의
결과로 죄와 관련된 무능도, 이를테면 어린 시절의 무력감, 노년의 연약함,
굶주림, 피로, 슬픔이나 졸음 같은 것들도-이것들 자체는 죄는 아니지만-
지니고 있다. 죽음에 대한 두려움은 이런 류에 속한다.134) 우리 보통의
인간들도 우리를 죽음으로 위협하는 어떤 것에 크게 괴로워한다. 인성을
입으신 그리스도도 죽음에 대한 두려움을 지니신다는 것이 자연스럽다.
특히 그리스도는 우리 인간들보다 훼손된 선의 가치를 더 깊이 인식하고
그런 결과로 오는 죽음 앞에 인간들보다 더 고통스러울 수 있다. 그는
그의 예지와 통찰에 있어서 절대적으로 확실하고 명확하기 때문에, 그의
죽음에 대한 고뇌는 우리 인간의 고통과 비교할 바가 아니다. 그래서 제롬은
이를 고통의 시작(propassion)이라고 했지만, 에라스무스는 사실 이 고뇌가
죽음보다 더 고통스럽다고 한다.135)

---

132) *Disputatiuncula*, p. 18.
133) Ibid., pp. 19~20.
134) Ibid., p. 24.
135) Ibid., pp. 25~26.

254

　그러면 인성을 지니신 그리스도의 죽음 앞에서의 두려움이 어떻게 완전한 사랑의 증거인가? 성경에서 죽음은 스토아 철학에서 가르치는 것처럼 탄생과 같이 자연적 질서의 일부도, 모든 선의 근원도 아니었다. 그것은 죄의 삯으로 오는 것이기 때문에 악한 것이다.[136] 그는 이런 악한 죽음 앞에서 움츠러드셨고, 고통스러우신 것이다. 콜레트는 계속적으로 완전한 사랑은 두려움이 배제된다고 주장한다. 물론 두려움은 극복될 수 있다. 그의 문제점은 처음부터 그리스도에게는 그런 두려움이 없어야 한다는 것이다.

　이에 에라스무스는 인성과 신성을 지니신 그리스도의 완전한 사랑은 다른 사람들뿐만 아니라 자기 자신에 대해서도 생각하는 것과 모순되지 않는다고 한다.[137] 그는 자신의 죽음 앞에 처절한 슬픔과 고통을 맛보셨다. 물론 그의 죽음은 자연적인 것도, 그의 죄에서 오는 것도 아니었다. 그것은 유대인들의 죄, 모든 인류의 죄에서 오는 것이었다.[138] 그는 아버지의 뜻이라면 그에게서 그 잔이 지나가기를 바라셨다. 그러나 이것은 물론 아버지의 뜻이 아니었다. 그래서 그는 아버지의 뜻을 좇아 그 죽음을 ‘진지한 기쁨’으로 감당하고자 하신다.[139]

　그는 "죄에 대한 형벌에서 자유로우신 분이었지만, 더 강한 지체들의 방식으로, 죽음을 경험함으로써, 또한 더 약한 지체들의 방식으로는, 그의 몸에 고통이 있기 전에 그의 마음에서 죽음을 이해함으로써, 우리의 징계를 받으시는 것을 택하셨다."[140] "그는 자기 자신을 위해 두려워하지 않고, 그의 죽음을 두려워했다."[141] 그가 자기 자신을 위해 그렇게 두려워했다면

---

136) Ibid., p. 37.
137) Ibid., p. 38.
138) Ibid., pp. 38~44.
139) Ibid., p. 45.
140) Ibid., p. 49.
141) Ibid.

이기적이라고 할 수 있지만, 그는 인간 조건의 불행을 감당하는 완전한 인간이셨다. 그리스도의 무한한 사랑(완전한 사랑 : 필자 주)은 반드시 고난을 더 가볍게 하지 않는다. 고난의 부재가 반드시 무한한 사랑(완전한 사랑)을 나타내지 않는다. 사람이 자기에게 돌리는 고통이 크면 클수록, 사람은 자기의 사랑을 더 영광스럽게 보여준다.[142]

에라스무스는 콜레트에게 묻는다. "그러면 우리 중에 어떤 사람이 그리스도의 사랑을 감소시키는가? 그가 저 특별한 고통을 취하는 것을 거부하는 당신인가, 그 고통은 죽음 자체보다 거의 더 고통스러울 것이다, 혹은 우리에 대한 사랑 때문에 그가 그런 고통을 거부하지 않았다고 주장하는 나인가?"[143] 에라스무스는 그리스도의 사랑이 그가 인간 조건에 대한 충분한 관련을 맺고 자원해서 죽음의 고통을 받으려 했다는 것에서 훨씬 더 명백하다고 한다.

이제 에라스무스는 그리스도께서 두려워하면서도 두려워하지 않았다고 한다. 그는 우리의 본성을 따라 받은 결과, 우리가 경험한 정서들을 경험했다. 그의 고난은 현실적이지만 자발적이었다. 반면에 우리의 고난과 죽음에 대한 우리의 두려움은 필연성의 질서에 속한다. 그는 이렇게 말한다.

친구 콜레트여, 내가 말하는 것을 잘 들으시오. 그리스도께서 감당하신 모든 화는 우리의 화이지 그의 것이 아니다. 우리의 모든 축복은 그의 축복이지 우리의 것이 아니다. 그는 그의 것이면서 그의 것이 아닌 죽음을 당하셨다. 그는 실제로 그것을 당하셨기 때문에 그의 것이었다. 또 그것은 그가 우리를 위해서, 우리와 함께 시작된 죄의 대가를 지불했기 때문에 우리의 것이었다.[144]

---

142) Ibid., pp. 49~50.
143) Ibid., p. 50.
144) Ibid., p. 52.

256

이것이 그리스도께서 유대인들의 예기된 형벌 때문에 고통 받았다는 콜레트의 주장에 대한 진정한 답변이다. 즉 그는 그들을 위해서만이 아니고 모든 인간들을 위해 고통 받으신 것이다. 에라스무스는 결론을 맺는다. 그리스도께서 내적으로 죽음을 기뻐하면서, 다만 그의 두려움을 나타낸 것은 "두려움 없는 것이 아니라, 온유, 인내, 복종의 본을 우리에게 보이고자 함이었다." "우리에게 단지 찬탄만 하지 않고, 사랑하고 본받도록 본을 보이고자 함이었다."[145]

에라스무스는 그 토론의 목적이 자기 자신의 사상을 해설하려는 데 있지 않고, 콜레트의 견해를 토론을 통하여 이끌어내려는 데 있었다고 했다.[146] 그는 콜레트가 적극적으로 토론에 참여해서 자기의 견해를 나타내지 않음을 알았다. 하지만 그는 서한문이나 「작은 토론」에서 콜레트를 장군 혹은 사령관으로 높이고, 자신을 그의 부름을 받은 군사로 칭한다. 그러나 「작은 토론」을 마무리하면서 자신도 '머지않아 지적인 군사들을 거느리는 장군'이 될 것이라고 하고 있다.[147]

콜레트는 에라스무스의 말대로 토론에서 자기의 견해를 적극적으로 밝히지 않은 것 같다. 다만 장군처럼 에라스무스가 지적이면서 영적인 싸움을 하는 것을 지켜보고 있는 것 같다. 그는 에라스무스의 수사학적이면서 철학적이며 설득력이 있는 논의와 그 견해에 수긍하고 있다. 그러면서도 자신의 입장, 그리스도의 슬픔과 고통의 의미에 대해 한 가지 영적인 의미를 견지하고 있다. 이것은 한 가지 교훈을 얻고자 하는 그의 성경 해석의 스타일이기 때문이라고 여겨진다. 라이스(Rice)는 그의 이런 지적 경향을 '큰 중요성을 하늘에 두고 어떤 중요성도 인간성과 지상적인 것들에 두지 않는 것'이라고 했다.[148] 그는 직업적 사제로서 긍지와 정체성을 분명히

---

145) Ibid., p. 64.
146) Ibid., p. 67.
147) Ibid.

하였다. 그는 성경 해석은 성령의 도우심으로만 바르게 할 수 있고, 또 성령의 도우심을 받는 자만이 할 수 있다고 생각했다. 이것은 그가 기독교적 플라톤 사상의 영향을 받았음을 말해 준다.

그 토론 이후 콜레트와 에라스무스 사이의 교류는 한동안 뜸했던 것 같다. 1504년 12월에 에라스무스는 콜레트에게 편지하면서 그동안 적조했음을 사과하고, 그가 신학박사 학위를 받고 사제장으로 임명된 것을 축하한다. 그는 콜레트에게 "이 이후 성경 연구에 착수하고 남은 모든 삶을 그것들에 바치고자 한다"고 쓰고 있다. 이미 3년 전에 로마서에 대한 무엇인가를 하고 있는데, 그리스어의 중요성을 절감한다고 한다.[149] 그는 이때 「작은 토론」이 포함된 *Lucubratiunclae et Lucubrationes*의 사본을 보낸다. 이 무렵 에라스무스는 휴머니스트로서 국제적인 명성을 나타내기 시작하였고, 콜레트는 영국 교계에서 중심적인 지도자로 부상하기 시작한다.

그 이후 둘 사이의 우정은 변함이 없이 지속된다. 콜레트는 에라스무스와의 지속적인 교유를 통해서 휴머니즘적인 방식과 태도를 많이 받아들이게 된 것으로 보인다. 그가 1510년 성 바울 학교를 설립하고 정관을 작성할 때, 에라스무스는 휴머니즘을 문법학교 커리큘럼으로 도입하도록 했고, 새롭게 라틴 문법을 학생들에게 가르치도록 했다. 1512년 4월 콜레트에게 보낸 편지에서 에라스무스는 성 바울 학교에 대한 최종적인 평가를 했다. "……당신은 아름다움과 장려함에서 다른 것들을 훨씬 능가하는 학교를 세웠다. 그래서 영국의 젊은이들을 주의 깊게 뽑아 매우 평판 높은 교사들 아래, 그들의 어린 시절부터 탁월한 인문적 교육과 함께 기독교 원리들을 거기에서 섭취할 수 있을 것이다."[150]

---

148) Rice, "John Colet and the Annihilation", pp. 141~150.

149) *CWE*, Vol. 2, trans. R. A. B. Mynors & D. F. S. Thomson, annot. Wallace K. Ferguson(Uni. of Toronto Press, 1975), Eps. 181:35~41.

150) Ibid., Eps. 260:16~20.

사실 「작은 토론」에서 콜레트는 에라스무스에게 한 수 배우는 격이었다. 그는 자신의 입장을 견지하였지만, 성경 본문을 분석하고 단어의 의미와 성경 구절의 의미, 나아가 본문 전체의 의미를 정확하게 파악하고, 나아가 영적인 교훈을 찾는 일에 있어서 에라스무스를 당할 수 없었다. 그는 이미 사도 바울 서신 가운데서 로마서와 고린도전서를 강의하고, 주해를 하고 있었지만, 원어인 그리스어로 하지 못하였다. 그래서 그는 성경 해석에 있어서는 높은 평가를 받지 못하였다.[151] 그도 사제로서, 목회자로서, 말씀을 전파하는 일에서 그의 직분을 인식하였다.

그래도 에라스무스는 영국 방문 이후 대륙에 돌아와서 그리스어 공부에 전념하게 되고, 뒤에 신약성경을 그리스어 원전에서 라틴어로 번역하고 주석을 달게 된다(1516, 7장 V절 참조). 에라스무스는 '누구든지 그리스도의 영의 감동을 받고, 그리스도의 가르침을 전파해서, 사람들을 반복해서 깨우치고, 권면하며, 자극을 주며, 격려하는 하는 사람들이 참된 신학자'라고 했다.[152] 1535년 「설교론」에서는 신학자란 '영어로도 선한 일을 할 수 있다'고 하였다.[153] 이런 점에서 콜레트는 참된 신학자였다. 에라스무스는 이런 콜레트에 감동을 받고 끝까지 존경하였다.

Ⅳ. 맺음말

에라스무스는 1499년 「작은 토론」을 할 때, 콜레트에게 보내는 답신(Ep.

---

151) *Disputatiuncula*, p. 66.

152) *Paraclesis*, in *Christian Humanism and the Reformation*, ed., John C. Olin(Fordham Uni. Press, 1975), p. 98. *Paraclesis*는 그리스어로 소환, 권고의 뜻이 있는데, 에라스무스가 1516년 신약성경을 헬라어 원전에서 라틴어로 새로 번역하고 주를 달면서 내놓을 때 그 서문으로 실은 것이다. 이후 따로 떼어서 에라스무스 전집의 종교적, 영적인 분야(5권)에 포함시키게 된다(7장 4절 N. 26, 5절 N. 3 참조).

153) LB 5:86, Gleason의 책, p. 118에서 재인용.

108)에서 "옛 참된 신학으로 부활하기 위해, 네가 할 수 있는 대로 초기의 영광과 위엄 있는 신학으로 부활하기 위해 무적의 군대와 싸움에 착수했다"고 했다. 여기서 '무적의 군대'란 그들의 삶을 사소한 일로 따지고 궤변술에 소모하는 스콜라 신학자들을 가리킨다. 에라스무스 자신도 아직은 자격이 되지 않기 때문에 콜레트와 그의 군대를 격려하고 지원할 것이고, 때가 되어 필요한 정력과 힘을 갖게 되면 그 진영에 참여하겠다고 했다.154)

이렇게 콜레트는 에라스무스와 그 성격이나 스타일, 그 직분이 상이했지만, 페트라르카로부터 에라스무스로 이어지는 르네상스 휴머니즘 혹은 크리스천 휴머니즘의 목표인 참된 신학의 부흥을 위해 한 마음, 한 뜻이 되었다는 점에서 그도 휴머니스트였다. 그러나 그의 주된 임무는 1505년에서 시작하여 1519년 그가 죽기까지 사제장으로서 교회를 관리하고 성직자들을 훈련하고 양육하는 것이었다.

특히 그는 런던에 있는 성 바울 성당의 수석 사제장으로서 영국 전역의 사제들을 관할하는 위치에 있었다. 그래서 그는 성 바울 성당뿐만 아니라, 궁중에서 왕 앞에서도 정기적으로 설교를 함으로써 국가 정책에도 관여하곤 했고, 중요 종교회의에서도 개회 설교나 주제 설교를 하곤 했다. 그 중에서 설교 원고가 남아 있는 것이 1510년 경에 성 바울 성당에서 열린 캔터베리 지역의 주교 회의에서 행한 개회 설교인데, 여기서 성직자들에 대한 각성과 개혁된 성직자들에 의한 올바른 교회의 확립을 주장하였다. 그의 교회론은 디오니시우스의 기독교적 플라톤 철학에 영향을 받은 계서제를 강조한다. 성직자가 바로 설 때, 그 아래에 있는 속인들도 제대로 서게 된다는 것이다.

이러한 그의 교회론과 성 바울 성당의 부속학교인 성 바울 학교를 통한 그의 교육활동은 뒤에 더 보완하기로 한다. 다만 그의 교회론이 프로테스탄트 개혁의 선구가 아니고 가톨릭 전통 내에서의 개혁을 지향하였다는 점을

---

154) *CWE*, Vol. 1, Eps. 108:61~69, 122~124.

260

지적하고자 한다. 그는 옥스퍼드 개혁자는 아니었다. 그러나 그는 한동안 옥스퍼드 지식인이었다.155) 그는 성직자 중심의 개혁을 선호하였다. 그에게 는 에라스무스와 같이 가능한 한 모든 속인들이 성경을 읽고 감동을 받아 그리스도의 철학을 받아들이기를 바라는 열린 마음이 부족하였다. 반면에 그의 구원론은 사도 바울을 통한 구원론을 주해하는 과정에서 그 당시로서는 매우 복음적이었다고 생각된다.

이는 그가 피치노를 통한 기독교적 플라톤 사상의 영향을 받았기 때문이라 고 보여진다. 그 당시 로마 가톨릭의 입장은 구원을 성취하기 위해서는 믿음뿐 아니고 행위에 의지함으로 소망이 필요하다고 보았다.156) 이는 자신의 행위가 하나님이 보시기에 호의를 보이기를 소망하기 때문이었다. 프로테스탄트 입장은 믿음만으로 충분하였다. 믿음은 지적이면서 도덕적이 기 때문에, 믿음에서 사랑으로 역사하는 체험으로 나아갈 수 있다고 보았다 (갈 5:6). 만약 소망이 인정되어야 한다면 믿음의 지적 단계에 선행하는 첫 소원의 단계로 보았다.

이에 대해 콜레트는 로마서, 고린도전서를 주해하면서 피치노의『플라톤 신학』을 통하여 지력을 믿음과, 의지를 사랑과 동일시 하는 것을 보았다. 또한 디오니시우스를 통하여 빛은 지력·믿음과, 열은 의지·사랑과 상응하는 것을 보았다. 그러면 소망은 어떠한가? 피치노의『서한집(*Epistolae*)』을 통해 서 하나님의 속성이 단일성(Unity), 단순성(Simplicity)을 지닌 권위가 있는 최고의 존재(Being)임을 보았다. 이런 속성을 인간 영혼의 기능 가운데 하나로 고린도전서, 로마서 주해에서 도입하였음을 보았다. 즉 처음에 하나 님의 빛 혹은 복음의 빛에 의하여 인간 영혼이 거듭나서, 새로운 존재가 되고, 소망을 가지게 된다.

---

155) J. Arnold, op. cit., p. 16.
156) Jayne, op. cit., p. 66.

이 소망은 영혼의 두 날개, 지력과 의지를 가지고 하나님께로 향하여 비상함에 있어서 처음 단계로 쓰여지지만, 그 소망은 더 높아지고, 영혼은 더 밝은 조명을 받아 그리스도를 아는 지식과 지혜를 가지게 된다. 이것은 믿음을 가지고 믿음의 선물로서 받는 것이다. 이 믿음은 행함에 이르는 소망을 가지며 힘써 사랑으로 선을 행하게 된다. 여기에는 그리스도의 영인 성령의 역사하심으로 가능한데, 이제 인간 영혼은 성령의 도우심 아래 자립적인 동인이 되는 완전한 형상을 지닌 존재가 된다. 물론 이는 저 세상에서 완성이 될 것이다.

이렇게 소망-믿음-사랑은 서로 보완하며 불가분의 밀접한 관련이 있다. 콜레트의 이런 구원론적인 해석은 피치노의 영향을 많이 받은 것이지만, 그가 창조적으로 적용하여 해석한 것으로 오늘 우리에게도 참신한 면이 있다고 보여진다. 피치노는 사랑이 지력보다 우월하다는 것을 보여주려고 애쓴다. 그러나 그는 지력과 의지는 하나님께로 향하는 유사한 수단으로 양 날개와 같이 고려한다. 콜레트는 이를 근거로 사도 바울의 구원론적인 해석을 전개하였다. 그에게 지력과 의지는 인간을 사색적이고 실천적인 방식으로 응답할 수 있게 한다. 또한 인간에 대한 하나님의 행위에 두 가지 중요한 방식으로 응답할 수 있게 한다. 곧 믿음의 신학적인 덕은 그의 지력을 밝히고, 반면에 사랑은 그의 의지를 움직인다.

콜레트는 "최초의 프로테스탄트는 아니었다. 그러나 그는 교회에 비판적이었다. 그는 롤라드파가 아니었다. 그러나 그는 이단의 혐의를 가졌다." 그의 목표는 죄악화된 인간성의 성화에 있었다. 몇몇 예외적인 개개인들에게만이 아니고 단일한 단위로서 전체 교회가 개혁되고 바르게 되기를 바랐다. 그에게는 15세기 대륙의 공회의주의적인 요소가 있었다. 그는 개혁을 원했지만 개혁자는 아니었다.[157] 그는 에라스무스와 같이 종교개혁을 예기하는

---

157) Arnold, op. cit., p. 16.

영향을 미쳤다. 또한 기존의 교회를 떠나지 않고도 개혁이 가능함을 보여주었다.

제7장 에라스무스의 종교사상

본 장에서는 필자가 그동안 에라스무스에 대해 관심을 가지고 연구해 온 것을 수정 내지 보완하거나 거의 그대로 정리해서 실은 것이다. 여기에는 'Ⅰ. 에라스무스 휴머니즘의 종교적 성격, Ⅱ. 에라스무스의 정치사상, Ⅲ. 에라스무스와 루터 사이에 논쟁의 성격에 관한 고찰, Ⅳ. 에라스무스의 종교사상(Ⅰ) : 그리스도 군사의 편람(*Enchiridion Militis Christiani*)에 나타난 그리스도 군사론을 중심으로, Ⅴ. 에라스무스의 종교사상(Ⅱ) : 로마서 의역 과 주석에 나타난 성경해석론을 중심으로'가 포함된다.

Ⅰ. 에라스무스 휴머니즘의 종교적 성격

에라스무스의 생애와 사상을 살펴볼 때 그가 어린 시절, 젊은 시절에 그의 고향이라고 할 수 있는 저지대(지금의 네덜란드)에서 일어난 '새로운 경건(*Devotio Moderna*)' 운동의 영향을 받은 것이 드러난다. 다른 한편으로는 그가 유학, 교류, 여행, 서신 왕래를 통해서 직접, 간접으로 이탈리아 휴머니즘 내지 르네상스 플라토니즘의 영향을 받았음을 알 수 있다. 그는 휴머니스트 의 왕자라고 불릴 정도로 16세기 르네상스 휴머니즘을 대표하는 사람이다. 흔히 그의 휴머니즘을 크리스천 휴머니즘이라고 한다. 그러나 본장에서는 그를 르네상스 휴머니즘이라는 넓은 범위에서 보고 다루고자 한다.

264

1. '새로운 경건' 운동

15세기 말 이탈리아의 세속적 휴머니즘(secular Humanism)이 알프스 이북
으로 전파되면서 그것은 크리스천 휴머니즘이라고 하는 새로운 양상으로
변화되었다. 이것은 소위 북방 르네상스 혹은 크리스천 르네상스의 성립을
의미하는데 이 역사적 전개과정에서 14세기 말 저지대에서 일어난 '새로운
경건(Devotio Moderna)' 운동이 깊은 관련을 맺고 있다.[1] 크리스천 휴머니즘은
이를 광의로 해석하면 '고전 고대의 창조적 성과'로서[2] 이는 중세를 통하여
존재하였으며 그것의 고전적, 그리스도교적 이원적 성격은 교부와 스콜라철
학자들에 의해서 형성되었다고 할 수 있다. 특히 어거스틴, 제롬, 암브로스,
크리소스톰 등 교부들은 고전적 유산을 중세 휴머니스트들에게 전승함으로
써 크리스천 휴머니즘의 성립에 기여하였다. 그 가운데서도 플라톤적 전통은
크리스천 휴머니스트들의 사상적 배경이 되었는데 14, 15세기의 '새로운
경건' 운동과 피치노, 콜레트 등 성서를 주석하고 강의하는 일단의 신학자들
의 움직임은 이러한 플라톤적 유산의 두 개의 사고영역이었다.[3]

'새로운 경건' 운동은 데벤테르의 평신도 게르하르트 그루트(Gerhardt

---

1) 스피츠(Spits)는 *The Religious Renaissance of the German Humanists*(Harvard Uni. Press,
   1963)에서 북방 르네상스의 기원 문제에 관하여 종래 이탈리아 르네상스에서
   비롯되었다고 하는 수납설(루드비히 가이거(Ludwig Geiger), 파울 베르넬(Paul
   Wernel) 등)을 지양하고 알버트 하이머(Albert Hymer)에 의해 대표되는 수정설
   즉 북방 르네상스의 토착적 성격을 강조하였다(홍치모, 「북구문예부흥사에 관한
   최근의 동향」, 『서양사론』 제6호, 1965, pp. 61~62 참조). 그러나 최근에는 많은
   학자들이 양자를 종합해서 해석하는 경향이다. 특히 이탈리아 휴머니즘은 이교적이
   고 북방 휴머니즘은 기독교적이라고 이분법으로 보는 경향도 지양되고 있다.
   필자는 크리스텔러, 트린카우스의 견해를 좇아 북방의 크리스천 휴머니즘이라는
   역사적 현상을 인정하면서도 에라스무스를 크리스천 휴머니즘이라는 좁은 범위에
   서 보지 않고 르네상스 휴머니즘이라는 전체 흐름 속에서 보고자 한다(1장 참조).
2) E. F. Jacob, Christian Humanism, in *Europe in the Late Middle Ages*, ed. J. R. Hale,
   J. R. L. Highfield, B. Smalley(Faber & Faber, London, 1970), p. 451.
3) Ibid., pp. 452~453.

Groote, 1340~1384)에 의해서 '단순히 신을 평화스럽게 예배할 장소를 마련할 목적'으로[4] 그의 집을 가난한 자매들에게 바침으로 시작되었다. 그 후 그의 제자 라데윈스(Radewijns, 1350~1400)등에 의하여 '공동생활형제단'이 설립되고, 씨일(Cele, 1375~1417), 헤기우스(1433~1498), 간스포르트(1419~1489), 아그리콜라(1442~1485) 등의 교사, 학자, 휴머니스트들이 출현하는 가운데, "15·16세기에는 중세적 정신을 근대적 정신으로 변화시키는 데 이바지한 대운동"[5]으로 발전되는 것이다. 그 종교사상과 교육적 활동은 크리스천 휴머니즘의 발전에 크게 기여하는 것이다.

'새로운 경건' 운동은 "신과 개인 사이에 특수하고 개별적인 관계에 요구되는 생의 철학"을 형성하였으며[6] 이것은 이교적 단체에 대항하여 교회의 구조 내에서 전혀 개인적 방법으로 일어났다. 앞에서 '새로운 경건' 운동의 플라톤적 전통에 대하여 언급하였는데 이 운동의 과제는 신과 영혼 사이의 간격을 메움으로써 그 시대의 높은 종교적 욕구를 충족시키고자 했던 후기 헬레니스트들의 그것과 유사하였다.[7]

14세기에 이르러 자연과학의 대두, 오컴 학파에 의한 실험철학(experimental philosophy)의 발전은 신과 피조물 간의 절대적 분리를 강조하였으며, 이것은 그 틈을 메우려는 크리스천 휴머니스트들을 당황케 하였다. 그러나 그들은 토마스 아퀴나스주의의 부활 내지 수정 대신에 명상, 실천적 경건, 그리스도의 모방을 통해서 신에 이르는 새로운 길을 발견하였다.[8]

'새로운 경건' 운동의 종교사상은 실천적 신비주의(practical mysticism)의 성격을 띠었다고 할 수 있다. 이것은 중세 독일의 타울러(Tauler)나 에카르트

---

4) A. Hyma, *The Christian Renaissance*, The Century Co., 1924, p. 41.

5) Ibid., p. 118.

6) Jacob, op. cit., p. 452.

7) 신플라톤 학파, 플로티노스(205~270), 포르피리오스(233~305), 프로클로스(412~485) 등을 가리킨다.

8) Jacob, op. cit., p. 455.

(Eckhart) 류의 범신론적 신비주의와는[9] 구별되는 것으로 사도 바울적인 신비 체험을 강조하였다. 게르하르트와 그의 추종자들에 의해서 대표되는 '새로운 경건' 운동의 신비주의의 사상은 토마스 아캠피스(1380~1471)의 『그리스도의 모방(*Imitatio Christi*)』에 잘 표현되어 있다. 그들은 '마음 속에 하늘나라가 있다'고 믿고 '내적 생명을 탐구하고 내적 자아를 하나님 즉 그리스도와 일치시키고자' 했다.[10] 무엇보다도 그들은 그리스도와 사도들의 생활을 끊임없이 모방하는 데 목표를 두었다. 이렇게 '새로운 경건' 운동의 종교는 실천의 종교였다.

'공동생활형제단'을 중심으로 한 '새로운 경건' 운동은 그들의 교육적 활동에 의해서 북구 곳곳에 전파되었다. 데벤테르, 쯔올레(Zuolle), 뮌스터 등에 세워진 그들의 학교는 교회의 개혁을 목표로 하였지만, 그 커리큘럼에는 그리스도교적인 것뿐만 아니라 고전문학, 문법, 수사학, 논리학, 수학, 철학 등 이교적 교과도 포함시키고 있었다. 후에 니콜라스 쿠사(Nicholas of Cusa), 루터, 캘빈 등의 출현은 이들의 교육적 영향과 관련된다. 특히 에라스무스는 데벤테르 학교의 경건적 신앙과 고전적 학문의 조화에서 큰 감명을 받고 그 자신 그것의 실현을 위해서 부단히 노력하게 된다.

'새로운 경건' 운동의 중심은 데벤테르 시였다. 이셀(Yssel) 강 유역의 푸른 초원으로 둘러싸인 이 도시는 국제적 무역의 영향을 많이 받아 번영하고 있었다.[11] 헤기우스가 데벤테르 학교의 교장으로 재직할 동안[12] 이탈리아

---

9) 사변적, 혹은 명상적 신비주의라고도 부르며 ① 자연 안에 신이 내재한다는 것, ② 인간과 신과의 관계를 밝히려고 함, 신성의 대해 속에 자기 생명을 투입시킴으로써 황홀한 신비경만을 추구하였다(홍치모, 「게르하르트 구르트의 사상과 *Devotio Moderna* 운동의 기원」, 『개혁신학』 제2집, 대한예수교장로회 신학교, 1976), pp. 58~59 참조.

10) Hyma, op. cit., p. 120.

11) Ibid., p. 2.

12) 알렉산더 헤기우스는 1483~1498년까지 교장으로 재직하였다. 학생들에게 라틴어 및 그리스어를 배우도록 격려하였고 그 자신 항상 더욱 배우기를 갈망하고 부지런히

르네상스의 탁월한 사상이 데벤테르와 쯔올레로 유입되고 이곳에서 다시 독일로 흘러갔다.

이것은 1500년 이전 데벤테르 시에서 450종 이상의 고전들이 출판되어 나왔다는 사실이 입증하는 것이다. 이렇게 데벤테르를 중심으로 '새로운 경건' 운동은 이탈리아의 휴머니즘적 요소를 흡수하는 가운데 크리스천 휴머니즘이라는 새로운 양상으로 발전하게 되었다. 사실 '공동생활형제단'이 휴머니스트로 탈바꿈하거나 혹은 독립하여 어떤 새로운 세속적 문화를 창조하였다고 말할 수는 없지만 '새로운 경건' 운동과 휴머니즘의 어떤 본질적인 유사성은 형제단으로 하여금 휴머니스트들과 쉽게 접촉할 수 있게 했다.[13]

하이마(Hyma)는 '새로운 경건' 운동이 14세기 말에서 16세기 초에 이르기까지 "고대의 지혜, 그리스도의 가르침의 본질, 중세 유럽의 성자들과 교부들의 신비적 종교 그리고 이탈리아 휴머니스트들의 학문을 흡수하는 가운데 '크리스천 르네상스' 혹은 북방 르네상스로 발전하였음"을 지적했다.[14]

이러한 역사적 전개 과정에서 에라스무스는 전형적인 크리스천 휴머니스트로 등장하였으며 그의 지도 아래 크리스천 휴머니즘은 '그 시대의 절대적 구성요소'가 되었다.[15] 에라스무스는 그의 생애에 걸쳐 '고대와 그리스도교적 정신의 결합'을 통해서[16] 그리스도교적 세계의 개혁을 주장하였다. 그러나 에라스무스는 루터의 종교개혁에 직면해서 크리스천 휴머니즘의 범위를 벗어나지 않고 자신의 입장을 고수하였다.

에라스무스는 그의 생애를 통해서 '고전적, 그리스도교적 고대'의 이원적

고전과 교부들을 읽었다. 아그리콜라, 간스포르트는 그의 친구였다.

13) *The New Cambridge Modern History*, Vol. I, The Renaissance ed., G. R. Potter, 1957, p. 65, 이하 *The Renaissance*라고 약함.

14) Hyma, op. cit., p. 5.

15) *The Renaissance*, p. 126.

16) Jacob, op. cit., p. 465.

요소가 그의 내부에서 그 정도는 서로 다르지만 동시에 항상 작용하였다.[17) 그러나 그의 정신적 발전과정을 살펴볼 때 휴머니스트적인 고전 연구에서 신학적인 성경 연구로 점차 이행하는 것을 볼 수 있다. 다음에 이러한 이행 과정을 중심으로 성장기, 이행기, 결실기로 나누어 에라스무스 휴머니즘의 형성 과정과 그의 휴머니즘의 종교적 성격을 고찰하고자 한다.[18)

2. 형성 과정

1) 성장기

에라스무스는 1466년[19) 10월 27일 네덜란드의 로테르담에서 한 성직자의 사생아로 태어났다.[20) 이 서출은 그의 인생을 어둡고 괴롭게 하였지만 부모의 사랑을 전혀 받지 못한 것은 아니었다. 그의 부모는 일찍이 4세 때 그를 구다의 학교에 보내고, 9세 때에는 다시 유명한 데벤테르의 학교에 입학시켰다.

에라스무스 휴머니즘의 형성에 있어서 기본적 영향을 미친 것은 데벤테르

---

17) Spitz, op. cit., p. 203.

18) 에라스무스는 대체로 모랄리스트로서 혹은 19세기의 자유주의적 신학자의 선구자로서 평가되어 왔다. 그러나 1960년대 말이나 1970년대에 들어서서는 신학자로서의 그의 신학적, 성경적, 신앙적 연구에 그 관심이 증대되고 있다(*Christian Humanism and the Reformation*, ed. J. C. Olin, forward by Craig R. Thomsen, 1976, p. x). 그러한 대표적인 저서들을 소개하면 다음과 같다. E. W. Kohls, *Die Theologie des Erasmus*, 2 Vols(Basel, 1966) ; Gebhardt Georg, *Die Stellung des Erasmus von Rotterdam zur Römischen Kirche*(Marburg A.L.,1967) ; R. R. Post, *The Modern Devotion*(Leiden, 1968) ; Roland H. Bainton, *Erasmus of Christendom*(Charles Scribner's Sons, New York, 1969) ; George Faludy, *Erasmus*(New York : Stein and Day, 1970) ; 이외에 더 최근에 나온 저서들에 대해서는 IV, V. 에라스무스의 종교사상(I, II)에서 참조.

19) 네덜란드에서 1466년 생 : 호이징거, M. 필립 여사, R. 베인튼 등 ; 스위스에서 1469년 생 : L. 스피츠 등.

20) 아버지는 게르하르트(Gerhard), 어머니는 마가레트(Margaret), 3살 위의 형 피터(Peter)가 있었다.

의 학교였다. 이 학교는 성 레빈 교회에 소속되었고 교사들은 대부분 '공동생
활형제단'의 회원들이었다. 에라스무스는 여기서 9년 동안 수학하는 가운데
'새로운 경건' 운동의 종교사상과 헤기우스, 아그리콜라 등의 고전적 관심에
깊은 감명을 받았다. 그는 이 학교에서 고전적, 그리스도교적 이원적 요소를
흡수하게 되는데, 이것은 앞에서도 언급한 바와 같이 그의 생애를 통하여
그 정도는 서로 다르지만 동시에 항상 작용하여 에라스무스 휴머니즘의
종교적 성격을 형성하였다.

그러나 대체로 초기 형성기에는 고전 고대에 관심을 가지는 바 데벤테르의
학교에서도 에라스무스는 사도 바울, 성 제롬, 성 어거스틴 및 로렌초 발라에
접하였을 뿐 아니라 고전에 대한 독서의 범위도 지정된 것을 넘어 확대되었
다.21) 이 시기의 고전적 열정에 대하여 에라스무스는 "자연의 신비한 힘이
나를 인문학으로 몰고 갔다"고 말하고 있다.22) 당분간 이 힘은 그의 사상
형성에 있어 추진력이 되는 것이다.

부모의 죽음으로 18세 때 다시 구다에 돌아온 에라스무스 형제는 후견인의
보호 아래 들어가게 되는데 그들은 그 형제를 강제로 수도원에 보내려고
했다. 에라스무스는 수도원의 취소할 수 없는 서약에 혐오를 느끼고 그들의
강요에 저항하여 대학에 들어가기를 원했지만, 어느 날 구다 근처 스테인
수도원을 방문하고 그곳에서 데벤테르 출신의 친구로부터 수도원의 밝은
면을 듣고 마침내 입적하게 된다. 1488년 말 얼마간의 수습 기간을 마친
에라스무스는 서원하고 수도사가 되며, 1492년 4월에는 성직자로 서품된다.
그러면 수도원 생활은 에라스무스에게 적합한 것이었는가?

---

21) 15세기 말 데벤테르에서 출판된 고전에는 버질의 전원시, 키케로의 *De senectute,
De amicitia, 호레이스의 *Ars Poetica,* 싸이프리안의 서한, 프루덴티우스의 시, 이솝
우화, 보이티우스의 *Deconso Lation Philosophiae, De disciplina scholarium*(P.S. Allen,
The Age of Erasmus, Oxford, 1914, p. 63) 등이 있다.

22) R. H. Bainton, *Erasmus of Christendom*(Colins Fontana Library, 1972), p. 24.

270

처음 2, 3년간은 만족한 듯이 보였다. 호이징거는 에라스무스가 "수도원에서 어떤 좋은 점을 발견하였음에 틀림없다"고 하고 "어느 정도의 자유, 고전 고대에 대한 지적 갈망을 채워 주는 약간의 책들, 그리고 같은 기질의 동료들과의 우정"을 지적하였다.[23] 에라스무스에게 수도원 생활은 '완전히 내세적 관심보다는 고전에 정통할 기회'가 되었던 것이다.[24]

그는 수도원에 들어간 후 곧 「세상의 경멸에 관하여(*De Contemptu Mundi*)」라는 글을 써서 수도원제도를 예찬하고 있다. 그러나 에필로그에서는 수도사가 되려는 젊은이들에게 신중한 선택을 하도록 조언하고 있다.[25] 이는 그가 수도원에 대해 선별적으로 지지했음을 말한다. 그는 루터와 같이 "선행에 의해서 그의 영혼을 구원하기 위함보다는 좋은 책에 의해서 그의 정신을 교화시키기 위해" 수도원에 들어갔던 것이다.[26]

에라스무스는 동료들 가운데서 뛰어난 라틴 문학자로서 세련된 휴머니스트의 정신을 보여주었다.[27] 그러나 그의 시대는 아직도 야만성이 도처에 퍼져 있었다. 수도사들은 대개 교양 없고 무식하였으며, 그로부터 책을 빼앗고 그의 손에서 펜을 놓게 했다. 이런 상황 속에서 에라스무스는 「야만에 대항하여(*Antibarbari*)」라는 글을 쓰기 시작하였다. 이 책은 후에 대화체로 개작되어 출판되지만(1520), 이교적 학문(pagan learning)을 옹호하기 위해 쓰여졌고 고전 지식은 영적 성장을 돕는다고 주장하고 있다.[28] 이제 그는 휴머니스트적인 탐구를 좇는 모든 사람들의 열렬한 동료가 되었던 것이다.[29]

1493년 여름, 에라스무스는 캠브레이의 주교 헨리의 비서가 되어 수도원

---

23) J. Huizinga, *Erasmus and the Age of Reformation*(Harper Torch Books, 1957), p. 10.
24) Spitz, op. cit., p. 200.
25) Bainton, op. cit., pp. 30~32.
26) Ibid., p. 26.
27) Huizinga, op. cit., p. 13.
28) Spitz, op. cit., p. 201.
29) Ibid.

을 떠나게 되고, 그후 1517년 교황 레오 10세에 의하여 수도원 서약으로부터 특면되었다. 이것은 그가 수도원으로부터 벗어나려는 노력의 결과였다. 그는 헨리 주교의 동의 아래 1495년 여름, 파리의 몬테규 대학에 입학하여 신학박사 과정을 받을 수 있었다. 그러나 스콜라 신학은 그가 태어난 '새로운 경건' 운동의 정신과 그 관심에 있어서 멀리 떨어져 있었다. 그는 보편성 문제, 운명과 예정 등에 대한 신학적 논쟁을 혐오하고 신학자들을 '47년간 깊은 잠에 빠진 에피메니데스'[30]라고 조롱하였다.

오히려 에라스무스는 파리의 문인, 학자들과 교제하는 가운데 시인으로서 알려지게 되었다. 무엇보다 대표적 휴머니스트 로버트 개귄(1433~1501)과 접촉하고 그의 저서 『프랑스사(*De Origine et gestis Francorum compendium*)』에 에라스무스의 헌제문이 실림으로써 이름이 처음으로 독서계에 알려지는 행운을 얻게 되었다. 그에게 파리의 생활은 하숙, 가정교사, 질병 등으로 고난과 좌절의 시기였다. 그러나 다수의 교육적 내용에 관한 책을 집필할 수 있었고, 그 가운데서는 세계적 영향력을 미칠 싹이 자라고 있었다.[31]

이렇게 에라스무스의 휴머니스트적 관심이 그의 형성기에 있어 중심 요소라고 해서 그에게 그리스도교적 관심이 전혀 없었던 것은 아니었다. 1497년 8월 그는 영국인 제자, 토마스 그레이에게 다음과 같이 편지하였다.

나의 사랑하는 그레이여, 내가 신학 자체에 반대하여 썼다고 오해하지 않기 바라네. 자네도 알다시피 나는 신학에 항상 깊이 헌신하여 왔네, 나는 단순히 우리 시대의 몇몇 사이비 신학자들을 빈정대고자 할 뿐이네.[32]

---

30) 에피메니데스는 B.C. 6세기 경의 크레타 섬의 철학자, 예언자. 그의 친구 토마스 그레이에게 보내는 편지(1497. 8)에서 인용.

31) *Familiarium Colloquiorum Formulae* : 노르토프 형제에게 바침, 세련된 회화를 위한 개설서, 후에 유명한 Colloquia의 원형 ; *De conscribendis epistolis* : 로버트 피셔를 위해 씀, 초보자를 위한 어휘 활용에 관한 것 ; *De ratione Studii* : 학문의 방법에 관한 것.

272

그는 파리에서 스콜라 신학을 완전히 부정하거나 신학자들로부터 아무
것도 배우지 않은 것은 아니었다. 그는 피터 롬바르드, 토마스 아퀴나스,
오컴, 스코투스, 보나벤투라, 데일리(D'Ailly), 비엘(Biel), 거슨(Gerson) 등을
읽었으며 처음부터 끝까지 '스콜라 신학이나 논리학의 적이라'고 주장하지
는 않았다.[33] 에라스무스는 1498년경 몬테규 대학에서 신학사의 학위를
얻을 수 있었다.

2) 이행기

지금까지 고전적 관심이 우세했던 에라스무스는 이제 그리스도교적
관심을 보여줌으로써 크리스천 휴머니스트로 이행하게 된다. 그에게는
루터와 같은 개종의 체험이 없었다. 그는 호이징거의 말대로 '고전적인
관심에서 그리스도적인 관심으로 점진적 이행의 과정'을 보여주었다. 그러
면 그의 이행 시기는 언제인가?

그것은 대체로 1499년 여름 마운트조이 경의 초청으로 영국을 방문한
이후부터라고 생각된다. 6개월간 주로 옥스퍼드에 머물면서 콜레트, 모어,
그로신, 리나커 등 훌륭한 문학에 능통한 이들과 교류하는 가운데 그들의
인정을 받고 그들의 모범성에 감명을 받았다. 특히 콜레트의 신학적인
태도와 사상은 에라스무스에게 '신학 연구를 생의 목표로 삼게 하는 계기'가
되었던 것이다.[34]

콜레트는 런던 시장의 아들로서, 1496년 이탈리아 유학에서 돌아와 옥스
퍼드 대학에서 사도 바울의 서한을 강의하고 있었다. 그는 고전과 교부,
시민법과 교회법 등에 조예가 깊었지만, 일찍이 신학에 뜻을 정하고 있었다.

---

32) *The Correspondence of Erasmus*, trans. R. A. B. Mynors and D. F. S. Thompson(Uni.
   of Toronto Press, 1974), Vol. 1, 64:90~100. 이하 *CE*라고 약함.
33) Bainton, op. cit., p. 56.
34) Huizinga, op. cit., p. 33.

에라스무스는 1499년 10월 콜레트에게 보내는 서한에서 이렇게 쓰고 있다.

> 당신은 저 고대의 참된 신학, 영광과 위엄에 싸인 신학을 부활시키기 위해서 저 무적의 신학자들과 싸움을 시작하였기 때문에 당신은 명예스런 책임을 맡고 있다. 그것은 신학 자체에 대한 사랑의 수고이며 모든 연구인들을 아주 유익하게 할 것이다.[35]

그는 콜레트에게서 "스콜라신학적인 논의나 증명이 아니고, 성서에 접근하는 신의 새로운 비전"을 보았던 것이다.[36] 그러나 에라스무스는 아직 신학 연구를 위한 준비가 되지 않았음을 의식하고 있었다. 콜레트가 그에게 모세나 이사야의 강의를 권고했을 때 "나 자신 배우지 않은 것을 가르칠 만큼 어떻게 뻔뻔스러울 수 있는가, 내 자신 완전히 추워 떨면서 어떻게 사람들의 차가운 마음을 따뜻하게 할 수 있는가"[37] 하고 사양하고 "후에 내가 필요한 능력을 소유하고 있다고 느낄 때, 나는 개인적으로 당신의 편이 되어 뛰어나지는 않더라도 신학의 옹호에 헌신하겠다"[38]고 약속하였다. 이제 에라스무스는 시나 산문보다 콜레트와의 신학적 문제에 관한 토론에서[39] 더 큰 기쁨을 발견하게 되었다.

1500년 영국을 떠난 이후 파리, 루뱅, 런던 등지를 왕래하고 이탈리아 여행(1506~1509)을 하면서, 그의 주요 관심사는 '참된 신학의 부활'을 통한 그리스도 예수에 대한 헌신이었다.[40] 1504년 12월 파리에서 에라스무스는

---

35) *CE, Vol. 1,* 108:61~67.

36) M. M. Phillips, *Erasmua and the Nothern Renaissance*(Collier Books, 1959), p. 60.

37) *CE,* Vol. 1, 108:85~115.

38) *CE,* 108:122~130.

39) "하나님께서 카인의 제물은 왜 받지 않았는가?", "겟세마네 동산에서의 그리스도의 고뇌의 의미에 대하여", 여기서 에라스무스는 성경의 복수적 의미를 주장하고 콜레트는 성경 의미의 단일성을 주장하였다.

40) 그의 친구인 스테인 수도원장 서바티우스 로게루스에게 보내는 편지(1506. 4)에서

성 바울 성당의 사제장이 된 콜레트에게 다음과 같이 편지하고 있다. "사랑하는 콜레트여, 내가 얼마나 신학(holy literature)을 서두르는지, 얼마나 나를 뒤로 머물게 하거나 지체시키는 모든 것을 혐오하는지 알 수 없네."[41]

그는 이제 재담, 익살, 세상사에 대한 흥미도 철학과 시도 버리고 오직 그리스도로 충만한 마음이 되기를 염원하였다.[42] 이때 그는 그리스어를 마스터하고, 그의 비교리적 종교사상을 나타내주는 최초의 저서『그리스도 군사의 편람(*Enchiridion Militis Christani*)』(이하 *Enchiridion*이라 약함)을 출판하고(1503), 그의 신약성서의 비판적 연구에 큰 자극이 된 발라의『신약성서에 대한 주석』의 사본을 발견하게 되었다(1504). 무엇보다도 성 제롬의 연구를 통해서 '참된 신학의 부활'을 실현하고자 했던 것이 이때였다.

이와 같이 에라스무스의 첫 영국 방문이 그가 크리스천 휴머니스트로 이행하는 하나의 계기가 되었지만 그렇다고 그것이 그의 사상 형성에 결정적인 전환점이 된 것은 아니었다.[43] 이미 그의 내부에는 데벤테르 학교 이래 그리스도교적 요소가 형성되고 있었으며, 또 영국 방문 이후에도 그의 고전적 관심은 계속되었기 때문이다.[44] 제1차 영국 방문이 에라스무스에게 미친 영향은 주로 콜레트와의 접촉을 통해서, 교부 연구에서 성서 연구에 대한 관심으로 환기시키고 그리스어 마스터에 대한 필요성을 인식한 점이었

여생을 온전히 종교와 그리스도에 헌신할 것을 숙고하고 있다고 쓰고 있다(*CE*, Vol. 2, 190:7~8).

41) *CE*, Vol. 2, 181:29~30.

42) 1506년 8월 영국으로부터 이탈리아로 여행하던 중 알프스 산맥을 넘으면서 노년의 불편함에 대하여 시를 썼다(Huizinga, op. cit., p. 61 ; Bainton, op. cit., pp. 100~101).

43) Bainton, op. cit., p. 82 ; 홍치모, 「에라스무스 연구에 있어서의 약간의 논쟁점」(『서양사론』Vol. VII, VIII 합병호, 1967), p. 17.

44) 제2차 영국 방문시(1505~1506), 모어와 함께 루시안을 번역하고 계속 유리피데스, 플루타르크, 아리스토텔레스, 톨레미, 갈렌 등을 번역하였다(Bainton. p. 83). 또한 이탈리아 방문 중(1506~1509), 베니스의 앨딘(Aldine) 출판사를 중심으로 Adagia의 증보판, 플라우투스, 테렌스, 그리고 세네카의 비극 등을 출판했다(Huizinga, p.65).

다.[45] 물론 에라스무스는 그곳에 전파된 신플라톤주의(Neo-Platonism)의 전통에서 약간의 공통점을 발견할 수 있었다.[46]

3) 결실기

크리스천 휴머니스트로서 자신의 존재 의미를 의식하게 된 에라스무스는 로마의 침략주의나 이교주의에 실망하였다. 그는 플로렌스의 찬란한 미술에도 관심이 없었다. 그에게는 신학박사 학위도[47] 『우신예찬(*Moriae Encomium*)』(1511)도 대수롭지 않은 것이었다.[48] 그의 생애 최대의 목표는 성 제롬의 연구와 신약성경의 연구였다.[49] 그는 이것을 통해서 그의 오랜 염원인 '참된 신학의 부활'을 실현하고자 했던 것이다.[50] 그에게는 학문을 위한 학문은 충분하지 않았다. 그것은 그리스도교와 깊은 관련을 맺고 구체적으로 성서 연구로 이끄는 것이어야 했다.[51] 여기서 우리는 고전적 그리스도교적 이원적 요소의 조화를 위해 부단히 활동하는 에라스무스 휴머니즘의 종교적 성격을 보게 된다.

제3차 영국 방문(1509~1514)에서 바젤에 도착한 에라스무스는 '독일의 꽃'으로 환대받았다. 어떤 전통적 권위에 의해서도 억압되지 않은 바젤에서

---

45) Bainton, op. cit., p. 83.

46) 에라스무스는 이탈리아에 가지 않고서도 두 번 이탈리아화 되었다. 첫 번째는 데벤테르의 학교에서 발라를 접하였고, 두 번째는 영국에서 콜레트, 모어 등과의 교제에서 신플라톤주의의 전통 속에 들어올 수 있었다. 그는 여기에서 경건한 이교도에 대한 아량, 내적 종교의 강조 등을 발견하였다(Bainton, p. 79).

47) 1506년 9월 4일 이탈리아의 투린 대학에서 받았다.

48) 에라스무스는 토마스 모어에게 보내는 편지체의 서문에서 "나는 우신예찬으로 즐거운 시간을 갖기로 결심했다"고 쓰고 있다. 그는 이것을 단지 학자의 심심풀이로 썼다고 변명하였다(Erasmus, *Praise of Fplly*, trans. Betty Radice, Penguin Books, 1971, pp. 55~59).

49) Huizinga, op. cit., p. 87.

50) Ibid.

51) Phillips, op. cit., p. 75.

에라스무스는 세상과 그 지배자들을 비판할 수 있었다. "한편으로는 중재에
의한 국제적 관용, 민중의 이름으로 민중을 위한 통치를, 다른 한편으로는
지식, 그리스도교 신앙에의 자유로운 접근, 미신과 무의미해진 낡은 개념에
서의 해방에 기초한 개인의 실천적 윤리"를 구상하면서 '그의 세계에 대한
완전한 재구성'[52]을 꾀하고 있었다.

이런 가운데 그의 필생의 과업이 이루어졌다. 1516년 『제롬에 관한 편저』
(전9권)와 『신약성경(*Novum Testamentum*)』이 프로벤 출판사에서 출간되어
세상에 그 빛을 보게 되었다. 이것은 실로 에라스무스가 "새로운 경건"
운동에서 비롯된 고전적, 그리스도교적 요소를 자신의 내부에서 조화시키면
서 점차 크리스천 휴머니스트로 성장하는 가운데 특히 신학적 관심으로
이행된 이후에, 맺어진 최대의 결실이었다. 그는 제롬에게서 '고전적 학문과
그리스도교적 신앙의 결합'[53]을 보았고, 『신약성경』을 출판함으로써 '성서
의 언어적, 역사적 이해에 기초한 신학'[54]을 부활시키고자 하였다.

에라스무스는 '새로운 경건' 운동의 아들로서[55] 그의 정신적 발전과정은
'점진성과 일관성을 특징으로'[56] 하였는데 고전적, 그리스도교적 고대의
이원적 요소가 그의 내부에서 그 정도는 서로 다르지만 동시에 항상 작용하였
다.

3. 그의 휴머니즘의 종교적 성격

에라스무스에 의해서 성취된 '고전과 그리스도적 신앙'[57] 혹은 '순수한

52) Ibid., p. 82.

53) E. H. Harbison, *The Christian Scholar in the Age of the Reformation*(New York, 1956),
    p. 82.

54) Ibid., p. 85.

55) Hyma, op. cit., p. 227.

56) Spitz, op. cit., p. 199.

고전주의와 순수한 성서적 그리스도교'[58] 혹은 '이교적·그리스도교적 고대'[59]의 결합은 그의 휴머니즘의 종교적 성격의 일단을 나타내준다고 할 것이다. 그는 고전적 요소보다도 그리스도교적 요소를 더 우위에 두었다. 여기에서는 그의 고전관, 성경관, 그리스도론을 고찰함으로써 그의 휴머니즘의 종교적 성격을 구명하고자 한다.

1) 고전관

앞에서 언급한 바 있지만 에라스무스가 '고전적 관심에서 신학적 관심으로' 이행한 후에도 그의 고전 연구는 계속되었다. 에라스무스는 '그 생애의 마지막까지 고전문학의 부활을 위하여'[60] 노력하였다. 그는 당시 최대의 고전학자로서 다수의 라틴, 그리스 고전을 편집, 번역, 출판했다. 그가 '고전의 보급자 혹은 전파자로서'[61] 평가되고 있는 것도 이런 까닭이다. 그러면 그의 고전적 열정의 동기와 목적은 어디에 있는 것인가?

에라스무스는 고전 연구를 통하여 '인간성(*humanitas*)'의 개념[62]을 얻을 수 있었다. 그것은 인간의 덕, 윤리, 고결 등을 의미하는 것으로 그리스도교적인 것과 일치한다고 보았다. 그는 교부들에 의하여 실현된 바 있는 신적, 인간적 지혜의 결합에 그 자신의 사명을 의식하였다. 특히 성 제롬은 '그의 인도자'[63]였다. 그에게 제롬은 '성경의 부활자'[64]로서 '그리스도교적 전통을 순화, 재생시켰다'[65]고 생각되었다.

---

57) Harbison, op. cit., p. 72.
58) Huizinga, op. cit., p. 103.
59) P. Smith, *Erasmus*(New York, 1922), p. 34.
60) Phillips, op. cit., p. 50.
61) Ibid.
62) Spitz, op. cit., p. 211.
63) Harbison, op. cit., p. 194.
64) Ibid., p. 82.
65) Ibid., p. 95.

이렇게 에라스무스의 고전관에는 한계가 있었다. 그에게 고전 연구는 '단지 신학 연구에 부수하는 것'[66]이었다. 그는 '이교적 시인과 철학자에 대한 분별있는 독서'를 권하고 있다.[67] 이것은 그가 고전의 맹목적 열광자가 아니라는 것을 말한다. 에라스무스는 "고전의 부활이라는 미명 아래 이교주의(paganism)가 고개를 드는 것을 두려워했다."[68]

이러한 이교주의의 위험을 논한 것이 『키케로주의자(*Ciceronianus*)』(1528)라는 책이었다. 여기서 에라스무스는 불르포러스(Bulephorus)를 통하여 라틴어를 단지 모방어로 변질시킨 키케로주의자들을 공격하고 있다. 불르포러스는 "키케로의 문체는 결점이 없는 것이 아니다. 그의 작품의 많은 부분이 소멸되었다. 어떻게 그의 언어로써 그가 알지 못했던 사실들을 표현할 수 있는가? 예를 들어 그리스도교 사상의 범주같은……"[69]이라고 키케로주의자의 결벽성을 비난하였다. 그리고 모방 문제에 언급하여 '문자가 아니고 그 영혼을 모방해야 한다'[70]고 말하고 있다.

이탈리아 휴머니스트들이 대체로 이교적 라틴, 그리스의 고전에만 관심을 기울이는데 반해서 에라스무스는 '휴머니즘의 공헌을 성서와 교부에 대한 자유스런 연구'로 확대하였다.[71] 그에게 고전 연구는 성서 연구의 준비요 수단이었기 때문에 라틴, 그리스 고전의 모든 것을 수용하지는 않았다. 키케로에서는 정치적인 것보다 윤리적인 것, 세네카에서 인간에 대한 관심, 루시안(Lucian)의 쌔타이어와 아이로니, 호레이스(Horace)에서 온건한 지혜, 플루타르크(Plutarch)에서는 윤리의식을 택하였지만, 버질(Virgil)의 영웅시,

---

66) Spitz, op. cit., p. 211.

67) *Enchiridion Militis Christiani*, ed. & trans. F. D. Battles(The Westminister Press, 1953), p. 304. 이하 *The Enchiridion*이라 약함.

68) Harbison, op. cit., p. 88.

69) Phillips, op. cit., p. 54.

70) Ibid.

71) Hyma, op. cit., p. 228.

호머(Homer)의 서사시, 소포클레스의 드라마, 아리스토텔레스의 산문적 구문, 플라톤의 형이상학에는 관심이 없었다.[72]

이렇게 에라스무스는 고전학자로서 높이 평가되지만, 이보다 "휴머니즘의 언어적, 역사적 방법을 교부 및 성서 연구에 도입함으로써 사상사에 큰 공헌을"[73] 하였다. 그는 제롬 외에 싸이프리언(Cyprian), 어거스틴(Augustine), 힐라리(Hilary), 크리소스톰(Chrysostom), 오리겐(Origen) 등의 교부들을 연구, 편집하였고, 그리스어판 성경을 연구하여 『신약성경(*Novum Testamentum*)』(1516)을 출판하였다. 특히 그의 신약성경 연구는 그리스어 원전과 자신의 라틴어 번역 및 논의의 여지가 있는 구절들에 대한 주석을 포함한 것으로 "르네상스 시대의 가장 중요한 저서들 가운데 하나"[74]였다. 이것은 "한 개인의 권위에 대한 도전으로서 그 대담성에 있어 루터의 '95개조'와 비교될 수 있는 것"[75]이었다.

그러면 에라스무스의 고전 연구와 나아가 휴머니즘적 방법에 의한 성서 연구의 목적은 무엇이었는가? 그것은 '좋은 학문(*bonae literae*)'이라는 표현에 잘 나타나 있다. 그는 "좋은 학문이 신앙과 그 형식의 순화에 이바지한다"[76]고 믿었다. 그에게는 "다만 지식을 위해서만 학문을 사랑하는 것"[77]은 충분하지 않았다. 한 걸음 더 나아가 "당신의 지식을 그리스도를 위해 사용하라"[78]고 한다. 이렇게 학문은 그리스도교와 깊은 연관을 맺었으며, 나아가 그 자신의 사회의 문제와 연관되어 있었다. 그에게 "학문은 수단이지

---

72) Spitz, op. cit., p. 211.

73) C. A. L. Jarrott, "Erasmus' Biblical Humanism" in *Studies in the Renaissance*, Vol. XVII, p. 119.

74) Phillips, op. cit., p. 86.

75) *Luther and Erasmus : Free Will and Salvation*, trans. & ed. E. Gordon Rupp, in *The Library of Christian Classics XVII*(Philadelphia : The Westminister Press, 1969), p. 6.

76) Huizinga, op. cit., p. 112.

77) *The Enchiridion*, p. 329.

78) Ibid.

그 자체에 목적이 있는 것이 아니었다."[79] 그는 그의 생애의 처음부터 끝까지 '고전적, 그리스도교적 유산의 전파'[80]에 헌신함으로써 '참된 신학의 부활'을 이루고자 하였다.

2) 성경관

에라스무스는 "그리스도교의 원사료 특히 복음서와 사도서한에 돌아감으로써 그리스도교의 순수성을 되찾을 수 있다"[81]고 확신했다. 이것은 곧 그가 목표로 했던 '참된 신학의 부활'을 의미했다. 그에게 '참된 신학'이란 무엇일까? 그것은 성경(특히 신약성경)을 읽고, 연구하고, 그 안에 나타난 예수 그리스도와 그의 사도들의 가르침을 배우고 실천하는 것이었다. 그에게는 루터와 같은 체계적 교리가 없었다. 그의 신학은 비체계적, 윤리적 성격을 띠고 있었다.

루이 보이어(Louis Bouyer)는 이것을 '휴머니스트들의 신학(Theology of the Humanists)'[82]이라 부르고 크리스천 휴머니스트들이 그 시대의 이념과 성과에 의해 제공된 새로운 자료의 도움으로 그들의 신앙과 생활을 다시 생각하려고 노력하였다고 하였다. 에라스무스는 이런 사람들 가운데서 왕자였다. 그러면 그는 성경을 얼마나 사랑했으며 그의 성경에 대한 견해는 어떠했는가?

에라스무스가 1499년 첫 영국 방문에서 특히 콜레트와의 교류를 통하여 성경 연구에 대한 자극과 관심을 갖게 된 이래 그의 종교사상을 잘 나타내주는 첫 결실이 1503년에 출판된 『그리스도 군사의 편람(*Enchiridion*)』이었다.[83]

---

79) Harbison, op. cit., p. 98.

80) Bainton, op. cit., p. 83.

81) Jarrott, op. cit., p. 119.

82) Louis Bouyer, *Erasmus and His Times*, trans. Francis Murphy(The Newman Press, 1959), p. 61.

83) *Enchiridion*의 의미는 '단도(短刀)' 혹은 '편람'인데, *The Enchiridion*이 쓰여진 동기,

*Enchiridion*에서 그는 '인생은 악과의 부단한 싸움'이라고 말하고 "이 생에서 우리는 항상 경계해야 한다"[84]고 했다. 여기서 이 싸움에 필요한 무기로서 그는 기도와 지식을 들고 양자는 서로 분리될 수 없다고 했다. '전자는 간구하지만 후자는 무엇을 기도할 것인가 제시하기 때문'[85]이었다.

특히 "지식은 학문을 의미하며 정신을 유익한 교훈으로 강건케 하고 덕을 간직케 하는 것"이었다.[86] 에라스무스는 여기서 고전과 성경을 읽도록 권하는 것이다. 그러면 성경을 어떻게 읽을 것인가?

먼저 '깨끗한 마음'으로 읽도록 말한다. 만약 겸손함과 신중함으로 성경을 대하게 되면 "당신은 하나님의 뜻에 의하여 숨쉬고 있음을 깨닫게 될 것이다. 이것은 이루 말할 수 없는 변화를 가져오고 축복받은 신랑의 기쁨을 알게 되며 솔로몬 왕의 부도 보게 될 것이다"[87]이라고 말하고 있다.

여기서 에라스무스는 모든 사람에게 가장 확실한 행복을 주는 성경을 읽도록 권하는 것이다. 그런데 크리스천은 물론 신학자들까지도 '그리스도의 철학'을 순수하게 받아들이지 못하고, 그의 교리를 경건한 마음으로 조사하고, 탐구하지 않는다[88]고 안타깝게 여기고 있다. 여기서 '그리스도의 철학'은 1516년에 나온 그의 『신약성경』의 서문 *"Paraclesis"*[89]에서 그 개념이 정의되고 있다. 그것은 '성서에 기록된 그리스도의 가르침'을 말하고 그 핵심은 '그리스도가 가르친 재생(rebirth)'이며 그것은 그에게 '본래적으로 형성된 인간성의 회복'[90] 외에 아무 것도 아니었다.

그 안에 담긴 에라스무스의 종교사상에 대해서는 IV절 참조.

84) *The Enchiridion*, p. 296.

85) Ibid., p. 303.

86) Ibid., p. 302.

87) Ibid., p. 305.

88) *The Paraclesis*, trans. John C. Olin, in *Christian Humanism and the Reformation*(Fordham Uni. Press, 1976, New York), pp. 95~96, 이하 *Paraclesis*라 약함.

89) *"paraclesis"*라는 단어는 그리스어로 소환이나 권고를 의미한다. 즉 크리스천들에게 성경을 연구하도록 권고하거나 호출 하는 것을 뜻한다.

또한 성경을 올바르게 이해하기 위해서 오리겐, 암브로스, 제롬, 어거스틴 등 교부들의 주석을 읽도록 권하고 있다. 이것은 "논리적이기보다 생명력이 있게 되고 공허한 토론으로 이끌기 보다는 내면적 인간을 움직이게"[91] 하기 때문이었다. 에라스무스는 문자적 해석에 빠지기 쉬운 근대의 신학자들과 수도사들의 경건을 날카롭게 비판한다.

그들에게 있어 "가장 위대한 경건은 그것을 거의 이해하지 못하면서도 매일 가능한 한 시편(Psalms)의 많은 구절들을 반복해서 읽는 것"[92]이었다. 에라스무스는 도처에서 수도사들이 "영적 이해로 성장하기 보다는 성서의 자구에 노쇠해 가는 것"[93]을 보았다. 이렇게 에라스무스는 성경을 읽고 연구함으로써 생명력 없는 문자에 만족하기 보다는 더 깊은 영적 세계의 비밀을 깨닫도록 충고하는 것이다. 그는 "시편 전체를 끊임없이 읽는 것보다 하나의 말씀에 대한 깊은 묵상이 더 많은 자양을 주고 더 많은 지혜를 가져온다"[94]고 믿었다. 그는 『신약성경』의 다른 서문 「방법론(*Ratio seu Methodus*)」[95]에서 신학자는 어떻게 훈련되어야 하고 어떤 방법으로 참된 신학에 도달할 수 있는가 개관하고 있다.

이제 신학을 시작하는 자는 가능한 한 복음적인 자료들에서 직접적으로 기독교 교리에 대한 그의 지식을 끌어내야 한다.[96] 이런 자료들을 주의 깊게 연구하되, 각기 시간, 장소, 환경을 적절히 고려하고,[97] 모든 주제들에

---

90) Ibid., p. 100.

91) *The Enchiridion*, p. 305.

92) Ibid., p. 306.

93) Ibid.

94) Ibid.

95) 본장에서 인용한 「방법론」은 하요 홀본(Hajo Holborn)이 편집한 『에라스무스 전집』 (Munich, 1933)에 근거한다. 이하 *Ratio*, Holborn이라고 약함. Wallace K. Ferguson, "Renaissance Tendencies in the Religious Thought of Erasmus" in *Renaissance Studies*(Harper Torchbooks, 1963)에서 재인용하였음을 밝힌다.

96) *Ratio*, Holborn, p. 193ff.

대하여 여러 문장들을 수집, 비교 연구하고,[98] 성경을 적절히 인용할 줄 알아야 한다.[99] 만약 그가 이런 방법을 따른다면, 그는 주해서를 필요로 하지 않을 것이다.[100] 그는 이렇게 말하고 있다.

그리스도의 명령을 알지 못하는 것보다 아리스토텔레스의 도그마들에 대해 무지한 것이 더 낫다.……그리스도를 순수하게 가르치는 자가 진정으로 위대한 박사이다. 만약 스코투스가 정의한 것을 알지 못하는 것을 부끄러워 한다면, 그리스도가 명한 것을 알지 못하는 것을 더 부끄러워 해야 한다.[101]

신학자는 원어 성경을 읽어야 하겠지만, 속인들은 속어로 된 번역된 성경을 읽기를 바랐다. "*Paraclesis*"에서 그는 "성경이 모든 언어로 번역되어 스코틀랜드와 아일랜드 사람뿐 아니라 투르크족, 사라센인들에 의해서도 읽혀지기"[102]를 기대했다. 그래서 "농부가 밭을 갈며, 직공이 베를 짜며, 나그네가 여행하면서, 복음서와 사도 바울의 서한을 읽고 읊조리게 될 것을 바랐다."[103]

그에게는 크리스천이나 신학자가 따로 존재하는 것이 아니었다. 참된 크리스천과 참된 신학자란 성경을 "사랑하는 친구에 의해서 쓰여진 편지"처럼 "늘 가지고 다니면서 다정하게 입맞추고, 몇 번이고 되풀이해서 읽는 자"[104]였다. 마치 플라톤학파가 플라톤의 저서를 열심히 읽고 그의 사상을 이해하고 기억하고 옹호하는 것처럼 '그리스도의 철학'을 이해하고 존중하

---

97) Ibid., p. 196ff.
98) Ibid., p. 209ff., 291ff.
99) Ibid., p. 284ff.
100) Ibid., p. 295, II. 1~13.
101) Ibid., p. 142, II. 29~34.
102) *Paraclesis*, p. 97.
103) Ibid.
104) Ibid., p. 105.

는 자였다.

3) 그리스도론

앞에서 에라스무스는 '참된 신학의 부활'을 통한 예수 그리스도에 대한 헌신을 그의 사명으로 의식하게 되었다고 하였다. 사실 그는 크리스천 휴머니스트로서 그리스도의 영광을 위해 살고자 하였다. 그러면 에라스무스의 그리스도론은 어떠했는가?

*Enchiridion*에서 에라스무스는 인생이 악과의 부단한 싸움이라고 했다. 그는 "이 싸움이 그리스도 안에서 승리를 보장받고 있다"[105]고 했다. "승리는 우연한 것이 아니고 오직 하나님의 손 안에 있으며, 그리스도를 통해서 우리 손 안에 있다"[106]고 믿었다. 그러나 그는 인간 자신의 노력과 근면을 요구하였다. "우리는 너무 하나님의 은혜에 의지하기 때문에 너무 교만하게 행동해서도 안 되고, 또한 그 싸움의 어려움으로 너무 낙심하기 때문에 절망 가운데 빠져도 안 될 것이다."[107] 그러면 인간은 그리스도와 어떤 관계를 맺어야 한다고 보는가?

"단지 당신이 그리스도의 부름을 듣고 당신의 임무를 다 한다면, 당신은 승리를 보장받을 것이다."[108] 여기서 '그리스도의 부름'을 듣는다는 것은 무엇을 의미하는가? 에라스무스는 세례(Baptism)에 대하여 언급하고 있다.

오, 그리스도 군사여, 당신은 생명을 주는 세례의 신비에 들어갈 때, 당신은 명목상으로 당신 자신을 당신의 지도자로서 그리스도에게 바쳤다는 것을 알지 못하는가? 당신은 그리스도에게 이중으로 빚지고 있다. 그리스도

---

105) *The Enchiridion*, p. 301.
106) Ibid.
107) Ibid., p. 302.
108) Ibid., p. 301.

는 당신에게 생명을 주었을 뿐만 아니라 또한 그것을 회복하셨다.[109]

여기서 그는 '그리스도의 부름'을 들은 자는 세례를 통하여 그리스도를 자신의 구세주요 지도자로 받아들인 자라고 하고 있다. 그렇기에 '그리스도의 부름'을 들은 자는 "악과의 싸움에서 세례를 통하여 그리스도에게 행한 서약을 배반치 말고, 그리스도의 편이 되어 하나님의 원수인 악과 싸우라"[110]고 말하고 있다. 그러나 에라스무스는 이 세례가 형식적인 의식으로 떨어지는 것을 보았다.

"만약 당신의 마음이 세상사에 빠져 있다면, 당신은 겉으로는 크리스천일지 모르지만 내면으로는 이방인 중에 이방인이다."[111] 그는 물, 소금, 기름 자체는 그 영혼을 깨끗이 하지 못한다는 사실을 잘 알고 있었다. 그는 이 같은 의식의 형식화를 혐오하였다. 대체로 사람들은 성자의 유품을 숭배하면서도 그들의 모범적인 생활은 경멸한다고 하였다.

에라스무스는 그들에게 "당신은 성 베드로와 성 바울에 큰 열심을 가지고 있다. 그러면 어떻게 해서든지 전자의 믿음과 후자의 사랑을 본받으라"[112]고 말한다. 무엇보다도 그는 완전한 경건의 최고의 모범은 그리스도의 모방에서 찾을 수 있다고 강조하였다. 그러면 에라스무스의 '그리스도의 철학'에 대하여 고찰하기로 하자.

에라스무스는 그리스도를 "여러 철학자와 예언자들 이후에 하늘에서 이 땅에 오신 하나님이시라"[113]고 인정하고 그의 가르침은 하나의 새롭고 놀라운 철학이라고 했다.[114] 그에게 '그리스도의 철학'은 "고대의 모든 진리

---

109) Ibid., p. 298.
110) Ibid., p. 297.
111) Ibid., p. 337.
112) Ibid.
113) *Paraclesis*, pp. 95~96.
114) Ibid.

이를테면 플라톤의 이데아론 등과 내적인 관련"을 맺고 있었다.[115] 그는 "플라톤도 신학자이고, 소크라테스도 성자"라고 생각하였다.[116]

이렇게 그리스도교에서 고전 고대의 순수한 인간성과 숭고한 신성을 발견함으로써 그리스도교를 윤리적 종교로 승화시키고자 하였다. 그는 '그리스도교에서 그 기적적, 신비적 요소들'을 제거하였다.[117] 그에게는 "종교에 있어서의 초자연적 요소들, 성찬의 신비의 능력, 구원의 유일한 기관으로서의 교회에 관해서"는 거의 관심이 없었다.[118]

에라스무스가 그리스도를 철학자라고 부른다고 해서, 그리스도를 제논이나 아리스토텔레스 등과 비교하려고 한 것은 아니었다. 그는 이렇게 말하고 있다.

> 그리스도만이 하늘에서 온 선생이요, 그리스도만이 영원한 지혜인 어떤 교리를 가르칠 수 있고, 그리스도만이 인간 해방의 유일한 권능자이기 때문에 구원에 관한 것을 가르칠 수 있고, 그리스도만이 그가 가르친 모든 것에 대한 증인이 될 수 있고, 그리스도만이 그가 약속한 모든 것을 줄 수 있다.[119]

끝으로 에라스무스는 '그리스도의 철학'의 보편성에 대하여 말하고 있다. 그리스도는 인간에게 구원의 영원한 지혜를 가르치기 위해서 이 땅에 오셨기 때문에, 그의 가르침 곧 그리스도의 철학은 누구에게나 그 길이 열려 있다고 했다. "다만 경건하고 열려진 마음이 되라, 무엇보다도 단순하고 순수한 신앙을 소유하라. 다만 유순하라. 그러면 당신은 이 철학에 들어오게 될

---

115) Smith, op. cit., p. 53.
116) Ibid.
117) Harbison, op. cit., p. 72.
118) H. Lucas, *The Renaissance and the Reformation*(Harper and London, 1934), p. 494.
119) *Paraclesis*, p. 95.

것이다.”120) 마치 태양처럼, 그 자신이 스스로 피하지만 않으면, 그리스도의 철학은 “나이, 성, 재산, 지위를 가리지 않고” 누구에게나 접근될 수 있는 것이었다.121) 그에게 참된 신학자란 그리스도의 단순한 경건을 가르치고 그것을 권면하며 가르치는 사람이었다.

> 이런 종류의 철학은 연역법에서보다 더 진실로 마음의 성향에 자리잡고 있기 때문에, 삶이 논쟁보다 더 의미가 있고, 영감이 박식보다 선호되고, 변화가 지적인 이해보다 더 중요한 문제가 된다. 단지 몇 사람만이 학식 있는 자가 될 수 있다, 그러나 모두가 크리스천이 될 수 있다, 모두가 믿음이 깊은 사람이 될 수 있다, 나는 감히 덧붙이는데, 모두가 신학자가 될 수 있다.122)

그의 휴머니즘은 고전적, 그리스도교적인 이원적 요소로 구성되었다. 그의 정신 안에서 이교적 고대와 그리스도교적 고대가 번갈아 교체되지만 호이징거의 말대로 “그의 정신의 경사(warp)는 그리스도교적이었다. 그에게 고전주의는 형식으로 나타났으니 에라스무스는 고대로부터 다만 그의 그리스도교적 이상과 윤리적 경향에 있어 일치하는 요소들만 선택하였던 것이다.”123) 퍼거슨은 르네상스 휴머니스트들에 의하여 대표되는 것으로서 속인 경건의 민주적인 경향과 속인 학문의 귀족적 경향 사이에 고유한 갈등이 있었다고 했다. 이것은 에라스무스에게 그렇게 심각한 것은 아니었다. 그러나 그는 종교적 가르침에 대해 성직자에 의존하는 것에 대한 속인의 저항을, 성경 해석의 성직자의 독점에 대한 속인의 저항을 반영하였다.124)

---

120) Ibid., p. 96.
121) Ibid.
122) Ibid., p. 100.
123) Huizinga, op. cit., p. 103.
124) Ferguson, op. cit., p. 90.

그가 휴머니즘적 방법으로 성서의 원전을 연구함으로써 참된 신학을 부활시키고, 초기 그리스도교의 순수성을 회복하고자 노력한 것은 그 당시의 스콜라 신학자와 수도사들에 대한 비판과 도전이었다. 뿐만 아니라 교황과 성직자의 권위와 일반 민중의 신앙에 대한 새로운 검토였던 것이다. 다시 말해서 그의 휴머니즘의 종교적 성격은 그 당시 그리스도교 세계에 대한 개혁적 노력으로 작용하였다.

Ⅱ. 에라스무스의 정치사상

1. 머리말

에라스무스는 전형적인 크리스천 휴머니스트로서 불려진다. 이것은 16세기 유럽에서 신앙의 근원으로 돌아감으로써 그리스도교적인 학문(Christian learning)과 그리스도교적인 생활을 개혁하려는 데 있어서, 그의 탁월성을 상기시켜 준다. 그는 휴머니스트로서 고전적 유산을 수용하고 르네상스기의 이탈리아 휴머니스트들의 방법을 적용하였다. 또한 크리스천으로서 그는 그리스도교에 관련된 원전의 편집, 주석 및 그 외 다른 저서들을 많이 남겼다. 그러나 그의 "본질적인 관심과 목표는 후자, 즉 종교적인 것에 있었다."[125] 이것은 크리스천 휴머니스트로서의 그의 본질적인 성격을 말해준다고 할 것이다. 특히 그의 '정치사상의 핵심'[126]이라고 할 수 있는 제한 군주제(limited monarchy)와 평화사상(pacifism)은 이런 점을 잘 나타내고 있다고 할 것이다.

---

125) John C. Olin, "The Pacifism of Erasmus", *Thought* 50, No. 199, Dec., 1975, p. 419. 이하 Olin I이라고 약함.

126) Erasmus, *The Education of a Christian Prince*, trans. & ed. Lester Born(New York, 1936), pp. 22~23. 이하 *The Christian Prince*라 약함.

흔히 에라스무스의 정치사상은 고대적 자료에 근거한 것으로서 독창성이 결여된 것이라고 한다. 또 실제로 서구 정치사상사의 저작에서 그에 관한 언급이 거의 없는 것 같다. 그러나 중요한 것은 "그가 그 당시 교회와 국가에 있어서 개혁의 필요성을 인식했다"[127]는 점이다. 그뿐만 아니라, 그 당시의 지도적 인물인 독일의 카를 5세, 영국의 헨리 8세, 프랑스의 프랑수아 1세, 스페인의 페르디난트와 같은 군주들에게 관심을 갖게 함으로써 그의 사상을 구체화하려고 하였다.

본절에서는 정치사상사에서의 그의 위치를 재평가하려고 하는 것보다, 그의 제한군주제와 평화사상을 검토하는 가운데 크리스천 휴머니스트로서의 그의 본질적인 성격과 그 의의를 구명하고자 한다.

2. 르네상스시대의 정치적 상황

13세기 이후 봉건제도가 쇠퇴하고 중앙집권적인 통치가 수천의 봉건 영주들에 의한 지방분권적인 통치를 대신하게 되었다. 점차 보편제국의 이상 대신에 국민국가의 대두가 현실적인 것이 되었다. 대체로 14, 15세기에는 "제한 군주제의 원리가 계속 받아들여졌고, 15세기 말에 이르러서야 절대군주제의 싹이 나타나기 시작했다고 할 것이다."[128] 다음에서는 르네상스시대의 정치적 상황을 고찰하기 위해서 먼저 중세 정치사상에서 중요 이슈였던 교회와 국가의 문제를 살펴보고, 다음에 이탈리아 전쟁 기간 중, 에라스무스가 활동하던 시기 특히 그의 주요 정치적 저작들이 나왔던 시기를 중심으로[129] 영국, 프랑스, 신성로마제국, 스페인 등 유럽 제국

---

127) Ibid., p. 25.

128) A. Hyma, *Renaissance to Reformation*(WM. B. Eerdmans Publishing Company, 1951), p. 50.

129) 에라스무스의 정치사상을 나타내 주는 대표적인 저작은 *Dulce bellum inexpertis*(1515), *Institutio principis Christiani*(The Education of a Christian Prince, 1516), *Querela pacis*(The

사이의 관계에 나타난 절대주의의 초기 형태에 대해 살펴보고자 한다.

1) 중세에 있어서의 교회와 국가의 문제

울만(Ullmann)은 중세에서는 아직 국가와 교회는 자율적이고 독립적인 실체로서의 개념에 이르지 못하고 "다만 하나의 그리스도교 공동체 내의 구성원들 사이에 성직자 및 속인의 구별이 생김으로써 사제의 직과 군주의 직이라는 두 그룹으로 나뉘게 되고" 이들이 각기 영적인 권위와 세속적인 권위를 대표하였다고 했다.[130]

13세기 전반기까지 교회와 국가의 관계를 잘 말해 주는 이론이 '신정적 하강 이론(theocratic descending theory)'이었다. 이것은 통치권과 법의 구속력이 최고자, 즉 신으로부터 비롯되고 신만이 지상의 대리자를 임명하고, 그는 신에게만 책임이 있다는 것으로서,[131] 이것은 중세인들의 연역적인 사고방식에서 나온 결과였다.

중세인들은 하나의 추상적인 원리에서 사소한 이론까지도 도출해 냈다. 오늘날 근대인들은 "동일한 인간의 행동을 윤리적·종교적·정치적 시각에서 각각 바라볼 수 있지만, 중세인들은 이런 것에 익숙치 않았다."[132] 그들에게 중요한 것은 인간의 그리스도교였지 그의 사회적 혹은 윤리적 행동이 아니었다. 그들에게 "종교는 정치로부터 분리되지 않고 정치는 윤리로부터 분리되지 않았다."[133] 그들에게 정도의 차이는 있었지만 교회와 국가의 관계는 독립된 실체로서 파악될 수 없었고, 기껏해야 영혼과 육체의 관계로 파악되었다.

Complaint of Peace, 1517), 세 가지를 들 수 있고, 이밖에 Adages(1500), The Praise of Folly(1511) 등에 부분적으로 나타난다.

130) Ullmann, Medieval Political Thought(Penguin Books, 1979), p. 18.

131) Ibid., p. 12.

132) Ibid., p. 16.

133) Ibid.

그리스도교가 로마제국 내에서 공인되고 국교로 됨으로써 교회와 국가 간의 관계에 대한 문제가 일어나게 되었다. A.D. 4, 5세기 로마제국이 쇠퇴할 무렵 성 암브로스, 성 어거스틴 같은 교부들은 모든 사람들은 평신도건, 성직자건, 권력을 가지고 있는 모든 통치자들에게 복종해야 된다고 했다.[134] 이들의 정치사상 가운데에는 후에 그레고리 7세, 이노센트 3세, 보니파키우스 8세와 같은 야심적인 교황들에 의해서 요구된 대담한 것들을 거의 찾아볼 수 없었다. 이 시대의 교회는 "그 영적인 힘에 의해서 매우 존경을 받았다."[135]

그러나 게르만족의 대이동으로 서로마제국 몰락 이후의 혼란과 무질서 가운데, 프랑크 왕과 교황의 제휴가 이루어지고 양자 사이에는 조화 내지 대립이라는 특이한 관계가 전개되기 시작하였다. 특히 샤를마뉴 대제 때 교황과의 조화된 관계가 실현되고 "그리스도교화된 로마에 의해 계승된 로마적 전통과 통일성의 이상"[136]이 실현되는 것처럼 보였다. 그러나 그의 사후 프랑크 제국은 분열되고 분권화의 경향이 촉진됨으로써, 성직자도 세속 영주와 같이 되어, 주교나 수도원장들은 종교적인 것보다 세속적인 것에 의해 특징지어졌다.

지금까지 교회는 세속적인 권위의 보호 아래 성장한 점이 있었지만, 속인에 의한 성직자 임명은 성직자의 질을 저하시키게 했을 뿐 아니라, 교회의 영적인 권위를 침해하는 것으로 생각하게 되었다. 특히 그레고리 7세는 교황만이 주교들을 임명하고 폐위할 수 있다고 선언하였다. 그 이후

---

134) 특히 성 어거스틴은 *The City of God*에서 세속정부(Civil Government)는 이 지상의 죽어야 할 생명의 유지를 위해 필요한 것들을 관리하는 실체로서 신자는 성경과 교회의 가르침에 어긋나는 것이 아니라면 그 법에 복종해야 한다고 했다(St. Augustine, *The City of God*, trans. Macus Dods, Book XIX Ch. 17, p. 696, New York, 1950).

135) Hyma, op. cit., p. 21.

136) C. Dawson, *The Making of Europe*(New York, 1969), p. 41.

292

교황권은 황제권보다도 우세한 경향을 보여 이노센트 3세(1198~1216) 때에는 "교황은 세속군주들과 황제에 대한 최고의 재판관으로 군림하게 되고"[137] 이노센트 4세 같은 이는 "그리스도의 대표자로서의 교황의 권한은 세속통치자들에 대한 잠재적 종주권뿐 아니라 왕권까지 포함한다"[138]고 주장했다. 여기서 이들 교황의 주장이 영적인 범위를 넘어서 세속적인 일에까지 미치고 있음을 본다. 그러나 이러한 교황권도 스페인, 프랑스, 영국과 같이 점차 성장하고 있는 국민적 국가에서는 먹혀 들어가지 않는다는 것이 드러나게 되었다.

프랑스에서는 까페(Capet), 발루아(Valois) 왕조를 거치면서, 왕령지를 확대하고 왕권의 증대를 꾀하였으며, 영국에서는 노르만 왕조가 효과적인 봉건적 왕권을 수립하고, 그 뒤를 이은 앙주(Anjou) 출신의 후계자들이 보통법을 발전시키고, 돈과 권력을 집중할 수 있었다. 특히 양국은 백년전쟁(1339~1453)을 치르면서 각기 "애국심, 시민계층의 경제력에 바탕을 둔 왕권의 증대로 인해 국민적 국가로 발전하게 되었다."[139]

한편 르네상스를 전후하여 북부 이탈리아에서도, 11세기 이래 상업과 교역의 활발한 전개로 많은 도시들이 갑자기 나타났다. 처음에 상인들, 소귀족들, 성직자들, 장인들이 그들 자신의 물질적 이해관계로 날카로운 연대의식을 가지고 코뮌(commune)을 구성하였다.[140] 그러나 13, 14세기에는 시민들 사이에 오래 지속된 반목과 불화로 인한 폭동을 진압하기 위해서 어떤 사람 혹은 일군의 사람들(참주들 : signori)에게 시정을 위임하는 습관이 있었다. 이때 야심 있는 자들이 흔히 참주의 정부(signoria)를 탈취하고 권력을

---

137) Hyma, op. cit., p. 34.

138) Ibid., p. 35.

139) H. Lucas, *The Renaissance and the Reformation*(Harper & Row, Publishers, 2nd. ed.,1934), pp. 23~26.

140) Ibid., p. 35.

장악함으로써 이탈리아 도시들은 "점차 정치적 절대주의로 나가게 되었다."141)

중세를 통하여 교황과 황제가 제휴하여 전자는 영적, 윤리적으로 다스리고, 후자는 모든 사람을 그의 세속적 통치 아래 하나가 되게 하므로, 그들을 정의가 골고루 베풀어지는 사랑 가운데 살게 한다는 이상은 점차 엄연한 현실과 모순이 된다는 것이 명백해졌다.142) 이러한 고상한 개념은 오토 대제와 그 이후 신성로마 황제들에 의해 계승되지만 유럽의 모든 그리스도교 군주들은 황제의 지도적 지위를 인정치 않았고, 제국 내의 봉건적 제후들도 그들 자신의 이익을 증진하기 위해, 황제가 모든 사람을 성공적으로 통치하는 것을 방해하였다. 이런 현실을 뒷받침하여 13세기 중엽 이후 '상승설(ascending theory)'이 우세하게 되고, 국가의 개념에 이르게 되었다.

상승설은 최초의 권력이 민중 혹은 공동체에서 비롯되어 위로 향하여 상승한다는 것으로서, 이것은 게르만족들이 공적인 생활의 단위로서 국가보다도 개인의 중요성을 강조한 사상에서 나온 것이었다.143) 여기에 로마법의 연구, 아리스토텔레스의 정치사상의 도입은 크게 영향을 미쳤다. 로마법은 군주권의 강화에 기여하고,144) 아리스토텔레스의 정치사상은 정치적 동물로서의 인간의 개념과 성 어거스틴 이래 죄 때문에 받아야 하는 고통으로서가 아니고, 자연적인 것으로서 보는 인간의 통치에 대한 견해를 갖게 함으로써 점차 성장해 가는 국민적 군주국의 철학적 토대를 마련하였다.145) 그에

---

141) Ibid., p. 36.

142) Ibid., p. 20.

143) Ullmann, op. cit., pp. 12~13.

144) 로마법에 의하면 통치자(황제)란 본래 공동사회(community) 안에서 유일하게 정치적 권위를 소유한 민중의 대리자였다. 여기서 학자들 간에 민중은 그 권위를 황제에게 완전히 양도했는가, 부분적으로 양도했는가에 관해 논쟁이 있었다(Sibley, *Political Ideas and Ideologies*, pp. 218~219). 전자에는 이르네리우스(Irnerius) 등이 있었고, 절대주의 경향에 이바지하였다, 후자에는 아쪼(Azo) 등이 있었고, 국민주권 사상으로 계속 발전되었다. 여기서는 전자의 경우를 말한다.

의하면 인간의 의지와 이성을 매개로써 작용하는 자연은 국가를 발생케 할 뿐 아니라 그것이 가야 할 길 곧 최고선을 지향케 된다고 했다.[146]

이제 이러한 자연관은 개인을 적어도 두 가지 관점, 즉 정치적, 윤리적 관점에서 볼 수 있게 하고, 시민과 크리스천을 분리시킬 수 있게 했다. 더 나아가 인간의 활동을 사회적, 경제적, 문화적 규범으로 범주화할 수 있게 했다.[147] 특히 오컴(1290~1349)은 '개별의 실재와 보편의 명목성'을 강조함으로써 세속적, 물질적 관심에 주의를 집중하는 경향을 촉진시켰고, 종교적 권위의 몰락을 가능하게 했다.[148] 그러나 14, 15세기의 사상가들 중에 어떤 사람도 감히 종교의 영역을 생활에서 제거시키려고 하지는 않았다. 다만 그들은 종교는 내적 생활의 문제라고 가르쳤고, 외적인 영역은 그 자체가 스스로 생각해야 될 문제라고 생각했다.[149] 이제 근대인들은 교회와 국가를 두 개의 자율적이고 독립적인 실체로서 파악할 수 있었지만 그들과 중세인들의 차이는 울만이 말한 대로 '정도의 차이이지 본질의 차이'는 아니었다.[150]

2) 절대주의 초기 형태

프랑스의 샤를 8세에 의한 플로렌스, 로마의 침입(1494)으로 시작된 이탈리아 전쟁은 군주정의 전제적 형태를 더욱 강화하는 경향을 띠게 했다.[151]

---

145) N. P. Zacour, "Political authority in the late middle ages", in *Great Problems in European Civilization,* ed. Kenneth M. Setton, Henry R. Winkler(N.J. : Prentice Hall, Inc., 1966), p. 167.

146) Ullmann, op. cit., p. 168.

147) Ibid., p. 170.

148) Mulford Q. Sibley, *Political Ideas and Ideologies : a History of Political Thought*(Harper & Row, Publishers), 1970. p. 285.

149) Ibid.

150) Ullmann, op. cit., p. 14.

151) Q. Skinner, *The Foundation of Modern Political Thought, Vol. 1, The Renaissance* (Cambridge

샤를 8세가 앙주 가와 관련된 나폴리의 왕위를 들고 나왔을 때,[152] 다른 나라들도 자신의 사소한 정치적, 경제적 이해관계에 얽혀 개입하게 된다. 그러나 그것은 아직 국민적 요구보다도 왕조적 요구, 중세의 기사적 영광, 십자군적 전통에 근거하고 있었다.

샤를 8세의 나폴리 점령은 순조로운 듯이 보였지만, 신성동맹의 결성 (1495)으로 철수하지 않을 수 없었다. 그의 사촌 루이 12세(1498~1515)는 왕위에 오르자, 자기 조모가 비스콘티 계임을 들어 스포르짜 가에 대항하여, 밀라노를 요구하고 이를 점령하였다. 그는 샤를 8세와 같은 고립을 피하기 위하여 아라곤의 페르디난트와 동맹을 맺고 공동으로 나폴리 정복을 꾀하려 고 했다. 그러나 그는 페르디난트의 군대에 의해서 나폴리로부터 철수하지 않으면 안 되었다.

이 무렵 교황 알렉산더 6세가 죽고, 율리우스 2세가 그 뒤를 계승하였다. 알렉산더 6세는 그의 아들 체사레 보르지아를 기용하여 루이 12세의 지원 아래 로마냐(Romagna) 지방의 견고한 정치 체제를 확립하려고 했다. 율리우 스 2세는 특히 교황국가를 근대적 국가로 만드는 데 몰두하였다. 그는 "먼저 교회의 모든 영토를 회복한 다음에, 이탈리아 내에서 외국인의 세력을 배제하려고 했다."[153] 먼저 볼로냐를 점령하고, 다음에 베니스의 세력을 꺾기 위해 막시밀리안 황제와 루이 12세가 중심이 된 캄브라이(Cambrai) 동맹에 가담하였다.

그 당시 베니스는 체사레 보르지아의 몰락을 이용하여 로마냐 지방에서

Uni. Press, 1979), p. 113.

152) 샤를 8세의 조부 샤를 7세가 나폴리의 왕이었던 앙주 가의 루이 2세의 딸 마리와 결혼함으로써 프랑스는 나폴리의 왕위를 주장할 수 있었다. 앙주 가는 샤를 1세(루이 9세의 동생)가 나폴리 왕이 됨으로써(1266) 그 왕위를 계승하다가 조반나 여왕의 죽음으로 앙주 가의 왕위는 단절되었다(1435).

153) *The New Cambridge Modern History*, Vol. 1, *The Renaissance*, ed. Denys Hay(Cambridge uni. Press, 1971), p. 359. 이하 *The New Cambridge*라 약함.

지배하는 도시의 수를 증가시키려고 하였기 때문에, 이것들을 회복하려는 율리우스 2세와 충돌하지 않으면 안 되었다. 베니스는 아그나델로(Agnadello) 싸움에서 참패하고, 전 영역을 상실하였다. 율리우스 2세는 어느 정도 자신의 목적을 달성하였기 때문에, 이제는 프랑스 세력을 이탈리아에서 구축하려고 했다. 특히 프랑스의 지원을 받고 있는 페라라를 공격하여 교황국가를 세우려고 했다. 이에 율리우스 2세는 페르디난트, 베니스와 함께 신성동맹을 맺고 베니스의 상실한 영토를 회복하려고 했다. 처음에 프랑스는 라벤나(Ravennna) 싸움에서 동맹군에게 대승을 거두지만, 막시밀리안 황제와 영국의 개입으로 철수해야만 했다.

영국의 헨리 8세는 사소한 상업적 이익을 보호하기 위해 신성동맹에 가담하고, 프랑스 북부의 기니가트를 공격하여 승리하였다(1513). 이때 영국은 북쪽에서 스코틀랜드의 침입으로 위협을 받지만, 노잠브랜드의 브랑스톤(Branxton) 근처의 플로덴 필드(Flodden Field) 싸움에서 격퇴할 수 있었다(1513. 9). 이때 스위스도 프랑스를 구축하는 데 큰 역할을 했다. 스위스는 뛰어난 전술을 지닌 용병의 수출국에 불과했지만, 자신의 정치적, 상업적 이익을 위해서는 신성동맹의 멤버로서 이탈리아에서 프랑스를 내쫓는 주요 도구가 되었다. 이제 밀라노에는 스포르짜 가, 플로렌스에는 메디치 가가 복귀하였다.

교황 율리우스 2세가 죽었을 때, 이탈리아인들은 위대한 군주의 죽음에 슬퍼하였다. 그것은 그들이 그 당시 다른 군주들은 한 개인이나 한 가문의 이익을 목표로 한 데 대하여, 그는 이탈리아의 세속적 이익과 일치하고 있다는 것을 보았기 때문이다.[154] 그의 세속주의는 에라스무스와 같은 종교적 양심을 지닌 이들에 의해 비판을 받았지만,[155] 그것은 16세기 전반기

---

154) Lucas, op. cit., p. 330.

155) 에라스무스는 「추방된 율리우스(Julius Excluded)」라는 글을 써서 율리우스 2세의 세속주의에 대해 신랄한 풍자를 하였다. 이것은 익명으로 발표되었지만, 그의

르네상스 교황들의 특징이었다. 율리우스 2세 다음에 메디치 가 출신의
레오 10세가 교황으로 선출되었다. 그는 평화정책을 추구하였지만, 그의
주요 관심도 자기 가문을 발전시키고, 나아가 교황권의 증대를 꾀하는
데에 있었다.156) 그의 중재로 영국과 프랑스 사이에 강화가 맺어졌다. 그러나
루이 12세가 죽고, 그의 사촌 프랑수아 1세가 계승했을 때, 유럽은 다시
이탈리아를 중심으로 전운에 휩싸이게 되었다.

프랑수아 1세는 카를을 고무시켰던 기사적 낭만에 의해서도, 루이를
단행케 했던 합법적 권리에 의해서도, 움직이지 않았다. 그를 움직이게
한 것은 자기 자신과 프랑스의 영광이었다.157) 이때 베니스가 다시 한
번 프랑스와 동맹하였고 이에 대하여 교황, 페르디난트, 막시밀리안, 헨리,
스위스, 밀라노 등이 신성동맹을 맺고 대항하였다. 그러나 마리그나노에서
프랑스는 스위스 용병의 무적의 신화를 깨뜨리고 대승하였다(1515. 9).
이 싸움은 프랑스를 이탈리아의 실질적인 실력자로 만들어 밀라노와 북부
이탈리아를 직접 간접으로 지배하게 했다. 다만 스페인이 프랑스의 유일한
경쟁자로서 남아 있을 뿐이었다. 이것은 다음에 프랑수아의 발루아 가와
카를의 합스부르크 가의 경쟁으로 발전하게 된다.

부르군디-네덜란드의 카를은 스페인의 페르디난트가 사망하고 그 뒤를
계승하였다(1516. 1).158) 이것은 카를과 프랑수아 사이에(노용(Noyon) 조약,
1516. 8), 프랑수아와 헨리 사이에(칼레 근처의 the Field of the cloth of Gold의

저작으로 확실시되고 있고 그 후에 *Dulce bellum inexpertis*를 쓰게 된 것도(1515)
율리우스 2세로부터 받은 충격이 크게 작용하였다.

156) *The New Cambridge*, p. 364.

157) Ibid.

158) 카를은 스페인의 페르디난트와 이사벨라의 외손자로서 이사벨라의 죽음으로(1504)
카스틸, 레온 등을 상속 받고, 아버지 필립의 죽음으로(1507) 저지대(the Low Counties)
의 대부분을 물려받게 되며, 1516년 페르디난트가 죽자, 아라곤, 나폴리, 시실리를
상속 받게 된다.

298

회담, 1520. 6) 친선관계를 맺게 했다. 그러나 그것은 표면적인 것이었다. 특히 막시밀리안 황제가 죽고, 황제 선출을 둘러싼 카를과 프랑수아의 경쟁에서 카를이 승리한 이후, 양자를 중심으로 한 합스부르크 가와 발루아 가 사이에 약 40년간의 대립이 계속된다.

이상에서 이탈리아 전쟁을 중심으로 유럽 각국의 관계에 대하여 살펴보았다. 여기서 절대왕정의 초기 형태로서 군주를 중심으로 영토를 확장하려는 경향과 중재자로서 교황, 황제의 권위가 무력하게 되었다는 것을 지적할 수 있을 것이다. 영국, 프랑스를 비롯해서 이탈리아의 도시국가들, 심지어 교황국가에 이르기까지, "전시 경제를 지원할 수 있는 최소의 내적인 질서가 이뤄졌을 때 그들은 각기 국경을 넘어 팽창하려고 했다."159) 또한 황제의 세속적 권위는 아직도 인정되었지만, "더 이상 국가 사이에 중재자로서 호소되지 않았고, 그의 결정은 그 자신의 노력을 강화하기 위해서 내려진다고 생각되었다."160)

또 교황의 보편적 권위는 아직도 인정되었지만, 국제적 중재자로서의 그의 역할은 쇠퇴하고 있었다. 특히 그리스도교 공동체(Christendom)의 영적인 수장으로서 투르크에 대항하는 십자군을 호소하였지만(1499년, 1517년) 아무 소용이 없었다. 비록 투르크에 대항하여 그리스도교 공동체를 통합하려는 감정이 아직도 있었지만, 교황은 세속 통치자들을 그들의 개인적 이익을 위한 전쟁에서 돌이키도록, 그런 감정을 이용할 수는 없었다.161) 현실적으로 그들의 공통된 관심은 투르크가 아니고 이탈리아였다.

그 당시 이탈리아는 고대 문화와 영적 세계의 중심지로서 부유하지만,

---

159) *The New Cambridge*, p. 262.
160) Ibid., pp. 263~264.
161) 유럽은 이슬람, 투르크와 같은 적대세력에 직면하여 좋든 싫든 하나의 그리스도교 공동체(Christendom)라는 유산을 이어 왔다. 이런 세계의 보편적 지배의 꿈은 유럽의 강대국들 사이에서 끊임없이 따라 다녔지만, 프랑스의 샤를 8세, 프랑수아 1세도, 신성로마제국의 막시밀리안, 카를 5세도 좌절하게 된다.

정치적으로 분열되었고, 스페인, 신성로마제국, 프랑스 등과의 봉건적, 혈연
적 유대관계로 인해서 유럽의 강자들에 의한 끊임없는 유혹의 대상이 되었
다.162) 여기서 유럽 각국의 영토를 확장하려는 욕망이 아직 국민적 통합이나
자연적 국경의 개념에 의해서보다도 수 세기 동안의 왕조적 결혼으로 말미암
아 복잡하게 얽힌 봉건적 의무와 반대 주장에서 비롯되는 개인이나 왕실의
이해관계에 의한 것임을 유의할 필요가 있다.163) 그 당시 아직 국민성의
개념은 막연하였고, 토지란 소유의 기쁨과 이익 때문에 가치가 있었지,
그 위에 사용되는 언어 때문에 그런 것이 아니었다. 국민적 감정이나 국민적
외교는 왕조전쟁의 결과이었지, 그 원인은 아니었다.

3. 제한 군주제

부르크하르트는 르네상스 휴머니스트들이 정치의 영역에 중요한 공헌을
하지 못했다고 했다. 그것은 그들이 그들 주위에서 행사되는 권력(Gewalt)과
실정(Mißregierung) 아래 일어나는 현상에 대하여 냉정하게 체념하는 태도로
관찰하는 것 외에, 더 이상 일어서려고 하지 않았기 때문이었다.164) 그러나
휴머니스트들 가운데 그들이 이탈리아 휴머니스트이든, 유럽의 휴머니스트
든 자신을 본질적으로 정치적 조언자로서, 정치적 편람을 쓰거나 군주들,
왕자들, 그리고 대신들에게, 현명한 충고를 하는 자로, 아는 경향이 있었
다.165) 그들은 선한 군주에 의해 통치되는 절대군주제(absolute monarchy)를
기대하였다. 그러나 현실적으로 선한 군주를 얻기 어렵기 때문에 그들은
대체로 제한 군주제(limited monarchy)의 원리를 지지하였다.166) 다음에서는

---

162) *The New Cambridge*, p. 263.

163) Ibid., p. 261.

164) J. Burckhardt, *Die Kultur der Renaissance in Italien*(A. Kröner Verlag, Stuttgart, 1976),
   p. 477.

165) Skinner, op. cit., p. 216.

휴머니스트들의 덕의 개념을 중심으로 제한 군주제의 원리를 살펴보고, 에라스무스의 군주관에 대해 고찰하고자 한다.

1) 휴머니스트들의 덕의 개념

15세기 초 이탈리아의 시민적 휴머니스트들(civic humanists)은 공적 관여 (*negotium*)의 이념이 인간생활의 최고의 조건을 나타낸다고 생각했다. 그러나 15세기 말의 휴머니스트들은 은거(*otium*)의 생활이 무엇보다도 존중되어야 한다고 생각했다.[167] 이러한 의무에서의 변화는 휴머니스트들로 하여금 정치에 대한 관심 같은 것을 지적인 추구의 유치하고 저속한 형태로서 생각케 했고, 나아가 그들 자신을 국사에 어떤 의미 있는 방법으로 관여시킨 다는 것은 완전히 불가능하다고 생각했다.

그러나 그들의 관심을 정치 연구에 바치기를 계속하는 사람들이 없었던 것은 아니었다. 이들은 참주들이나 군주들을 위해 혹은 조신들을 위해 조언서들(advice-books)을 저술하였다. 이런 양식은 14세기에도 나타났지만 15세기 후반기에 가장 많이 나타났고, 전자보다도 후자의 것이 더 많았다.[168] 그것은 조신들이 군주와의 관계에 있어서 그들의 역할, 처신과 그들의

---

166) 중세 초부터 르네상스 말에 이르기까지 정치사상에 있어서 거의 일관된 하나의 경향은 완전한 군주상에 대한 관심이었다. 토마스 아퀴나스는 『신학대전(*The Summa Theologica*)』에서 완전한 덕을 갖춘 선한 군주를 얻기 어렵기 때문에 제한 군주제가 필요하다고 하고, 이것은 한 사람이 머리로서 통치하는 군주제(monarchy), 많은 사람들이 통치권을 가지고 있는 귀족제(aristocracy), 군주가 백성들에 의해 선출될 수 있고 군주의 선출은 백성의 기능이 되는 민주제(democracy)의 좋은 점을 결합한 형태라고 말했다.

167) Skinner, op. cit., p. 116.

168) 14세기에 나타난 조언서의 예로서 파우다의 베르게리오(Vergerio)에 의해 쓰여진 *On Monarchy*를 들 수 있고, 15세기 후반 조신들을 위한 것으로서 카스틸리오네의 『조신론(*The Book of Courtier*)』이 뛰어났다. 군주들을 위한 것으로서 폰타노의 *The Prince*(1468), 마키아벨리의 *The Prince*(1513) 등이 있다.

교육에 관한 지시를 제공하기 위함이었다.

이탈리아 휴머니스트들은 조언서들에서 "군주를 어떤 사람보다도 덕을 쉽게 실현할 수 있는 사람"으로서 생각했고, "그가 명예를 얻고자 하는 것은 정당하다"고 했다.169) 그런데 그들은 '덕있는 사람(*vir virtutis*)'이 명예를 추구하는데 있어 방해하는 세력으로서 운명(fortune)의 힘을 인정하고, 그 여신은 때때로 인간에게 행복을 가져오기도 하지만, 이보다는 예기치 않고 돌이킬 수 없는 해를 우리에게 끼친다고 강조하였다. 그러므로 "이런 운명의 힘을 조정하고 감소시키기 위해서 군주는 덕을 소유할 필요가 있다"고 했다.170) 또한 그들은 대체로 이런 덕의 개념을 "군주가 만약 자기의 국가를 유지하려고 한다면 무엇보다도 개발할 필요가 있는 중요한 자질"로서 생각하였다.171) 이것은 그 당시의 정치적 상황을 반영한 것으로서 통치의 목적과 관계되었다.

15세기 초 시민적 휴머니스트들에게는 자유와 정의의 보존이 목적이었지만, 15세기 말의 휴머니스트들에게는 안정과 평화 상태 속에서 백성들을 보존하는 것, 즉 국가를 유지하는 것이 목적이었다.172) 그런데 그들은 군주가 이런 목적을 달성할 수 있는 기초가 되는 것이 덕(*virtus*)라고 생각했다. 이제 그들은 시민의 덕과 군주의 덕을 구별하여, 시민의 덕은 비교적 수동적인 자질, 즉 복종, 선의의 함양, 왕으로부터 받은 은혜에 대한 감사 등에 대해서 말하고, 군주의 덕은 영웅적인 자질들과 서로 관련시켜서 설명하였다.173) 예를 들면, 파트리치(Patrizi)는 플라톤의 4개의 중요한 덕 즉 지혜, 절제, 용기, 정의에다, 경건, 종교, 신앙의 기본적인 그리스도교적인 자질과

---

169) Skinner, op. cit., pp. 118~119.

170) Castiglione, op. cit., Vol. 4, p. 288, citing in Skinner op. cit., p. 119.

171) Skinner, op. cit., p. 121.

172) Ibid., p. 123.

173) Ibid., pp. 125~128.

관련시키고 있다. 혹은 관대, 자비, 거짓말 하지 않는 것 등은 군주들이 특히 개발할 필요가 있는 덕이라고 했다.

이렇게 이탈리아 휴머니스트들은 덕을 통치에서의 중심적 위치에 두었다. 이것은 북방 휴머니스트들에 의해서도 거의 마찬가지였다. 북방 휴머니스트들은 학문적인 형식의 범위에서 이탈리아 휴머니스트들의 기술적인 면을 발전시켰을 뿐 아니라, 사회적, 정치적 사상의 더 보편적인 문제에 접근하는 데 있어서도, 그들에게 깊은 영향을 미쳤다.[174]

그들은 대체로 모든 지식은 이용하기 위해서 존재해야 하고, 모든 원리와 연구의 목적은 좋은 조언(good counsel)에 있어야 한다고 주장했다.[175] 특히 '군주들을 위한 거울을 제시하는 저술가(mirror-for-princes writer)'들은 덕치의 원리와 함께 통치자의 교육에 관한 논문이나 저서를 발표하였다.[176] 이들 내용의 공통된 특징을 요약한다면 '완전한 군주상'을 제시하고 나아가 그러한 군주에 의해 유지되는 '질서가 잡힌 국가(well-ordered Commonwealth)'에 관한 것이라고 할 수 있다. 여기서 그들은 자신을 군주에 대한 조언자로서 뿐만 아니고, 국가에 대한 의사로서 생각하였다는 점에서, 이탈리아 휴머니스트들과 차이가 있다고 할 것이다.

그들의 사회의 질병을 분석하는 데 있어서 공통된 기준은 사람들이 전체로서의 공동사회의 선을 무시하고 자기 자신의 개인적 혹은 당파적 이익에 관심을 갖는 경우였다.[177] 이것은 그들이 아리스토텔레스의 정치사상의 영향을 받았음을 말해 준다. 그들에게 당시 공통선을 무시하고 자신의

---

174) Ibid., p. 213.

175) Ibid., p. 218.

176) mirror-for-princes writer들은 프랑스, 독일, 스페인 등에서 주로 찾아 볼 수 있고 영국에서는 거의 없었다. 토마스 모어를 비롯한 영국의 휴머니스트들은 단지 통치 계급에 대한 특수한 관심보다도 국가를 개혁하는 일반적인 문제에 보다 더 많은 관심을 기울였다.

177) Skinner, op. cit., p. 222.

이익만을 추구하는 개인이 증대한다는 것은 윤리적으로 참을 수 없는 것으로
간주되었다. 예를 들어서, 에라스무스는 『그리스도 군주의 교육(*The Education
of a Christian Prince*)』(본문에서는 '그리스도 군주'라 약함)에서 "백성 대신에
자기 자신을 위해 통치하는 자"는 진정한 군주라 할 수 없고, 다만 강도,
식인자(man eater), 폭군에 불과하다고 했다.[178] 여기서 이들 조언의 성격이
개인의 윤리를 강조하고 있음을 볼 수 있다.

중세 말 신분 관계로부터 해방된 개인들은 점차 '자신을 분리된 자'라고
생각하였고, 르네상스 시대에 이르러서는 개체 의식이 더욱 증대되어서
생활의 영역을 서로 분리시키는 경향이 두드러지게 되었다.[179] 이에 고대인
들, 그리고 중세인들에게까지도 사회적 윤리와 밀접하게 결합되었던 개인적
윤리는 따로 분리되어 연구되었다. 북방 휴머니스트들이 군주의 덕을 강조하
고 특히 정치에 있어서 윤리를 높이 평가했던 것도 이런 의미에서 당연한
것처럼 생각된다.

이상에서 'The mirror-for-princes writer'들을 중심으로 하는 르네상스 휴머니
스트들이 통치에 있어서 군주의 덕을 중심적 위치에 두고, 개인의 윤리를
강조하였음을 살펴보았다. 이들의 메시지의 본질은 "통치의 목표는 덕의
최고 수준에 도달해야 한다는 것이고 군주의 임무는 최상의 가장 순수한
모습으로 덕을 구현한 자로서 봉사해야 한다"는 것이었다.[180] 그들에게
정치적 성공의 열쇠는 덕의 증진에 있었다. 군주가 "덕을 좇아 행하게
되면 국가의 목적인 훌륭한 질서, 조화, 평화를 유지할 수 있게 되고, 통치자의
최고 목표인 불멸의 명예도 얻게 된다"고 생각했다.[181] 그러므로 이들의
기본적인 요구는 제도의 개혁이라기보다는 마음의 변화에 있었다.

---

178) *The Christian Prince*, pp. 141~142.
179) Sibley, op. cit., p. 292.
180) Skinner, op. cit., p. 231.
181) Ibid., pp. 233~234.

그들은 절대군주제의 경향이 점차 강화되는 그런 시대에 그에 알맞은 통치 이론이나 새로운 사상을 제시하지는 않았다.[182] 다만 그들은 군주에게 덕을 강조함으로써 덕이 '참다운 귀족(*vera nobilitas*)'이 되게 하고, 참다운 귀족만이 통치에 합당한 칭호를 가질 수 있다고 하는 급진적인 제안을 하였고, 이것은 전통적인 계서제에 대한 도전이 될 수도 있었다.[183] 그러나 휴머니스트들은 대체로 기존의 질서를 인정하였고, 덕이란 언제나 전통적인 통치계급에 가장 완전히 나타난다고 생각했다.[184] 그러므로 그들은 덕을 갖춘 완전한 군주에 의해 통치되는 절대군주제를 기대하였지만, 만약 덕이 있는 군주를 얻지 못하면 그 군주가 폭군으로 변하지 않도록 제한 군주제를 택하는 것이 좋다고 생각했다. 특히 그 당시의 전형적인 휴머니스트인 에라스무스의 군주관 가운데 그런 사상이 잘 나타난다고 할 것이다.

2) 에라스무스의 군주관

에라스무스는 카를 왕에게 『그리스도 군주』를 바침으로써[185] 그 자신과

---

182) 마키아벨리는 *The Prince*에서 전통적인 휴머니스트들과 같이 군주의 진정한 목표가 '명예, 영광, 명성'이라는 것에 동의한다. 그러나 그의 *Virtù*(혹은 *Virtus*)의 개념은 군사적 자질을 강조하는 것이었고, 전통적인 덕의 역할에 있어서도 회의를 나타냈다. 오히려 그는 '덕스럽지 않은 방법'을 배워야 한다고 했다(Skinner, op. cit., pp. 134~135). 또 루터는 권위의 성격이나 기원에 관한 어떤 문제에도 관심이 없었지만 그의 두 영역의 개념, 즉 '은혜의 나라(The Kingdom of God)'와 '권력의 영역(The Sphere of Power)'은 국가와 교회의 관계에 있어서 근대 정치사상에 큰 영향을 미쳤다.

183) Skinner, op. cit., p. 236.

184) Ibid., p. 238.

185) 에라스무스가 *The Education of a Christian Prince*를 쓴 동기와 시기는 그가 카를 왕의 고문관으로 궁정에 들어오라는 권고를 받고서, 즉 그가 실제로 임명되기 전에 순전히 카를의 호의에 보답하기 위해 쓰기 시작한 것으로 보인다. 그 서문에서도 아첨하기 위해서 쓴 것이 아니고 공적인 복리를 위해서 썼다고 했다. 레스터 본도 1515년 초에 고문관으로 들어오도록 권고를 받고 쓰기 시작한 것으로 보인다.

그와 같이 왕국을 통치하기 위해 양육되고 있는 다른 사람들이 완전한
군주상과 통치 이론에 대해 배울 수 있기를 바랐다. 『그리스도 군주』는
카를 왕에게 올리는 서한 형식의 서문과 11장에 걸쳐 선한 군주의 본질과
최대다수의 최대의 평화와 번영을 추구하는 통치를 요약하고 있다. 다음에서
에라스무스의 군주관을 고찰하기 위해 『그리스도 군주』 1장에 나타난 덕의
개념을 중심으로 살펴보고자 한다.

에라스무스는 먼저 백성들에 대한 군주의 선택과 그 선택의 기준에
대해 말한다. 선택의 기준으로서 혈통이나 외모보다도 성격, 경험, 건강
등을 고려해야 되고, 특히 지혜, 정의, 절제, 통찰, 공공복리에 대한 열정에
있어서 누구보다도 뛰어난 사람에게 자연적으로 국가를 통치하는 권력이
위임되어야 한다고 한다.[186] 이것은 전술한 바와 같이 군주가 되기 위한
자질로서 덕을 무엇보다도 중요하게 여기고 있음을 말해 준다. 여기서
이런 선거의 원리는 그 당시 세습 군주제로 인해서 실시될 수 없다는
것을 인정하면서도 그는 계속하여 "공동의 협의(common agreement)가 군주
를 만든다"든지,[187] "그의 백성들의 동의가 없다면 홀로 군주가 되는 것이
무슨 뜻이 있는가"라고 말하고 있다.[188] 이것은 그가 그 당시 이미 퍼져
있던 국민주권사상의 영향을 받고 있음을 말해 준다.[189]

---

186) *The Christian Prince*, pp. 139~140.

187) Ibid., p. 179.

188) Ibid., p. 233.

189) 성 토마스(1225~1274)는 주권(sovereignty)은 전체로서의 백성 혹은 백성의 대표자에
게 있다 하고, 이러한 권력이 몇 사람 혹은 한 사람의 수중에 집중될 때 그들이
통치하는 것은 백성의 대표자로서 하는 것이라고 했다(Hyma, op. cit., p. 39). 바르톨루
스(Bartolus)는 마르실리우스와는 달리 로마법의 전문적 토대 위에 백성의 주권
이론을 제시하였다(Ullmann, op. cit., p. 214). 쿠사(Cusa, 1401~1464)는 모든 제국이나
왕국의 기원은 선거에 있으며, 이러한 방법으로 신의 인가를 받게 된다 했고,
베셀 간스포르트(1419~1489)도 백성들은 선거에 의해서 선한 군주를 선출할 수
있고, 만약 선한 군주를 얻는 데 실패했으면 백성들은 복종할 필요가 없으며,
더 큰 악이 초래되는 위험이 없다면 그런 군주는 왕위에서 물러나야 한다고 했다

에라스무스는 다음에 좋은 교사의 선택과 그에 의한 군주의 교육에 대해 말하고 있다. 그것은 세습 군주제로 인해서 선거에 의한 군주의 선출이 불가능하다면, 그 대신에 훌륭한 교사를 선택하고 그에 의한 군주의 교육을 통하여 선한 군주를 기대할 수 있기 때문이었다. 먼저 군주가 자기를 계승하게 될 어린 자녀들을 교육시킬 좋은 교사를 선택할 필요가 있다고 말하고,[190] 다음에 교사의 임무에 대해 말하고 있다.

특히 그는 "악한 교사란 공동 우물에 독을 넣는 사람과 같다"고 말하고,[191] 좋은 교사란 "군주의 분별력이 아직 무르고 그의 정신은 모든 악에서 멀리 떨어져 있으며, 안내하는 손길이 이끄는 대로 쉽게 복종할 때에, 선한 윤리적 행동의 씨(seeds of good moral conduct)를 심기 위해 즉시 그의 임무를 시작해야 된다"고 한다.[192] 여기서 유해한 사상과 견해의 심각한 영향력에 대해 강조하고 있다. "만약 군주가 세상 시정배들의 생각으로 다소 물들어졌다면 조금씩 그것들을 제거하려고 노력해야 되고, 마침내 그 뿌리를 없애고 대신에 건전한 사상으로 바꿔 넣어야 한다." 왜냐하면 만약 군주의 정신이 가장 평범하지만 가장 그릇된 시정배들의 견해로부터 해방되지 않는다면, 교사가 아무리 통치 이론에 관해 이야기를 해도 소용이 없기 때문이었다.[193]

그러면 다음에서 에라스무스가 어린 군주의 순수한 마음 속에 심기를 원했던 '선한 윤리적 행동의 씨'에 대해 좀 더 생각해 보기로 하자. 그는 군주란 시정배와는 다르게 모든 사물을 '선'이나 '악'으로 판단할 수 있어야 한다고 하면서, '악'은 불명예와 관련짓고, '선'은 도덕적 고결성과 관련짓는다. 그러므로 그는 교사에게 "자기 생도로 하여금 가장 고상하고 군주에게

(Hyma, op. cit., pp. 112~117).

190) *The Christian Prince*, pp. 141~144(졸고, 「에라스무스의 정치사상 : 그의 군주관을 중심으로」, 『호서사학』 제12집, 1984, p. 151 참조).

191) Ibid., p. 146.

192) Ibid.

193) Ibid., p. 145.

가장 적합한 자질로서, 덕을 사모하고 높이게 하도록” 한다.194) 여기서
‘선한 윤리적 행동의 씨’란 덕을 가리키는 것임을 알 수 있다.

에라스무스는 “군주가 이런 덕을 소유하고, 그 자신의 의지에서 올바른
행위를 하게 될 때 진정한 명예를 얻게 된다”고 했다.195) 다시 말해서
덕을 지닌 군주는 자기 목숨도 아까와 하지 않고 자기 백성의 복리를
고려하게 되고, 설사 죽을지라도 실제로 그는 영원히 죽지 않는다는 것이다.
이것은 군주의 덕을 통치의 중심적 위치에 두고 있음을 말해 주고, 전술한
바와 같이 그것은 거의 모든 휴머니스트들이 기초로 하는 원리였다. 특히
에라스무스를 중심으로 하는 크리스천 휴머니스트들에게는 “덕의 추구가
윤리적이면서 최고의 종교적 의미가 되었다.”196)

에라스무스는 “You cannot be a prince, if you are not a philosopher ; You
will be a tyrant”라고 말하고 있다. 그가 말하는 철학자란 “논리학이나 물리학
을 하는 사람이 아니라 왜곡된 사이비 진리를 버리고 개방된 마음으로
진리를 추구하고 좇는 자”를 가리켰다.197) 그에게는 “철학자가 되는 것과
크리스천이 되는 것은 실제로 동의어였다.” 다만 명명법에서 차이가 있을
뿐이었다. 결국 에라스무스는 다음과 같이 말한다.

> Whenever you think of yourself as a prince, remember you are a Christian
> Prince! you should be as different from even the noble pagan princes as a Christian
> is from a pagan.198)

그에게는 선한 군주란 철학자요, 철학자란 크리스천으로서 크리스천

---

194) Ibid., p. 148.
195) Ibid.
196) Skinner, op. cit., p. 232.
197) *The Christian Prince*, p. 150.
198) ibid., p. 152.

프린스를 의미하였다. 그러면 크리스천 프린스의 기본적인 임무는 무엇인가? 그는 군주가 사제로서 교회를 바치는 자도 아니고, 주교로서 백성들을 성사로 일깨우고, 성찬식을 집행하지도 않으며, 또 성 베네딕트의 규율을 고백하지도 않았기 때문에, 법의를 입지 않아도 된다는 것을 알았다. 그러나 군주는 크리스천으로서 그리스도 자신의 규율을 따라야 한다고 했다.199) 그에게 참된 크리스천이란 "세례를 받거나, 기름 부음을 받거나, 교회에 나가는 자가 아니었다. 오히려 그리스도를 그의 영혼의 깊은 내면에서 뜨겁게 영접하고, 경건한 행위로 그리스도를 모방하는 자"였다.200) 그러므로 그는 군주에게 다음과 같이 말한다.

> You compel your subjects to know and obey your laws, with for more energy you should exact of yourself knowledge and obedience to the laws of Christ, your King!201)

에라스무스에게 덕의 개념은 군주가 하나의 인간으로서, 하나의 크리스천으로서, 그리고 하나의 군주로서, 도달해야 될 최고의 목표가 되었다. 그에게는 선한 군주란 곧 좋은 크리스천이요 좋은 사람이었다. 이것은 덕을 지닌 군주란 인간이기 때문에 합리적 존재요, 크리스천이기 때문에 윤리적 존재임을 말해 준다. 그러므로 에라스무스가 말하는 "선한 군주는 자성(自省, self-examination)의 능력을 가지고 그리스도의 가르침에 대한 참된 이해에 도달하고 있기 때문에, 그의 백성들을 복리의 길로 이끌 수 있었다."202) 그러면 여기서 어떻게 하나의 군주가 완전한 덕을 실현할 수 있는가 하는

---

199) Ibid., p. 154.

200) Ibid., p. 153.

201) Ibid.

202) José Fernández, "Erasmus on the just war", in *Journal of the History of Ideas*, Vol. XXXIV(1973, Apr.-Jun.), No. 2, p. 211. 이하 Fernández Ⅰ 이라 약함.

문제가 제기된다.

에라스무스는 『신약성경(*Novum Testamentum*)』 서문 "Paraclesis"에서 그리스도의 철학이란 그리스도 자신이 재생이라고 부른 것으로서, 이것은 본래 흠없이 형성된 인간성의 회복 외에 아무 것도 아니라고 했다.[203] 이때 그는 "그리스도만이 우리의 모범이요 우리의 인도자이고, 우리의 변화는 그리스도를 통하여 달성됨"을 믿었다. 그러나 그에게는 자연적 준비나 기초가 전제되었다.[204]

다시 말해서 그는 인간에게 부여된 이성의 힘을 인정하고 있었다. 이 점에 있어서 그와 루터 사이에 근본적인 차이가 있었다. 루터는 자신의 죄 문제로 고민하다가 '오직 믿음으로' 구원받는다는 체험을 하였다. 이것이 그를 종교개혁을 일으키는 행동의 사람이 되게 하였다. 그러나 에라스무스는 인간의 무분별, 욕심, 야심 같이 인간성이 타락됨을 인정하였지만, 그것은 기독교적이라기보다도 후기 스토아 사상의 영향을 받은 것처럼 보인다.[205] 또한 그도 '그리스도의 은혜'의 개념을 받아들이고 있지만 이성의 힘을 전제로 하였다. 이것은 그가 단순한 휴머니스트나 단순한 크리스천이 아니고, 휴머니스트이면서 크리스천이었음을 말해 준다. 그는 전형적인 크리스천 휴머니스트로서 "은혜와 자연, 그리스도와 세계 사이에 간격을 메우고 두 개의 질서를 친밀한 관련 속에 하나로 조화시키려고 하였다." 올린은 이것이 크리스천 휴머니즘의 본질이라고 했다.[206] 이러한 본질적인 성격은

---

203) John C. Olin, ed. & trans., *Christian Humanism and the Reformation*(New York : Fordham Uni. Press, 1976), p. 100. 이하 Olin II라 약함.

204) Olin I, p. 420.

205) 세네카, 에픽테투스 같은 제정기의 스토아 철학자들은 인간의 전반적인 부패와 이로 인한 어떤 근본적인 변화 없이는 안된다는 것을 인식하고 있었다.

206) Olin I, ibid, 에라스무스는 후에(1524), *De libero Arbitrio*를 발표하고 "나는 많은 것을 자유의지에, 그러나 가장 많은 것을 은혜에 돌리는 사람들의 견해를 택한다"고 그의 입장을 분명히 밝혔다(III장 3절 참조).

다음 장에서 고찰하게 될 그의 평화사상에서도 잘 나타나고 있다.

이상에서 에라스무스의 군주관은 그 당시로서는 너무 이상적인 군주상임에 틀림없었다. 그 자신도 이 사실을 인정하고 절대군주제보다는 귀족정치와 민주정치에 의해 규제되고 완화되는 제한 군주제가 더 좋을 것이라고 했다.[207]

4. 에라스무스의 평화사상

에라스무스의 평화사상은 그의 군주관과 밀접한 관련을 맺고 전개된다. 에라스무스는 "합리적, 윤리적 존재로서 완전한 덕을 갖춘 군주 안에 국가의 개념이 구현되었다고 생각함으로써 사회, 국가, 전쟁을 하나의 단위로 엮어 짤 수 있었다."[208] 그에 의하면 사회를 괴롭히는 질병들은 전쟁에 의해서 나타나고, 이런 질병은 다만 군주에 의해서만 치료될 수 있었다. 왜냐하면 국가 사이에 전쟁은 곧 인간 곧 군주에 의한 범법 행위로서 군주만이 그 전쟁을 중지시킬 수 있기 때문이다.

에라스무스의 저서 가운데 평화사상을 나타내 주는 것으로서 대표적인 것을 든다면 *Dulce bellum inexpertis*(전쟁은 그것을 알지 못하는 자들에게는 달콤하다, 1515 : 이하 본문에서는 *The Bellum*이라 약함)와 *Querela Pacis*(평화의 여신의 불평, 1517 : 이하 「평화의 여신」이라 약함) 두 가지를 들 수 있다. 이들은 거의 같은 시대에 나왔기 때문에, 그의 전쟁과 평화에 대한 사상에 있어서 양자 간에 거의 차이가 없다고 하겠지만, 그 논조에 있어서 후자의 것이 더 의례적인 경향을 띠고 있다. 그것은 후자가 특히 전쟁과

---

207) 이때 전제정치(tyranny)가 엿볼 기회를 얻지 못하고 마치 모든 요소들이 각기 균형을 이루게 되는 것처럼 국가도 상호 견제 아래 군주, 귀족, 평민들 사이에 조화를 이룬다고 했다(*The Christian Prince*, p. 33).

208) Fernández I, pp. 210~212.

평화에 대해 결정을 하는 유력자들에게 영향을 미치려는 목적에서 저술하였기 때문이다.

에라스무스는 당시 카를 왕의 지도적 고문관이었던 르 소비지(Le Sauvage)의 요청에 따라 그의 평화정책을 지지하는 뜻으로 「평화의 여신」을 저술하였다. 이때 에라스무스도 카를 왕의 고문관이었다. 전술한 바와 같이 이보다 조금 앞서 에라스무스는 같은 자격으로서 『그리스도 군주』를 써서 카를에게 바친 일이 있었다(1516). 여기서 에라스무스는 마지막 장에서 전쟁에 대한 예리한 비판과 평화에 대한 권고를 하였다. 그러나 「평화의 여신」에서 그는 평화주의에 대한 훨씬 더 진전되고 상세한 언급을 하고 있다.

The Bellum은 1514년에서 1515년에 이르는 겨울에 쓰여졌다. 에라스무스가 The Bellum을 쓰게 된 것은 "율리우스 2세의 나팔이 온 세계를 전쟁에 소집한" 이래[209] 계속되는 전쟁과 그것의 파멸적인 영향 때문이었다.[210] The Bellum은 그가 『격언집(Adages)』의 개정 증보판을 낼 때(1515), 군주권의 남용에 대한 비판과 국가의 필요한 개혁에 관한 논문들 가운데 하나였다.[211] 특히 그는 여기에서 평화주의자로서 정치적, 사회적 개혁에 관한 자신의 개인적 견해를 처음으로 나타냈다는 점에서 "이것은 에라스무스가 그렇게 성취하기를 갈망했던 재생과 개혁의 작업을 위한 필수적 서언이라고 할 수 있다."[212]

다음에 상기 세 저서를 중심으로 에라스무스의 '정당한 전쟁(just war)'에

---

209) 에라스무스가 라파엘 리아리오(Raffaelle Riario) 추기경에게 보낸 편지(1510. 5)에서, citing in Olin I, p. 422.

210) Ibid., p. 423.

211) "The King and the fool are born such"에서 군주의 어리석음을, "The beetle attacks the eagle"에서 군주의 부패에 대해서, "Sileni Alcibiadis"에서 전쟁에 열중하는 군주, 교황, 주교, 귀족들을 공격하고 있다. Dulce bellum inexpertis는 핀다르(Pindar)의 격언 "Sweet is war to those who know it not"를 말하고 The Bellum이라고 줄이기도 한다.

212) Olin I, ibid.

대한 견해를 검토함으로써 그의 평화사상의 성격과 크리스천 휴머니스트로서 그의 정치사상의 역사적 의미를 구명하고자 한다.

서구인들의 평화에 대한 윤리는 신약성경에 바탕을 둔 그리스도교적 윤리라고 할 수 있다. 그러나 그리스도교적 윤리는 순수하게 그리스도교적이 아니고, 히브리적인 것이나 그리스적인 것에 그리스도교적인 적응을 한 것이라고 할 수 있다.[213] 그것은 콘스탄틴 대제 이후 교회가 정치적 임무를 받아들임으로써 신약성경의 정치적 윤리의 결함이 유대이즘과 고전세계 특히 스토아 철학으로부터 원용된 것에 의하여 보완되었기 때문이다.

베인튼은 그리스도교 윤리에 있어서 전쟁과 평화에 대한 세 가지 자세를 평화주의, 정당한 전쟁의 이론, 십자군으로 나누었다. 이것들은 중세가 끝나기 전에 형성된 것으로서 그 후에도 여러 가지 형태로 다시 나타나게 되었다. 소위 에라스무스 시대라고 불리는 15세기 말에서 16세기 전반기에 이르는 동안 정당한 전쟁의 이론, 권력국가의 이론, 평화주의 사상의 현저한 발전 등이 특징을 이루었다.

먼저 정당한 전쟁은 공동문화(common culture)로 하나가 된 독립적 주권국가들의 덩어리가 형성되고 각기 타국의 존재할 권리를 인정하는 정치적 상황이 전개됨으로써 그 이론이 성립되었다.[214] 이런 상황은 이미 프랑스의 샤를 8세가 나폴리를 원정하기(1494) 이전, 약 50년 전에 이탈리아의 도시국가들 사이에 일어났다. 이 이론은 성 어거스틴의 '정당한 전쟁'에 토대를 둔 스페인의 신스콜라학파에[215] 의해 더욱 발전되었다.

---

213) Roland H. Bainton, *Chritian Attitudes Toward War and Peace*(Abingdon, Parthenon Press, 1978), p. 14.

214) Ibid., p. 122.

215) 스페인의 살라망카(Salamanca) 학교를 중심으로 16세기에 일어난 학파로서 14, 15세기의 병든 스콜라 철학이 아니고 13세기의 활기찬 토마스주의로의 복귀를 꾀하였다. 건전한 방법론과 엄격, 정밀, 단순, 명확성 등은 살라망카의 법률가, 신학자들에 의해 추구되는 목표였다. 비토리아(Vitoria)는 그 대표적 인물이다.

다음에 권력국가의 이론은 마키아벨리의 『군주론』에서 전개되었다. 전술한 바와 같이 그는 virtù의 행사에 의하여 각 군주와 각 국가는 권력을 얻고 유지해야 하며 진실로 그 존재를 보존해야 하는데, 이때 윤리의 어떤 고려가 방해하는 것을 허용해서는 안 된다고 했다. 또한 virtù는 다이내믹하지만 초인적(demonic)인 것은 아니기 때문에 그것은 신중함에 의해서 제약될 수 있었다. "이것은 정당한 전쟁의 전통적인 규범을 포기하는 것을 의미하였다."216) 그에게는 다만 이해관계에 의해서 일어나는 전쟁만이 정당하다고 생각되었다.

끝으로 평화주의는 휴머니스트들 사이에 주창된 것으로 이들은 대체로 정당한 전쟁의 전통적 이론을217) 인정하지만, "인간은 이성을 부여받고 그리스도와 하나가 된 존재로서 그의 어리석음과 타락을 극복할 수 있다는 신념을 가지고 있었다."218) 여기에 에라스무스를 비롯한 크리스천 휴머니스트들의 강점과 약점이 있다고 할 것이다.

에라스무스는 *The Bellum*에서 전쟁이란 인간의 본성과 크리스천의 본성에 어긋나는 무서운 범죄임을 휴머니스트의 측면과 크리스천의 측면에서 각각 말하고, 그것이 어떻게 그와 같이 타락한 형태로까지 이르게 되었는가를 추적하고 있다. 휴머니스트의 측면에서 인간은 동물과 다르게 자연적 무기를 타고 나지 않았고, 그 대신에 언어를 사용하고, 이성의 힘을 지니고, 지적인 욕구와 이타심을 가지고 있음을 말한다.219) 또 크리스천의 측면에서는

---

216) Ibid., pp. 125~126.

217) 정당한 전쟁을 수행하기 위한 본질적인 세 가지 조건은 어거스틴의 원리에 기초하고 있었다. 즉 정당한 원인으로 합법적인 권위에 의해 선포되고, 정당한 목적을 위해 정당한 방법으로 수행되어야 한다는 것이었다.

218) Ibid., p. 128.

219) Erasmus, *"Dulce bellum inexpertis"*, in *Erasmus on his Times : A Shotened Version of the Adages of Erasmus*, trans. &ed. M.M. Phillips(Cambridge Uni. Press, 1980), p. 112. 이하 *The Bellum*이라고 약함.

314

그리스도의 사랑의 계명이나 그의 가르침 전체를 살펴볼 때, "당신은 평화의 입김을 내뿜지 않고 사랑의 향기를 풍기지 않는 것을 어디에서도 발견할 수 없을 것이다"[220]고 한다. 그런데 실제로 인간은 어떤 다른 동물보다도 전쟁에 있어서는 더 타락하였고, 이교도들보다 그들이 더 높은 윤리적 수준을 나타내지 못하고 있었다.

에라스무스는 인간들 사이에 이러한 전쟁의 광기가 사소한 사냥으로부터 시작해서 생활 전체에 이르기까지 발전되었고, 언제부터인가 크리스천들 사이에도 전쟁의 질병이 침투하여 그리스도 안에서 형제가 된 크리스천들이 서로 존속 살해를 범하고 있다고 개탄하고 있다.[221] 여기서 에라스무스는 인간의 보편적인 악(general wickedness)으로 인한 전쟁의 불가피성을 인정하고 있지만,[222] 그렇다고 인간이 전쟁을 방지할 수 없다고 생각지 않았다. 그는 인간 특히 군주의 책임을 강조하고, 모든 전쟁이 이 지상으로부터 추방되기를 기원하였다.

에라스무스는 전쟁의 모든 참가를 완전히 거부했다는 의미에서는 결코 평화주의자는 아니었다. 그의 사상은 가톨릭 신자로서 전통적인 '정당한 전쟁'의 이론의 구조 내에서 움직였다. 그러나 그는 그 당시 유럽의 전쟁이 정당한 전쟁의 이론과 양립할 수 없음을 인식했다는 점에서 평화주의자였다.[223] 에라스무스는 크리스천들이 악에 대항하여 싸워야 하는데, 인간에 대항하여 싸우기 위해 악과 제휴하고 같은 크리스천들과 싸우기 위해서 투르크인과 동맹하는 것을 보았다. 그는 크리스천들 사이에 모든 전쟁이 기독교 군주, 귀족들은 물론, 교황, 주교, 사제들과 같이, 평화를 위한 임무를

---

220) Ibid., p. 121.
221) Ibid., pp. 113~117(졸고, 「에라스무스의 평화사상」, 『제주대학교 논문집 : 인문편』 제19집, 1984, pp. 216~220 참조).
222) Ibid., p. 139.
223) Bainton, "The *Querela Pacis* of Erasmus, Classical and Christian Sources", in *Archiv für Reformationsgeschichte* IXII(1951), p. 45.

수행해야 될 사람들의 "어리석음이나 사악함에서 비롯되는 것을 보았다."224)

에라스무스는 이러한 전쟁의 불꽃이 한번 붙으면 그것을 끄기 어렵기 때문에 사소한 충돌에서 대규모의 전쟁으로 발전한다고 한다. 이때 전쟁과 아무런 관계가 없는 수많은 사람들의 인명과 피를 희생하게 된다. 또한 전쟁 후에는 무법천지가 되고, 부도덕성이 두드러지게 나타나게 된다. 비록 전쟁의 원인이 정당하고, 그 결과가 승리했을지라도 "무혈의 승리란 드물고, 윤리적 타락, 공적인 기율의 부재 현상이 뒤따르게 된다." 또한 "하나의 도시를 파괴하기 위해서 또 다른 도시를 세워야" 하기 때문에 그런 비용과 희생이라면 "당신은 훨씬 더 훌륭한 당신 자신의 도시를 세울 수 있다"고 한다. 결국 에라스무스는 전쟁 경비의 채 십분의 일도 안 되는 것을 평화에 투자한다면 평화를 유지할 수 있다고 말한다.225)

여기서 부당한 평화(unjust peace)는 정당한 전쟁보다 더 낫다는 결론에 이르게 된다. 에라스무스도 "야만적인 침입을 격퇴하거나, 공통선을 수호하기 위한 정당한 전쟁을 비난하지는 않았다."226) 그러나 그 당시의 현실은 전술한 바와 같이 정당한 전쟁을 찾을 수 없는 상황이었다. 그는 정당한 전쟁의 개념을 현실화한다는 것이 불가능하다고 생각했다.227) 특히 그가 *The Bellum*(1515), 『그리스도 군주』(1516), 「평화의 여신」(1517) 같은 중요 저작들을 내놓을 무렵에는 그러하였다. 그는 *The Bellum*에서 그 당시 사람들 사이에 전쟁의 정당성을 주장하는 여섯 가지 주요 변명에 대해 반박하고 있다. 본절에서는 '군주권의 유지'를 중심으로 살펴보고자 한다.

첫째, 구약성경에서는 신이 유대인들에게 전쟁을 명령했다는 주장에

---

224) Erasmus, *"Querela Pacis"*, in *The Essential Erasmus*, trans. & ed. John P. Dolan(A Mentor Books), p. 197. 이하 *Querela Pacis*라 약함.

225) Ibid., pp. 198~200.

226) Ibid., p. 195.

227) Fernández, *The State, War, Peace : Spanish Political Thought, 1516~1559* (Cambridge Uni. Press, 1977), p.143. 이하 Fernández II라 약함.

316

대해 그들은 신의 명령에 따라 이방인들과 싸웠고, 설혹 "그들의 완악함으로 허용했다고 하더라도, 그들은 크리스천이 아니라"고 했다.

둘째, 두 개의 검의 정통적 이론을 반박하고 있다. 즉 세속적인 칼과 영적인 칼의 이론에 의해서 중세를 통하여 교회는 이교도들에 대한 폭력과 이단자들에 대한 전쟁을 정당화했다고 했다.

셋째, 전쟁을 정당화한 교부, 성직자들에 대해 반박하고 있다. 그는 성 버나드와 성 토마스와 같이 주장한 사람들은 전쟁을 반대한 사람들에 비해 소수밖에 되지 않는다고 했다.

넷째, 전쟁은 악행자들을 벌하기 때문에 사회적으로 유익하지 않은가라는 질문에 그는 무죄한 수천의 사람들이 말할 수 없는 고통을 당하는 것보다 소수의 범죄자들이 죄를 받지 않는 것이 더 낫다고 하였다.

다섯째, "군주들이 자신의 권리를 위해서 싸워야 한다는 것은 확실히 옳지 않은가"에 대해 답변하고 있다.

끝으로, 투르크족에 대한 크리스천들의 싸움에 대해 그는 철저히 부인하는 것은 아니지만 그런 전쟁이 윤리적으로 모호하다고 생각했다.[228]

다음에 '군주권의 유지'에 대한 에라스무스의 견해를 살펴보기로 하자. 그도 군주의 참된 권리는 유지되어야 한다고 했다.[229] 그런데 그 권리란 '공통선', 즉 백성들의 복리를 위한 것이지 자신의 욕심이나 왕실의 이익을 위해서 마음대로 사용되어도 좋은 것이 아니었다. 세인트 버틴(St. Bertin)의 수도원장 안토니 베르겐(Anthony Bergen)에게 보낸 편지에서(1514. 3), 에라스무스는 "극단적인 권력(*summum jus*)은 극단적인 오류(*summa injuria*)를 가져오

---

228) *The Bellum*, pp. 127~133. 여기서 에라스무스는 크리스천 사이에 있어서의 전쟁도, 투르크에 대한 전쟁도 부정적으로 보고 있다. 이에 대해 '신스콜라학파'와 같은 정당한 전쟁의 이론을 주장하는 사람들은 크리스천이 투르크에 대항하여 전쟁을 할 수 있음은 물론, 크리스천 사이에도 전쟁을 할 수 있다고 명백히 말한다. 에라스무스도 후기에 이르러 그의 종전의 입장을 약간 완화시키고 있다.

229) *The Christian Prince*, p. 253.

기 쉽다” 하고 군주권이 누구에게 속하느냐 하는 문제는 백성의 복리에 관한 것이 아니고, 이 사람이나 저 사람을 군주로 세우지 않으면 안 되는 문제라고 했다.[230] *The Bellum*에서도 소유권이나 통치권에 대한 주장을 서로 고집함으로써 전 세계는 전쟁과 살육에 휩싸이게 된다고 했다. 이때 백성들은 군주의 사소한 이해관계로 말미암아 엄청난 고통과 희생을 입게 된다는 것이다.[231]

이렇게 에라스무스는 군주권이 군주의 사적인 문제와 크게 관련되는 현실을 바라보았다. 여기서 그는 “선한 군주란 자기 자신보다도 백성의 이익에 의해서 모든 것을 판단해야 된다”[232]고 하고, 그 백성이란 “가축과는 달리 본래 자유를 가지고 태어난 자들”[233]이라고 했다. 그러므로 이런 백성들에 대한 통치권의 대부분이 백성들의 동의에서 비롯되고,[234] 또한 백성들에 의해 다시 회복될 수 있다고 했다.[235]

이러한 원리는 그 당시에 이미 퍼져 있었지만(앞의 2) 에라스무스의 군주관 참조), 그에 의해서도 아직 초기 근대국가와 유럽의 국가 체제와는 직접적인 연관을 갖지 않았던 것처럼 보인다. 다만 실제적으로 군주에게 사소한 이득을 위해 피흘리기까지 하며 싸운다는 것은 ‘황금 낚시로 고기를 잡는 것’ 같이 어리석은 일임을 깨우쳐 주고,[236] 군주 간에 양보, 공손, 공평의 미덕을 세우도록 한다.[237] 그래서 그는 진실로 현명한 인간이요 온화한 군주라면 자기 자신에게 “내가 추구하는 목표가 그렇게 중요하고

---

230) citing in *The Christian Prince,* p. 19.

231) *The Bellum,* p. 131.

232) *The Christian Prince,* p. 252.

233) *The Bellum,* p. 131.

234) Ibid ; *The Christian Prince,* p. 252.

235) *The Bellum,* p. 131.

236) Ibid., p. 132.

237) *The Christian Prince,* p. 253.

나의 권리가 그렇게 신성해서 그것이 나의 백성들에게 매우 큰 희생과 손실을 보상할 것인가" 물어 보라고 한다.[238] 결국 그의 결론은 "부당한 평화는 정당한 전쟁보다 훨씬 낫다"는 데 이른다.[239] 여기에 크리스천 휴머니스트로서 에라스무스의 평화사상 내지 정치사상의 강점과 약점이 있다고 할 것이다.

에라스무스는 "군주에게 무력에 호소하는 것 외에 다른 수단이 없는 상황의 존재"[240]와 "군주는 권한을 가지고 있고 그것들이 유지되어야 한다"는 것을 인정하였다. 그러나 그는 그러한 상황이란 어떤 것이며,[241] 군주가 자신의 진정한 권리를 유지하려면 어떻게 해야 하는가,[242] 구체적으로 밝히려고 하지 않았다. 그는 합리적 존재요, 윤리적 존재로서의 군주의 책임을 강조하였지만 인간의 두 개의 범주를 하나로 체계화시키지 않았다. 다만 그는 "인간을 두 개의 명령 즉 자연의 명령(commands of nature)과 기독교적 교리의 명령(injunctions of Christian doctrine) 아래 살고 있는 존재로서 생각한 것처럼" 보인다.[243] 그러나 그는 "자연의 법이 우리는 폭력을

---

238) *The Bellum*, p. 131.

239) Ibid., p. 132. 이에 대해 신스콜라학파는 어떤 상황 아래에서도 부당한 평화는 정당한 전쟁보다 더 나을 수 없다는 입장을 분명히 취한다. 그들은 정당한 사람들이 평화를 얻기 위해 전쟁을 수행하지 않으면 안될 것이라는 것은 지상국가의 본성이라고 한다(Fernández II, p. 138).

240) *The Christian Prince*, p. 247.

241) 비토리아는 *The Law of War*에서 전쟁을 정당화하는 네 개의 근본적 이유를 분명히 말하고 있다.
　① 우리 자신과 우리에게 속한 것의 보호를 위해서
　② 우리로부터 빼앗아 간 것들을 되찾기 위해서
　③ 우리에 의해 당하는 해악을 보복하기 위해서
　④ 평화와 안전을 확보하기 위해서(Fernández I, p. 222).

242) 신스콜라학파에게 '군주권'은 영원하고 이상적이며 양도할 수 없는 권리였다, 군주는 이것을 보호하기 위해서 전쟁에 나가야 한다. 그렇지 않고 군주권을 잃을 때 그것은 정치적 권위의 존재를 정당화하는 위임(trust)을 배반하게 될 것이라고 했다(Fernández II, p. 139).

폭력으로 제거해야 된다고 명령하고 있다고(이것은 법에 의해서도 인가되고, 관습에 의해서도 허용됨) 주장하는 사람들로 하여금 이런 모든 것들보다도 더 유효한 그리스도의 법이 우리에게 악을 선으로 대해야 한다고 명하고 있다"는 것을 기억하게 하라고 한다.[244]

에라스무스는 그의 만년에 법률가 존 링크(John Rinck)의 요구에 의해 씌어진 편지 형식의 글에서(1530),[245] 크리스천들이 투르크에 대항하여 싸울 수 있으며, 특히 군주에게 사악한 자를 벌할 권한이 부여되었다고 함으로써 크리스천들 사이에도 전쟁을 할 수 있음을 명백하게 말했다. 이것은 그의 초기 저작에서는 볼 수 없는 태도로서 그를 '무조건적인 평화주의자'가 아니라 정당한 전쟁의 이념을 수호하는 사람들의 대열에 끼게 하였다.[246] 그러나 그는 지각(sense perception)에서 얻어지는 증거에 충실하였기 때문에 실현될 수 있는 추상적 개념이 존재한다는 것을 인정할 수 없었다.[247] 이 점에서 그 당시에 정당한 전쟁의 이론을 체계화시키는 데 힘쓴 비토리아(Vitoria)를 중심으로 하는 신스콜라학파와 차이가 있었다.

페르난데즈(Fernández)의 말대로 에라스무스는 『그리스도 군주』에서 전쟁을 선포하거나 중지할 권한을 지닌 하나의 군주에게 합리적, 윤리적 원리를 정통하게 하려고 했다. 그는 이것을 정치사상가에게 요구되는 냉정한 분석의 태도로써 저술하였다. 이러한 태도가 그에게 최소한도로 유지되었다는 점에서 그의 정치사상가로서의 한계가 있다고 할 것이다.[248] 그러나 그에 의한 고전 연구의 부흥, 교육 방법, 고전의 전파를 통해서 휴머니즘이 확장되었고, 그것은 마침내 16세기 말 리프시우스(Lipsius), 그로티우스

---

243) Fernández II, p. 132.

244) *The Bellum*, p. 129.

245) *The Utilissima Consultatio de bello Turcis inferndo*를 가리킴.

246) Fernández I, p. 225.

247) Ibid.

248) Ibid., p. 215 ; Fernández II, p. 141.

(Grotius) 등 네덜란드의 휴머니스트들에 의해서 이데올로기적이고, 구조적인 생활과 전문적인 과학에 완전한 충격을 가하게 하였다.249) 특히 그에 의한 서구 기독교 세계와 고대 세계의 연결은 중세적 신앙 대신에 공생(symboiosis)의 길과 고백에 있어서 중도적인 크리스천의 태도를 열어 놓았고,250) 이것은 후에 리프시우스를 중심으로 신스토아학파(Neo-stoicism)에 의해서도 계속 추구됨으로써 그의 한계가 극복되고, 초기 근대국가의 형성을 위한 중요한 출발점을 준비케 했다는 점에서 큰 의의를 찾을 수 있을 것이다.

5. 맺음말

소위 에라스무스의 시대라고 불리는 16세기 전반기에 서구에서는 질서와 평온을 회복하려는 수단을 표현하고자 수많은 계획 가운데서 갈등하고 있었다. 특히 크리스천 휴머니스트들 가운데 급진적으로 개선된 사회질서의 윤곽을 나타내려고 노력하는 사람들이 많았다. 에라스무스는 전형적인 크리스천 휴머니스트로서 그 당시의 사회, 국가, 전쟁을 하나의 단위로 엮어 짬으로서 그런 갈망을 예리하게 표현하였다.

그는 인간으로서 합리적 존재요 크리스천으로서 윤리적 존재인 하나의 군주를 국가의 개념과 동일시함으로써 국가 사이에 일어나는 전쟁의 문제도 결국 군주 개인의 문제요 책임이라고 생각했다. 이러한 기본적 원리에 기초한 그의 군주관은 완전한 덕을 갖춘 이상적인 군주상이었고, 그의 평화사상 또한 전쟁을 이 지상에서 완전히 제거함으로써 도달되는 천년왕국을 목표로 하는 '완전한 것'이었다.251)

---

249) Gerhard Oestreich, *Neostoicism and the Early Modern State*, trans. David Mclintock(Cambridge Uni. Press, 1982), p. 37.

250) Ibid., p. 8.

그러나 그는 이를 위한 추상화에 회의를 나타냈다. 다만 그는 지각에서 얻어지는 경험적 사실을 중요시했다. 특히 그는 고전적인 전통과 기독교적인 전통의 조화를 인식했고, 나아가 이성과 그리스도를 통한 서구 기독교 세계의 평화를 확신하였다. 그러므로 그의 제한 군주제나 그의 평화사상에 있어서 "전쟁의 비용을 계산해 보라"[252]든지 '중재의 필요성'[253]을 언급한 것과 같은 일은 추상화 작업이라기보다 이상적인 목표를 달성하기 어려운 현실적인 상황에 대응하기 위한 합리적이고 윤리적인 방편이었다. 여기서 정치사상가로서 그의 한계를 볼 수 있다.

에라스무스는 마키아벨리도 루터도 아니었다. 그는 크리스천 휴머니스트로서 그 시대의 외교적 구실이나 정치적 책략을 묘사하려고 하지도 않았고, 죄와 구원의 문제로 심각하게 고민하지도 않았다. 그는 고전적 전통과 기독교적 전통의 조화, 이성과 그리스도를 통한 인간성의 회복, 합리적 인간에 의한 기독교 세계의 평화를 확신하였다. 이것은 올린의 말대로 "윤리적 원리와 인간적 이상에 기초한 것으로서",[254] 여기에 크리스천 휴머니스트로서의 에라스무스의 정치사상의 본질적인 성격이 있다고 할 것이다.

Ⅲ. 에라스무스와 루터 사이에 논쟁의 성격에 관한 고찰

1. 머리말

16세기에 에라스무스와 루터 사이에 논쟁은 서구 지성사에 있어서 가장 큰 논쟁의 하나였다. 에라스무스는 크리스천 휴머니스트로서 서구의 지성계

---

251) Fernández I, p. 226.
252) *The Christian Prince*, pp. 247~248 ; *The Bellum*, pp. 131~132 ; *Querela Pacis*, pp. 197~198, pp. 199~200.
253) *The Christia Prince*, pp. 252~253 ; *The Bellum*, p. 133 ; *Querela Pacis*, pp. 192~193.
254) Olin I, p. 431.

를 대표하고 있었고, 루터는 무명의 비텐베르그 대학교의 신학교수로서 종교개혁의 횃불을 올리고 있었다. 양자는 각기 르네상스와 종교개혁을 대표한다고 할 수 있는데, 르네상스는 어떤 점에서 처음에는 종교개혁을 예비하고, 그 다음에는 온건하게 지지하고, 마지막에는 대립하게 되었다.

이러한 관계는 에라스무스와 루터라는 두 역사적 인물들 사이에 잘 나타난다. 양자 사이에 대립과 논쟁에 관한 연구서 내지 논문은 무수히 많다. 최근에 에라스무스와 루터 사이의 논쟁에 관하여 깊이 있는 연구를 발표하고 있는 보일(Boyle) 여사는[255] 지금까지 대체로 양자 사이의 논쟁이 교리 문제에 집중되었다고 하고, 그녀 자신은 그들의 논쟁이 두 개의 날이 선 검이기 때문에, 스콜라 신학적인 측면과 휴머니즘적 측면에서 모두 고려되어야 한다고 했다.[256] 특히 보일 여사는 에라스무스의 '자유주의론'을 실패한 스콜라적, 복음적 논문으로서가 아니라 휴머니스트의 논쟁으로 해석하고 있다. 그녀는 에라스무스가 복음적 휴머니스트(evangelical humanist)로서 신학적 르네상스를 위해 담화의 기술을 적용하였다고 했다.

본절에서는 보일 여사의 이러한 연구 성과를 토대로 양자 사이에 논쟁의 성격을 구명하는 데 초점을 맞추려고 한다. 이를 위해 논쟁의 동기, 방법 등이 고찰되겠지만, 무엇보다도 양자의 주장에 나타난 구원관의 공통점과 차이점을 비교, 검토하고자 한다. 지금까지 많은 사람들이 양자 사이의 논쟁을 비교, 검토해 왔지만, 피상적으로 그치거나 아니면 신학적인 비교,

---

255) 마조리 보일(Marjorie O. Boyle) 여사의 에라스무스 관련 저서나 논문으로 다음과 같은 것들이 있다. *Erasmus on Language and Method in Theology*(Uni. of Toronto Press, 1977) ; *Changing Pagan Mysteries : Erasmus in Pursuit of Wisdom*(Uni. of Toronto Press, 1981) ; "Stoic Luther : Paradoxical Sin and Necessity" in *Archiv für Reformationsgeschichte*, 73(1982), 이하 Boyle(1982)이라고 약함 ; *Rhetoric and Reform: Erasmus' Civil Dispute with Luther*(Harvard Uni. Press, 1983), 이하 Boyle(1983)이라고 약함 ; "Erasmus and the modern Question : was He Semi-Pelagian?" in *Archiv für Reformationsgeschichte* 75(1984). 이하 Boyle(1984)이라고 약함.

256) Boyle(1983), p. 3.

검토로 그치든지[257] 혹은 휴머니스트의 입장을 강조하는 것으로 그치는 경향이 있었다.[258] 필자는 종합적인 입장에서 고찰하되 양자 사이에 본질적인 차이를 밝히기 위해 구원관의 다른 점과 같은 점을 구명하고자 한다. 이것이 양자 사이에 논쟁의 성격을 밝히고 나아가 크리스천 휴머니즘, 르네상스 휴머니즘의 본질과 그 역사적 의미를 밝히는데 기여하리라 믿는다.

2. 논쟁의 성립 과정

에라스무스는 주로 문인, 학자였고, 체계적인 신학자나 철학자는 아니었다. 학자로서 그는 종교와 신학에 봉사하는데 힘썼다.[259] 그는 기질상 또 선택적으로 평화주의자였기 때문에, 루터에 대한 싸움에 가담하지 않고 초연하기를 기대했다. 그러나 그의 저작물들의 성직자와 평신도에 대한 영향력과 황제, 귀족들과 그의 관련 때문에, 그는 불가피하게 관련되고 마침내 루터와 루터파 교리에 대하여 찬성이든 반대든 그의 입장을 취하지 않으면 안 되었다. 이것이 1524년 9월에 출판된 『자유의지론(*De libero arbitrio*)』[260]이었고 이에 대해 루터가 1525년 12월에 응수하여 발표한

---

257) Ernst W. Kohls, *Luther oder Erasmus : Luthers Theologie in der Auseinandersetzung mit Erasmus*(Basel, 1972~78), 2 Vols. ; Karl Zickendraht, *Der Streit Zwischen Erasmus und Luther über die Willensfreiheit*(Leipzig, 1909) ; *Essays on the Works of Erasmus*, ed. Richard L. Demolen(Yale Uni. Press, 1978) ; Gottfried G. Krodel, "Erasmus-Luther : One Theology, One Method, Two Results" in *Concordia Theological Monthly*, Vol. XLI, 1970, 등등.
258) M. M. Phillips, *Erasmus and the Nothern Renaissance*(Collier Books, 1959) ; J. Huizinga *Erasmus and the Age of Refomation*(Harper Torchboos, 1957) ; Georgy Faludy, *Erasmus*(New York, 1970) ; Myron P. Gilmore, *The World of Humanism*(New York, 1952) ; 필자가 여기에서 많이 참고한 연구서를 들면, E. H. Harbison, *The Christian Scholar in the Age of Reformation*(New York, 1956) ; P. Smith, *Erasmus : A Study of His Life, Ideals, and Place in History*(New York, 1922) ; R. H. Bainton, *Erasmus of Christendom*(The Fontana Library of Theology & Philosophy, 1972) ; John C. Olin, *Christian Humanism and the Reformation*(Fordham Uni. Press : New York, 1976) 등이 있다.
259) *Inquisitio De Fide*, ed. Craig R. Thompson(Yale Uni. Press, 1950), p. 4.

것이 『노예의지론(*De servo arbitrio*)』261)이었다.

이제 에라스무스의 의지의 자유에 대한 옹호를 위한 책자는 그를 루터의 반대자로서 공공연히 낙인찍게 하였다. 그러면 에라스무스와 루터 사이의 관계가 어떻게 전개되는가, 1516~1524년 사이에 루터에 대한 에라스무스의 자세를 요약해 보는 것이 좋을 것이다. 특히 보름스 의회(1521. 4) 이전과 그 이후 얼마 동안 루터에 대한 논쟁에 있어서 에라스무스의 위치를 조사할 필요가 있다.

루터는 『신약성경』의 에라스무스 판을 그것이 출판된 이후 즉시(1516. 5월 이래) 그의 강의실에서 사용하였다. 그러나 루터는 에라스무스의 『신약성경』을 조심스럽게 연구한 후에, 그의 친구 스팔라틴(Spalatin)에게 편지하면서(1516. 10. 19) 에라스무스가 율법, 죄, 은혜에 대한 사도 바울의 개념을 전혀 파악치 못했다고 했다.262) 에라스무스에 대한 루터의 의심은 점점 더하게 되었고, 1519년 3월 28일 에라스무스에게 보낸 편지에서 그가 찬양한 그의 학문까지도 부정하게 된다.

이렇게 처음에 루터는 에라스무스를 둘로 나눔으로써 시작했다. 그는 학자 에라스무스를 받아들이고, 크리스천 에라스무스를 거부했다. 후에 루터는 그의 적대자의 모습을 다시 합쳐, 학자이자 크리스천으로서의 양자의 모습을 모두 거부했다. 왜냐하면 그는 에라스무스의 학문이 기독교에 대한

---

260) 원제는 *De libero arbitrio, διατριβή sive collatio*로서 영역하여 On the Freedom of the Will, a diatribe or discourse라고 하는데, 이하 "*Diatribe*"라 약함. *diatribe*와 *collatio*의 의미에 대해서는 2절 참조.

261) 이하 '*Servo*'라 약함. 에라스무스는 '*Servo*'에 대해서 *Hyperaspistes*(투사)를 두 부분으로 나누어 응수했는데(1526. 3 ; 1527. 9), I에서는 의지의 문제보다도 루터와 종교개혁 자체의 문제점을 비난하였고, II에서 의지의 문제와 루터의 교리의 전반에 대해 검토하면서 루터를 독단주의자, 극단주의자라고 비난하고, 자신은 이성이 성경뿐 아니라 진리를 나타낸다고 믿는 휴머니스트라고 했다. 이에 대해 루터는 응답하지 않았고 그들 사이의 논쟁은 가라앉게 되었다.

262) Krodel, op. cit., p. 654에서 재인용.

그의 오해에 의해 더럽혀졌다고 느꼈기 때문이었다.[263]

한편 에라스무스는 이 무렵 루터에 대하여 좋은 말을 많이 하면서도 루터와 제휴하지 않으려고 했다. 그는 어떤 당파에 속한 사람이 아니었다. 1519년경 에라스무스는 루터의 적들과 중립적인 이들에게 루터가 얼마나 많은 진실을 말하였고, 그의 반대자들의 동기와 계획이 얼마나 문제가 많은가를 상기시킴으로써 종교에 봉사할 수 있다고 믿었다.[264]

삭소니의 프리드리히 공에게 보내는 편지(1519. 4)에서 에라스무스는 그 대부분을 루터의 비판자들을 공격하는 것으로 채웠는데, 여기서 그들이 루터를 해치려고 하는 것은 그것이 학문의 대의를 해치는 기회가 되기 때문이라고 했다.[265] 브란덴부르크의 후작이자 마인츠의 대주교인 알버트에게 보내는 편지(1519. 10)는 루터의 반란의 주요 원인들이라고 생각되는 것을 말하고 있기 때문에 특히 가치가 있다. 즉 세계는 인간적인 법령들, 스콜라적인 독단과 까다로움, 탁발승들의 해로운 세력, 인달전스의 폐단, 의식에 대한 지나친 강조 등으로 신음하고 있다는 것이다.[266]

같은 무렵에 보헤미안 형제단에 대한 견해를 묻는 한 사람에게 쓴 편지에서 다음과 같이 썼다.

> 기존의 관습 안에 비록 형식주의나 지나침이 있다고 하더라도, 지방의 교회들은 그들이 좋을 대로 받아들이거나 거부할 권리를 갖지 않는다. 보편교회는 만약 개혁의 필요가 있다면 내부로부터 개혁되어야 한다. ……믿음의 진정한 항목들은 크리스천들이 생활하는 것으로 충분하다. 믿음의 신비는 신비이기 때문에 우리는 가능한 한 그것들을 간략히 정의하는 것으로 만족해야 한다.[267]

---

263) Harbison, op. cit., p. 110.
264) Thompson, op. cit., p. 9.
265) Ibid.
266) Ibid., p. 10.

에라스무스는 이것을 루터파에도 적용하고자 했다. 여기서 우리는 에라스무스가 루터와의 논쟁을 통해서 고수한 몇 개의 가장 중요한 원리들을 발견할 수 있다. 첫째, 교회의 보편성은 존중되어야 한다는 것이다. 개혁자들이나 회중은 이탈할 자연적 권리를 가지고 있지 않다. 둘째, 교회는 상이점, 스캔들, 남용들을 지성적이고, 정직하게, 무엇보다도 기독교적인 정신으로 다룰 의무가 있다는 것이다.268)

우리는 에라스무스의 이런 관점을 파악하지 않는다면, 종교개혁에서 에라스무스의 위치를 파악할 수 없다. 그는 루터파가 되지 않고도 루터를 지지하였고, 또한 교회가 루터를 대하였던 방법을 인정하지 않고 루터에 대해 반대하게 된다.269) 대체로 1519~1520년 경, 에라스무스는 루터에 대하여 변호도, 비난도 하지 않고 공정한 입장을 취하고 있다. 다만 '학문의 부흥에 더 유익하게 되고자' 무대 위의 배우보다 관객이 되는 길을 택하고 있다.270) 그러나 그는 루터의 격렬한 언어에 대한 혐오와 불신을 나타내고 있다.

처음부터 그는 자신의 스타일과는 다른 루터의 과격함, 신랄함, 무절제를 개탄했다. 이것이 '좋은 학문'에 대해서도 나쁜 영향을 미치게 될 것이라고 걱정했다.271) 스타일이 사람이라는 것이 참말이라면 그들의 스타일만으로도 두 사람이 양립할 수 없음을 알 수 있다.272) 1520년 초부터 1524년

---

267) Ibid.

268) Ibid., pp. 10~11.

269) Ibid.

270) B. A. Gerrish, "*De Libero Arbitrio*(1524) : Erasmus on Piety, Theology and the Lutheran Dogma", in De Molen, op. cit., p. 189.

271) Ibid., pp. 189~190.

272) 에라스무스의 무기는 맵고 날카로운 풍자(rapier)였고, 루터의 무기는 기병도(saber)였다(Thompson, op. cit., pp. 15~17). 여기서 양립할 수 없다는 말은 P. Smith의 말대로 양자가 코페르니쿠스와 푸거 사이처럼 전혀 이질적이라는 뜻은 아니다. 양자는 관심에 있어서는 유사하였지만 타입이 달랐다. 하나는 교리적(dogmatic)이었고,

9월까지 루터 문제에 대한 에라스무스의 관여의 역사는 정통의 요구와 이에 대한 에라스무스의 반응에 의해 서술될 수 있을 것이다.[273] "만일 그가 루터파가 아니라면, 또 그가 교회의 복리와 그 순화에 대하여 그렇게 관심이 있다면, 왜 그가 이 위험한 이단에 대하여 교회에 조력함으로써 그의 진실함을 입증하지 않는가?"

이러한 곤란한 질문은 되풀이 되었는데 특히 1520년 6월 파문장(*Exsurge Domine*)이 반포된 후에 그러했다. 에라스무스는 마침내 루터에 반대하여 즉 의지에 대한 루터의 교리에 반대하여 글을 쓰게 된다. 그러나 그는 루터의 방침이 그릇되고, 그의 생각과 언어의 지나침이 돌이킬 수 없다는 것을 확신하게 된 후에만 그렇게 하였다. 특히 사상이나 주의, 주장의 충돌에 있어서는 단순한 폭력이나 중상보다 반박되어야 한다고 했다.[274] 1520년 마지막 몇 달 동안에 쓰여진 팸플릿에서 오히려 그는 루터의 주장에 호의를 나타내고 있다.[275] 특히 *Axiomata*(원리들)는 프리드리히 공이 그 무렵 교황 사절들에게서 루터를 감옥에 처넣든지, 그를 고위 교회재판소로 넘기든지 하라는 압력을 받는 중에, 에라스무스가 공의 조언을 부탁받고 콜로뉴 (Cologne)에서 그와 회견한 후에(1520. 11. 5) 즉시 작성되어 12월 또는 다음해 1월에 출판되었다.[276]

이것은 루터 문제에 대한 22개의 간결한 진술들로 요약되는데, 루터에게

다른 하나는 윤리적(ethical)이었다(Smith, op. cit., p. 337).

273) Thompson, op. cit., pp. 17~19.

274) Ibid.

275) *Acta Acadmiae Lovaniensis Contra Lutherum*(1520, 11, 1)에서는 루터에 대한 무지하고 완고한 비판자들을 학문에 대한 가장 뿌리 깊은 적들과 동일시하였고, *Consilium Cuiusdam ex Animo Cupientis Esse Consultum et Romani Pontifcis Dignitati et Christianae Religionis Tranquilitali*(1521년 초에 출판됨)에서는 루터는 선한 성격을 지니고 있다는 것, 사람들은 그의 책을 읽음으로써 개선되고 있다는 것, 만약 그가 그릇되다 면 그는 반박되어야 한다고 했다.

276) *The Axiomata*, in Olin, op. cit., pp. 146~147.

매우 호의적인 이 조언이 프리드리히 공으로 하여금 루터를 보호케 하는데 이바지했다는 것은 거의 의심할 여지가 없다. 여기서 에라스무스는 "복음의 가르침에 가장 가깝고 가장 훌륭한 모든 사람들은 루터에 의해 조금도 손상받지 않는다"고 하고 "루터 자신이 모든 의로운 사람들에게 공정한 것을 찾고자 한 것 같다. 왜냐하면 그는 자신을 공적인 토론을 위해 내놓았고, 신망 있는 재판관들에게 위임하기 때문이다"라고 했다.

이에 대해 "루터를 공격하는 사람들은 경건한 귀를 더럽히는 것을 퍼뜨린다"면서, 황제 카를(Karl)이나 교황 레오 10세에게 증오스러운 조치가 아니라 선한 고려를 기대하고 있다. 이때 이미 에라스무스는 "사태는 어떤 사람들이 생각하는 것보다 더 큰 위기로 치닫고 있다"는 것을 예감하고 있다.[277]

루터를 위한 에라스무스의 노력은 1520년의 마지막 몇 달간 그 절정에 달했다. 그러나 1520년 12월 이후 그는 불행한 분열을 피할 수 있다는 희망을 잃기 시작했다. 왜냐하면 그는 이제 루터가 타협하지 않을 것이고, 옳든 그르든 그도 '온건(moderation)'이라는 것으로 쓰거나 행하지 않을 것임을 깨달았기 때문이다.[278] 1520년 그가 인자한 중립을 표명하던 데서 1524년 9월 루터와의 명백한 불화 관계로 들어가게 된 데에는 부분적으로 에라스무스의 정통파 친구들이 그에게 분명한 입장을 취하도록 한 끊임없는 압력에 있었다고 설명할 수 있다. 그러나 그가 루터 문제의 평화로운 해결 가능성에 대한 자신의 견해를 수정하지 않았다면 그는 이 압력에 저항했음에 틀림없을 것이다.[279]

이제 에라스무스는 루터 문제에 이미 관여했던 것 이상으로는 관련되는 것을 꺼려하는 것을 극복하였다. 그러나 그의 태도는 매우 신중했고, 그의

---

277) Ibid., pp. 147~149.
278) 루터에 의해 파문장이 소각되고(1520. 12. 10), *De Captivitate Babylonica Ecclesiae*가 출판되고(1520, 10), *Assertio*(1520. 12)는 과격했다.
279) Thompson, op. cit., pp. 21~22.

결정은 매우 더디고, 마지못한 것이었다. 에라스무스는 캔터베리 대주교 워햄에게 루터에 반대하는 어떤 일을 할 것이라는 최초의 약속을 했다(1521. 8).[280] 1522년 4월 글라피온(Glapion)에게 그는 루터 문제를 끝맺기 위한 일에 착수했었다고 했다.[281] 그러나 병에 의해 미루지 않으면 안 되었다고 했다. 그러나 조지 공(Duke George)의 요구에 대해서는 그가 독일어에 익숙치 않다는 이유로 사양하였다.[282] 또한 같은 고향 친구였던 교황 아드리안 6세(Adrian VI)의 서신은(1522. 12) 에라스무스에 대한 정중한 초청이었지만, 은근한 최후 통첩이었다. 그러나 에라스무스는 고령과 건강을 핑계로 로마에의 초청을 거절하였다(1523. 2).[283]

이 편지에서 에라스무스는 올바른 길에 대한 조언을 하고 있다. 그는 폭력으로 억압하려는 것이 나쁜 길이고, 교황 측에서 루터파의 대의를 발견하고 인정하는 것, 위정자 측에서 나라에 위험시 되는 급진적이거나 새로운 사상을 억압하는 것(예를 들면, 출판의 자유를 유보시키는 따위)은 좋은 길이라고 했다.

여기서 그는 신체적 강제(감금, 고문, 추방, 사형 같은 것)와 정치적 검열(언론, 출판, 결사의 자유를 제한하거나 폐지하는 것)을 구별하고 있다. 개인적, 시민적 자유에 대한 태도에서 그는 토마스 모어와 같이 그의 시대의 선구는 아니었다. 그는 공적인 안정이나 가상된 안정을 위해서 그것들이 억압되는 것을 바랐다. 그러나 주목할 것은 루터파에 대하여 폭력을 사용하는 것이 그들의 사상을 없앨 수는 없다는 그의 선지자적 신념이다.

교황 아드리안 6세의 서신은 에라스무스에게 루터에 대하여 찬성이든,

---

280) J. A. Froude, *Life and Letters of Erasmus*(London, 1923), p. 288.

281) "On Settling the Lutheran Affair"는 세 개의 대화체를 구상했지만 성취하지 못하고, 다만 *Inquistio de Fide*를 출판했다(1524. 3).

282) Froude, op. cit., p. 306.

283) Ibid., pp. 310~312.

330

반대이든 분명한 공적 입장을 표명하는데 더 이상 오래 지체하지 않아야 한다는, 마음에 내키지 않지만 피할 수 없는 인식과 관련된 것으로 보인다.[284] 그 8개월 후, 즉 1523년 9월에 그는 헨리 8세에게 보내는 짧은 편지에서 "새로운 독단에 대하여 어떤 것을 노력하고 있다(*Molior aliquid adversus nova dogmata*)"고 쓰고 있다.[285] 그러나 1년 후에 출판되는 『독설(*Diatribe*)』에 이르기까지도 우여곡절이 많았다.

후텐(Hutten)은 1523년 여름에 출판된 *Expostulatio*(충고)에서 에라스무스를 단지 겁쟁이라고 비난하였고, 에라스무스는 이에 대하여 *Spongia*를 발표하였다(1523. 9).[286] 여기서 그는 "나는 결코 루터를 이단자로 부르지 않았다. 나는 분리와 혼란에 대해 불평했다. 또한 나는 항상 교회의 폭력과 악을 개탄해왔다"고 하고, "나는 힘이 있다면 그리스도를 위해 순교자가 되기를 바란다. 그러나 나는 루터를 위해 순교자가 될 마음은 없다"고 분명하게 자신의 입장을 밝히고 있다.[287]

이보다 조금 전에 런던의 턴스톨(Tunstall) 주교의 편지(1523. 6)에 대한 답신에서, 이단에 대한 턴스톨 주교의 관심에 함께 하면서도, 그는 아직도 루터가 완전히 그릇되지는 않았다고 주장했다.[288] 1523년 8월 츠빙글리에게 보내는 편지에서 "나는 루터가 가르친 바를 가르쳤다고 본다. 다만 역설(paradoxes)과 수수께끼를 피하면서 그렇게 거칠게 하지는 않았다"고 말함으로 루터에 대한 은밀한 지원을 하고 있다는 말을 듣게 되었다.[289]

---

284) Thompson, op. cit., pp. 24~25.

285) 이것은 "*Diatribe*"를 쓰기 시작했다고 하기보다 루터 문제를 끝내려고 하는 대화를 의미할 것이다(ibid., p. 28).

286) 후텐이 발표한 팸플릿의 원제는 *Expostulatio cum Erasmo*였고, 이에 대하여 에라스무스가 응수한 것은 *Spongia Adversus aspergines Hutteni*였다.

287) Bainton, op. cit., pp. 215~216.

288) Thompson, op. cit., pp. 26~27.

289) Bainton, op. cit., p. 221.

　　우리는 여기서 에라스무스의 루터에 대한 태도에 있어서 양면성을 볼 수 있다. 요컨대 루터파를 이단으로 결코 보진 않으면서, 다만 무절제, 완고, 역설의 강조 등에 반대하고 있다. 그는 이미 화해의 기회가 사라졌다고 생각했지만, 끝까지 포기하지는 않았다. 이것을 가장 잘 예증해 주는 것이 1524년 3월에 나온 「믿음에 대한 탐구(*Inquisitio de Fide*)」(An Inquisition concerning the Faith)였다. 이것은 "*Diatribe*"가 나오기 6개월 전으로, 여기서 Aulus(에라스무스)는 Barbatius(루터)에게 사도신경(Apostles' Creed)에 관하여 묻고, 루터는 로마와 동로마 교회에 의해 공통으로 주장된 보편적 신조의 모든 것과 완전히 일치하고, 모든 것을 받아들인다. 에라스무스는 이것을 통하여 루터가 이단이 아님을 분명히 밝히고, 가톨릭측과 루터측 사이에 기독교의 근본적인 교리에 일치하고 있음을 깨닫고 어떤 타협의 가능성을 기대하였던 것 같다.[290]

　　그러나 "*Diatribe*", "*Servo*", "*Hyperaspistes*"의 출판 이후에는 다만 경건한 희망에 불과했음에 틀림없다. 에라스무스는 이미 1524년 2월경, "*Diatribe*"의 초고를 신학 문제에 대한 그의 조언자인 신실한 친구인 바젤의 루이 베르(Louis Ber)에게 보냈고, 3월경에는 초고의 복사본이 헨리 왕에게 보내지며, 4월 초에 교황 클레멘트는 축하와 함께 돈을 보냈다.[291]

　　1524년 9월 ("*Diatribe*"가 나온 달) 에라스무스는 멜란히톤(Melanchton)에게 보내는 편지에서 그가 마침내 루터에 대하여 반대하는 글을 쓴 이유를 요약하고 있다. 그것은 '좋은 학문'의 혐오자들이 그가 루터와 제휴했다고 군주들을 설득시키는데 성공한 것에 대해서 그의 태도를 명백히 밝혀야 한다는 친구들의 충고 때문이었다.[292] 또한 1524년 4월 루터에게서 온 편지가 그로 하여금 더욱 쓰도록 자극하였을 것이다.[293] 그러나 이것만이

---

290) Ibid., p. 227 ; Thompson, op. cit., p. 31.

291) Ibid., pp. 28~29.

292) Ibid., p. 28.

전부는 아니었다. 왜냐하면 1523년 9월에 이미 그가 루터에 반대하여 쓰기로 결심하였기 때문이다. 그의 결심은 고통스러운 것이었다. 만일 그가 끝까지 침묵을 지키고 있었더라면, 양측에 의해서 루터주의를 인정하는 것으로 받아들여졌을 것이고, 1521~1536년에 있어 프로테스탄트의 대의를 필연적으로 강화했음에 틀림없을 것이다.[294]

종교개혁이 빠른 속도로 진전하고 있을 때인 1517~1524년에 루터에 대한 에라스무스의 태도는 매우 진지하였고 일관성이 있었다. 그는 끝까지 자기의 원칙을 고수했다. 그는 결코 로마 교회를 떠날 생각을 하지 않았고, 또 교회의 부패가 그것으로부터의 이탈을 정당화한다고 믿지 않았다. 교회는 안에서부터 개혁해야 한다는 신념은 1521년과 그 이후까지도 에라스무스의 견해였다.[295] 에라스무스가 루터에 반대하여 글을 썼을 때, 그 테마는 자유의지의 문제였다. 이것은 루터에게는 매우 중요한 문제였고, 조지 공같은 이에게는 매우 혐오스러운 테마였지만,[296] 에라스무스에게는 비본질적인 문제로, 이를 우호적인 담화의 정신으로 다루고자 하였다.[297]

3. 논쟁의 방법

먼저 에라스무스가 루터에 반대하여 글을 쓸 때, 왜 자유의지에 관한

---

293) 이 편지에서 루터는 "Since we see that the Lord has not given you courage and sense to assail those monsters openly and confidently with us, we are not the men to exact what is beyond your power and measure……We only fear that you may be induced by our enemies to fall upon our doctrine with some publication, in which case we should be obliged to resist you to your face……."라고 함으로써 에라스무스를 겁쟁이라고 은근히 비난하고, 자기와 자기 '개혁파'에 반대하는 어떤 팸플릿도 발표하지 않도록 위협하고 있다(P. Smith, op. cit., p. 344).

294) Thompson, op. cit., p. 28.

295) Ibid., p. 32.

296) Gerrish, op. cit., p. 191.

297) Bainton, op. cit., p. 227. 비본질적인 문제에 대해서는 주 305) 참조.

문제를 택하게 되었는가 살펴보자. 루터는 하이델베르크 논쟁(1518)의 36조에서 "타락 이후 선택의 자유는 다만 명목상의 실체다. 그 안에 있는 것을 하는데 있어서 그것은 반드시 죄를 짓게 된다"고 했다.[298] 로마 교황은 그 교서에서 루터의 견해 가운데 41개의 명제를 이단으로 규정하였는데, 그 중에서 앞에서 인용한 제13명제도 포함되었다. 1520년 루터는 "Assertion of All the articles of M. Luther condemned by the latest Bull of Leo X"에서 자신의 선택의 자유에 관한 주장(36조)을 취소하였다.[299]

여기서 그는 "은혜 이전의 선택의 자유는 다만 명목상으로 있다"는 말을 취소하고 단순히 "선택의 자유는 허구나 실체가 없는 이름이다. 왜냐하면 악이나 선한 어떤 것을 목표로 하는 것은 어떤 사람의 통제 안에 있는 것이 아니고 모든 것은 절대적 필연성에 의해 일어나기 때문이다"고 했다. 그런데 이것의 독일어판(루터는 이것을 *vernacula assertio*라고 부름, 이하 *Assertio*라고 약함)은 더 온건하게 "나는 자유의지라는 하찮은 단어가 결코 생기지 않았으면 좋을 텐데, 그것은 성경에는 발견되지 않는다. 그래서 그것은 고집(self-will)이라고 부르는 것이 더 적절하다"고 했다.

물론 그의 적대자들은 라틴판을 들면서 개탄하였는데 특히 거기에서 루터가 이전에 이단자로 규정된 위클리프를 끌어들였기 때문에 더 그러했다. 더욱이 그들은 "선택의 자유에 관한 기사는 무엇보다도 훌륭하고 우리 입장의 본질이다"라는 말에 주목하였다. 루터는 그의 주장을 도전과 희망으로써 끝맺는다. 그는 어떤 사람도 그 문제를 들고 나와 자기에게 도전할 것이라는 싸인을 보지 못한다. 다만 에스라와 같은 자가 나타나 성경을 회복하게 될 희망을 나타냈다. 에라스무스는 결코 그 희망을 달성하지 못했지만 그러나 그는 그 도전에 응하였다.[300]

---

298) Gerrish, op. cit., p. 187.
299) Ibid.
300) Ibid., p. 188.

334

에라스무스는 *"Diatribe"* 서론에서 "진리가 더욱 명백해질 수 있는지 어떤지 보여주는 것이 나의 친구들에게 유익한 것 같다"고 말하면서[301] '자유선택'의 문제에 대하여 온건한 논의를 하고자 했다. '자유선택'의 문제는 오랫동안 수많은 철학자, 신학자들의 마음을 지배해 온 주제였지만 수고에 비해서 열매는 적었다. 루터에게 '자유선택'은 복음의 근원에 손상을 입히는 중대한 문제였고, 에라스무스에게는 그것이 순교는 물론 언쟁할 가치조차 없는 것이었다. 다만 온건한 토론으로서의 가치가 있었다.[302] 그러나 이것은 그가 자유선택의 전체 이슈를 사소한 것이라고 생각했다는 것이 아니다.

에라스무스는 '자유선택'의 문제가 복음 전체의 가르침 가운데서 제일 우선되는 문제라고 주장하는 사람들에게 동의하지 않았다. 그는 온건한 토론보다도 더 결정적인 것을 제안하지 않았다. 그는 그런 문제에 대하여 단언(assertions)하는 기질과는 멀었다. 그는 "성경의 침범할 수 없는 권위와 교회의 명령이 허용하는 한 기꺼이 회의주의자(Skeptics)로 있으려고 했다."[303] 그는 '자유선택의 어떤 힘'을 긍정하는 외에, 모든 여러 견해들에 대해서 판단하지 않겠다는 입장을 취한다. 그는 어떤 하나의 견해에 탐닉하기 보다는 시안과 유보를 요구했다. 그러므로 그는 '루터의 주장을 다 이해했다'고 믿으면서도, 혹시 과오가 있을지도 모르기 때문에 그는 재판관(judge)이 아니라 토론자(debater), 독단론자(dogmatist)가 아니라 탐구자(inquirer)의 역할을 하겠다고 한다.[304]

에라스무스가 이렇게 '자유선택'의 문제를 온건한 논의를 통하여 진리를 좀 더 명백히 하고자 한 것은 그의 성경 해석상의 원리에 기인된다. 성경의

---

301) *"Diatribe"*, in *Luther and Erasmus : Free Will and Salvation*, trans. & ed. E. Gordon Rupp, of *The Library of Christian Classics* VII, Philadelphia : The Westminster Press, 1969(이하 *The Christian Classics*라 약함). p. 35(이하 *Diatribe*라고 약함).
302) Gerrish, op. cit., p. 191.
303) *Diatribe*, p. 37.
304) Ibid., p. 38.

구절 가운데에는 ① 하나님이 우리에게 '숨겨진 일들'이나, ② 하나님이 우리에게 '완전히 알지 못하게 하신 일들'이나, ③ 우리가 '신비의 침묵 속에서 명상하도록 뜻하신 일들' 또는 ④ 우리가 '추측할 일들'이 있다고 한다.305)

지금 우리가 고찰하고 있는 '자유의지의 문제' 즉 하나님이 어떤 것을 우연히 예지하시는지 어떤지, 우리의 의지가 영원한 구원에 관련된 것에 어떤 것을 성취할 수 있는지, 또는 그것이 단순히 은혜의 작용을 받는 것인지 어떤지 하는 문제는 '숨겨진 일들'에 속하였다. 이런 것들을 들여다 보고, 풀려고 하고, 격렬하게 싸우는 일은 그에게 있어 불경한 일이요 어리석은 일이었다.306)

그는 루터가 이 문제에 대한 단언을 하고 패러독스를 주장할 때 반대하였고, 그 주장에 대하여 반박하고자 했다. 그는 루터의 패러독스가 평범한 사람들에게 미치는 논리적, 종교적 결과를 우려하였다. 에라스무스에게도 모든 사람에게 알려져야 할 명백한 일들이 있었다. 곧 '좋은 생활의 계율로서 하나님의 말씀'이었다.307) 그러나 그 외의 것은 해결할 수 없으면서 그들을 경외하는 것이 더 종교적이라고 했다. 그러나 그는 시정배들 앞에서가 아니고, 중세 대학에서 허용된 토론의 방법을 사용하되 온건하게 하고자

---

305) 에라스무스에게 ① 자유선택의 문제 같은 것 ② 죽음의 시간, 심판일 따위 ③ 하나님 자신을 공경하는 일 ④ 3위 사이의 구분, 그리스도 안에 있어 신성과 인성의 결합, 용서 받지 못할 죄 같은 것은 비본질적인 교리들로서 이런 것들은 신비하게, 단순하게, 경외심으로 대해야 하고, 이런 것들에 대해 크리스천들은 사색해도, 차이가 나도, 좋다고 한다. 에라스무스는 종교적 자유를 위하여 본질적인 것보다 이런 비본질적인 것을 확대하는데 관심을 보인 최초의 사람이었다.

306) Ibid., p. 39.

307) 이런 것이 본질적인 교리들로서 이런 진리들은 명백하고 드물다고 했다. 그가 본질적으로 고려한 것들을 그의 수많은 저작물들 가운데서 뽑는다면 성육신, 고난, 부활, 믿음으로 의롭게 됨, 그리스도에 대한 모방 등을 들 수 있을 것이다 (Bainton, op. cit., p. 227).

336

했다.308)

루터에게 '의지가 영원한 구원에 관련된 문제에 있어서 어떤 것을 하느냐 혹은 아무 것도 하지 못하느냐' 하는 것을 안다는 것은 매우 중요하였다. 그러나 에라스무스는 이 문제에 대하여 명백하지 않았다. 에라스무스가 "나는 성경의 말씀과 교회의 명령을 넘어서는 모든 것에 관하여 나는 회의주의자이다"라고 한 데 대하여, 루터는 "……당신은 진실로 회의주의자이다. 그러나 성령은 회의주의자가 아니다. 당신은 단언 없이 어떤 종교도 있을 수 없다는 것을 알지 못하느냐?……"고 한다.309)

이 답변은 공정치 못하다. 왜냐하면 에라스무스는 많은 확언을 했기 때문이다. 그러나 루터는 성경의 명백한 말씀 안에서 그 근거를 원했다. 그에게는 성경을 꿰뚫고 그리스도를 알며 십자가에 죽은 그를 알고 그 안에서 은혜로우신 하나님을 아는 것이 생과 사의 문제요, 끊임없는 갈등의 문제요, 또한 부단한 승리의 문제였다. "비록 세상 사람들은 가장 무서운 방법으로 크리스천들에 대항하여 분노할지라도 복음도, 기독교 공동체도, 멸망하지 않을 것이다. 그러나 그들의 머리는 깨질 것이다." 이런 메시지는 루터에게 힘과 위안이 되었다.310) 그는 이런 확신을 성경에서 끌어냈다. 에라스무스가 피한 '단언'은 루터에게 신학과 크리스천 실재의 핵심이었다.

에라스무스에게 신학은 성경을 인식(*cognitio*)하려고 노력하는 것이었다. 신학은 다만 신앙심의 중심으로 향한다. 신학이란 그것을 꿰뚫을 수 없고, 믿음 또한 그것을 파악할 수 없다. 그에게 신학자와 믿음의 사람이란 그들이 비록 때때로 희미하게 잡았다고 하지만 도달함도, 소유함도 아닌, 목표를 향하여 나가는 순례자들이었다. 그들의 순례는 올바른 사고와 축복된 삶의

---

308) *Diatribe*, p. 42.

309) "*Servo*", in *Luther and Erasmus : Free Will and Salvation*, trans. & ed. Philips Watson, of *The Christian Classics*, pp. 106~109. 이하 *Servo*라고 약함.

310) Krodel, op. cit., p. 663.

유일한 규범인 그리스도에 의해 규정되었다. 그 순례에 대한 개인의 노력과 선한 의지는 공로로서 간주되었다.311)

신학에 대한 이런 이해에 기초해서 에라스무스는 단언적 신학(*theologia affirmativa*)을 거부하는 것이 필요하였다. 그에게 신학은 기술적(descriptive)이요 분석적(analytic)이었다. 그 자신의 항의에도 불구하고 그의 신학은 토론(*disputatio*)의 영역에 머물러 있었다.312) 그러면서도 설득하고 변형시키는데 목표를 두었다. 트린카우스(Trinkaus)의 말을 빌리면 그의 신학은 수사학적 신학(rhetorical Theology)이었다.313) 이에 대해 루터의 신학은 고백적(confessional)이었고 진리를 그 자체의 명백한 용어로 주장(*affirmatio*)하거나 선포(*assertio*)하는 것이었다.314)

양자 사이의 이러한 신학의 성격과 신학의 임무에 대한 이해의 근본적인 차이가 양자를 서로 분리케 했다. 자유선택에 관한 양자의 논쟁은 다만 이런 차이의 표명에 불과했다.315) 여기서 먼저 양자 사이의 논쟁에 있어서 방법상의 차이를 간단히 살펴보기로 하자.

에라스무스가 루터의 "*Assertio*"에 있는 입장에 대하여 일면적 반응을 나타낸 것이 "*Diatribe*"였다. 그는 특히 루터의 '필연성(necessity)'에 관해서 집중하였기 때문에 루터의 본질적 관심을 파악하지 못하고, 루터 안에 있는 숙명론과 도덕률 폐기론을 드러냈다.316) 그 당시 논쟁은 적대자를 대항하는데 있어서 한 문장, 한 문장으로, 적어도 한 패러그래프로 하였기

---

311) Ibid., pp. 657~659.

312) Ibid., p. 660.

313) John W. O'Malley, "Erasmus and Luther, Continuity and Discontinuity as Key to their Conflict", *Sixteenth Century Journal,* V. 2,(Oct., 1974), p. 52. 트린카우스의 수사학적 신학에 대해서는 2장 III, IV 참조.

314) Ibid., p. 62.

315) Krodel, op. cit., p. 660.

316) "Introduction", in *Diatribe*, p. 13. 이하 "Introduction"이라 약함.

때문에 지루하였고, 반대를 위한 반대를 하기 쉬웠다.[317] 루터는 다만 에라스무스가 택한 논쟁의 범위를 받아들임으로써 상황이 복잡해졌다. 루터는 후에 에라스무스에게는 가장 중요한 부분이라고 할 수 있는 마지막 에필로그를 전혀 주목하지 않았다고 시인하였다.[318]

또한 다만 성경에만 집중하려는 기도는 그들이 성경의 의미에 대해서 일치하지 않았기 때문에, 성경의 분석에 이바지하려는 의도에 미치지 못했다. 에라스무스와 루터는 각기 '이성(reason)'과 '경험(experience)'에 호소하였고, 또 각기 그들 논쟁의 실제적 의미에 대한 관심을 인간의 행복과 하나님의 영광에 관해서 나타냈다. 그러나 불행하게도 그들은 각기 다른 전제에서 출판하였기 때문에 다른 결론에 이르게 되었다.[319]

대체로 에라스무스는 전통적 스콜라철학적 경향에 따라 자연과 초자연의 형이상학적 이원론을 전제로 인간과 하나님, 인간성과 하나님의 은혜 사이에 관계를 해석하였고, 루터는 하나님과 악마라는 심각한 종교적 이원론을 전제로 하였다.[320] 그들의 결론이라는 것은 그들의 주장이 되겠는데 이것은 '4. 에라스무스와 루터의 주장'에서 다루기로 한다.

이렇게 논쟁의 방법과 범위에서 큰 약점이 있음에도 불구하고 그들 사이에 논쟁은 그들의 스타일 내지 방법론과 사상 내지 신학상의 차이를 명백히 나타내 준다고 할 것이다. 여기서 특히 에라스무스의 방법론을 언급하지 않을 수 없다.

에라스무스는 '자유선택'의 문제를 온건한 담화 내지 토론의 방법으로 좀 더 명백하게 하고자 했다. 먼저 선택의 자유를 지지해 주는 것 같은 구절을 찾고, 다음에 그것에 반대하는 것 같은 구절을 찾는다. 그리고 나서

---

317) Ibid., p. 10.
318) Ibid.
319) Ibid., p. 14.
320) Ibid.

모순되는 것 같은 것을 조화로운 해석으로 이끌려고 했다. 맥솔리 박사(Dr. Mcsorley)는[321] 에라스무스가 '자유선택'에 대한 정의에서 은혜에 대해 전혀 언급하지 않고, 자유를 구원에 관련해서 정의했다는 점에서 큰 결함이 있다고 했다. 그러나 그는 계속 지적하기를 에라스무스는 논의를 계속함에 따라 개선된다고 했다.

에라스무스는 은혜를 업신여기려고 전혀 의도하지 않고, 인간 책임의 문제를 확립하려고 하였다. 루터는 에라스무스가 Ⅰ부 처음에서 '자유선택'에 대한 정의를 완전히 한 것으로 오해하고,[322] 에라스무스를 펠라기우스파라고 규정하였다. 그는 나중에 에라스무스의 결론 부분을 보지 못했다는 점을 시인하였다. 에라스무스에 대한 오해의 많은 부분이 에라스무스의 방법론을 고려하지 않은 데서 온 것 같다.

에라스무스의 방법론을 잘 나타내 주는 것이 그 제목 가운데 *Diatribe*나 *Collatio*이다. *Diatribe*는 그리스어로서 연구 내지 오락 따위를 가리킨다. *Collatio*는 라틴어로서 중세 대학 특히 파리에서 박사학위 후보자들에 의한 정해진 교재의 해설, 또한 신학박사 후보자가 2년을 소요할 필요가 있는 피터 롬바르드의 사상에 대한 강연을 가리키거나 또는 설교자가 오전의 설교를 해설하는 주일 오후의 집회를 가리켰다. 여기서 공통된 특징은 해설이나 담화를 가리킨다는 것이다.[323] 크로델(Krodel)은 이렇게 말했다.

---

321) *Luther : Right or Wrong? An Ecumenical-Theological Study of Luther's Major Work, The Bobdage of the Will*(New York and Minneapolis, 1969).

322) 에라스무스는 "By free choice *in this place* we mean a power of the human will by which a man can apply himself to the things which lead to eternal salvation, or turn away from them"이라고 정의했는데, *in this place*가 가리키는 바와 같이 루터는 그 정의가 시안적인 것을 고려하지 못하였다(4절 참조).

323) "Introduction", p. 28. 영어로 diatribe는 비난, 독설의 뜻이 있어서, "*Diatribe*"의 전체 흐름이 그렇지 않은가 생각하기 쉬운데, 이것은 본래 에라스무스가 의도한 바는 아니었다.

에라스무스는 그리스 아카데미의 회원들 안에서 신학자의 이상을 발견하였다. 항상 그들은 아무 것도 모른다는 것을 고백하면서, 어떤 최종 진술을 하거나 인정하지 않고 온건하게 모든 문제들을 토론한다.[324]

특히 보일(Boyle) 여사는[325] *Diatribe*가 아리스토텔레스의 수사학에 나오는 것으로 문제의 양 측면에서 논의하면서 가장 있음직한 견해를 제시하고, New Academy의 회의주의적 입장에서 개인적 판단을 유보한다고 했다. 요컨대 *Diatribe*는 귀납적이요 연역적이 아니며, 소크라테스적인 산파술이었다. 또한 *Collatio*는 키케로적인 수사학에서 비교에 의존하는 개연성(probability)의 세별(細別)이었다. 에라스무스가 먼저 선택의 자유를 지지하는 듯한 구절을 찾고, 다음에 그것에 반대하는 듯한 구절들을 찾고자 했다. 이런 병치의 방법이 *Collatio*였다. 그가 그의 논저를 *Conluti*라는 동사로 마쳤을 때, 그는 '나의 강의를 다 마쳤다'는 의미보다, '나는 비교했다'는 의미를 나타내고자 했다.

보일 여사는 이렇게 에라스무스의 방법론을 세밀하게 분석, 검토함으로써 에라스무스가 받았던 반(半)펠라기우스(semi-pelagian)라는 오해를 없애고자 했다. 이것은 에라스무스에 대한 역사적 이해와 평가에 크게 기여한 것으로 생각된다. 그러나 그 이전의 러프, 크로델, 게리쉬 같은 학자들도 에라스무스에 대한 올바른 이해를 하고자 했다고 본다. 문제는 에라스무스와 루터 사이의 차이를 휴머니스트와 크리스천의 종합적 입장에서 명백히 함으로써 그 논쟁의 성격을 구명하는 일이라고 생각된다.

4. 에라스무스와 루터의 주장

---

324) Krodel, op. cit., p. 660.
325) Boyle(1984), pp. 59~62.

에라스무스와 루터 사이에 논쟁의 초점은 인간의 의지가 둘 중에 하나를 선택할 능력을 소유한다는 뜻에서 자유롭다고 여겨질 수 있느냐 하는 것, 좀 더 엄격하게 말하면, 인간은 그의 구원의 문제에 있어서 선택의 자유를 갖고 있느냐 하는 것이었다. 그러므로 여기서는 *Diatribe*와 *Servo*에 나타난 양자의 주장을 가능한 한 비교, 검토하면서 그들 사이의 인간관의 차이, 나아가 구원관의 차이를 고찰하고자 한다.

에라스무스는 먼저 "이 자리에서 자유선택이란 인간이 영원한 구원으로 인도하는 것들에 자신을 적용하거나 그것들로부터 벗어날 수 있는 인간 의지의 힘을 의미한다"[326]고 말한다. 이에 대해 루터는 정의라고 하기에는 너무 빈약하다고 했다.[327] 그러나 에라스무스는 후일 『투사(*Hyperaspistes*)』에서 그의 귀납법을 해명하는데, 'grace'라는 단어를 명백히 언급하지 않은 것이지, '자신을 적용할 수 있다'든지 혹은 '그것들로부터 벗어날 수 있다'는 말들은 은혜를 의미한다고 했다.[328] 왜냐하면 그들은 반드시 제공된 어떤 것(은혜)에 대한 유인 내지 거절을 의미하기 때문이다.

그는 모든 인간적인 조건과 있음직한 모든 것을 포함시키기 위해서 그의 진술을 개괄적으로 하였다. 그의 진술은 그가 고찰하려고 했던 인용구들을 판정하기 위한 기준이란 의미에서는 정의가 아니었다. 그것은 단순히 비교하기 위한 전제요, 가정이요, 대화하기 위한 열쇠였다.[329] 그러므로 이 문장에 기초하여 에라스무스의 정통성을 결정하는 것은 대화하기 직전에 소크라테스의 진리를 판단하는 것보다 더 적절하지 않다고 할 것이다.

다음에 에라스무스는 타락 전후의 인간의 모습이 어떠한가를 살피고 있다. 인간의 조상 아담은 구해야 할 것과 피해야 할 것을 구별할 수 있는

---

326) *Diatribe*, p. 47.

327) *Servo*, p. 170.

328) Boyle(1984), p. 63.

329) Ibid., p. 64.

342

더럽혀지지 않은 이성을 가지고 창조되었다. 그러나 또한 더럽지 않지만 자유스러운 의지가 주어졌으므로, 그 의지는 선에서 벗어나 악으로 기울어질 수 있다.[330] 그런데 아담은 그 의지가 그의 배필에 대한 무절제한 사랑으로 부패한 것 같다. 즉 그는 하나님의 계명보다도 그녀의 욕망을 더 채워주려고 했다. 에라스무스는 이때 의지가 태어나는 근원인 그의 이성(reason)이 또한 부패된 것 같다고 한다. 그는 이성을 정신(nous 혹은 mind), 지력(intellect), 혼(soul)이라고도 하는데, 어떻든 그것은 죄에 의해서 희미해졌지만 전혀 소멸되지는 않았다고 한다.[331]

우리는 이성으로 판단하고, 의지로써 선택하거나 거부하는데, 그 의지가 심히 부패되었기 때문에 그 타고난 힘으로는 그 길을 수정할 수 없다. 한 번 그 자유가 상실되자, 그 의지는 자기가 한 번 동의한 죄를 섬기지 않을 수 없게 되었다.[332] 그러나 모든 크리스천들은 죄가 하나님의 은혜에 의해 용서되고, 의지는 어느 정도 자유롭게 되었다는 것에 동의한다. 다만 에라스무스는 은혜와 자유선택의 관계에 대하여 펠라기우스파와 정통파 사이에 차이가 있음을 주목하였다.

펠라기우스파에 의하면, 그 의지는 새로운 은혜의 도움이 없이도 영생에 도달할 수 있을 만큼 자유로워진다. 이때 그들은 자유의지를 창조하고 회복하신 하나님께 그 구원에 대하여 감사를 돌린다. 정통파에 의하면, 아직 그 안에는 원죄의 흔적이 있기 때문에 죄의 경향이 없는 것은 아니지만, 인간은 하나님 은혜의 도움으로 올바른 생활을 계속하는 것이 가능해진다.[333] 그러나 정통파들 사이에도 차이가 있다. 그들 모두는 계속적인 신의 도움에 대한 필요를 주장한다. 그러나 그들은 하나님의 도움이 임하는

---

330) *Diatribe*, p. 48.
331) Ibid.
332) Ibid., pp. 48~49.
333) Ibid., p. 49.

방법에 대하여 여러 견해를 주장하였다.

스코투스 학파는 자유선택을 중요시 하였는데, 비록 죄를 소멸하는 은혜를 아직 받지 않았지만, 자신의 자연적 능력으로 윤리적으로 선한 일을 함으로써 적절히(congruously) 은혜를 받을 수 있는 준비를 할 수 있다고 했다. 어거스틴파는 은혜를 옹호하는 입장으로 상기 두 견해에 대하여 반대하였다. 그들은 죄에 빠지기 쉬운 인간이 자신의 힘으로 자기 생명을 개선할 수 있다든지 혹은 그가 하나님의 자유로운 은사('선행적(prevenient) 은혜' 혹은 '효력적 은혜(operative grace)')에 의해서 영생으로 이끄는 것들을 갈망하지 않게 되더라도 구원을 가져 오는 어떤 것을 할 수 있다는 것을 반대했다.334)

어거스틴에 의하면 믿음은 구원에 이르는 문이고, 하나님의 자유로운 은사였고, 이것에 사랑이 성령에 의해 부음 바 된다고 하였다. 그는 이것을 '협동적 은혜(cooperative grace)'라고 했는데, 이것은 다만 자유선택과 은혜가 같은 때, 같은 일에 작용한다는 조건으로 자기의 목적을 달성하기 위해 노력하는 사람들 가운데, 항상 나타난다고 했다.335) 그럼에도 은혜가 그 일의 지도자이지 협조자는 아니라고 했다. 이들은 대부분 은혜에 돌리고 실제로 아무 것도 자유선택에 두지 않는다.

끝으로 두 가지 견해가 있는데, 하나는 칼쉬타트(Carlstadt, 1480~1541)에 의해 주장된 것으로 자유선택은 죄 외에는 아무 쓸모가 없고, 은혜만이 우리 안에서 선한 일을 할 수 있으며, 이때 우리의 의지는 장인의 손 안에 있는 밀랍 외에 아무 것도 아니라고 했다. 끝으로 루터의 견해라고 할 수 있는 것으로 자유선택은 단지 공허한 이름에 불과하며, 은혜 전이나 은혜 이후에도 그것은 우리 안에서 아무 것도 할 수 없고, 다만 하나님께서

---

334) Ibid., pp. 51~52.
335) Ibid., p. 52.

344

우리 안에서 선뿐만 아니라 악도 행하시는데, 일어나는 모든 일들이 오묘한
필연성에 의해 이루어진다고 했다.[336]

에라스무스는 이 두 개의 견해에 많은 관심을 가지고 논의를 전개하는데,
분명히 반대하는 입장을 취한다. 에라스무스는 어거스틴파의 견해를 '충분
히 있음직한(probable enough)' 것으로 보는데, 왜냐하면 그것은 인간에게
마음대로 탐구하고 노력하게 하지만, 그러나 그것은 인간이 자기 자신의
힘으로 돌릴 어떤 것도 남겨 놓지 않기 때문이다.[337] 여기서 에라스무스의
견해에 대하여 좀 더 살펴보기로 하자.

그는 루터의 *Assertio*에 나타난 주장을 검토하면서 선택의 자유는 선한
일에 아무런 작용도 미칠 수 없고, 다만 절대적 필연성에 의해서 모든
것이 이루어진다는 독단 내지 패러독스(Paradox)[338]에 따르는 몇 가지 문제점
을 제기한다. 만일 선택의 자유가 없다면 상급은 왜 있고, 심판에 대하여
왜 자주 언급하며, 왜 우리에게 부단히 기도하고 경계하고 싸우고 영생을
얻기 위해 투쟁해야 한다고, 하느냐는 것이다.[339] 요컨대 그것은 인간의
책임과 신의 정의와 자비의 조건에 해를 미치기 때문에 유익하지 않다는
것이다.[340]

그러므로 그는 하나님과 인간의 협동이라는 견해가 더 바람직하다고
한다. 즉 전체의 일은 하나님의 은혜로 돌리되, 비록 선택의 자유의 공로는
극히 작고 이 자체가 신의 은혜의 일부이지만, 인간의 선택의 자유를 전혀

---

336) Ibid., pp. 53~54.

337) Ibid., p. 53.

338) 패러독스는 문학적 비평이나 신학적 논의에서, 보통 가능한 진리를 표현하는
　　 명백히 자기 모순적 진술을 의미하는데, 역사적으로 스토아 철학자들이 패러독스들
　　 을 공식화 한 것으로 유명하다. 회의주의자들은 이들의 오류를 비판하였는데,
　　 에라스무스가 루터를 비난할 때 그 의미는 여론으로부터의 이탈이었다. 루터의
　　 스토아적 방법론에 대해서는 Boyle(1982) 참조.

339) *Diatribe*, pp. 87~89.

340) Ibid., pp. 41~42.

없애지 않는 것이었다.341) 에라스무스에 의하면 우리는 정신(soul)을 구원에 관계되는 것들로 향하게 하거나, 혹은 은혜와 함께 협동(*synergein*)할 수 있다.342) 이런 견해는 우리의 공로에 대한 자신감이나 우리의 구원에 대한 절망감을 피할 수 있게 하고, 루터가 찬양한 것들도 잃지 않게 한다고 했다.343)

에라스무스는 그의 견해를 일의 시작, 전개, 끝의 세 부분으로 나누어 좀 더 구체화시킨다. 즉 우리의 정신(soul)을 분기시키는 최초의 일은 모두 은혜에 돌리고, 그 다음 일을 수행하는 과정에는 어떤 것을 인간의 선택에 돌리는데, 왜냐하면 인간의 선택이 하나님의 은혜로부터 그 자체를 거부하지 않았기 때문이다. 끝으로 일의 완성도 모두 하나님의 은혜로 돌린다. 이렇게 처음과 끝을 은혜에 돌리고, 다만 과정에서 자유선택이 어떤 것을 한다고 할 수 있다.344) 다시 말하면 두 개의 원인 즉 하나님의 은혜와 인간의 의지가 협동하는데 이때에 우리가 유의할 것은 은혜가 제일의 원인이고, 의지는 제2의 원인이라는 것이다.

그뿐 아니라 이 견해는 인간의 모든 구원을 신의 은혜로 돌리고 있다. 왜냐하면 인간의 구원에서 자유선택의 힘은 극히 미미하기 때문이요, 그것이 할 수 있는 일이란 것도 처음에 자유선택을 창조하시고, 그 다음에 그것을 자유롭게 하고, 그것을 치료하신 하나님의 은혜의 일이기 때문이다.345) 결론적으로 에라스무스는 은혜와 자유선택의 문제에 대하여 이렇게 말하고 있다. "I prefer the view of those who do attribute much to free choice, but most to grace."346)

---

341) Ibid., p. 89.
342) Ibid., p. 90.
343) Ibid.
344) Ibid.
345) Ibid.
346) Ibid., p. 96.

지금까지 하나님의 은혜와 인간의 자유선택의 관계에 대한 에라스무스의 '있음직한 견해(probable opinion)'[347]에 대해 살펴보았다. 이것은 에라스무스의 인간관과 구원관을 말해 준다고 할 것이다. 이것을 요약하면 다음과 같이 될 것이다. 본래 인간은 더럽혀지지 않은 이성으로 판단할 수 있고, 또한 더럽지 않지만 자유로운 의지로 선을 택하고 악을 버릴 수 있었다. 그러나 선을 버리고 악으로 기울어질 수도 있었다. 첫 조상 아담은 후자를 택하여 타락하였고, 그 결과 인간의 의지는 심히 부패하였고, 그 의지가 나오는 근원인 이성 내지 정신, 지력도 죄로 인해서 희미하게 되었다. 그러나 전혀 그 빛이 소멸되지는 않았다.

이런 인간은 그 의지가 죄에 얽매일 수밖에 없을 만큼 연약하였다.[348] 그러나 하나님의 은혜로 죄가 용서함을 받음으로 그 의지가 자유케 되고, 그 이성이 치료된다.[349] 여기서 에라스무스는 어거스틴적 견해를 '있음직한 것'이라고 하는데, 그것은 은혜에 대하여 인간의 자유선택을 전혀 없애지

---

347) 'probable'은 New Academy의 이론에서 빌려온 인식적 용어로서 진리의 기준을 개연성의 추정으로 설정할 때 사용함. 그것은 절대적 확실성이 부족하지만 감히 말해질 수 있는 진리에 대한 가장 견고하고 확실한 동의를 의미했다(Boyle, 1984, p. 75).

348) 에라스무스는 인간 의지의 힘과 관련하여 세 종류의 법을 들고 있다. ① 자연의 법(law of nature), 모든 사람의 마음에 새겨져 있는 것으로 사람들은 선을 준비할 수 있지만 믿음에 의한 은혜의 도움 없이는 영원한 구원에 이를 수 없다. ② 행위의 법(law of works), 은혜 없이는 행할 수 없는 행위를 명하기 때문에 죄를 두 배로 하고 죽음에 이르게 한다. ③ 믿음의 법(law of faith), 은혜가 함께 하기 때문에 스스로 불가능한 일들을 쉽게 하고 즐겁게 한다. 그래서 믿음은 죄에 의해 상처 받은 이성을 치료한다(*Diatribe*, pp. 52~53).

349) 에라스무스는 은혜를 자유롭게 주어진 어떤 이익을 뜻한다고 하고, 4개의 은혜로 구분한다. ① 자연적 은혜(natural grace), 모든 사람에게 공통된 것으로 영생에 아무런 도움이 되지 않음. ② 특별한 은혜(peculiar grace), 회개하도록 자극시키는 은혜, 불완전함. ③ 최고의 은혜(supreme grace), 죄를 소멸시키는 효율적(effective) 은혜, 우리로 하고자 하는 것을 할 수 있게 하는 협동적(cooperative) 은혜. ④ 완성케 하는 은혜(*Diatribe*, pp. 52~53).

않았기 때문이다. 어거스틴은 인간의 자유의지가 회복된다고는 한 것 같지만, 에라스무스에서와 같이 인간이 은혜에 대하여 선택할 자유가 있다는 것을 중요시 하지 않은 것 같다. 오히려 어거스틴은 하나님의 은혜에 대하여 인간이 거절할 수 없는 '불가항력적인 은혜'를 강조하면서 예정설을 말하게 되었다.[350] 그러나 에라스무스에게 은혜에 동의하는 자연적 자유는 그가 양보하지 못할 자유선택의 최소 한도였다.[351]

그러면 루터의 인간관, 구원관에 대해 간략하게 살펴보기로 하자. 대체로 그의 인간관은 에라스무스와 유사하다고 본다. 다만 루터에게는 사탄의 지배를 받는 비참한 인간의 모습이 있다. 그의 유명한 동물과 기수의 비유에서, 인간(동물)은 두 기수 즉 하나님과 사탄, 둘 중에 어느 하나의 지배를 받기 마련이다. 하나님이 그 위에 타면 그의 지배를 필연적으로 받고, 사탄이 그 위에 타면 사탄의 지배를 필연적으로 받는다. 이때 인간은 두 기수 중에 어느 것을 선택할 자유가 없다고 한다. 다만 하나님이 창조주로서 피조물인 인간을 지배하는데 같은 피조물인(배반한 천사에서 유래한) 사탄은 동등한 적수가 되지 못한다. 그러므로 하나님에 의해 사탄이 떠나 갈 때 인간은 사탄의 속박에서 벗어나고, 하나님 안에서 참된 자유를 누리게 된다고 한다.[352]

이렇게 루터는 앞에서도 말한 바와 같이 하나님과 사탄이라는 종교적 이원론에서 출발하기 때문에, 그의 구원관은 에라스무스와 본질적인 차이를 드러낸다. 루터는 에라스무스보다는 더 어거스틴의 견해에 가까운 것 같다. 그러나 루터는 자유선택이 은혜 전이나 후에도 다만 공허한 이름에 불과하다고 하는 것 같다. 루터에 의하면 인간의 의지는 사탄에 매어 있기 때문에, 죄 외에 아무 것도 할 수 없다. 물론 루터도 인간이 '자기 밑에 있는 것들(things

---

350) 이장식, 『기독교 사상사』 제1권(대한기독교서회, 1963), p. 228.
351) Gerrish, op. cit., p. 198.
352) "Introduction", p. 18 ; *Servo*, p. 140.

348

beneath him)'에 대해서는 어떤 자유를 가지고 있다는 것을 인정한다. 즉 세상살이에서 자기에게 주어진 가능성들 사이에서 그가 원하는 것을 택하거나, 율법에 따라 행하거나, 행하지 않을 것을 택할 수 있다.[353]

그러나 선한 일이 선한 사람을 만들 수 없다. 왜냐하면 그 동기가 철저히 악하기 때문이다.[354] 인간의 선행이 그의 영원한 구원에 조금도 보탬이 될 수 없다. 이 점은 에라스무스에게서도 마찬가지였다. 에라스무스도 특별한 은혜(peculiar grace)의 도움이 없이는 인간이 구원에 이를 수 없다는 입장이다. 이것은 에라스무스가 반(半)펠라기우스파의 입장에서 벗어났다는 이유가 된다.

반(半)펠라기우스파는 중세 스콜라 학자들의 입장이라고 할 수 있는데, 앞에서 언급한 스코투스파처럼 인간의 윤리적 선행이 신의 은혜를 받을 수 있게 준비한다고 하는가 하면, 토마스 아퀴나스와 같이 선행하는 은혜로 인해 인간이 자기 안에 있는 것을 행할 수 있다고 보았는데,[355] 에라스무스와 루터가 살던 시대에 스콜라 학자들은 인간의 의지의 자유가 단순히 하나님의 구원을 받을 수 있는 수용성의 의미로서가 아니고, 공로의 형태로 인간의 구원에 대한 적극적 공헌을 할 수 있는 인간 안에 있는 능력으로 이해되었다.[356]

여기서 적절한(congruous) 공로와 당연한(condign) 공로 사이에 스콜라적 구분이 주목된다. 전자는 인간의 선의의 노력에 주어진 것으로 엄격히 공로라 할 수 없지만, 하나님이 그의 은혜로 보상해야 한다는 것이 "적절하다"는 것이다. 후자는 은혜의 도움으로 행해진 선행에서 비롯된 것으로 엄격한 의미에서 칭찬할 만한 것으로 고려되었다.[357]

---

353) "Introduction", p. 17.
354) Ibid., pp. 18~19.
355) Ibid., p. 19.
356) Ibid., p. 24.

에라스무스는 은혜에 대한 행위적 준비가 아니고 선행하는 은혜에 대한 자유로운 응답을 주장했다는 점에서 중세적 반 펠라기우스파가 아니고, 오히려 루터적 협동주의자(synergist)였다.358) 루터는 은혜에 대한 준비가 있다는 것을 인정하였지만, 스콜라 학자들처럼 인간이 자기 안에 있는 것을 행함으로써 준비한다는 것을 부인하였다. 루터에게 그것은 하나님의 율법을 통한 하나님의 일이었다.359) 율법은 인간으로 하여금 자신의 죄악된 상태, 파멸에서 자신을 구원할 수 없다는 것을 통절히 자각시킴으로써 복음과 은혜에 대한 메시지로 인도되는 준비를 한다.

다음에 복음은 하나님의 은혜와 사랑을 깨닫게 하고 그 안에 믿음의 응답을 일으키게 한다. 여기서 또 이런 일이 일어나는 한 인간은 하나님과의 참되고 자연스러운 관계로 회복되고, 또 그가 할 수 있는 가장 완전한 자유로 들어간다.360) 이때 사람들은 하나님과 자유롭게 협동할 수 있는데, 그것은 그들 자신의 구원을 달성하기 위해서가 아니고 세상에서 영적, 세속적 행복에 관하여 하나님의 목적을 성취하기 위해서 그렇게 한다.361)

이상에서 에라스무스와 루터의 주장에 나타난 인간관, 구원관을 살펴보았는데 그들 사이에 이동(異同)은 무엇일까? 에라스무스는 루터가 지나치게 필연성 내지 예정설을 주장하여 도그마화 함으로써 인간의 책임 문제를 경시한 것처럼 보였고, 루터는 에라스무스가 하나님보다도 인간을 앞세우는 것처럼 보이고, 믿음이 없는 회의주의자처럼 보였다. 그러나 이런 것은

---

357) Ibid., p. 25. 토마스 아퀴나스는 이들과는 좀 다르게 인간은 은혜와 별개로 선에 대하여 어떤 노력도 할 수 없기 때문에 어떤 칭찬도 받을 수 없다고 했다. 그래서 그는 은혜에 의해 고취된 어떤 노력에 대하여 그것은 인간의 자유의지의 일이기 때문에 '적절한(congruous)' 것이고, 또 그것은 은혜의 일이기 때문에 '당연한(condign)' 것이라고 했다.

358) Gerrish, op. cit., p. 198.

359) "Introduction", p. 19.

360) Ibid.

361) Ibid., p. 20.

350

양자의 오해 내지 논쟁의 과열에서 비롯된 것임을 그들 스스로 시인하고 있다. 루터는 에라스무스에게 "당신이 옹호하는 자유의지는 당신이 정의한 것과 다르다"고 인정했고,362) 또 *Diatribe*의 마지막 장을 읽지 못했음을 후에 시인하였다. 에라스무스는 루터가 처음에는 자유선택에 어떤 것을 허용했는데, 이제는 자기 방어의 열기 속에서 그것을 완전히 없애버렸다고 했다.363)

에라스무스에게 루터는 인간의 자유와 책임 문제를 무시한 것처럼 보였지만, 루터도 비록 인간은 하나님과 사탄 사이에 누구를 섬길 것인가 결정할 자유가 없지만, 그러나 하나님이 사탄의 것보다 더 강력하고 더 설득력 있는 논의를 할 때, 만약 인간이 하나님의 논의에 의해 설득되지 않는다면, 그것은 인간 자신의 잘못이지 하나님의 잘못이 아니라고 한다.364) 루터에게 에라스무스는 자기의 관심을 이해하지 못한 것처럼 보인다. 그러나 적어도 에라스무스는 인간적인 공로와 능력에서 단지 하나님과 그의 약속으로 신뢰를 이행하는 것이 루터의 소원이라는 것을 알았다. 그래서 그는 기쁘게 이렇게 외칠 수 있었다.

확실히 우리로부터 모든 거짓을 취하고 모든 우리의 교만과 자신감을 그리스도께로 옮기며, 우리에게서 사람들, 귀신들에 대한 두려움을 내쫓으며, 우리로 우리 자신의 것에 대해 불신케 하고, 우리에게 하나님 안에서 힘과 용기를 주는 것은 경건하고 매력있는 견해다.365)

이런 것들은 에라스무스가 루터에게서 찬양한 사상들이었다. 에라스무스가 다만 문제로 삼은 것은 만약 어떤 사람이 어떤 공로도 없으며, 경건한

---

362) *Servo*, p. 178.
363) *Diatribe*, p. 90.
364) "Introduction", p. 27.
365) *Diatribe*, pp. 86~87.

사람들의 행위까지도 죄이며, 우리가 하고 또는 하게 될 모든 것은 절대적 필연으로 추적되어야 한다고 주장하는 것, 바로 이런 것들이었다.[366]

에라스무스에게 주요 관심은 경건에 대한 것이었다. '예수의 영 안에 살고 행할' 필요성이 최우선이 되었다. 이것은 다만 만약 개개인이 그리스도의 생애에 대한 모방에 자발적이고 적극적으로 참여한다면 성취될 수 있었다.[367] 그는 경건을 위해서 루터의 도그마를 거부하였다. 그러나 루터는 진리의 빛을 말 아래 숨겨서는 안 되었다. 비록 세계가 박살이 나더라도, 그는 자기의 통찰이 아니라 신의 진리를 선포하고 있다고 믿었다.[368] 에라스무스에게 구원은 하나님의 은혜에 의해서 인간성이 초자연화하는 과정이었고, 루터에게 그것은 부자연스러운 속박에서 인간이 해방되는 것을 의미했다.[369] 이러한 양자의 차이는 본질적이라고 하겠지만 그것은 서로 이질적이라는 뜻이 아니고, 서로의 가치를 인정하고 존중하기를 바라는 뜻이 있었다.

5. 맺음말

에라스무스로 대표되는 크리스천 휴머니즘과 루터로 대표되는 프로테스탄티즘 사이에는 명백한 관련이 있다. 그러나 양자는 동일시되어서는 안 된다. 양자 사이에 그 시대의 교회와 종교생활에 대한 비판의 어떤 점들과 어떤 신학적 경향들에 있어서 약간의 유사점이 있었음에 불구하고 기본적으로 차이점이 있었다.

에라스무스는 학문과 순수한 지적 이해력에 대하여 크나큰 존중을 했다. 그러나 그는 철학자도 신학자도 아니었다. 이것은 어거스틴도 아퀴나스도

---

366) Ibid., p. 87.

367) Ibid., p. 86.

368) *Servo*, p. 128.

369) "Introduction", p. 20. Rhee Hyungki, *A Study of Man in Erasmus and Luther*(Drew Uni., 1980), pp. 242~243, pp. 244~245.

그의 모델이 될 수 없었다는 것을 말한다. 그가 존중한 것은 독특한 종류의 학문이었고, 학문에의 독특한 접근이었다. 가장 일반적 의미로 그는 기독교적 과거를 실제 있었던 그대로 재구성하는데 관심이 있었던 문학적인 역사가였다.370) 그는 폴 볼츠(Paul Volz) 수도원장에게 보내는 편지에서 "경건과 학문을 겸비한 어떤 사람들이 사도들의 가장 순수한 근원들로부터, 가장 인정된 해석자들로부터, 그리스도의 온전한 철학을 추출해 내는 임무를 부여받는다면 그것이 가장 좋을 것이다"371)라고 했다. 아마 이것은 그의 소명이었는지 모른다.

루터는 비체계적이지만 언어학자요, 역사가라기보다 철학자요, 신학자였다. 학자로서 루터는 기독교 전통 자체를 개선하고 순화시키는 데만 거의 관심을 기울였지, 기독교를 그 주위의 세속 문화와 관련시킨다든지, 그 사고 형태를 과학적 발견에 적합화 하는 데에는 거의 관심이 없었다.372)

이들 양자 사이의 논쟁은 기질의 문제, 종교적 정신의 깊은 직관에 대한 도덕가의 합리적, 윤리적 관심의 문제를 나타내는 것으로 그치지 않았다. 에라스무스는 결코 반(反)종교적이지 않았고, 루터도 부도덕한 자도 아니고, 불합리하지도 않았다. 양자는 두 개의 다른 신학적, 윤리적 견해를 나타냈고, 신과 인간을 "함께 생각하는(thinking together)" 두 개의 길을 나타냈다.373)

특히 에라스무스의 견해 속에서는 경건의 치레로 덮인 고전적 윤리주의 이상의 것이 있었다. 그는 휴머니스트이되 인본주의자가 아니었고, 크리스천이되 체계적인 신학자가 아니었다. 그는 가톨릭과 프로테스탄트 양측에서 많은 오해와 비난을 받았지만, 그의 중도적 입장을 고수했다.

그것은 학자들에게 잘 어울리는, 논의하고 탐구하고 배우는 길이었다.

---

370) Harbison, op. cit., pp. 90~92.
371) Olin, op. cit., p. 114.
372) Harbison, op. cit., pp. 133~135.
373) "Introduction", pp. 12~13.

그 당시 프랑스 학자 에르베(Hervet)는 에라스무스를 창세기에 나오는 이삭으로[374] 비유하고, "블레셋인들이 너무나 혼잡케 하고 더럽히고 망쳐 놓았기 때문에 아무도 그 우물의 진정한 맛을 볼 수 없었던 성경의 맑은 샘이 그의 수고와 근면에 의해 옛 순수함과 맑음으로 회복되었다"고 했고, 그의 친구이자 영국의 신학자였던 콜레트도 에라스무스의 이름이 결코 사라지지 않을 것은 바로 이런 이유 때문일 것이라고 했다.[375]

우리에게는 종교개혁의 십자가 신학도 필요하지만, 소크라테스가 '탐구되지 않는 삶은 살 가치가 없다'고 말한 대로 에라스무스와 그에 의해 대표되는 크리스천 휴머니즘이 제시한 탐구의 길도 필요하리라고 생각된다.[376]

Ⅳ. 에라스무스의 종교사상(Ⅰ)
-*Enchiridion*에 나타난 그리스도 군사론을 중심으로-

1. 머리말

르네상스 휴머니즘을 해석하는 데 있어서 휴머니스트들의 인간론과 함께 이들의 신론 내지 그리스도론, 성경론, 구원론을 포함하는 종교사상을 고찰하는 일은 본질적이라고 생각한다. 이는 물론 르네상스 휴머니즘을 종교적 의미로 보는 경우와는 다르다. 예를 들어 부르다하(Burdach)는 휴머니즘의 기원을 종교에서 찾았고, 부시(D. Bush)는 르네상스 휴머니즘이 본질적으로 크리스천 휴머니즘임을 너무 강조하였고, 이런 경향을 극단적으로 밀고 나간 토파닌(Toffanin)은 휴머니즘의 개념을 본질적으로 가톨릭적인

---

374) 창세기 26:12-22.

375) Olin, op. cit., pp. 20~21.

376) Jaroslav Peikan, "From Reformation Theology to Christian Humanism", *Lutheran Forum*(Advent, 1982), p. 14.

것으로 보았다(2장 참조).

이에 대해 크리스텔러(Kristeller)는 르네상스 휴머니즘을 본질적으로 문학적, 교육적, 문화적인 지적 운동으로 보고 고대로부터 내려오는 뿌리 깊은 전통, 특히 11세기 이후의 잘 쓰고, 말하는 이탈리아의 수사학적인 전통에 13세기 중엽 이후 프랑스로부터 물려받은 시와 라틴 고전 연구에 대한 새로운 관심이 접목, 결합되어 나타났다고 하였다. 그리하여 15세기 중엽 이후에는 문법, 시, 수사학, 역사, 도덕적 철학 같은 과목들이 개설되어 널리 가르쳐지게 되고, 소위 *studia humanitatis* 곧 인문학이 성립, 발전하게 되었다.[377]

다시 말해 르네상스 휴머니즘은 이런 *studia humanitatis*를 토대로 하고, 이것들을 연구하고 가르치는 휴머니스트들에 의하여 그 시대 광범한 영향력을 미치는 운동이 되었다. 특히 중세에서 근대로 이행해 가는 급격한 변화의 시기에, 몇몇 휴머니스트들은 도덕적, 영적 갈등의 문제들을 풀고자 모든 언어 기술과 인문학적인 방법을 적용하였다. 트린카우스(Trinkaus)는 이런 휴머니스트들이 수많은 저술들을 통하여 종교적, 신학적인 관심을 가지고 개인의 구원 문제, 사회 개혁의 문제에 접근함으로써 그 당시의 도덕적, 영적으로 갈등하며 변화를 갈망하는 계층, 특히 도시민들의 욕구를 충족시켰으며 나아가 의식하든 안하든 종교개혁의 길을 예기하였다고 하였다.[378]

요컨대 트린카우스는 페트라르카(Petrarch), 살루타티(Salutati), 마네티(Manetti), 발라(Valla)와 같은, 주로 이탈리아 출신 휴머니스트들의 종교사상과 그 저서의 역할을 중요시하고 이를 연구함으로써 르네상스 휴머니즘의

---

377) P. O. Kristeller, *Renaissnce Thought : The Classic, Scholastic and humanist Strains*(Harper Torchbooks, 1961). pp. 94~95, p. 108, pp. 9~10 ; 2장 II 참조.

378) Trinkaus, *In Our Image and Likeness : Humanity and Divinity in Italian Humanist Thought*, Vol. 2(The Uni. of Chicago Press, 1970), pp. 556~558 ; 같은 저자, *The Scope of Renaissance Humanism*(The Uni. of Chicago Press, 1983), p. 253, 이하 *TSORH*라 약함 ; 2장 III 참조.

본질을 구명하고자 하였다. 필자는 이에 공감하면서 몇몇 휴머니스트들의 종교사상을 연구해 오고 있다. 14세기 이탈리아의 페트라르카는 이러한 종교사상에 있어서 패러다임적인 역할을 하였고(4장 참조), 15세기 발라는 그 계승자라고 할 것이다(5장 참조). 이제 16세기에 이르러 르네상스 휴머니즘은 알프스 이북의 유럽에서 꽃 피우게 되는데 영국의 콜레트(Colet)나(6장 참조), 저지대의 에라스무스는 그 대표라고 할 것이다. 특히 에라스무스는 최고의 휴머니스트로서 페트라르카로부터 비롯된 휴머니즘의 성과를 완성하였다고 할 수 있다.

종교개혁기를 전후하여 에라스무스는 프로테스탄트와 가톨릭 신학 양측으로부터 각기 비겁자, 변절자라는 낙인이 찍히고 환영을 받지 못하는 경향이 있었다. 이런 오해와 편견은 1950년대에 이르기까지 계속되었다. 그는 기껏해야 도덕주의자(Moralist), 나쁘게는 회의론자로 간주되거나, 사람의 관점에 따라서는 그 반대로 해석하였다. 그러나 1960년대 말에서 1970년대 이후, 많은 저명한 학자들이 에라스무스 작업의 신학적인 진지함을 옹호하기 시작하였고, 그의 신학적인 관심이 그의 저작에 퍼져 있음을 발견하였다.379)

본절에서는 에라스무스의 저서들 가운데 초기의 것에 해당되는 *Enchiridion*

---

379) Introduction by John W. O'Malley, in *Enchiridion*, p. xiii, 이하 *O'Mally*라고 약한다. 에라스무스의 신학 내지 종교사상에 관한 연구서, 논문 가운데 두드러진 것들을 들면 다음과 같다. E. W. Kohls, *Die Theologie des Erasmus*, 2 Vols(Basel, 1966) ; M. O. Boyle, *Erasmus on Language and Method in Theology*(Toronto, 1977) ; Rabil Jr., *Erasmus and the New Testament*(San Antonio, 1972) ; John Payne, *Erasmus : His Theology of the Sacraments*(Richmond, 1970) ; H. Bentley, *Humanists and Holy Writ*(Princeton, 1983) ; Charles Trinkaus, "Erasmus, Augustine and Nominalists"(*ARG* 67, 1976), pp. 5~32 ; John C. Olin. "Erasmus and Saint Jerome : The Close Bond and Its Significance", *ERSY* 7(1987), pp. 33~53 ; C. Augustijn, "The Ecclesiology of Erasmus" in *Scrinium* II, pp. 135~155 외 다수. 반면 국내에서 르네상스 휴머니즘의 이 분야 특히 에라스무스에 대한 연구는 거의 전무하다고 할 것이다.

militis christiani(The Handbook of Christian Soldier, 『그리스도 군사의 편람』, 이하 *Enchiridion*이라 약함)에[380] 나타난 그의 그리스도 군사론을 중심으로 살펴보고자 한다. 물론 여기에는 그의 성경론, 그리스도론 및 인간론이 포함될 것이고 그의 구원론도 엿볼 수 있다고 생각된다. 이는 그가 끝까지 가톨릭 교회에 남았었지만, 가톨릭의 중요한 교리 이를테면, 성경해석이라든지, 독신제, 연옥설, 고해성사, 성자숭배 사상, 인달전스론, 수도원제 등을 비판하는 개혁적인 성격을 띤 것임을 말해 준다. 본절을 통하여 에라스무스 개인의 이해와 평가를 바르게 할 뿐만 아니라 르네상스 휴머니즘의 본질과 의미를 구명하는데 일조하기를 기대한다.

2. *Enchiridion*의 동기 및 주제

*Enchiridion*은 본래 1501년[381] 부르군디(Brugundy) 궁정에 있는 어느 군인 아내의 부탁으로 쓰게 되었다. 이 무렵 에라스무스는 캄브라이(Cambrai)의 주교, 베르겐의 헨리의 라틴어 비서로서 그의 허락 아래, 파리에서 신학을 공부하고자 하였지만 실망스러운 좌절을 하게 된다. 그는 가정교사를 하며 근근이 생활하였는데 이때 영국인 제자 마운트조이(Mountjoy) 경을 알게 되고, 그의 초청으로 1499년 여름 영국을 방문하는 행운을 얻게 된다. 여기서 토마스 모어(Thomas More), 존 콜레트 등을 만나게 되고 깊은 감명을 받게 된다. 1500년 2월에 그는 파리로 돌아오고, 그 이후 그리스어 공부에 전념하게 된다. 이는 그가 그리스 고전뿐만 아니라, 그리스어 신약성경

---

380) 본절에서 사용된 자료는 *Enchiridion miltis christiani*(*The Handbook of the Christian Soldier*) trans. & anno. Charles Fantazzi, in *Collected Works of Erasmus* ed. John W. O'Mally, Vol. 66(Uni. of Toronto Press, 1988), 'enchiridion'의 의미는 '단도(短刀)' 혹은 '편람. 안내서'라는 두 가지 의미를 지닌다. 이하 *Enchiridion*이라 약함.

381) 에라스무스의 탄생 연도에 대해서는 확실하지 않다. 1466년 혹은 1469년으로 이야기 하는데 필자는 Huizinga, Bainton, Kohls 등을 따라 1466년으로 한다.

원전을 바르게 읽고 해석하고자 하는 열망을 가지게 되었음을 의미한다.

에라스무스에게는 또 다른 좋은 친구가 있었는데, 그는 베르겐 출신의 바트(Batt)로서 평범한 교사였다. 그의 초청으로 저지대 남쪽에 있는 토넴(Tournehem) 성에 머물면서 한 군인 아내의 요청을 받아들여 *Enchiridion*을 쓰기 시작하였다. 여기서 그 군인은 바트와 가까운 친구였고, 따라서 에라스무스와도 알게 된 사람이었다. 그의 이름은 첫 판에는 나오지 않는데 1515년 쉬러르(Schürer) 판에는 요하네스 게르마누스(Johannes Germanus)라고 나오는데, 알렌(Allen)은 그가 요한 포펜루이터(Johann Poppenruyter, d. 1534)와 동일한 인물이라고 한다.[382]

에라스무스는 1501년 여름에 토넴 성에서 남동쪽으로 약 18㎞ 떨어진 세인트 오마(Saint Omer)에 있는 세인트 버틴(St. Bertin) 수도원(베네딕트파)에서 겨울을 보낼 계획을 하게 되는데, 이때 부근의 프란체스코 수도원의 개혁적인 원장이요 뛰어난 설교가인 진 비트리에(Jean Vitrier)를 알게 된다. 그는 비트리에가 사도 바울과 오리겐을 본받아 그 당시 스콜라 신학의 관례(慣例)와 의식(儀式)에서 벗어나 있음을 보고 깊은 감명을 받게 된다. 이곳에서 *Enchiridion*의 첫 사본이 완성된다. 그 해 가을에 에라스무스는 세인트 오마에서 북서쪽으로 약 30㎞ 떨어진 코테본(Courtebourne) 성에서 겨울을 보내도록 하는 초청을 받아들이고 여기에서 *Enchiridion*의 내용을 보완한다. 특히 에라스무스는 세인트 버틴 수도원에 사람을 보내어 사도

---

382) 에라스무스는 뉘렌베르크(Nürenberg) 출신의 요한이라는 무기 제조업을 하는 친구와 오래 전부터 사귀었고, 그가 요한에게 *Enchiridion*을 보내자 그 답례로 '단도(短刀)'를 보내 왔다는 말도 하고 있다(*CE* 1556). 그러나 에라스무스는 그가 실제로 그의 부인의 간청으로 *Enchiridion*을 집필하게 된 직접적인 계기가 된 당사자임을 밝히지는 않는다. 그러나 그가 실제로 요한 포펜루이터와 동일 인물이라는 것이 확실하다. 포펜루이터도 뉘렌베르크 출신이고 무기 제조업을 하였기 때문이다. Introduction in *CE 164*, trans. R. A. B. Mynors & D. F. S. Thomson, anno. W. K. Ferguson, Vol. 2(Uni. of Toronto Press, 1975).

358

바울에 대한 어거스틴(Augustin)과 암브로스(Ambrose)의 사본과 오리겐(Origen)의 설교집을 가져오도록 부탁한다. 이는 *Enchiridion*의 여러 문장들을 풍부하게 하였다.

*Enchridion*은 1503년 2월 안트워프(Antwerp)에서 마르텐스(Martens)에 의하여 다른 저작들과 함께 *Lucubratiunculae*[383]라는 타이틀로 처음으로 출판되었다. 에라스무스 자신은 1518년 7월 바젤(Basel)에서 프로벤(Froben)과 함께 새 판을 내놓게 되는데, 그 이후 *Enchiridion*은 널리 보급되었다. 여기에는 후그스호펜(Hugshofen) 수도원장 볼츠(Volz)에게 보내는 긴 편지 형식의 증정사와 성 바실(St. Basil)의 이사야 주해의 번역이 함께 포함되었고, 작은 교정과 수정만이 가해졌을 뿐 본질적으로 그 내용에 있어서는 처음의 원문과 같다고 할 수 있다.

그 당시 루터가 두드러지게 활동하고 있었고, 많은 사람들이 새로운 방법으로 하나님을 섬기려는 열망에 사로잡혀 있었다. 그런데 에라스무스의 *Enchiridion*은 성공을 거두었다. 그 책은 루터파나 가톨릭에 의해 독점적으로 결정된 지역을 제외하고는 온건한 라인랜드 지역, 네덜란드, 영국, 스페인, 프랑스, 이탈리아 등으로 퍼져 나갔다.[384]

*Enchiridion*을 쓰게 된 동기가 외적으로는 단순히 한 경건한 부인이 자기 남편을 영적으로 바로 잡아주도록 부탁한 데에 있는 것 같다. 실제로 세인트 오마에서 1501년 가을 요한 포펜루이터에게 쓴 에라스무스의 편지는[385] *Enchiridion*의 서론(1~16줄), 결론(17~62줄)을 구성하고 있다. 서론에서 에라스무스는 궁정생활에 지치고 어떻게 출애굽을 하고, 덕에 따르는 길에서 어떻게 성공적으로 모세를 따르며 참된 그리스도의 군사가 될 수 있을까,

---

383) 야간 작업에 의해 나온 소책자들이라는 의미이다.
384) Cornelis Augustijn, *Erasmus, His life, Works, and Influence*, trans. J. C. Grayson(Uni. of Toronto Press, 1991), p. 45, 이하 *Augustijn*이라 약함.
385) *CE*, Vol. 2, 164.

고민하는 평범한 한 군인에게 "삶의 간결한 지침을 제시하고 그리스도에 합당한 마음 상태에 도달할 수 있도록 하고자 기도하는 마음으로 쓰겠다"386) 고 한다.

그런데 결론 부분에서는 *Enchiridion*이 그의 더 큰 동기와 목적 하에서 쓰여졌음을 말하고 있다. 첫째, 얼마 전부터 사도 바울에 대한 해석을 준비해 왔는데 이것이 어려운 일이지만, 하늘의 도움을 의지함으로 그것의 정당성이나 유익함을 나타내고자 한다는 것이다. 둘째, 경건과 학문은 양립할 수 있다는 것을 보여주고자 한다는 것이다. 그는 이렇게 쓰고 있다.

> 나는 건전한 학문을 모르는 것을 경건의 극치라고 생각하는 어떤 잘못된 비판자들을 깨우치려고 할 것이다. 젊은 시절에 내가 고대인들의 좋은 학문을 끌어안고 밤잠을 자지 않으며 라틴어뿐만 아니라 그리스어의 상당한 지식을 얻을 때, 헛된 명예나 어린 아이 같은 자기 만족을 목적으로 한 것이 아니고 오래 전 주의 전(殿)을,−어떤 이들의 무지와 야만으로 매우 더럽혀진 그 전을,−내 힘이 미치는 한, 다른 영역에서 비롯된 보화로써,−더욱이 그 보화란 최고의 지성인들도 성경을 사랑할 수 있게 마음을 움직일 수 있는 것인데−그 보화로써 장식하고자 결심했었다는 것을.387)

그는 이런 엄청난 작업에서 잠시 벗어나 이 *Enchiridion*을 썼다고 하였다. 여기서 물론 보화는 라틴어, 헬라어로 된 이교적인 고전뿐만 아니라, 성경, 교부들에서 비롯된 기독교 고전을 말한다. 에라스무스는 일찍이 수도원 시절부터 이교적인 고전과 기독교적인 고전에 나타난 사상과 삶의 지침을 결합, 조화시키려고 하였다. 이를 위해 고전연구(이교적)에서 교부들, 성경 연구로 점차 이행하고 있었다. 이런 과정에서 저지대에서 일어난 실천적인 신비주의에 속하는 *Devotio Moderna*('새로운 경건') 운동은 알게 모르게 그의

---

386) *Enchiridion*, p. 24.
387) Ibid., p. 127.

360

어린 시절에 영향을 미쳤고, 젊은 시절 여행을 통해서 알게 된 영국의 콜레트나 프란체스코 수도사 비트리에로부터 자극과 도전을 받았다.

콜레트에게서 스콜라적인 추론이 아니라 비록 헬라어 원문은 아니지만, 발게이트(Vulgate) 라틴 성경의 원문으로 들어가서 사도 바울을 읽고 역사적인 문맥에서 해석함으로 사도 바울이 살아나는 것을 보았다.388) 콜레트는 에라스무스가 시나 문학에서 신학으로 이행하는 데에 큰 영향을 미쳤지만 그러나 결정적인 계기가 된 것은 아니었다.389) 비트리에를 통하여는 사도 바울의 연구에 격려를 받았고, 특히 오리겐을 이해하도록 자극을 받았다.390) 세인트 오마에서 *Enchiridion*의 초고를 완성한 것도 비트리에의 영향이 컸다.

에라스무스는 1500년 12월 바트에게 보내는 편지에서 "신학에 대한 연구는 내가 마음 속에 오랫동안 열렬히 추구해 온 목표였다"391)고 하였다. 콜레트나 비트리에는 이런 신학 연구에 있어 성경의 주석 내지 해석에 큰 자극과 좋은 영향을 준 것이었다. 또 한 사람을 든다면, 15세기 중엽의 이탈리아 휴머니스트 발라를 들 수 있는데 1504년 여름 루방 근처 프레몽트레 회(Premonstratensian) 수도원 도서관에서 우연히 그의 신약성경 주석 사본을 발견한 것이다. 이를 통하여 에라스무스는 그가 지금 추구하고 있는 문법적, 언어적 방법에 의한 성경연구를 통한 성경 원문의 회복에 큰 힘을 얻게 되었다.392) 결국 그 결실이 뒤에 1516년 2월에 나온 『신약성경(*Novum Instrumentum*)』이었다.

물론 그 동안에 여러 교육적인 논문들을 쓰고393) 『격언집(*Adages*)』(1500,

---

388) Albert Rabil Jr., "Desiderius Erasmus", in *Renaissance Humanism : Foundations, Forms and Legacy*, Vol. 2, ed. Albert Rabil Jr.(Uni. of Pennsylvania Press, 1988), p. 224.
389) *Augustijn*, p. 33.
390) James McConica, *Erasmus*(Oxford Uni. Press, 1991), p. 36, 이하 *McConica*라 약함.
391) *CE*, Vol. 1, 138:52-60.
392) *McConica*, p. 38.
393) 에라스무스가 파리에서 가정 교사를 하고 있을 때 교사들, 제자들을 위해 쓰여진

1506, 1508, 1515), 『우신예찬』(1511)이 나오고, 루시안, 플루타르크의 저서들이 번역되고, 키케로 같은 고전들이 편집되고, 특히 성 제롬(St. Jerome)의 서한을 편집하고 주석하며 그의 다른 저서들을 편집하고자 하였다. 제롬은 수도원 시절 이래 학문과 경건을 결합하는 데 있어서 그의 모델이 되었다.[394] 그러나 이런 것들은 그가 발게이트 신약성경을 헬라어 원문에 의거하여 라틴어로 새롭게 번역하고 주석을 붙임으로써 그리스도의 복음을 바르게 해석하고자 하는 그의 생애의 목표에 부수하는 것들이었다.

그러면 에라스무스가 왜 성경을 그렇게 연구하고자 했을까? 그는 단순히 고전학자나 성경학자가 되려는 데에 그 목적이 있지 않았다. 그도 1506년 9월 이탈리아 튜린(Turin) 대학에서 신학박사 학위를 받았는데, 이는 그가 신학적인 문제에 대해 말할 수 있는 권위를 부여하였다는 점에서 중요하였다.[395] 그러나 그는 신학이나 학문 자체보다도 학문과 경건을 결합하는 것에 그의 최대의 목표를 두었다. 여기서 학문은 그리스, 로마 고전 곧 인문학과 기독교 고전에 대한 연구 특히 성경, 교부들에 대한 연구 곧 신학을 가리키고, 경건은 그리스도에 합당한 삶 자체를 가리킨다. 에라스무스에게 참된 신학은 어떤 면에서 경건과 뗄 수 없는 것이었다. 곧 신학이란 거룩한 주제에 대해 말하는 데에 있어 기술(技術)과 제휴된 경건이었다.[396] 그가 추구한 신학의 개혁은 *Enchiridion*과 함께 볼츠에게 보내는 서문격인 편지에서처럼 그리스도에 합당하되 '신학자에게 알맞는 삶으로 이끄는 것'[397] 곧 개인적인 경건으로 이끄는 것을 요구하였다. 그는 젊은 시절

것들로, <*De ratione studii*>(연구방법론, 1512년에 출판)는 교사들을 위해, <*De copia verborum ac rerum*>(풍부한 문체를 위한 기초, 1512년에 출판)는 학생들을 위해 쓰여졌는데, 이런 두 가지가 더 발전된 것이 『대화편』(*Clloquies*, 1522년)이다, 그밖에 <*De conscribendis epistolis*>(라틴 서한 작성법, 1522년에 출판) 등이 있다.

394) *Augustijn*, p. 38.

395) Rabil, op. cit., p. 231.

396) *O'Mally*, p. xi.

362

수도사가 되도록 강요받았는데, 그에게 "수도사가 되는 것은 거룩한 신분이 되는 것이 아니고 삶의 한 방식으로 그것은 유익할 수도 있지만 그렇지 않을 수도 있는 것"이었다.398)

이렇게 학문과 경건을 결합하려는 그의 생애의 목표를 추구함에 있어 *Enchiridion*은 최초의 두드러진 성과라 할 수 있다. 이것은 에라스무스가 뒤에 그의 저작들을 분류할 때 *Enchiridion*을 전체 9권 가운데서 제5권 *Spiritualia* 속에 포함시키는 것으로도 알 수 있다.399) *Spritualia*는 경건 내지 종교적인 교육으로 번역을 한다. *Enchiridion* 전체를 꿰뚫는 주제는 그리스도에 합당한 크리스천이라고 할 수 있는데, 이는 단순히 직업적인 성직자나 난해한 논쟁에 열중하는 신학자나 구원받고 만족하는 세속적인 신자를 가리키지 않았다. 그것은 그리스도 안에서 영적, 도덕적으로 흠없는 경건한 신자였다. 이는 어떤 특정한 성직자나 신학자에게만 해당되는 것이 아니고,

---

397) "Prefatory Letter to Doctor Paul Volz", in *Enchiridion*, p. 8. 이하 *Volz*라고 약함, *The Correspondence of Erasmus* 858에도 수록되어 있다.

398) *Enchiridion*, p. 127.

399) 에라스무스는 Johann von Botzheim에게 보내는 장문의 편지 형식에서 세 번에 걸쳐(1523. 1, 1524. 9, 1530. 3) 그의 저서 목록을 9 volumes로 분류하였다. 그의 생애의 말년인 1530년에 분류한 등급과 중요한 저서들만을 보면 다음과 같다.
Vol. 1 : 문학, 교육 분야, *De copia, Ratio conscribendi epistolas, Ratio studiorum,* 시안에서 번역된 모든 것들 등.
Vol. 2 : 『격언집』
Vol. 3 : 『서한집』
Vol. 4 : 도덕적인 분야, 플루타르크에서 번역된 것들, 『우신예찬(*Moriae encomium*)』, 『기독교 군주론(*nstitutio principis christiani*)』, 『평화에 대한 불만(*Querimonia pacis*)』 등.
Vol. 5 : 종교적인 교육(경건) 분야, *Enchiridion militis christiani, De contempt mundi Methodus verae theologiae, Paraclesis* 등.
Vol. 6 : *Novum testamentum cum annotationibus, Paraphrasis in Novum Testamentum.*
Vol. 7 : Chrysostom, Athanasius, Origen, Basil에서 번역된 것들.
Vol. 8 : 논쟁에 관련된 것들, *Liber antibarbrorum,* 『자유의지론(*De libero arbitrio diatribe sive collatio*)』, *Adversus Martini Lutheri Servum arbitrium Hyperaspistes* 등.
Vol. 9 : Hieronymus(Jerome), Cyprianus, Hilarius, Ambrosius 등에 대한 편집.

그리스도를 믿고 세례를 받은 신자라면 누구든지, 삶의 모든 지위와 조건 속에 있는 남녀에 의해 추구되고 달성될 수 있는 일이라고 생각하였다.

에라스무스는 볼츠에게 보내는 그 편지에서 "처음에는 나 자신과 잘 배우지 못한 친구를 위해 썼지만 이제 그것이 당신 및 당신과 같은 사람들에 의해 인정을 받게 되어 기쁘다"고 했다.[400] 이는 *Enchiridion*의 동기와 목적이 한 평범한 친구를 영적으로 도울 뿐만 아니라 학문과 경건의 결합을 추구하려는 그 자신의 사상을 나타내고, 이와 관련이 된다고 생각되는 모든 사람들 곧 군주, 제후, 사제, 수도사, 신학자, 학생, 도시민, 시골사람들을 돕고자 한 것이었음을 짐작케 한다.

*Enchiridion*에는 경건(pietas)이라는 단어가 100번 이상 나타나고 있다.[401] 이것은 에라스무스의 사고에서 그 사상의 중심성을 가리켜 주는 좋은 표지라고 할 수 있다. 그런데 그에게 경건이란 교리적, 독단적, 체계적 신학과 구별되는 영성 신학(spiritual theology)만을 의미하지 않았다. 그에게 경건은 신학과 목회와 분리될 수 없는 것이었다. 그가 스콜라 신학자들을 혐오한 것은 신학과 목회 사이의 분리를 초래하였기 때문이다. 그는 신학의 임무에 대한 전통적인 안셀름적인 개념 '*fides quaerens intellectum*(앎을 추구하는 믿음)'에 동의했다.[402] 그러나 우리는 존 오말리(John O'Malley)가 말한 대로 그의 신학에 대한 정의를 '*fides quaerens intellectum, ut amet*(사랑하기 위해서 앎을 추구하는 믿음)'으로 의역할 수 있을 것이다.[403] 그의 경건은 이렇게 본질적으로 그리스도 안에서 개인의 변화에 토대한 개인적인 것이었지만, 점진적으로 사회적, 공동체적 변화를 지향하는 사회적, 공동체적인 성격을 띠고 있었다. 이는 그가 참된 신자(개인)는 그리스도 안에서 몸된 공동체의 없어서

---

400) *Volz*, p. 8.
401) *O'Malley*, p. xi.
402) Ibid., p. xii.
403) Ibid.

는 안될 지체임을 강조하고 있음을 말해 준다.

3. 그리스도 군사론

이 책은 한 친구에게 보내는 긴 편지 형식으로 되어 있는데 앞에서 말한 그 편지(CE164)를 서론(1~16줄), 결론(17~62줄)으로 하고 있다. 그 사이에 긴 본론으로 먼저 크리스천은 그리스도의 군사로서 싸우는 자인데, 그 싸움의 대상 및 수단이 무엇인가, 그 싸움의 이유가 무엇인가 말하고, 그 이유를 알기 위해서 자기 자신 곧 인간의 구성요소 및 속성이 무엇인가를 밝히고 있다. 다음에 그는 참된 기독교의 일반적인 규정 곧 영적인 생활의 순수한 빛에 도달할 수 있는 지침으로서 22개의 규정을 말하고 있다.

1) 싸움의 대상 및 수단

먼저 크리스천은 그리스도의 군사로서 사탄과 그 밑에 있는 마귀들, 이들의 지배를 받고 있는 세상과 싸우는 자로서 본다. 그 근본적인 이유는 신자가 그리스도를 믿고 세례를 받았기 때문이다. 이는 세례를 통하여 "신자가 생명을 주는 근원의 신비 속으로 들어왔으며 또한 그의 사령관, 그리스도의 군사로 부름을 받았다"[404]는 것을 의미한다. 신자는 본래 사탄이나 세상에 속한 자로서 하나님의 원수 노릇을 하였다. 이제 그리스도께서 그의 피 값으로 우리를 속량(贖良)하사 친구로 삼아주심으로써 하나님의 자녀가 되었다. 그러므로 하나님의 자녀답게 살기 위해서는 그리스도의 깃발 아래 악과 힘을 다하여 싸워야 한다.

그런데 신자들이 악과 싸우지 않고 타협하게 되면, 여전히 사탄의 지배를 받으며 그 영혼은 병을 앓거나 죽음의 세력 아래 신음하게 되고, 심하면

---

404) *Enchiridion*, p. 26.

그 영혼이 영원한 죽음에 이를 수 있다는 것이다.[405] 이것이 신자가 싸워야 하는 실제적인 이유이다. 하나님은 이 싸움을 위해 두 개의 무기 곧 기도와 지식을 주셨다.[406] 에라스무스는 기도의 중요성을 곳곳에서 언급하지만 기도로 뒷받침한 지식을 얻는 데에 많은 지면을 할애하고 있다.

지식은 싸워서 승리하는 지혜요 참 평화에 이르는 지혜로서, 여기에는 선별적인 고전 연구가 성경을 연구하는 준비로서 필요하다.[407] 에라스무스는 성경을 열심히 공부하고 그 말씀을 묵상하며 암송할 필요가 있다고 한다. 이를 통하여 그리스도를 더 깊이 알게 되고, 마귀를 대적하여 승리할 힘을 얻게 되기 때문이다. 이때 성경 해석의 중요성이 언급되는데, 문자적인 해석에 얽매이지 않고 영적인 의미를 알아야 한다고 강조한다.[408] 이때 교부들이 본이 되며 무엇보다도 사도 바울이 본이 된다.

결국 지혜는 그리스도를 알 뿐만 아니라 자기 자신을 아는 데서 시작된다. 이를 위해 에라스무스는 인간의 구성요소, 인간의 속성이 무엇인가, 왜 인간이 타락하고 악하게 되었는가, 이에서 구원받고 거룩한 인간의 모습으로 되는 길이 무엇인가 말하고 있다. 여기서 그는 플라톤의 『티마이오스(*Timaeus*)』로부터 인용하고 있는데 인간에게는 '불멸적인 신적인 영혼이 있고 필멸적인 영혼'이 있다.[409] 신적인 영혼은 이성으로서 그 자리는 두뇌라 할 수 있고, 필멸적인 영혼 가운데 용기, 분노 같은 것은 두뇌와 횡격막 사이에 자리하며, 식욕, 색욕의 자리는 횡격막 아래라고 한다. 플라톤은 "이성이 쾌락, 고통, 두려움, 무모함 같은 열정을 억제하고 의롭게 사는 사람은 행복하고 그것에 정복되는 사람은 불의하며 불행하다"고 한다.[410]

---

405) Ibid., pp. 27~28.
406) Ibid., pp. 30~31.
407) Ibid., p. 33.
408) Ibid., p. 35.
409) *Timaeus*, 69C-D.
410) Ibid., 42B2-3.

그러나 플라톤과 플라톤을 계승, 발전시킨 플로렌스 학파는 불행의 원인을 죄로 보지 않고 막연히 존재하는 대립되는 요소 때문으로 본다.

반면에 에라스무스는 "본래 두 개의 다른 요소가 창조주에 의해 하나로 연합되어 행복한 조화를 이루었었는데 뱀 곧 사단이 둘을 분리시키고 불행한 불화를 가져왔다"고 한다.411) 이것이 곧 하나님으로부터 분리를 초래한 죄이다. 그는 인간 불행의 근본이 죄 때문이라는 것을 인정하고 있다. 이것이 에라스무스가 플라톤을 원용(援用)하면서도 플라톤 학파로부터 갈리게 되는 점이다. 그는 다음에 성경에 근거하여 인간이 영혼과 육신으로 되었다 하고 혹은 사도 바울의 증거를 좇아 하나의 인간 안에 선악간의 요소가 있음을 말한다. 여기서 그는 플라톤이 말한 "이성을 영혼 속에 포함시키고 내적인 인간을 주관하는 마음의 법으로 본다. 또한 열정은 육신 속에 포함시키고 외적인 인간을 주관하는 지체(肢體)의 법, 죄의 법으로 본다."412)

우리는 에라스무스가 인간의 죄성을 인정하면서도 그 영혼 가운데 포함된 이성이 전적으로 손상이 되지 않았다고 하는 견해를 가진 것을 본다. 그에게 "이성은 그 안에 새겨진 신적인 법의 결과 전복당할 수는 있지만 그러나 그는 부패하게 되면(전복당하게 되면 : 필자 주) 반드시 저항하고 회복을 추구할 수 있는 것"413)이었다. 이성은 본래 비열한 어떤 것도 생각하지 않고, 도덕적으로 옳지 않은 어떤 것도 명하지 않으며, 최고의 지혜를 가지며 오류에 의해 죄를 범하지 않기 때문이다. 그런데 회복될 수 있다는 점이 또한 플라톤파나 스토아파와 다른 점이라고 할 것이다. 플라톤파나 스토아파는 소수의 철인이나 현자만이 이성을 좇아 열정을 억제함으로 덕스럽고 의로운 행위를 할 수 있다는 입장이다. 이는 영혼의 속성을 알고 극기함으로

---

411) *Enchiridion*, p. 41.
412) Ibid., p. 47.
413) Ibid., p. 44.

가능한데 범인으로서는 이렇게 할 수 없다. 그러나 에라스무스에 의하면 "어떤 사람도 크리스천보다 더 행복하지 않다"고 한다. "왜냐하면 그는 하늘나라를 약속 받았기 때문이다."[414]

어떤 것도 육을 영에 속하게 하는 것보다 더 어렵지 않다. 그러나 크리스천은 "그의 조력자로서 하나님께 의뢰하면 어떤 것도 이보다 더 쉽지 않다"는 것이다. 에라스무스는 "너는 너의 마음에 다만 큰 용기를 가지고 완전한 삶의 이상을 계획하라. 일단 그것이 계획되면 그것을 힘을 다하여 추구하라"[415]고 한다. 그는 또 이렇게 말한다.

너는 너의 창조주 하나님이 명한 대로 너의 전체 삶을 평화에 바치고자 단지 몇 달 동안이라도, 너의 열정을 절제할 수 없느냐? 병으로부터 육신을 건지기 위해서 너는 너의 모든 힘을 다 한다. 그러나 영원한 죽음으로부터 육신과 영혼을 구하기 위해, 너는 이방인들도 한 것을 하지 않을 것이냐?[416]

에라스무스는 크리스천이 세상과 마귀들과 싸우는 그리스도의 군사라고 하면서 결국은 자기 자신과 싸우는 자라고 한다. 그래서 주로 기도와 성경을 통해서 그리스도를 알고 자기 자신을 알며 마귀들의 속성을 알 때, 승리가 보장된 싸움을 할 수 있음을 말하고 아담과 하와, 아브라함과 사라, 사도 바울, 야곱 등의 예를 들고 있다.

2) 싸움의 방법 및 과정

지금까지 우리는 싸움의 대상 및 싸움의 수단으로서 무기에 대해 살펴보았는데, 이는 *Enchiridion*의 이론편이라 할 것이다. 이제 그 실천편으로서 무기를

---

414) Ibid., p. 46.
415) Ibid.
416) Ibid.

어떻게 사용할 것인가, 실제로 어떻게 싸워야 할 것인가에 대해 생각해 보기로 하자. 에라스무스는 '거룩한 생활을 위한 계획, 덕의 기술이요 훈련'으로서 22개의 규칙을 제시하고 있다. 이는 특히 세 가지 악 곧 소경됨(영적 무지), 육, 연약함에 대해 효능이 있다고 했다. 이들은 "원죄의 흔적으로서 비록 그리스도를 통한 세례가 그 오염을 제거하였다고 하더라도 옛 질병의 잔재가 남아 있다"[417]는 것이다. "소경됨은 판단을 손상시키고 육은 의지를 타락시키고 연약함은 지조를 파괴한다."[418] 그러므로 무지는 구제 받아야 되고 육은 억제되어야 하고 연약함은 북돋아줘야 한다. 본절에서는 성경론, 그리스도론에 대해 간단히 살펴보고, 인간론을 중심으로 생각해 보고자 한다.

① 그리스도론

제1규정은 성경론이라고 할 수 있는데, 무지의 악에 대항하기 위한 것으로 "성경이 그리스도와 그의 성령에 대해 말하는 것을 충분히 이해하고 마음을 다해 믿을 수 있어야 한다"[419]는 것이다. 앞에서도 그리스도를 만나고 알기 위해서는 성경을 읽고 공부해야 한다고 하였는데 여기서는 성경 말씀에 대한 관심과 사랑을 강조하고 있다. 즉 성경 말씀에 관심을 가지고 읽는 사람이라면 "영적인 무지에서 벗어나지 못할 자가 없고, 물리치지 못할 죄악이 없을 만큼 큰 죄악을 지닌 자는 없었다"[420]는 것이다.

제2규정에서 4규정까지는 그리스도론이라고 할 수 있다. 2규정은 "네가 구원의 길에 들어서되 주저하거나 겁을 내지 말고 단호하게, 신뢰하는 마음으로 검투사의 싸우는 마음으로 들어서라"[421]는 것이다. 이것은 출애굽

---

417) Ibid., p. 54.
418) Ibid.
419) Ibid., p. 55.
420) Ibid., p. 56.

이나 바빌론에서 벗어나는 일에 지체하지 말고 그리스도를 좇으라는 것이다. 단지 두 길만이 있을 뿐이다. "하나는 열정의 만족 후에 멸망으로 인도하는 길이요, 다른 하나는 육신의 제어를 통해서 생명으로 인도하는 길이다. 제3의 길은 없다."[422] 이것은 연옥설의 교리를 부정하는 것과 관련되었다.[423]

제3규정은 덕의 길, 그리스도의 길, 경건의 길을 그만 두지 않도록 혹은 세상의 위안을 버리고 육, 세상, 악마와 부단한 싸움을 싸우도록 이 규정을 항상 '네 눈 앞에 두라'[424]고 한다. 제4규정에서는 "더 확실한 코스로 행복을 향하여 전진하기 위해서 그리스도를 네 삶의 유일한 목표로서 네 앞에 놓아라. 그리고 너의 모든 추구, 너의 모든 노력, 너의 모든 여가와 업무 시간을 그를 지향하라"[425]고 한다. 예를 들면 학문이나 성자 숭배나 장사가 삶의 목적이 되어서는 안 된다는 것이다.

② 인간론

여기서는 제5, 제6규정을 중심으로 살펴보고자 한다. 에라스무스는 *Enchiridion* 가운데서 이 부분을 제일 강조하기 때문에 많은 지면을 할애하고 있다. 즉 신자의 완전한 경건이란 "보이는 것, 육신적인 것, 물질적인 것에서 보이지 않는 것, 영적인 것, 신적인 것으로 점차 나아가려는 시도라는 것"(5규정), "완전한 경건의 모델인 그리스도를 본받고 유력자나 일반 대중의 견해나 세상 풍조를 좇지 말라는 것"(6규정)이다. 이는 구원받은 인간의 노력을

---

421) Ibid.

422) Ibid., p. 57.

423) 루방에 있는 성 베드로 성당 신부인 로베르(Paul de Rovere)는 1543년에 이단으로 재판에 회부, 정죄 받았다. 그것은 그가 연옥설을 더럽히고 부인했다는 것, 또한 죽은 자를 위한 미사의 집전도 거부했다는 것이다. 그가 이때 그 자신을 지탱했던 것은 *Enchiridion*에서 읽은 구원의 길과 심판의 길 외에 다른 제3의 길이 없다는 믿음이었다. 그에게 연옥의 교리는 제3의 길이라고 생각하였다(*Augustijn*, p. 46).

424) *Enchridion*. p. 58.

425) Ibid., p. 61.

강조하는 규정이기 때문에 '인간론'이라는 소제목을 붙였는데 엄밀하게 말하면 '영적, 도덕적 신자론'이라고 할 수 있다. 본절에서는 두 가지 점에서 생각해 보고자 한다.

i. 말씀을 좇는 삶, 성령을 좇는 삶

에라스무스는 이렇게 말한다. "만약 당신이 육신의 병을 영혼의 약으로 생각한다면 그 병을 감당하기가 더 쉬울 것"이라든지 혹은 "만약 당신이 영혼의 건강에 주의하고자 관심을 쓴다면 당신은 육신의 건강에 덜 염려할 것"이라든지 "육신의 죽음은 당신을 두렵게 한다. 그러나 영혼의 죽음은 훨씬 더 두려워해야 한다"든지 혹은 "당신은 밭에 비가 내리고 메마르지 않게 되기를 기도한다. 그러나 오히려 하나님이 당신의 마음 밭에 비를 내리게 하셔서 덕의 열매가 맺히지 않는 일이 없도록 기도하라"[426]는 것이다.

여기서 육신적인 삶과 영적인 삶의 대비를 볼 수 있다. 에라스무스는 신자가 육신을 좇지 말고 성령을 좇아야 한다고 한다. 육신을 좇는 삶이란 간음자나 창기들이나 세속 문학을 배우는 자들에게만 적용하지 않고 보이는 것, 물질적인 것, 세상적인 것을 추구하는 삶이고, 성령을 좇는 삶은 보이지 않는 것, 영적인 것, 천상적인 것을 추구하는 삶을 의미한다. 육신을 좇는 삶에는 '예속, 불안, 분쟁'이 따르고, 성령을 좇는 삶에는 '자유, 사랑, 평화'가 따른다.

그는 이런 원리를 모든 문학 작품 특히 시나 플라톤파의 작품과 성경을 해석하는 데에 적용해야 한다고 한다. 즉 문자적, 육신적 의미를 지양(止揚)하고 풍유적, 영적인 의미를 찾아야 한다는 것이다. 예를 들면, 하늘의 힘과 싸워서는 안된다든지 혹은 자연적인 본성에서 벗어난 욕망을 좇지 말아야 한다든지 하는 것들인데, 만약 도덕적으로 합당하다면, 자연적인 본성으로

---

426) Ibid., p. 67.

많이 기울어지는 것들을 추구해야 한다는 것이다.

그는 그 당시의 독신제(獨身制)에 이런 원리를 적용하면서 그것에 대해 비판적으로 언급한다. "만약 독신이 당신의 인성에 더 적절하다면 결혼에 얽매이지 말라, 반대로 만약 당신이 결혼생활에 더 알맞을 것 같으면 독신을 서약하지 말라."427) 왜냐하면 자연적인 경향에 반하는 어떤 시도도 대개 성공하지 못하기 때문이라는 것이다. 이는 독신으로 사는 것 자체가 하나님의 뜻도 아니고, 경건한 생활에 이르는 길도 아니라는 것을 말한다.

또한 성경 해석의 풍유적인 원리를 예증하면서 그 당시 신학자들이 그런 해석을 무시하거나 그것을 매우 냉랭하게 대하는 두 가지 이유를 말한다. 첫째, 이들은 미묘한 구별이나 논리적 분석의 기술은 뛰어나지만, 수사학적인 웅변의 힘과 스타일의 어떤 우아함에는 길들여지지 않았기 때문이다. 둘째, 이들은 아리스토텔레스에만 만족하고 플라톤파와 피타고라스파들을 학교에서 배제했기 때문이다. 성경의 풍유적 해석 내지 영적인 해석은 "언어의 감동적인 구사를 통해 메마르고 지리한 주제들을 살아 있게 하고 풍부하게 할 수 있는 사람들에 의해, 또한 고대의 여러 분야에서 광범한 학문에 의해 성경 해석에 필요한 접근을 오래 전에 실천한 사람들에 의해서, 더 적절하게 다루어질 수 있다"428)는 것이다.

이것은 사도 바울을 비롯하여 오리겐이나 어거스틴 같은 교부들을 두고 하는 말이겠지만 이는 또한 에라스무스 자신에게도 해당되는 말이라고 할 것이다. 에라스무스는 트린카우스가 말한 대로 서구의 오랜 수사학적인 전통 가운데서 형성된 르네상스 휴머니즘에 있어서 이탈리아의 페트라르카, 발라를, 의식하든 의식하지 않든, 계승하고 발전시킴으로 수사학적인 신학 (rhetorical theology)을 완성한 최대의 휴머니스트였다.429)

---

427) Ibid., p. 68.
428) Ibid., p. 69.
429) *TSORH*, pp. 253~258 ; 1장 3절 참조.

그 당시의 신학이 성경 중심이 아니기 때문에 사제들이나 수도사들을 비롯한 일반 신자들도 겉으로는 영적 생활을 공언하지만, 어리석은 작은 의식들을 미신적으로 준행하고 다른 사람들에게도 그것을 강요할 뿐만 아니라 다른 사람들을 판단하고, 경쟁적으로 자기 자신을 옹호하고자 하였다.

에라스무스는 습관적으로 미사를 드리지만 자기 중심적이고, 이웃의 불행에 대해서는 무관심한 많은 신자들을 보았다. 그들은 몇 번, 어느 날에 미사에 참석했는가 헤아리기를 좋아하였고, 이런 것들이 매우 중요한 문제인 것처럼 그런 것들로 자랑하려고 하였다. 그 당시 아직도 성자 숭배 사상이 남아 있었는데, 예를 들어 바울의 유골은 귀하게 여기면서 바울의 서신서와 같은 말씀을 경홀히 여겼고, 그리스도의 상이나 십자가의 조그만 부분을 귀하게 여기면서 그 복음은 알지 못하였다.

신학자나 성직자들 가운데에는 배우지 않고 무지 가운데 있는 것을 경건한 것으로 착각하는 사람들이 많았고 특히 수도사들 가운데에는 옷이나 음식의 계율을 잘 지키는 것을 경건한 것으로 여기는 사람들이 많았다. 이들은 특히 '덕을 가장한 사람들로서 경건의 모양은 있지만 경건의 능력이 없는 자들'이었다(딤후3:5). 이들은 "하찮은 문제들을 위해 죽을 각오를 하여 싸울 준비가 되어 있었고, 그리스도의 완전성에서 너무나 벗어났기 때문에 이방인들이 자연적 이성(理性)이나 삶의 경험이나 철학자들의 가르침을 통해 얻은 공통된 덕마저 소유하지 못하였다."[430] 이들은 "크리스천이 되는 대신에 하나의 유대인, 공허한 의식의 노예가 되었다. 사람들에 의해 만들어진 사소한 전통을 위해 그들은 하나님의 계명을 범하는 자들"[431]이 되었다.

---

430) *Enchridion*. pp. 74~75.
431) Ibid., p. 75.

에라스무스가 볼 때 모든 크리스천의 공통된 역병인 '경건의 모양은 있지만 경건의 능력은 없는 문제'의 근원은 그리스도를 사랑하지 않고 그 말씀을 사랑하지 않는 데 있었다. 그에게 말씀을 사랑하지 않는 것은 그리스도를 사랑하지 않는 것이었다. 왜 그런가? 그는 이렇게 말한다.

어떤 아펠레스(Apelles)도 말이 그 사람의 마음과 사상을 나타내는 식으로 그 몸의 형태와 특징을 그의 붓으로 나타낸 적이 없다. 이것은 특히 그리스도에게도 마찬가지다. 왜냐하면 그는 단순성과 진리의 본체이므로 신적인 마음의 원형(原型)과 그것에서 나오는 말의 형태 사이에는 불일치가 있을 수 없기 때문이다.432)

다시 말하면 어떤 것도 그의 영(Spirit)의 내면 깊은 속에서부터 비롯되는 아버지의 말씀(the Word of the Father), 곧 아들(the Son)보다 아버지를 더 닮은 것이 없는 것처럼(요1:1, 18), 어떤 것도 그의 가장 거룩한 마음의 내면 깊은 지성소에서 나온 그리스도의 말씀보다도 그리스도를 더 닮은 것은 없다. 그는 하나님의 형상(image, 形像)이시다(골1:15).

그런데 이렇게 거룩하고 효능이 있고 가까이에 있는 형상을 경외심으로 응시하지 않고 그것을 예배하지 않고, 그것을 불타는 눈으로 바라보지 않으며 그것을 마음에 간직하지 않는다. 그것을 무시하고 더 외적인 것을 찾는다. 그리스도의 웃옷이나 수의라고 여겨지는 것을 두려움으로 응시하면서도, 그리스도의 말씀은 냉담하게 대한다는 것이다. 에라스무스도 크리스천들의 외적인 의식이나 단순한 사람들의 헌신을 전혀 인정하지 않은 것은 아니었다. 그도 그것이 경건의 싸인이 되고 경건을 지지해 주는 것으로 인정하였다.

특히 그리스도 안에서 영적으로 어린아이들에게는 그들이 자랄 때까지

---

432) Ibid., p. 72, Apelles는 고대의 화가로서 알렉산더 대왕의 초상화로 유명하였다.

그런 것들이 필요하다(고전3:1, 엡4:13). "나는 너의 목적이 손상되지 않고, 네가 구원을 향하여 계속 전진해야 되는 한 단계를 정해진 목표로 생각하지 않는 한, 네가 하는 것을 인정한다."[433] 사도들에게도 그들의 완전한 구원에 방해가 된 것은 그리스도의 육신이었다. 그래서 그리스도께서 그들에게 "내가 가지 않으면 성령께서 오시지 않을 것이다. 내가 가는 것이 너희에게 유익하다"(요16:7)고 하였다.

그런데 문제는 보이는 것들을 위해, 보이는 것들을 통해 그리스도를 예배하는 것, 이것을 종교적 완성의 절정으로 여기는 것, 자기 자신에 만족하고 성장하지 못하고 영적인 어린 아이 상태에 있는 것, 자기 토대 위에서 다른 사람들을 정죄하고 자기 자신도 결국 죽는 것이었다.

> 우리를 그리스도께로 인도하기 위해 고용되어야 하는 것들에 의해서 오히려 그리스도로부터 멀어지게 되는 것, 이런 것이 복음의 법을 버리게 하고 일종의 유다이즘(Judaism)으로 빠지게 할 수 있다.[434]

여기서 복음의 법은 믿음의 법이요, 성령의 법, 생명의 법이라고 한다면, 유다이즘은 일의 법이나 행위의 법이요, 육신의 법, 사망의 법이라고 할 것이다(롬 3:27, 7:25, 8:2-5). 법은 원리(principle)라고 해도 좋을 것이다. 에라스무스는 *Enchiridion*에서 복음의 법을 믿음의 법이나 성령의 법이라고 직접적으로 말하지는 않지만, 의식의 준수나 성자 숭배와 같이 행위를 좇는 삶과 그리스도의 복음의 원리를 좇는 삶, 육신을 좇는 삶과 성령을 좇는 삶을 대비시켜 말하고 있다. 이것은 그가 말씀을 좇는 삶, 성령을 좇는 삶을 매우 중요시했음을 말한다. 그러므로 필자는 에라스무스의 인간론에서 말씀을 좇는 삶, 성령을 좇는 삶이 그의 경건을 이해하는 데 본질적인

---

433) Ibid., p. 74.
434) Ibid.

요소라고 생각한다. 그러면 다음에 에라스무스는 말씀을 좇는 삶, 성령을 좇는 삶을 어떻게 중요시 하였는가 두 가지 점에서 예증하여 보기로 하자.

첫째, 안에서 하나님의 말씀을 듣는 자는 복되다고 하였다. 그는 이렇게 말한다. "주님이 내적으로 말씀하시는 사람들은 복되다. 그들의 영혼은 구원 받을 것이다."[435] 이 말은 말씀을 귀기울여 듣고 생각하며, 그 말씀을 좇아 행하는 자의 영혼은 구원 받을 것이라는 뜻이다. 많은 사람들이 "육신의 귀를 가지고 하나님의 말씀을 듣는다." 그러나 "네가 안에서 듣지 않으면 너의 영혼은 슬퍼할 것이다"(렘13:17)고 한다. 여기서 '너의 영혼'은 '하나님의 마음'을 가리킨다. 이렇게 말씀을 육신적으로 듣지 않고 내적으로 듣는다는 것은 말씀하시는 하나님이나 앞에서도 언급한 하나님의 말씀 자체이신 그리스도를 참으로 사랑하는 것을 의미한다. 이것은 그 영혼의 구원과도 관련되는 매우 중요한 것이었다.

둘째, 세례 받았다는 의미와 함께 그리스도의 죽음의 의미를 마음 깊은 속에서 생각해 보도록 한다. 그는 이렇게 말한다.

> 너는 십자가의 나무를 숭배한다. 그러나 십자가의 신비를 따르는 것이 더 낫다.……인간적인 발걸음으로 그리스도가 밟으신 곳을 밟는다는 것은 아무런 소용이 없다. 마음에서 그리스도의 발걸음을 좇는 것이 중요하다.[436]

이와 관련하여 그는 그 당시의 고해성사(告解聖事)에 대해서 비판적이다.

> 너는 너의 죄를 사제에게 고백한다. 그 사제는 단순한 인간이다. 너는 그것들을 하나님께 얼마나 고백하는가 조심하라. 왜냐하면 그것들을 하나님께 내적으로 고백한다는 것은 그것들에 대한 미움을 가지는 것이기 때문이

---

435) Ibid., p. 82.
436) Ibid.

376

다.437)

이것은 자신의 죄를 사제 앞에서 말로 10번 미워하기보다 하나님 앞에서 고백할 때 마음으로 그 죄를 영원히 미워하게 됨을 의미한다.

그는 또한 그 당시의 교황의 인달전스(Indulgence)나 특면(dispensation)제에 대해서도 비판적이다. "아마 너는 너의 결함이 교황의 인달전스나 특면에 의해 영원히 씻겨진다"고 믿는다. 혹은 "얼마 안 되는 돈의 액수나 약간의 짧은 순례에 의하여 그렇게 되리라" 믿는다. 그러나 이는 아주 잘못된 것이다. 왜냐하면 "그 상처는 네 안에서 입혀졌다. 그러므로 치유가 적용되어야 하는 것은 내면이기 때문이다."438) 그러면 어떻게 치유되는가? 그는 여기서 그리스도의 십자가의 피의 은혜에 대해서는 언급하지 않는다. 다만 그리스도를 사랑하게 될 때 그 내면에서 죄를 미워하고 악을 미워한다고 한다.

17규정에서 그리스도의 십자가가 모든 종류의 역경과 유혹에 대한 매우 효능이 있는 치유책이라고 하는데, 여기서도 피의 은혜에 대한 언급은 없다. 다만 "십자가의 의미를 철저히 연습하라"고 한다. 그것도 "모든 사람은 자기 자신을 위한 방법을 준비하는 것이 필요할 것"이라고 한다. 그는 이렇게 말한다.

네가 못박아야 하는 각 열정에 대해 너는 그것에 가장 잘 상응하는 십자가의 그 부분을 적용한다. 그 안에 그 자신의 적절한 치유책을 갖지 않는 유혹이나 역경은 없다. 예를 들면, 만약 네가 이 세상의 야심에 의해 구미가 당길 때, 네가 조롱받고 경멸당함을 부끄러워할 때, 가장 낮은 자여, 너의 머리이신 그리스도는 얼마나 크신가, 그가 너를 위해 자기 자신 얼마나 깊이 내려갔는

---

437) Ibid., pp. 82~83.
438) Ibid., p. 83.

지 생각해 보라.439)

에라스무스는 신자가 그리스도의 십자가의 의미를 깊이 생각함으로써 여러 유혹과 역경을 물리치고, 그 내면이 정결케 되고 치유되는 것을 알았다. 다만 그는 현재적인, 미래적인 십자가 피의 은혜를 언급하지 않은 것뿐이지 그 의미를 알았을 것이다. 왜냐하면 그는 그리스도를 믿고, 세례를 통하여 십자가 대속의 은혜와 의롭게 됨을 언급하고 있기 때문이다. 그 말씀에 귀기울이는 자는 구원을 받고, 구원에 이른다는 것을 알고 있기 때문이다. 그러나 그가 강조한 것은 구원 받은 이후에 그리스도에 합당한 삶이었다.

ii. 믿음에 알맞는 윤리적인 행위

에라스무스는 6규정에서 경건의 유일한 원형(原型)으로서 그리스도를 따르고 본받아야 하고, 일반 대중이나 유력자들의 생각이나 행위를 따르거나 본받지 않아야 한다고 한다. 여기서는 참된 귀족의 개념과 크리스천 군주, 공직자, 부자 및 교황이나 주교와 같은 성직자들의 합당한 태도가 무엇인가 생각해 본다.

첫째, 참된 귀족의 개념 : 신자로서 그리스도를 따르며 배우고자 갈망하는 사람은 조상들이나 일반 대중이나 유력자들을 본받아서는 안 된다. 왜냐하면 '경건의 유일한 원형'440)으로서 그리스도에서 조금이라도 벗어나는 자는 누구든지 옳은 것에서 이탈하고 참된 길에서 벗어나기 때문이다. 에라스무스는 대중(大衆)이란 사회적 지위에 의해서가 아니라 그 정신성에 의해 평가되어야 한다고 한다. 대중은 "플라톤의 동굴에 갇힌 사람들, 그들 자신의 열정에 얽매인 사람들, 헛된 가상(假像)을 실재(實在)인 것처럼 신기해 하는 사람들"441)이었다. 이들 가운데에는 "사람들의 모럴을 그리스도에 맞추려

---

439) Ibid., p. 110.
440) Ibid., p. 84.

378

고 하는 대신에 그리스도를 사람들의 삶에 맞추려고 하는 모순된 사람들"이
많았다.

비록 그들이 지배계층이나 철학자나 신학자라고 하더라도 이들을 따르지
말고 그리스도를 따라야 한다. "덕의 길은 좁고 매우 적은 사람들에 의해
다닌다. 그러나 어떤 다른 것도 생명으로 인도하지 않는다"(마7:4, 눅12:32).
우리의 모범은 그리스도이다.

> 당신은 그리스도를 어떤 예외 없이 모방할 수 있을 것이다. 그러나 검증된
> 덕의 사람들로부터 당신은 그들이 그리스도의 원형에 상응하는가에 따라,
> 하나의 모델로서 단일한 자질들을 얻을 수 있을 것이다. 더욱이 크리스천
> 대중에 있어서, 도덕에 관한 견해에 대해서는 이교도들 사이에서도, 더
> 부패한 어떤 것이 존재하지 않았다는 것을 고려하라.442)

그는 단정적으로 이렇게 말한다. "믿음에 알맞는 윤리적인 행위(morals)가
없는 믿음은 거의 가치가 없어서 그것은 사람들의 비난을 받게 된다."443)
에라스무스는 그 당시 군주들이 다른 사람들 안에서 그들 자신의 악을
묵인하고 모든 사람들은 궁중풍으로 들여온 것은 무엇이든지 하는 것을
유행으로 생각하는 동안에 방탕, 간통, 간음이 어느 때보다도 더 널리 퍼지거
나 혹은 더 제지당하지 않거나, 덜 부끄러워하고 있음을 보았다. 그는 "누가
좋은 믿음을 돈보다, 도덕적인 고결함을 생 자체보다도 더 낫다고 생각하느
냐? 누가 명예로운 모험을 감각적인 쾌락보다도 더 낫다고 하느냐?"444)며
그 당시의 도덕적, 영적인 상황을 개탄하고 있다.

오히려 고대인들의 연대기를 보면, 이방인들 가운데 국가에 봉사한 후에

---

441) Ibid., p. 86.
442) Ibid.
443) Ibid.
444) Ibid., p. 87.

는 명예로운 평판 외에 다른 어떤 것도 바라지 않은 예들이 많다고 했다.[445] 반면에 "오늘의 궁정인들, 종교지도자들, 수도사들 사이에는 그런 정서, 그런 예들이 쉽게 발견되지 않는다." 만약 그런 개인이 존재한다면, "그는 이구동성으로 미쳤다, 둔하다, 위선자다, 시대에 뒤떨어졌다는 소리를 들을 것이고 인간으로서 고려되지도 않을 것이다."

그러면 기독교는 이제 전과는 다른 어떤 것인가, 혹은 초대 교회 시절과 같이 동일하게 모든 사람들에게 적절하지 않은 것인가? 에라스무스는 독자들에게 이런 견해들과 전혀 일치하지 않음을 보이고, 그리스도의 기준에 따라 모든 가치를 판단하라고 한다. 그는 이제 진정한 귀족의 개념을 제시한다.

참된 귀족은 가문이나 혈통에 근거한 것이 아니고 "그리스도 안에 거듭나게 되고, 그의 몸에 접붙임 되고(롬11:17), 하나님과 한 몸, 한 영이 되는 것(고전6:17, 12:13)"[446]에 있다. 세상에서는 왕들의 아들들이라고 불리지만 '너는 하나님의 한 아들(a son of God)'이라고 불리게 되고 저들은 궁정에 출입한다고 자랑하지만, "너는 다윗과 함께 하나님의 집에서 문지기 됨을 감사하게 된다(시84:10)." 세상 사람들이 볼 때 연약하고, 어리석고, 비천한 자들이지만, 하나님은 이런 자들을 택하셔서(고전1:27, 28) 참된 귀족으로 삼으셨다. 그러므로 참된 귀족은 헛된 귀족을 부러워하지 말고, 오히려 경멸할 수 있어야 하며 참된 귀족은 그리스도의 종으로서 온전히 순종하는 데에 있다.

이렇게 자신의 정체성을 인식한 신자는 실제 어떻게 살아야 하는가?

---

445) 예를 들면 브루투스(Lucius Junius Brutus)는 B.C. 6세기 경의 장군으로 로마 공화정의 전설적인 건설자로 알려짐, 두 아들이 타르퀴니우스(Tarquinius)를 복위시키려는 음모를 꾸몄을 때 그들을 처형하는 것을 아끼지 않음, 카밀루스(Camillus)는 B.C. 389년 로마가 골(Gaul)족에 의해 함락되었을 때, 포기하지 않고 시민들을 규합하여 이들을 격퇴함, 제2의 로마 건설자로 불림(리비우스의 『역사』에서).

446) Ibid., p. 88.

"이 세상에 너 자신을 맞추지 말라, 네 마음을 새롭게 함으로 너 자신을 변화시키라, 그래서 하나님의 선하시고 기뻐하시고 온전하신 뜻을 분별할 수 있도록 하라"(롬12:2). 이는 "마음 눈을 너의 모델, 그리스도로부터 어떤 다른 방향으로 벗어나지 않게 주의하라"는 것이다. 만약 그가 진리의 인도하심을 따른다면, 그는 실족하지 않을 것이다. 그러므로 "네 주의 가르침을 지키고자 확신과 함께 용기를 가지라"[447]고 한다. 이렇게 할 때 그는 하나님의 자녀요, 그리스도의 형제요, 공동 상속자로서 참으로 행복한 자의 기쁨과 평화를 누리며, 어떤 시련과 환난 가운데서도 참된 지혜와 용기를 발휘함으로 마침내 하나님의 영광에 이르게 될 것이다.

둘째, 그리스도 안에서 지체 의식(肢體 意識) : 에라스무스는 이제 머리이신 그리스도 안에서 모든 크리스천이 한 몸이 되고 한 지체가 된다는 평범하면서도 기독교의 본질적인 진리에 이른다. 그는 말한다.

> 어떤 크리스천도 그가 가진 모든 것이나, 그가 존재하는 모든 것은 그 자신에게 속하지 않고, 그의 창시자 하나님께 돌려야 한다. 모든 그의 재산을 모든 사람에게 공통된 것으로 고려해야 한다.[448]

왜 그렇게 해야 되는가, 또 어떻게 그것이 가능한가? 이는 "그리스도께서 우리가 아직 원수되었을 때, 먼저 우리를 사랑하셨고 결국 그는 자기 자신을 우리의 구속(救贖)을 위해 전적으로 바치셨기 때문(롬5:10)"이다. 그가 "너의 무슨 공로(功勞) 때문에 그의 모든 은사(恩赦)를 부여했는가 회상해 보라. 그가 너에게 베푼 친절은 그 자신에게가 아니고 네 이웃에게 주고 받도록 하시려는 그의 소원이었다."[449]

---

447) Ibid., p. 93.
448) Ibid.
449) Ibid., p. 94.

이제 크리스천도 모든 사람들에게 진지하게 호의를 보이고, 모든 사람들을 위하여 적절히 기도하고 모든 사람들에게 선을 행해야 한다. 그는 그럴 만한 자에게 해를 입혀서도, 그럴 만하지 못한 자를 이롭게 해서도 안 된다. 그는 다른 사람의 성공에 자기 자신의 일처럼 기뻐하고, 다른 사람의 불행에 자기 자신의 일처럼 슬퍼해야 한다. 이것은 사도가 우리들에게 명하는 바이다(롬12:15).

반면에 크리스천이 이렇게 생각하는 것은 적절하지 않다. "내가 이런 사람과 무슨 관계가 있는가? 나는 그가 흑인지, 백인지 알지 못한다, 그는 나에게 어떤 호의도 베풀지 않았다, 그는 나를 한 번 상하게 했다, 그는 나에게 어떤 도움을 받을 수 없다." 오히려 이렇게 단순히 묵상하라고 한다.

> 그는 주 안에서 나의 형제요, 그리스도 안에서 공동 상속자요 같은 피에 의해 구속함 받은 같은 몸의 지체요, 미래 생활의 같은 은혜와 행복에 부름을 받은 같은 믿음 안에서의 동역자이다.[450]

이제 그는 몸과 지체의 비유를 말한다. "성(姓)의 차이, 승복 색깔, 끈, 신발에 있어서 작은 차이가 나로 하여금 너를 미워하게 할 수 있을 때, 원수까지도 사랑하라 하신 참 사랑은 어디에 있는가?" 물으면서, 이런 작은 것들을 버리고 참으로 중요한 것 즉 사도 바울이 반복해서 가르친 "우리는 모두 머리이신 그리스도 안에서 한 몸의 지체들이라는 것을 우리의 눈 앞에 간직하는 데에 익숙해야 한다"[451]고 한다.

몸은 여러 지체들을 지니지만 하나이고, 여러 지체들은 많지만 그것들은 한 몸이다. 이와 같이 그리스도와 신자들의 관계도 마찬가지다. 왜냐하면

---

450) Ibid.
451) Ibid., p. 95.

"하나의 영으로 우리는 세례를 받고 한 몸을 이루게 되었기 때문이다. 여기에는 유대인이든 이방인이든, 노예이든 자유인이든 모두 포함된다"(고전12:12,13). 다시 말해 머리이신 그리스도를 비롯해서 눈, 코, 귀, 입, 손, 발 같은 여러 지체들인 신자들로 이뤄진 한 몸이 되었는데 이것이 바로 교회 공동체라는 것이다.

한 몸에서 머리를 중심으로 눈, 코, 귀, 입, 손, 발 등의 각 지체들이 서로 뗄 수 없는 밀접한 관련을 맺고 자기 역할을 하듯이, 교회 공동체에서 머리이신 그리스도를 중심으로 각 구성원들은 지체들로서 서로 뗄 수 없는 밀접한 관련을 맺으며, 자기 역할을 한다는 것이다. 여기에서는 더 귀하고 더 천한 것이 없고, 모두가 각기 쓸모가 있고, 없어서는 안될 귀한 것이 된다.

> 만약 발이 나는 손이 아니기 때문에 몸에 속하지 아니 한다고 말한다면, 그것이 그로 몸의 지체가 아니게 하는가?……만약 전체가 눈이라면 어디서 듣게 될까? 모두가 듣는다면, 어디에서 냄새 맡는 일을 할까? 그러나 사실은 하나님께서 몸의 각 지체를 그가 원하시는대로 두셨다(고전12:15-18, 롬 12:4-6, 엡4:15,16).

신자들이 그리스도 안에서 이런 지체 의식을 가질 때, "네 원수를 사랑하라"는 그리스도의 말씀은 목사나 주교에게만 해당되는 것이 아니고, 신자들 모두에게 순종해야 되는 말씀이 된다. 에라스무스는 "그리스도는 이런 말씀들을 나에게 하지 않으시고 사도들이나 완전한 사람들에게나 하셨다"고 말하는 이에게 말한다.

> 너는 네가 너의 아버지의 온전하심과 같이 온전한 아버지의 자녀가 되도록 그렇게 말씀하신 것을 알지 못하느냐(마5:48 : 필자 주). 만약 네가 하나님의

자녀가 되기를 원하지 않으면, 그 말씀은 너에게 적용되지 않을 것이다. 그러나 온전해지고 싶지 않은 자는 또한 선하게 되지 않을 것이다.[452]

에라스무스는 그리스도 안에서 평범한 사람들뿐만 아니라 제후, 군주, 사제, 수도사, 주교, 수도원장, 교황 등 소위 유력한 인사들에게도 지체 의식을 가지라고 한다. 제후나 군주 같은 공직자들은 "가능한 한 그리스도를 닮아야 한다"고 한다. "왜냐하면 너는 그를 대신하기 때문이다. 그의 가르침은 다른 사람보다도 너에 의하여 더 꼼꼼히 예증되어야 한다."[453] 특히 그리스도 안에서 군주된 자는 "부에 있어서 다른 사람들을 능가하는 것이 아니고, 가능한 한 최대의 사람들에게 봉사하는 것이 그의 군주권의 본질"이라고 한다.[454] 또한 그 당시 교황, 주교들의 헛된 권력욕과 신학자들의 무지와 허식을 비판하고 "pastor나 bishop이라는 단어는 직분의 이름이지 주인의 지위를 가리키지 않으며, 교황이나 수도원장은 권력이 아니라 사랑을 나타내는 칭호"라고 하였다.[455]

그런데 그리스도 안에서 이러한 지체 의식은 에라스무스의 경건의 성격이 개인적이면서 공동체적임을 말해 준다. 그는 가능한 한 인간은 누구든지, 무엇을 하든지, 먼저 그리스도 안에서 참된 크리스천이 되어야 한다고 생각했다. 그에 의하면 참된 군주란 먼저 참된 크리스천인 군주였다. 또한 참된 신학자, 참된 성직자란 그리스도와 긴밀한 관계성을 맺으며 성경을 읽고 연구하는 자였다. 그러므로 참된 신학자나 참된 성직자는 참된 신자라면 누구든지 가능하다고 보았다. 이런 개인적이고 공동체적인 그의 경건의 성격이 *Enchiridion*의 본질적인 주제라고 하였다. 특히 1518년 판에 볼츠

---

452) Ibid., p. 97.
453) Ibid., p. 99.
454) Ibid., p. 100.
455) Ibid., p. 101.

수도원장에게 보내는 장문의 편지 형식의 서문이 실리는데 여기에서 그의 이런 경건의 사상이 발전되어 나타나고 있다.

한 예를 들자면, 그는 그 당시 세계를 그리스도를 중심으로 세 개의 동심원으로 이루어졌다고 보았다. 즉 그리스도에서 가장 가까운 첫 번째 원에는 그리스도를 가장 가까이 따르는 사제, 주교, 교황 같은 성직자들이 있다. 이들은 중심이 되시는 그리스도의 강렬한 순수성을 받아들이고 그 다음에 있는 사람들에게 전해 주어야 한다. 둘째 원을 그리는 사람들은 세속 군주들로서 이들은 그들의 무기와 법으로 그들 나름대로 그리스도를 섬기는 자들이다. 셋째 원에 있는 계층은 이 세상에서 가장 세속적인 계층이 다. 그러나 너무 세속적이어서 그리스도의 몸의 지체들이 아닐 만큼은 아니다. 제3원 바깥에 있는 부류에는 야심, 돈에 대한 사랑, 호색, 분노, 복수, 시기, 중상(中傷) 같은 것들이 있다. 이런 부류에 있는 사람도 전혀 교정 불능한 것은 아니다.[456)

무엇보다도 신자가 그리스도로부터 항상 멀리 떨어져 있거나 항상 가까이 있도록 고정된 것이 아니라는 것이다. 처음에 예수님의 사도들도 세 번째 원에 있을 만큼 연약하고 세속적이었다. 그런데 그리스도의 섬김과 훈련으로 가장 가까이에 이르게 된 것이다. 그 당시 교황이나 군주들이나 수도사들 가운데에는 제3원에 있는 것이 적절한 사람들도 많았고, 그 바깥에 있어야 할 사람들도 있다고 하였다.

이것은 에라스무스가 그 당시 유럽 세계를 그리스도를 중심으로 성직자, 귀족, 평민 세 계층으로 구성된 기독교 공동체로 그리고 있지만, 그러나 그것은 그 이전의 봉건사회와 같이 거의 고정되고 폐쇄된 공동체가 아니고, 사람들이 각기 얼마나 그리스도와 친밀한 관계성을 맺으며 참된 크리스천이 되면서, 자신의 소명에 따라 혹은 참된 성직자가 되기도 하고, 혹은 참된

---

456) *Volz*, pp. 13~17.

군주나 공직자가 되기도 하며, 혹은 참된 상인이나 농민도 될 수 있는 유동성이 있는 공동체라고 생각된다.

이것은 어떤 의미에서 매우 이상적인 공동체라고 할 수 있지만, 그러나 개개인이 최고의 목표이시고, 완전한 경건의 모델이신, 그리스도를 따르며 끊임없이 성장하고, 그런 개개인이 지체 의식을 가지고, 몸된 공동체를 이룰 때 실현 가능한 것이라 본다. 이런 공동체에서는 신분과 직업, 인종과 민족과 문화 간에 귀천이 없고, 차등이 없이, 각기 자신의 위치와 역할을 감당하면서 서로 간에 협력함으로 평화가 실현될 것이다.

에라스무스는 "크리스천 개개인의 경건이 그리스도 안에서 유아기, 성장기를 거쳐 온전히 장성할 수 있기를 바랐다. 그러나 모든 사람이 각기 그에게 주어진 정도에 따라 그리스도를 향하여 위로 올라가도록 노력해야 한다"고 했다.[457] 하나님의 은혜와 인간의 노력이 상호 작용할 때 그리스도에 합당한 영적, 도덕적인 인간이 될 것이다. 이런 개개인들이 그리스도 안에서 지체 의식을 가지고 그의 몸된 공동체를 이루고자 노력하는 것이 에라스무스가 실현되기를 바라는 최고의 목표였다고 생각된다.

4. 맺음말

에라스무스는 *Enchiridion*을 통해서 인간은 구원이 필요한 존재라는 것, 그 구원이 예수 그리스도의 구속의 은혜와 의롭다 하심을 통해서 이루어진다는 것, 인간은 이 예수님을 믿음으로 그 생명이 회복되었다는 것, 이제 그리스도와 함께 세상에 대하여 죽고 하나님께 대하여 살며, 영광 중에 부활할 소망을 가지며, 육에 대하여 죽었으니 영을 좇아야 한다는 것, 이 영을 좇는 삶은 그리스도의 말씀에 귀기울이고 그 말씀을 좇는 삶이요, 구체적으로 형제와 이웃을 사랑하는 삶이라는 것, 이런 과정에는 세상과

---

457) Ibid., p. 15.

사탄, 자신의 죄악과의 부단한 싸움이 필요하고, 육신적인 데서 영적인 데로 나아가야 하며, 어린 아이 상태에서 점차적으로 성장하여 장성한 경건에 이르러야 한다는 것, 결국 머리 되신 그리스도 안에서 모든 사람이 각기 지체 의식을 가지고 한 몸된 공동체를 이루어야 된다는 것을 보여주었다.

에라스무스에게는 루터와 같은 극적인 회심의 체험이 없다고 한다. 그러나 모두가 루터와 같이 될 수 없고, 모두가 사도 바울이나 사도 베드로와 같이 될 수는 없을 것이다. 에라스무스에게도 그리스도 안에서 구원의 은혜를 받은 체험이 없을 리 없다고 본다. 무엇보다도 분명한 것은 에라스무스는 그 자신이 그리스도 안에서 하나의 귀한 지체였다는 것이다. 그의 관심과 사명은 루터와는 달랐다.

그에게는 르네상스 시대인들의 문제, 곧 "고전적 지혜와 그리스도교적 지혜를 어떻게 조화시키느냐", 나아가 "어떻게 잘 읽고, 말하고, 쓰고, 설득하며 어떻게 자연과 인간과 신과의 관계성을 바르게 맺을 수 있느냐를 추구하는 인문학의 전통을 기독교적인 전통과 어떻게 조화시킬 수 있느냐" 하는 문제가 있었다. 그 안에는 스토아적, 플라톤적, 심지어 에피쿠로스적 요소가 있었다. 그는 이런 문제를 이 땅에 낮아지시고, 죽으시고, 부활하신 그리스도의 삶과 인격과 말씀을 통해서 명쾌하게 풀 수 있었다. 여기에서 그는 자신과 그 시대가 구원받을 수 있음을 보았을 것이다.

그는 그리스도를 믿음으로 말미암은 구원을 확신했다. 그러나 그는 구원받은 후에 인간의 영적, 도덕적인 노력을 강조하였다. 그는 이렇게 말한다.

그러므로 나의 형제여, 마지못해 하는 노력으로 느리게 전진하지 말고, 적절한 노력에 의하여 그리스도 안에서 빠르게, 힘 있는 성숙한 자가 되라……육신에서 영으로, 문자에서 신비로, 감각적인 일들에서 지성적인 일들로, 일어서려고 너의 힘의 한계에 이를 때까지 시도한다면 주님은 그의 근접할 수 없는 빛으로부터(딤전6:16), 저 상상되지 않는 침묵에서부터, 너를 맞으러 친절히 나오실 것이다.458)

그의 구원론은 도덕적인 성격이 강하다. 그러나 그의 도덕성은 단순히 '이 세상적'이 아니고 '그리스도 중심주의(Christo-centrism)'에 토대한 것이었다. 그의 '그리스도 중심주의'는 페인(Payne)이 말한 대로 "주로 교사요 모범으로서의 그리스도와 관련되지만 그 다음으로 구속자(救贖者)로서의 그리스도와 관련된 것"459)이었다. 그는 구원받은 인간은 경건의 기술을 익히고 도덕적, 영적으로 흠 없는 인간이 되기 위해서 끊임없이 그리스도 안에서 싸워야 한다고 생각하였다. 그에게 '경건은 본질적으로 거룩하게 행복하게 사는 기술(*pie beateaquae vivendi ars*)'이었다.460)

V. 에라스무스의 종교사상(Ⅱ)
−로마서 의역과 주석에 나타난 성경해석론을 중심으로−

1. 머리말

필자는 Ⅳ절 「에라스무스의 종교사상(Ⅰ)」에서 *Enchiridion Militis Christiani*(『그리스도 군사의 편람』, 이하 *Enchiridion*이라 약함)이 학문과 경건을 종합하려는 그의 생애의 목표 가운데서 두드러진 최초의 성과라고 하였다. 이제 그 최대의 성과라고 할 수 있는 『신약성경(*Novum Instrumentum*)』461)이 1516년

---

458) *Enchiridion*, p. 84.

459) John Payne, *Erasmus : His Theology of the Sacraments*(Richmond, 1970), p. 95.

460) *O'Malley*, p. xiv.

461) 에라스무스는 1판에서 *Instrumentum*(증서, 문서)이라는 타이틀로 하였는데, 이는 기록으로 더 잘 보존하려는 뜻에서 그렇게 하였는데 많은 비판이 있자, 2판부터 *Testamentum*(서약, 언약)이라는 본래의 타이틀로 고쳤다.

388

3월 바젤(Basel)의 프로벤(Froben) 출판사에서 나오게 되었다. 여기에는 그리스어 원문과 이에 근거하여 개정된 발게이트(Vulgate) 성경을 내놓았고, 이를 뒷받침하고 설명하는 주석들을 뒤에 포함하고 있다. 이것이 1519년 3월에 *Novum Testamentum*이라는 전통적인 칭호로 고쳐짐과 함께 2판이 나오고, 이 이후 1522, 1527, 1535년의 개정판에도 이 칭호가 그대로 사용된다 (이후 '신약성경'이라 약함).

2판 이후 그리스어 원문과 그 원문을 좇아 번역한 그의 라틴어 번역 성경(1527년 4판에서만 발게이트 성경 원문이 실림), 주석들로 계속 이루어 지게 되는데 2판은 에라스무스가 대단히 만족스러워한 성경이었다. 2판의 그리스어 원문은 '공인된 원문(*textus receptus*)'으로 19세기까지 3세기 동안 그리스어 신약성경에 대한 연구를 지배하였다. '신약성경' 본문에 들어가기 전에 헌정사, 권고(*Paraclesis*),[462] 방법론(*Methodus*), 변명(*Apologia*) 등으로 서론 부분을 구성하는데, 2판에서 *Methodus*가 『참된 신학의 방법(*Ratio verae theologiae*)』(이하 *Ratio*라 약함)로 크게 확대되어 나타난다. *Ratio*는 1518년 11월 이후 따로 출판되고, 3판 1522년 이후에서는 그것이 더 이상 포함되지 않는다. 4판에서부터는 *Paraclesis*가 생략되고, 짧은 *Apologia*와 2판에서부터 첨가되고 계속 보유된 *Capita Argumentorum*[463]으로만 구성된다.

에라스무스의 '신약성경'이 그리스어 신약성경으로 교정하는 일과 라틴 어로 번역하는 일 중에 어느 것에 더 중점을 두었느냐로 논란이 있다.[464]

---

462) *Paraclesis*는 그리스어로 소환, 권고의 뜻이 있는데 이는 크리스천에게 성경을 연구하도록 권고한다는 말이다. *Paraclesis*를 영역한 것이 존 씨 올린(John C. Olin)이 편한 *Christian Humanism and the Reformation*(Fordham Uni. Press, 1975), pp. 92~106에 포함되어 있다. 7장 I절 3, 2) 참조.

463) 서론 부분에 대한 편집이 Holborn 부부에 의해 출판되었다(1933, Munich). 이하 주석에서 Holborn이라 약함. 이 가운데 *Ratio*에 대한 해설적인 연구로 Bouyer, Pfeiffer, Chantraine 등의 것이 있다.

464) 헹크 종지(Henk Jan De Jonge)는 그의 논문 "*Novum Testamentum a Nobis Versum* : The Essence of Erasmus Edition of the New Testament", *Journal of Theological Studies*(Vol.

그러나 필자는 벤트리(Bentley)의 견해를 좇아 에라스무스가 적절한 라틴어 번역판을 내는 일뿐만 아니라, 이를 위해 정확한 그리스어 신약성경 교정본을 내는 일도 중요하게 여겼다고 본다. 그가 그리스어 원문을 교정하고, 이에 근거하여 새롭게 라틴어로 번역할 뿐만 아니라 주석을 통하여 원문이나 번역이 변동하게 된 이유와 그것을 뒷받침하는 자료를 제시하는 일은, 바로 힘들고 고된 원문 비평연구였다.

이런 원문 비평연구는 성경을 해석하는 작업이 불가피하게 수반되었다. 그는 일찍이 사도 바울의 '로마서 주해'에 착수하지만 그것을 완성하지 못하고, 1517년 이후『로마서 의역』을 비롯한 서신서와 복음서(요한계시록 제외)에 대한 의역이라는 형태로 나오게 된다. 이런 의역과 주석에는 그의 종교사상의 핵심이라고 할 수 있는 학문과 경건의 종합이 용해되어 있다.

서양에서 많은 학자들이 에라스무스를 휴머니스트로서 뿐만 아니라 신학자로서 그의 도덕적, 종교적 사상을 포괄적, 종합적으로 연구하게 된 것은 1970년을 전후해서였다. 그의 신약성경 주석이나 의역을 부분적으로 연구하거나, 그의 언어적, 문법적 해석이나 혹은 그의 풍유적인 해석에 치중하여 일면적으로 연구하는 사람들은 많았다. 그러나 그의 원문 비평연구를 토대로 문법적, 역사적 해석과 풍유적, 도덕적 해석을 균형감을 가지고 연구함으로 거기에 담긴 그의 신학사상이나 구원론을 정당하게 드러내고 평가하는 사람은 드물었다.[465]

35, Oct., 1984)에서 에라스무스의 '신약성경'의 본질이 그리스어 원문의 편집이 아니라 그에 의한 라틴어 번역 성경에 있다고 하였다. 이에 대해 벤트리(Bentley)는 그의 책 *Humanists and Holy Writ*(Princeton Uni. Press, 1983)에서 그의 '신약성경'이 라틴어 번역도 중요하지만 그리스어 원문을 교정하고 편집하는 일에 중점을 두었다고 하였다.

465) 일찍이 1902년 블루다우(Bludau)는 '신약성경' 첫 두 판의 몇몇 주석들과 번역에 있어서 원문비평의 방법을 연구하였다. 쉴링겐시펜(Schlingensiepen)은 1929년 마태복음 주석과 의역을 토대로 해석적 방법을 연구하였다. 파드베르크(Padberg)는 1958년 로마서 의역을 토대로 '믿음 신학'을, 베인튼(Bainton)은 1966년 에라스무스의

　본절에서는 헬라어, 라틴어 원전을 직접 보지 못하는 한계를 인정하면서
도 캐나다 토론토 대에서 시리즈로 나오는 에라스무스 전집 영역본 가운데
『로마서 주석』(이하 '로마서 주석'이라 칭함), 『로마서 의역』(이하 '로마서
의역'이라 칭함), 『서한집』466)을 중심으로 그의 성경해석론과 그 성격이
어떠한가를 살피고자 한다. 필자는 본절을 쓰는데 있어 벤트리, 룸멜
(Rummel), 페인(Payne), 라빌(Rabil), 베인튼(Bainton)467) 같은 학자들의 연구

의역을 개괄적으로 연구하였다. 이들의 공통점은 논문 규모의 연구라는 것이다.
한편 저서 규모의 연구로는 1966년 알드리지(Aldridge)가 있는데 그는 에라스무스의
합리적, 언어적, 성경해석을 강조한다. 이는 호이징거, 스미스의 견해를 답습하는
입장이다. 반면에 에벨링(Ebeling)은 1942년의 책에서 주로 *Enchiridion*을 토대로
풍유적 해석을 강조한다. 더욱이 피노(Pineau), 페브르(Febvre), 루박(Lubac) 같은
학자들은 에라스무스가 오리겐 이상으로 성경의 문자를 경멸하였다고 한다(Payne,
"Toward the Hermeneutics of Erasmus". 주 3, 9, 10, 11, 12 참조).

466) '로마서 주석', '로마서 의역', '서한집'은 각각 *Collected Works of Erasmus : Annotations
on Romans*, trans. & annot., John B. Payne, Albert Rabil Jr., Robert D. Sider, and Warren
S. Smith Jr, Vol. 56, 1994(이하 LB 6라 약함), *Collected Works of Erasmus: Paraphrases
on Romans and Galatians*, Vol. 42, trans. & annot. John B. Payne, Albert Rabil Jr.,
and Warren S. Smith Jr., 1984(이하 LB 7이라 약함), *The Correspondence of Erasmus*,
trans & annot, R. A. B. Mynors, D. F. S. Thomson, W. K. Ferguson, James K. McConica,
et al., 1974(이하 CE라 약함). 여기서 LB는 에라스무스 전집에 대한 Leiden판(1703-6)을
가리키는데 10권으로 되어 있다.

467) Jerry H. Bentley, *Humanists and Holy Writ*(Princeton Uni. Press, 1983) ; Erika Rummel,
Erasmus Annotations on the New Testament(Toronto Uni. Press, 1986) ; John B. Payne,
Erasmus : His Theology of the Sacraments(M.E. Bratcher, 1970). 이하 Payne I이라 약함 ;
John B. Payne, "Erasmus : Interpreter of Romans", *Sixteenth Century Essays and Studies*,
Vol. 2, Jan., 1971, 이하 Payne II라 약함 ; John B. Payne, "Toward the Hermeneutics
of Erasmus", *Scrimium Erasmianum*, Vol. 2, ed. J. Coppens, Leiden, 1969. 이하 Payne
III라 약함 ; John B. Payne, "The Significance of Lutheranizing Changes in Erasmus'
Interpretation of Paul's Letter to the Romans and Galatians in His Annotations and
Paraphrases 1532", read in *Colloque International d' Histoire de l' Exégèse Biblique
au xvie Siécle, Geneva*, 1976, pp. 312~330, 이하 Payne IV 라고 약함 ; Albert Rabil,
Jr., *Erasmus and the New Testament: The Mind of A Christian Humanist*, Trinity University.
Press, 1972. 이하 Rabil I이라 약함 ; Albert Rabil, Jr., "Desiderius Erasmus", in *Renaissance
Humanism : Foundations, Forms, and Legacy*, Vol. 2, University of Pennsylvania Press,

성과에 많이 힘입었음을 밝힌다.

2. 원문 비평연구

1) 전개과정

에라스무스가 학문과 경건을 종합하는 데 있어 중요한 영향을 미친 것은 어린 시절에 접한 '새로운 경건(*Devotio Moderna*)' 운동과 수도원 시절 이래 그의 안내 역할을 한 성 제롬(St. Jerome)이었다. 무엇보다도 그가 시나 문학 같은 고전 연구에서 성경이나 교부들 같은 신학 연구로 이행하는 데에 큰 영향을 미친 이는 영국의 콜레트(Colet)였다. 콜레트와의 만남을 통해 그리스어 공부를 시작하게 되고, 1500년 12월에 한 친구에게 보낸 편지에서는 자신을 '성문학(sacred literature)'에 헌신하겠다는 다짐을 하고 있다.[468] 1501년 가을 경, *Enchiridion*이 완성되는데(1503년 출판), 그 결론 부분에서 '얼마 전부터 사도 바울에 대한 해석을 해오고 있다'고 쓰고 있다.[469] 아마 이 무렵 4권의 '로마서 주해'를 썼던 것으로 보인다. 그러나 1504년 12월경 콜레트에게 보내는 편지에서는 그리스어 실력이 짧아서 그것을 중단했다고 하고 있다.[470] 하지만 그는 '로마서 주해'를 완성하겠다는 다짐을 그 이후 반복해서 한다.

에라스무스는 콜레트를 통하여 헬라어 원문은 아니지만, 라틴어 원문에 근거하고 역사적 문맥에 따라서 사도 바울이 다시 살아나는 것을 보았다.[471]

1988. 이하 Rabil II라고 약함 ; Roland H. Bainton, *Erasmus of Christendom*, Fontana Library, 1969. 이하 Bainton I 이라 약함 ; Roland H. Bainton, "The Paraphrases of Erasmus", *Archiv für Reformationsgeschichte*, NO. 57, 1966. 이하 Bainton II라 약함.

468) 그의 친구 바트(Batt)에게 보내는 편지에서, *CE*, Vol. 1, 138:49-54.

469) *Enchiridion*, p. 127.

470) *CE*, Vol. 2, 181:36-40.

471) Rabil II, p. 224.

그는 콜레트로부터 언어적인 해석보다는 신학적인 해석과 관련된 영향을 받았다. 또한 *Enchiridion*을 쓸 무렵 그는 프란체스코파 수도사 비트리에 (Vitrier)를 통하여 그리스계 교부 오리겐의 풍유적인 해석을 접하게 된다. 그런데 그에게 옛 신학의 발견이 아니고, 성경 원문의 회복에 자극과 도전을 준 것은 발라였다. 1504년 여름 루방 근처 한 수도원 도서관에서 발라의 『신약성경 주석』 사본을 발견한 것이다. 다음 해 3월에 그 주석을 출판하게 되는데, 크리스토퍼 피셔(Christopher Fisher)에게 보내는 편지 형식의 증정 서문에서 "신학자들은 비문법적으로 말하는 독점권을 가져서는 안된다"[472] 고 하였다. 이는 문법학자들이 신학자의 지위를 빼앗는 것은 참을 수 없는 오만이라고 하는 비난에 대해 한 말이었다. 이제 그는 신학 자체의 근원인 번역자요 편집자가 되기를 결심했다.

그는 그의 제자 마운트조이(Mountjoy : 본명은 윌리엄 블룬트(William Blount)) 경의 초청으로 다시 영국을 방문하면서, 1506년 경에 신약성경에 대한 자신의 라틴어 번역을 처음으로 마친 것으로 보인다.[473] 이 번역은 실제 1519년 제2판 때에나 나오게 된다. 이제 그는 주석을 달고 그리스어 원문을 교정할 필요성을 느끼게 되는데, 존 피셔(John Fisher) 주교의 초청으로 3차 영국 방문 중 1511년 말~1513년 7월경 그리스어 원문 교정을 시작하고, 마친 것으로 보인다.[474] 이는 1514년 7월 8일 자기가 속해 있던 스테인(Steyn) 수도원의 동료이며 지금 원장으로 있는 로저(Roger)에게 보내는 편지에서

---

472) *CE*, Vol. 2, 182:153-57.

473) 1505~1506년에 콜레트의 지시를 따라 에라스무스의 서기 메겐(Meghen)이 그 번역을 필사하였다는 연구가 있다. 간기가 1506~1509년으로 된 그 사본들이 남아 있다(Bentley, pp. 116~117).

474) 1512년 가을 런던에서 한 친구에게 보내는 편지에서 "나는 신약성경 교정과 제롬 서한의 교정을 완성하고자 한다"고 쓰고 있다(*CE*, Vol. 2, 264:16). 1513년 7월 11일 캠브리지에서 콜레트에게 보내는 편지에서는 "신약성경 대조를 마쳤고 이제 성 제롬을 시작하고자 한다"고 쓰고 있다(*CE*, Vol. 2, 270:67).

"나는 또한 그리스어 사본들과 고대 사본들을 대조함으로써 신약성경 전체를 개정했다"[475]는 데서도 확인된다.

에라스무스는 그리스어 원문을 더 보완하고, 번역을 수정하고, 주석을 첨가해서 인쇄하고자 하였다. 그러나 바젤의 프로벤사 직원들의 이의 제기와 교정자 없는 문제 등으로 지연되다가[476] 자신의 본래 의도와는 달리 인쇄하면서, 발게이트 성경을 교정하고 주석을 증대시키는 작업을 계속함으로, 서둘러서 1판이 1516년 3월에 나오게 된다. 여기에는 에라스무스보다도 출판사 측에서 비판에 대한 두려움에서,[477] 무엇보다도 스페인의 알카라(Alcalá)에서, 혹은 라틴어명으로 콤플루툼(Complutum)에서 진행 중인 『다국어 성경(*Complutensian Polyglot*)』을 앞지르려는 희망이 작용한 것으로 보인다.[478]

2) '로마서 의역', '로마서 주석'의 중요성

여기에서는 에라스무스가 '신약성경'의 그리스어 원문을 교정하는데 각 판에서 사용한 중요한 사본들로 어떤 것이 있었는가를 말하고, '로마서 주석', '로마서 의역'이 에라스무스에게 왜 중요한가를 살펴보기로 한다.

---

475) *CE*, Vol. 2, 296:164-6.

476) 교정자 게르벨(Gerbel)로부터 온 편지(1515년 9월 11일)에서 책의 체재 문제, 이를테면 그리스어 원문과 라틴어 번역을 따로 출판해야 된다든지, 책이 너무 크다든지, 하는 이의가 제기된다(*CE*, Vol. 3, 352:7-14, 20-49). 바젤에서 친구 피터 질리스(Pieter Gillis)에게 보내는 편지에서(1515년 9월), 교정자가 없어서 인쇄가 중단되었다고 하고 있다(*CE*, Vol. 3, 356:12-13).

477) 1516년 6월 안트워프에서 친구 부데(Budé)에게 보내는 편지에서 "어떤 사람들은 나에게 발게이트 원문을 교정이나 설명에 의해 바꾸도록 했다"고 회상하고 있다(*CE*, Vol. 3, 421:50-4).

478) 스페인 알칼라(Alcalá)에서 히메네스(Ximenes) 추기경의 감독 아래 1502년 이래 다국어 성경의 번역이 진행되고 있었다. 구약성경이 인쇄되고 신약성경도 1514년에 이미 인쇄되었지만 교황의 허가가 나오기까지 그 출판이 보류되고 있었다. 그 초판은 1522년에 나왔다.

394

'신약성경' 서두에 실린「변명(*Apologia*)」에서 1판을 준비하는데 4개의 그리스어 사본을, 2판을 준비하는 데에는 5개의 사본을 사용했다고 하고 있다.[479] 1판에서는 그가 캠브리지에 체류하는 동안(1511~1514), 15세기에 나온 라이세스터(Leicester) 사본(MS 69)을 대조하였다는 증거가 있고,[480] 바젤에서는 도미니크 수도회 도서관에서 12세기의 것으로 보이는 복음서 MS. 2, 사도행전과 서신서의 MS. 2를 인쇄인의 사본으로 사용한 흔적들이 있다.[481] 이 두개와 대조하여 보조적으로 사용한 3개의 다른 사본들로 복음서의 MS. 817, 바울 서신의 MS. 7, 사도행전과 사도 서신들의 MS. 4가 있었다. 여기서 MS. 817, MS. 7은 주해나 주석들과 함께 포함된 원문이기 때문에, 에라스무스는 정식 사본으로 인정하지 않았다.[482] 그러므로 1판에서 사용한 그리스어 사본이 MS. 69, 두 종류의 MS. 2, MS. 4 네 개가 된다.

2판에서는 1판에서 비판을 의식하는 모습과는 달리 그의 소신과 의도대로, 그리스어 원문과 이에 토대하여 전에 1506년 경 이미 그가 번역한 것에 더 보완된 라틴어 번역과 이와 관련된 주석들을 상세히 첨가하게 되는데, 5판 가운데서 가장 자극적인 판이 된다. 이때 새롭게 사용한 그리스어 사본은 복음서, 사도행전, 서신서들의 사본 MS. 3이 있는데 12세기의 것으로 턴하우트(Turnhout) 근처 코센돈크(Corsendonck, 지금의 베를린)에 있는 어거스틴파 수도원에서 빌린 것이다. 특히 결점이 있는 책이지만, 제2판에 그것을 사용한 사실을 기록하고 있다.[483] 이밖에 쯔월레(Zwolle) 근처 아그니텐버그

---

479) Holborn, p. 166. 반대자들이 그가 이문을 만들었다고 하거나 현존하는 사본들에 대한 철저한 탐구를 하지 않았다고 비판하게 되는데 이를 예기하고 여기에서 그는 상당한 수의 사본들을 조사하고 그 증거를 분별력 있게 사용했다고 단언하고 있다(Rummel, p. 35).

480) Bentley, p. 126, n. 51 ; Rummel, p. 36.

481) Bentley, ibid., pp. 127~128 ; Rummel, ibid., p. 37.

482) Bentley, ibid., pp. 130~132.

483) '신약성경' 주석 서문, '독자에게 드리는 편지'(1515년 12월, 바젤에서), *CE*, Vol. 3, 373:31-2에 그 사본을 빌린 사실이 기록되어 있다. 현재 이 사본은 비엔나의

(Agnitenberg) 수도원에서 얻은 복음서 사본[484] 등 5개가 되지만, 이런 것들은 이미 다른 권위 있는 사본의 힘에 근거하여 수립한 원문을 지지하기 위해 사용한 것이지 철저히 개정하기 위한 토대로 사용하지 않은 것 같다.[485]

3판(1522년)에서는 'Comma Johannenum' 곧 요한 1서 5장 7절과 관련된 몽포리아누스(Montfortianus) 사본에 대한 언급이 있고,[486] 4판에서는 콤플루툼판 다국어 성경을 참조한다. 그러나 3판부터는 주로 교부들의 저작에서 뿐만 아니라, 그 당시의 학자들, 친구들을 통하여 이문을 수집하고 그것을 주석에서 언급하고 있다.[487] 또한 오래 된 라틴어 사본들을 대조, 인용함으로

Imperial Library에 소장되어 있다.

484) 1517년 1월 피터 질리스로부터 사본을 보낸다는 편지를 받는다(CE, Vol. 4, 515:5-6).

485) Bentley, op. cit., p. 133.

486) 에라스무스는 어떤 그리스어 사본도 요한1서 5장 7절에 '성부, 성자, 성령'이라는 구절이 없는데, 3위1체의 교리를 뒷받침하기 위해 억지로 그 구절을 첨가했다는 것을 알고, 1, 2판에서는 그 구절(comma Johanneum)을 제거했다. 그러나 도처에서 비판과 반대가 있자, 그런 구절이 있는 사본 하나라도 발견되면 다시 넣겠다고 하였다(Responsio to Lee's Annotationes novas, LB 9:275 BC). 그런데 얼마 안 있어 그 구절이 있는 사본을 발견하였다는 소식을 듣고, 3판에서 그 구절을 포함시킨다. 그 사본이 바로 몽포리아누스 사본으로 지금도 Dubline, Trinity College에 소장되어 있다. 그러나 그의 반대자들이 1520년 그 구절을 그리스어로 번역하여 첨가했음이 드러났다. 그런데도 에라스무스는 5판까지 계속 그 구절을 포함시켰다. 그렇지만 주석에서는 그 사본이 위작일 가능성이 높다고 하고 그 외에도 그 구절에 반대하는 교부적인 증거들을 길게 제시하였다(Bentley, pp. 152~153).

487) 1판 주석에서 제롬, 오리겐이 많이 인용되고 2판에서는 오리겐이 많이 인용되며 암브로스, 어거스틴, 테오필락트도 인용된다. 실제로 3판에서는 거의 개정하지 않았기 때문에 추가된 인용은 하찮은 것이었고, 4판(1527년)에서 두드러진 사실은 안디옥 학파에 해당되는 크리소스톰이 처음으로 많이 인용된다는 것이다. 그와 함께 11세기 불가리아 대주교 테오필락트의 인용도 많이 증대된다. 이것은 그가 크리소스톰을 많이 의지하였다는 사실에서다. 마지막 1535년에 크리소스톰, 테오필락트의 추가적 인용이 많고 오리겐, 암브로스에게서는 그렇게 많지 않으며 제롬, 어거스틴에게서는 훨씬 더 적다(Payne II, pp. 9~10). 스콜라 신학자들 가운데에는 토마스 아퀴나스, 리라의 니콜라스가, 휴머니스트들 가운데에는 발라, 르페브르(Lefèvre, 혹은 라틴어 명으로 Faber Staplensis)가 비판적으로 인용된다.

써 그 자신의 라틴어 번역을 뒷받침하고자 하였다.

　1515년 12월 '독자에게 드리는 편지' 형식의 『신약성경』 '주석 서문'(이하 '주석 서문'이라 약함)에서 정확한 원문을 바로 잡는 일은 힘이 들면서도 하찮은 일 같지만, 그것이 그러한 원문에 접할 수 있게 도움으로써 연못이나 개울에서 얻어지는 물이 아니고 샘에서 직접 끌어올려지는 더 순수하고 생명력이 있는 물을 마시는 것이기 때문에 중요하다고 한다.[488] 또한 그런 물을 마신다는 것은 '그리스도의 철학'을 고백한 개개인이 그들의 창설자이신 그리스도에 의해 놓여진 원리들을 흡수하고, 기독교와 그 사회를 근본적으로 회복하고 재건할 수 있는 길이라 생각했다.[489] 그에게 성경 원문을 통하여 접하게 된 문자는 성경의 최소 부분이지만 '신비적 의미'가 근거하는 기반이었다.[490]

　그의 '주석'은 발라의 언어학적 견해나 스페인의 콤플루툼판 다국어 성경의 편집자들의 간략한 주보다도 훨씬 더 풍부하게 언어적, 문법적인 설명을 할 뿐만 아니라, 2판 이후 자신의 신학, 교회, 사회에 대한 생각들도 포함시켰기 때문에, 1판의 주석은 294 폴리오(folio) 페이지, 2판에서는 거의 두 배로 되고, 1535년 마지막 5판에서는 783페이지로 확대된다.[491] 이런 주석은 성경해석론과 불가피하게 관련되었다. 그는 '주석 서문'에서 "그 임무가 의미를 해설하는 사람들도 때로는 정확한 어법을 설명하지 않으면 안 되는 것처럼, 그 임무가 어법을 설명해야 되는 나도 때때로 그 의미를 온 힘을 다해 드러내지 않으면 안 되었다"고 말하고 있다.[492]

---

488) '주석 서문' *CE*, Vol. 3, 373:105-118.

489) '신약성경' 1판 교황 레오 10세에게 드리는 증정 서한에서(1516년 2월 1일, 바젤에서), *CE*, Vol. 3, 384:44-8, 51-5, 이하 '증정 서한'이라 약함.

490) '주석 서문' *CE*, Vol. 3, 373:116-17.

491) Bentley, p. 123 ; 본문까지 포함하면 1판에서는 1천 페이지 가량, 2판에서는 3천 페이지 이상이나 되었다(Rabil II, pp. 243~244).

492) '주석 서문' *CE*, Vol. 3, 373:142-45.

그런데 그의 성경해석론과 더 밀접하게 관련되어 나타난 것이 바로
'신약성경 의역'이었다. 앞에서 그의 '로마서 주해'가 중단되고 이에 대신하여
나타난 형태가 '로마서 의역'이라고 하였다. 그는 안트워프에서 1517년
5~6월 비판적인 편집자의 일로부터 잠시 기분전환하는 의미로 '로마서
의역'을 쓰기 시작한 것 같다.[493] 그러나 의역은 겉보기보다는 많은 정성과
수고가 투입되었음을 의역 서문에서 뿐 아니라 다른 편지들에서도 말하고
있다.[494] 그것이 11월 루방의 마르텐스(Martens)사에 의해 출판되고, 큰
호응을 받게 되자 계속 의역들을 쓰고 출판하였다.

그는 '의역 서문'에서 자신이 "다른 것들을 말하지 않고 다르게 말함"[495]으
로써 신학자들이나 지도자들뿐만 아니라 되도록 많은 일반 신자들이 쉽게
성경에 접하기를 바랐다. 그가 바란 대로 그의 의역은 곧 라틴어에서 독일어,
불어, 영어로 번역되어 널리 보급되었다. 특히 영국의 에드워드 6세는 1547년
에라스무스의 복음서 의역들을 영국의 모든 교구에 성경과 함께 비치하도록
명령하였다. 물론 이에 대하여 비판하고 반대하는 사람들도 있었다. 그는
이들에 대해 각기 응수하고 자신의 입장과 소신을 분명히 하였다.[496]

그는 언젠가는 중단된 '로마서 주해'를 완성하겠다는 의지를 계속 피력하
였다. 특히 1514년 8월 말을 타고 여행 중에 사고가 나서 움직일 수 없을

---

493) '로마서 의역' 서론, xv ; '의역 서문' *CE,* Vol. 5, 710, 서론 참조 ; Payne II, p.
　　6.

494) '의역 서문', *CE,* Vol. 5, 710:39-41 ; 1517년 10월 경 루방에서 보낸 편지에서 *CE,*
　　Vol. 5, 707:16-18.

495) Ibid., *CE,* Vol. 5, 710:35-8.

496) 어떤 사람이 성경 본문을 분명히 하기보다는 변질시키거나 해석하는 것 같다고
　　비판했을 때, 그의 해석은 다른 것들을 배제하지 않는다고 하였다(LB 9, 464C).
　　소르본의 신학자들의 비판에 대해 자신은 결코 새로운 것을 시작하지 않고 테미스티
　　우스(Themistius, 317~388)가 아리스토텔레스의 저서들을 의역하고, 4세기 스페인
　　사제 주벤쿠스(Juvencus)가 복음을 운율적으로 각색하며, 부분적으로 제롬, 어거스
　　틴도 성경을 의역한 것처럼 자신도 그렇게 하였다고 했다(LB 9, 800E).

정도가 되었는데, 이때 등의 통증에서 회복되게 하시면 '로마서 주해'를 완성하겠다고 사도 바울에게 서약하였다.[497] 그런데 이런 피력이 사라진 것이 1527년 '신약성경' 4판이 나올 무렵으로 보인다.[498]

그는 의역과 주해를 구분하지만 의역을 일종의 주해로 보았다. 번역 (translation)은 번역자가 저자의 말 그대로 옮기는 것이라고 하면, 의역 (paraphrase)은 저자가 말한 것을 의역자 자신의 말로 고쳐 말함으로써 본문의 의미를 더 명확하게 하려고 하는 것이다. 의미를 명확하게 한다는 것은 성경을 해석하는 것인데, 이런 점에서 의역은 일종의 주해이지만[499] 한 편지에서 말한 것처럼 '연속적인 주해'이다.[500] 이에 대해 주해(commentary) 는 의역과 같이 저자의 말을 주해자 자신의 말로 옮기되 의역보다 언어적, 신학적 성경분석에 더 가까운 것으로 이해했다.

여기에는 그 근거들을 밝히지만 의역에서는 그런 것들이 생략된다. 이런 점에서 주해는 주석에 가까운데 그는 또한 주석과 주해를 구분하였다. '주석 서문'에서 "내가 쓴 것은 짧은 주석이지 주해는 아니다. 이것들은 다만 원문의 온전함에 관심을 갖는다"[501]고 하였다. 이것은 언어학적인 주석과 계속적인 신학적인 해설로서 주해 사이에 차이를 의미한다. 종합적으로 정리한다면 주해란 주석과 의역을 모두 포함한 형태라고 할 수 있다.

---

497) 1514년 8월 30일 바젤에서 마운트조이 경에게 쓴 편지에 그 사실이 잘 나타나 있다(*CE*, Vol. 3, 301:20-2).

498) 신약성경 1판의 로마서 1장 1절의 주석에서 문제가 되는 점들을 '로마서 주해'에서 더 충분히 논하고 싶다고 했다. 그런데 1527년 4판에서는 그런 언급이 삭제된다.

499) 마태복음 의역의 서문(1522년 1월 13일, 바젤에서 찰스 5세에게 : *CE*, Vol. 9, 1255:41-2), 요한복음 의역의 서문(1523년 1월 5일, 바젤에서 페르디난트 대공에게 : *CE*, Vol. 9, 1333:420-22), 누가복음 의역의 서문(1523년 8월 23일, 바젤에서 헨리 8세에게 : *CE*, Vol. 10, 1381:441-43)에서 의역이 일종의 주해이지만 독자들이 주해보 다 더 큰 권위를 의역에 두지 않기를 바란다.

500) 1522년 4월 21일 친구 코로넬(Coronel)에게 쓴 편지에서, *CE*, Vol. 9, 1274:41-3.

501) '주석 서문' *CE*, Vol. 3, 373:5-7.

그러므로 에라스무스는 신약성경에서 무엇보다도 '로마서 주석'과 '로마서 의역'을 내놓음으로써 그의 '로마서 주해'를 대신하고자 하였던 것 같다. 그에게 기질과 경향에 있어서 비판적인 편집보다도 의역이 더 적합하였다. 그는 '로마서 의역'이 출판된 지 두 달 후에 쓴 한 편지에서 "나는 한권의 비판적인 편집보다 천 개의 의역을 했으면 한다"고 쓰고 있다.[502] 그러면 그는 왜 그렇게 무엇보다도 로마서를 연구하고자 했을까? 필자는 1517년 11월 13일 그리마니(Grimani) 추기경에게 보내는 편지 형식의 '로마서 의역' 서문에서 그것을 두 가지로 요약할 수 있다고 본다.

첫째, 그는 '천국의 대변자' 바울을 통하여 그 자신이 하늘로부터 오는 음성을 듣고자 함이었다.[503] 그는 바울을 쌀루스트(Sallust)나 리비우스(Livy)보다 더 뛰어난 문장가요 키케로(Cicero)보다 더 뛰어난 웅변가라고 여겼다.[504] 그래서 고전적인 저술가들보다도 바울이나 베드로와 같은 사도들과 복음서 저자들의 글 곧 신약성경을 읽고 연구하기를 더 사랑하였다. 특히 사도 바울은 유대인으로서 율법에 열심이었고, 로마 시민으로서 헬라 철학에도 통한 엘리트였다. 이런 그가 부활하신 예수님을 만나고, 회심하고, 변화되고, 이방인의 사도로 세움을 받았다는 것은 그리스도 안에서 이교적, 유대적, 기독교적 요소들이 융합되어 하나가 되는 가장 좋은 모델을 제공하였음을 말한다. 그는 그 당시 하나님과 세계에 대한 크리스천의 의식을 수정하는 새로운 방법의 발전에 도움이 되었다.[505]

둘째, 그는 바울로 하여금 종교의 고향이요, 문학의 고향인, 로마에 사는 시민들이면서 성숙한 신자들에게 말하게 하고자 함이었다.[506] 그래서 그는

---

502) 1518년 1월 경, 루방에서 한 친구에게, *CE*, Vol. 5, 755:6-7.
503) '의역 서문' *CE*, Vol. 5, 710:34ff. ; '증정 서한' *CE*, Vol. 3, 384:44-51.
504) Ibid., *CE*, Vol. 5, 710:68-71, 77-80.
505) Rabil I, p. 132.
506) '의역 서문' *CE*, Vol. 5, 710:19-24.

400

그의 '신약성경'에 교황 레오 10세에게 증정하는 편지 형식의 서문을 썼고(이하 '증정 서한'이라 약함), 그의 '로마서 의역'도 처음에는 마인츠의 대주교 알버트(Albert)에게 보내고자 하였지만, 그 마음을 바꾸어 로마에 있는 그리마니 추기경에게 보낸 것이다.507) 먼저 종교지도자들이 자기 책을 통하여 사도 바울을 접하게 될 때, 다른 신자들도 더 쉽게 접하게 될 것이라고 생각하였기 때문이다.

그는 참된 신자의 조건이 로마나 로마 교황을 한 번 방문하는 데에 있지 않고, 베드로나 바울의 글 속에 담겨 있는 스피릿이나 거룩한 삶을 모든 힘을 다하여 본받고 나타내는 데 있다고 하였다.508) 그는 자신의 '로마서 의역'을 통하여 되도록 많은 사람들이 사도 바울의 음성을 듣고, 개인뿐만 아니라 그 시대의 교회와 세계가 바르게 변화되기를 바랐다.

3. 성경해석론

초기 교부시대에는 성경해석을 오리겐을 좇아 크게 문법적(문자적, 역사적) 의미와 영적 의미 두 가지로 나누었는데,509) 영적인 의미에는 어떤 명확한 구별이 없이 비유적(tropological), 풍유적(allegorical), 신비적(anagogical) 의미로 해석하는 경향이 있었다.510) 이것이 중세에 들어 와서 성경의 4중 의미(*Quadriga*) 곧 역사적, 풍유적, 비유적, 신비적 해석으로 구체화 되는 데에는 어거스틴의 영향이 컸다.511) 13세기에는 그것들이

---

507) 1517년 12월 22일, 루방에서 브란덴부르그(Brandenburg)의 알버트(Albert) 대주교에게, *CE*, Vol. 5, 745:21-3.

508) '의역 서문' *CE*, Vol. 5, 710:105-8, 116-9.

509) Alister E. McGrath, *The Intellectual Origins of the European Reformation*, 2nd. ed.(Blackwell, 2004), pp. 148~149.

510) Payne I, p. 48.

511) McGrath, op. cit., p. 149.

각기 이미 되어진 일(*gesta*), 믿어야 될 것(*quid credas*), 행해야 될 것(*quid agas*), 앞으로 지향해야 될 것(*quo tendis*)을 의미하는 것으로 구별된다.[512] 여기서 중요한 것은 영적인 해석(비유적이든 풍유적이든)을 위해서는 역사적(문법적, 문학적) 해석이 뒷받침 되어야 한다는 인식이 있었다는 것이다. 그 대표적인 사람이 프란체스코파에 속하는 리라(Lyra)의 니콜라스(Nicholas, d.1340)였다.[513] 루터는 니콜라스의 해석을 높이 평가하였는데 에라스무스도 물론 니콜라스의 해석을 참조하였지만 비판적이었다.

대체로 중세의 스콜라 철학자들은 교권과 제도적인 교회를 옹호하기 위해 성경해석을 하였다.[514] 에라스무스는 스콜라 학자들이 성경 저자들로부터 배우는 대신에, 그들이 결코 하지 않은 질문에 답하게 함으로 그들을 이용하였다고 책망한다. 그래서 그는 교부들로 돌아가는데, 라틴 교부들보다는 그리스 교부들을 선호하였다.

그의 성경해석론은 *Enchiridion*에서는 오리겐을 좇아 풍유적인 해석과 함께 도덕적 해석을 강조하였다. 이것은 그 당시의 신학자들이나 성직자들이 사변적이거나 의식적이고 육신적인 경향을 띠고 있었기 때문에, 성경의 영적인 의미를 강조하고자 하였음을 말한다. 그러나 앞에서 언급한 대로 발라의 영향으로 언어적, 문법적 해석의 중요성을 인식하게 된다.

그래서 그의 '신약성경' 주석에서는 문법적 해석을 기반으로 해서 풍유적인 해석이나 비유적(도덕적) 해석을 하게 되는데 이런 해석의 원리들이 그의『참된 신학의 방법(*Ratio verae theologiae*)』[515]에 비교적 잘 나타난다.

---

512) Ibid.

513) Ibid., p. 152.

514) 이장식,『기독교사상사』1권(대한기독교서회, 1977년 6판), 114쪽.

515)『신약성경』서두에 '짧은 방법론'이 1516년 초판에 나타나는데, 2판에서는 그것을 확대하여 *Ratio verae theologiae*로 실리게 되고, 따로 1518년 11월 출판하기도 한다. 그러다가 3판 이후에서는 그것을 실리지 않고 독립되어 출판한다. 1523년에는 개정판도 나온다. 필자는 Georges G. Chantraine, "The Ratio Verae Thologiae", in

또한 그가 말년인 1535년에 쓴 『설교론(*Eccleciastes sive de Ratione Concionandi*)』 (이하 *Ratione*라 약함)에서는 어리석은 문자주의와 자의적인 풍유적 해석을 모두 비난하고 그 중도를 발견하는 데 관심이 있다.[516) 이것은 그가 오리겐을 중심으로 하는 알렉산드리아 학파의 풍유적인 해석 경향과 크리소스톰 (Chrysostom)을 중심으로 하는 안디옥 학파의 문자적 해석 경향을 비판적으로 받아들였음을 의미한다.

에라스무스는 문자적, 풍유적, 비유적 해석을 명백히 구분하지는 않았지만 대체로 성경 원문의 문자적 의미 곧 문법적, 역사적 의미를 밝히고, 그 다음에 영적인 의미 곧 풍유적 의미나 비유적(도덕적) 의미를 밝히고자 하였다. 그 가운데서 신자의 삶의 변화와 관련되는 도덕적 해석을 강조하였다. 그러면 그의 성경해석이 어떻게 나타났는지, 본절에서는 그의 '로마서 의역'을 중심으로 육신과 영혼으로 된 인간, 죄와 율법의 개념, 믿음과 자유의지의 문제에 대해 살펴보고 이를 뒷받침하는 자료를 위해 그의 '로마서 주석'이나 '*Ratio*'나 '*Ratione*'를 참조하고자 한다. '로마서 의역'은 1517년에 이어 1521년, 1523년, 1532년에 새 판이 나오지만 1523년에 다만 두세 개의 원문 상의 작은 변화가 있을 뿐이고, 1532년에야 많은 큰 변화가 있다. 1532년에 특히 율법이나 믿음에 대한 해석에 있어서 루터적인 경향을 띠고 있는데 이런 그의 변화의 의미가 무엇인지 살피게 될 것이다.

1) 육신과 영혼으로 된 인간

에라스무스의 성경해석의 전제로서 인간이 육신과 영혼으로 되어 있다는 에라스무스의 인간론은 신플라톤적, 성경적인 기원을 가진다.[517) 그의 신플

Essays on Works of Erasmus, ed. Richard L. DeMolen(Yale Uni. Press, 1978), pp. 179~185를 많이 재인용하였다.

516) *Ratione*, LB 5 1026-51 : Bentley의 책에서 재인용. 이후 *Ratione*에서의 인용은 주로 Payne이나 Bentley의 책에서 재인용하였다.

라톤적인 영향은 간접적으로 콜레트를 통해서든,[518] 비트리에에게서 접하게 된 오리겐을 통해서든지 였다. 특히 오리겐은 신플라톤적인 요소와 기독교적인 요소를 결합시키는데 인간을 육신, 혼, 영혼으로 3분하고, 이에 상응하여 성경을 각기 문자적, 도덕적, 풍유적으로 해석할 수 있다고 한다. 오리겐은 문자적(혹은 역사적) 의미를 토대로 점차 도덕적 의미, 풍유적 의미의 영적인 해석을 해야 한다고 했다.[519]

에라스무스는 이들을 통하여 플라톤에 관심을 갖고 *Timaeus, Symposium, Phaedo* 같은 책들을 직접 읽은 것으로 보인다. 그는 오리겐을 그대로 따르지 않고 성경 특히 사도 바울의 가르침과 플라톤적 전통을 좇아 하나의 인간에는 외적, 육신적, 저속한 면과 내적, 영적, 고상한 면 사이에 차이가 있다는 것을 강조한다.[520] 그도 이런 차이에 따라 성경을 해석하되 엄격하게 구분하지 않고 느슨하게 문자적, 영적(풍유적, 도덕적)으로 해석하는 경향이 있다.

그런데 육신과 영혼으로 된 인간론에 대해서 바울적인 개념과 플라톤적인 전통은 *Enchridion*이 나온 초기 시절의 경우, 용어상으로는 같은 의미로 사용하기도 하지만 점차 양자 사이에 본질적인 의미에서뿐 아니라 용어상으로도 차이가 나게 됨을 인식하게 된다. 즉 에라스무스는 *Enchiridion*에서 철학자들이 말하는 이성과 열정을 영혼과 육신으로 동일시한다.[521] 이것은 영혼과 육신 사이에 심한 갈등과 대립을 강조하는 플라톤적인 사상을 수용하고 있음을 말한다. 그러나 한편으로 그는 본래는 그렇지 않았는데 육신과 영혼의 불화로 인한 불행을 말하고 있다. 이것은 근본적으로 뱀(사단)에 의한 창조주 하나님과의 분리에서 오는 죄 때문이다.[522]

---

517) Payne III, p. 18.
518) Ibid. ; Bainton I, p. 79.
519) 이장식, 『기독교사상사』, 102쪽.
520) Payne, op. cit., pp. 20~21.
521) *Enchiridion*, pp. 41~43.
522) Ibid., p. 41 ; IV절 3, 1) 참조.

이런 죄의 인식이 에라스무스를 플라톤적인 전통으로부터 갈리게 한다. 이제 그는 플라톤적 개념의 한계를 인식하고, 그리스도의 성육신의 진리, 대속의 진리를 붙들게 된다. 성육신의 목적은 전인적(全人的) 인간이 그리스도의 순수성에 상응하고, 그래서 구속(救贖)함을 받는 것이다.[523] 특히 몸이 새롭게 되고, 전인(全人)이 창조주께 찬양을 드리게 되는 것은 부활 때에 일어난다.[524] 그러나 에라스무스는 이런 갱신이 이미 현세에서 시작된 것으로 생각했다는 것은 명백해 보인다.

여기서 우리는 에라스무스가 로마서 7장 의역에서처럼 육신과 영혼 사이를 예리하게 구분하고, 영혼이 육신보다 더 우월하다는 것을 계속 유지하면서도,[525] 플라톤적 전통과는 달리 육신을 무시하지 않고, 그 육신이 영혼과 조화를 이루고 새로운 전인(全人)으로 부활할 소망을 가지고 있음을 보게 된다. 이것은 그리스도 안에서만 가능한 일이었다. 그는 루터와 자유의지의 문제로 논쟁하면서, 그리스도 안에서 인간을 세 부분 곧 영(이성, *ratio*), 혼(*anima*), 육(탐욕, *morbi*)으로 나누는 것을 본다. 그러나 그 용어의 의미가 바울과 철학자들 사이에 차이가 있음을 인식하게 된다. 철학자들은 영혼의 최고의 부분을 영(*spiritus*)이라 하지 않고 정신(*mens*) 혹은 이성(*ratio*)라고 부른다. 그러나 바울은 이성을 영과 동일시 하지 않고, 은혜에 의해 고무된 이성을 영이라고 생각한다고 하였다.[526] 1535년 *Ratione*에서는 육신을 항상 가장 천박한 감정이라 하지 않고, 그리스도의 영이 결여된 이성 자체나 전인(全人)을 가리킨다고 하였다.[527] 이것은 그가 그리스도 안에서 플라톤적인 전통으로부터 벗어나 점차 성경적인 인간론으로 이행되었음을

---

523) *Concio de puero Iesu*, LB 5, 608F.

524) 로마서 8:23절 의역, LB 7, 803-4. 시편 85편(1528), LB 5, 519BC.

525) 로마서 7:15절 의역에서 개종한 이후에도 영육간에 갈등이 있지만, 개종 전에도 그런 갈등이 있는 듯이 말하고 있다(LB 7 799-800).

526) *Hyperaspistae* II(1527), LB 10, 1464A.

527) *Ratione*, LB 5, 1024BC.

말한다.

이런 이행이 어떻게 이루어졌을까? 필자는 여기에 그의 성경해석론의 비밀이 있다고 생각된다. 그는 *Enchiridion*에서는 육신과 영혼으로 구성된 인간론을 토대로 성경 말씀 속에 담긴 영적인 비밀을 캐어내려는 풍유적인 해석을 강조하였다. 그런데 참된 영적 의미를 찾기 위해서는 먼저 문자적 해석을 제대로 하지 않으면 안 되었다. 발라는 이런 해석으로 가는데 큰 자극이 된 것이다. 그는 *Ratio*에서 "우리가 순수한 마음으로 대화에 임하기만 하면 하나님은 우리에게 성경에서, 마치 그가 모세에게 불타는 떨기나무에서 말씀하시는 것처럼, 진실되게 효율적으로 말씀하신다"[528]고 하였다. 이는 내적인 선생인 성령님이 그의 결정에 복종적인 사람에게 이해력을 증진시키기 때문이다. 이런 성경에 대한 이해는 변형시킬 수 있는 지식이 된다. 그래서 "성경에서 배운 바들을 붙들고, 지체하지 않고 행하고자 하고, 그것들로 변형되고자 하면 변화받을 것임"을 믿었다. 그는 "이것이 가장 중요한 목표가 되게 하고, 기도가 되게 하라"고 권면한다.[529]

이런 신학적인 지식은 인간의 논리적인 방법보다도 성령의 선험적(*a priori*) 방법을 좇아야 한다. 성령의 방법에 복종하게 되면, 인간 이성은 처음에 영감 받은 성경말씀을 받게 된다. 이 성경을 영적인 의미로 이해하기 원하는 사람은 먼저 히브리어, 그리스어, 라틴어 원어로 문자적으로 이해하려고 노력해야 한다. 아무도 그것이 계시된 형태를 이해하지 않고는 성경에 담겨진 신비를 이해할 수 없다. 다시 말해서, 그는 원어 자체의 불가결한 성격뿐만 아니라, 문법과 수사학에 대한 필요성을 인식해야 한다. 또한 짧은 기간 동안 필요한 고전을 연구해야 한다.[530] 그러나 이들의 목적은 진실로 성경의 영적 의미(풍유적 혹은 우화적 의미)를 깨닫게 하는 부수적인

---

528) *Ratio*, Holborn, p. 179.
529) Ibid., p. 251.
530) Ibid., p. 155 II 9-12, p. 190 II 25-7, p. 191 II 1-2.

것이다.

에라스무스는 때때로 숨겨진 영적 의미를 나타내기 위해, 혹은 어떤 비유(figure)를 나타내기 위해, 풍유라는 용어를 사용한다.531) 또한 더 적절히 비유인 경우, 풍유라고 일컫는다.532) 때로는 필요함이나 유익함이 문자에서 영이나 풍유로 옮기게 한다. 문자적으로 이해된 그 단어들이 명백히 모순되거나 그릇될 때, 혹은 그것들이 그리스도의 가르침이나 윤리와 어긋날 때, 혹은 우리의 윤리적 의미와 모순되거나 부딪힐 때, 풍유적 해석을 필요로 한다.533) 또한 문자적 의미가 어떤 명백한 모순을 포함하지 않지만, 아무런 소용이 없거나 거의 없을 때 풍유적인 해석을 하는 것이 바람직하다.534) 또한 믿음의 교리들을 입증하기 위함이 아니라, 어떤 교리들을 확인하는 데에는 풍유적인 해석이 유익하다.535)

풍유적 해석은 대체로 믿음과 교리의 문제들과 관련된 것이라고 할 수 있는데, 성경에서 가장 핵심이 되는 교리 문제는 그리스도의 성육신과 대속 행위에 관한 것이라고 할 수 있다. 에라스무스는 그리스도의 대속 행위를 우화적 행위(fabula action)로 보고, 그것이 마치 드라마에서처럼 각본에 상응하는 잔인한 갈등들을 해명하면서 해피엔딩으로 인도한다고 하였다.536) 그 우화는 우리의 구원에 의해 동기가 부여되고, 그리스도는 우리를

---

531) Ibid., p. 277 29ff. 여기에서 성경 속의 은유들을 풍유로 보고 있다.

532) Ibid., p. 198 34ff. 휴 성 빅토르(Hugh of St. Victor)는 비유적 의미를 문자적 의미로 보았다.

533) 예를 들면, 예수님의 어떤 명령들, 오른 손을 잘라 버리라든지, 눈을 빼라든지, 아버지, 어머니를 미워하라 할 경우, 비유적 표현들을 비문자적인 방식으로 해석하는 것, 도덕적으로 경고하는 이야기들에 있어서 숨겨진 의미를 찾는 것과 관련된다 (*Ratio*, p. 277 29-31 ; *Ratione*, LB 5 1044A, DE).

534) *Ratione*, 1043E-1044A. 하와와 뱀의 이야기, 나무에 매달은 구리 뱀에 관한 것에 대해.

535) *Ratione*, 1045E. 예를 들면 마른 뼈의 풍유(겔37장)의 경우, 그 주요 의미는 이스라엘의 흩어진 자들과 절망적인 자들을 다시 모으고 갱생하는 데에, 2차적으로는 부활의 의미를 가짐(*Ratione*, 47F-1048AB).

위해 행동하신다.537) 이 행동은 그 우화를 성취하고, 이 우화에서 그것은 그 근원과 활력을 끌어낸다. 그래서 그 우화는 그리스도의 교의가 된다. 이 교의는 완전하고 절대적이다. 왜냐하면 그리스도의 행동이 완전하고 절대적이기 때문이다. 여기서 우리는 그리스도 안에서 언어의 추상적 보편성과 역사의 구체적 개별성, 지식과 진리, 말씀과 행동의 일치를 보게 된다.

이것이 그리스도의 우화 곧 그리스도의 대속 행위가 모든 철학적, 종교적 우화들을 종합하고 성취하면서 참된 철학, 참된 예배를 확립하고 인간성을 회복할 수 있게 허용한다. 여기에는 신적인 카운슬링의 신비가 나타나는데, 그것이 곧 하나님의 말로 표현할 수 없는 사랑이다. 그 사랑은 그리스도의 다양한 행동으로 나타난다. "그 사랑은 모든 사람에게 모든 것이 되었다. 더욱이 그 자체와 같지 않은 어떤 것이 되지 않았다"538) 이런 사랑이 진실로 말씀(the Word)의 정체성의 원리요 원천이다. 이런 사랑으로 말씀이 인간이 되고, 이 사랑으로 그리스도는 그의 위(位 : person)에서 인성과 신성을 하나가 되게 한다.539) 또한 그의 그리스도적인 사명을 실현한 것도 이런 사랑을 통해서다. 그러므로 사랑은 그리스도의 우화(*traditio Christi*), 그리스도의 낮아짐(*accomodatio Christi*), 십자가의 끌어들임(*attractio Crucis*)을 하나 되게 한다. 이것은 구속 행위의 핵심이다.540)

이러한 것들이 성경의 풍유적 언어 속에 계시된 신비이다. 그것은 진실로 역사 속에 혹은 문자적 의미로 명백해지고, 동시에 풍유의 베일 아래 가려져 있다. 이 베일을 벗기는 것이 풍유적 해석인데, 그것은 또한 두 단계의 이해 곧 문자적(역사적) 의미와 신비적(영적) 의미로 구성되고, 영적인 의미

---

536) *Ratio*, p. 209 II 1-5.
537) *Ratio*, pp. 280~282.
538) *Ratio*, p. 211 II 30-1.
539) *Ratio*, p. 211 I 32 to p. 212 I 2.
540) *Ratio*, pp. 304~307.

는 풍유적(allegory), 비유적(tropology), 신비적 해석(anagogy)으로 나눈다.[541]

에라스무스의 경우 신비적 해석은 도외시한다. 그에게 역사적 의미에서 영적 의미로, 혹은 문자적 의미에서 신비적 의미로 옮기는 것은 풍유적 설명을 꾀하기 위해 역사를 포기하거나 거부하는 것이 아니었다.[542] 오히려 역사를 생명력 있게 하고, 그 안에 문자적 의미에서는 발견되지 못하는 신비를 드러내는 성령을 인식하는 것이었다.

이상에서 에라스무스는 원문 비평연구를 통하여 문자적 해석이나 역사적 해석을 하고 풍유적 해석을 하는 가운데 그리스도의 대속 행위의 비밀을 알게 되고, 사도 바울을 통하여 나타난 성경적 인간론에 도달한 것으로 보인다. 그는 인류를 위해 성육신하시고 대속 행위를 성취하신 그리스도 안에서 고전적 인간론의 한계를 극복하고, 온전한 인간성이 회복되는 길을 보았던 것이다. 필자는 여기에 그의 성경해석론, 나아가 구원론의 핵심이 있다고 본다. 요컨대 문자적 해석에서 구원의 비밀, 믿음의 비밀을 캐는 풍유적인 해석으로 향하고, 마지막으로 우리 신자가 어떻게 행해야 할까와 관련된 비유적(도덕적) 해석으로 나아간다고 할 것이다.

2) 죄와 율법의 개념

여기서는 먼저 죄와 율법에 대한 문자적 의미를 말하고, 다음에 죄와 율법의 더 깊은 의미를 밝히는 풍유적 해석을 하는 것을 보고자 한다. 에라스무스는 *Enchiridion*에서 죄를 원죄의 흔적으로서 소경됨(영적 무지), 육, 연약함에 대해 말하고 있다. "소경됨은 판단을 손상시키고 육은 의지를 타락시키고 연약함은 지조를 파괴한다."[543]

그런데 죄에 대한 정의를 야보고서 1:14, 15절 의역에서는 '죄를 짓는

---

541) *Ratio,* p. 284 II 2-10.
542) *Ratio,* p. 282 I 9.
543) *Enchiridion*, p. 54.

경향'이라고 하고 그런 경향을 '죄의 씨'라고 하는데, 이런 경향은 첫 조상 아담의 범죄로부터 우리의 영혼 안에 심겨진 것이라고 한다.[544] 여기서 '심겨졌다는 것'은 그 씨 곧 욕심이 각 사람 안에서 뿌리를 내리는 것을 말한다. 그래서 그것이 자라 죄를 낳고 죄가 장성하여 사망에 이른다는 말이다. 이것은 '원죄'에 대한 그의 이해와 관련된다. 그는 로마서 5:12절에 대한 주석과 의역에서 '원죄'에 대한 이해를 매우 다르게 했다. 즉 원죄를 아담으로부터 물려받은 죄의 의미로 보지 않고, 아담의 죄를 자유롭게 모방해서 범해진 개인적인 죄로 보았다.[545]

아담을 죄의 근원이라 보지 않고 인간 개개인으로 보았다. 더욱이 하나님이 죄의 창시자가 아니라는 것이다. 롬1:24, 26, 28절의 의역에서 '버려두었다' 대신에 '허용하였다'(has allowed, *passus est*)로 한다. 반면에 그의 주석에서는 παρέδωκεν을 gave up, *tradidit*로 옳게 번역하고 있다. 이것은 인간에게 자유의지를 허용하면서, 죄의 책임이 있음을 말한다.[546] 로마서 9: 17, 18절의 의역에서도 파라오의 마음이 강팍함이 하나님에 의해서가 아니고 그 자신의

----

544) LB 7 1121, 여기서 죄를 결함, 약점, 악습(flaw, *vitium*)으로 본다.

545) LB 6 585 BC, LB 7 792-3, 주석에서 ἐφ' ᾦ를 관계사로 보지 않고 인과적인 접속사로 보았다. Bentley, *Humanists and Holy Writs*, p. 172 참조. 그래서 1519년 이후 "그 안에서 모든 사람이 죄를 범했다"고 하지 않고 "모든 사람이 죄를 범했기 때문에"로 번역하고, 각기 아담의 죄성을 모방하여 죄를 범했다고 해석한다. 이것은 펠라기우스를 따르는 것인데 오리겐, 암브로스, 테오필락트의 견해도 이를 지지한다. 그는 '죄를 모방한다' 든지, '그리스도를 모방한다' 든지 할 때 펠라기우스를 따르지만 그러나 1535년 주석에서 그는 원죄를 결코 부인하지 않으며, 자신이 결코 펠라기우스주의자가 아니라고 한다. 5:12절의 주석은 처음에는 몇 줄이었던 것이 많은 비판과 이에 대한 변명과 반론을 펴는 가운데 하나의 소론으로까지 확대되었다.

546) 1:24절의 주석에서 "하나님이 그들의 마음의 정욕을 통하여 버려두셨다"라고 하고 있다. 이것은 1516년(1판), '그들의 마음의 정욕'에서 1519년(2판) 이후 '그들의 마음의 정욕을 통하여'로 개정한 것임을 말한다. 이때 또한 '하나님이 허용하신다'는 의미를 포함시키고 있다(LB 6 564F-565C). 로마서 1:24,26,28 의역에서는 오리겐, 크리소스톰, 암브로스를 좇아 '허용하신다'로 하고 있다(LB 7 781-2).

완악함과 사악함에 의해 그렇게 된 것으로 분명히 한다.[547]

죄의 결과로 죽음에 이르게 되었는데, 로마서 5장의 의역에서는 아담 한 사람으로 말미암아 모든 사람이 죄를 범하게 되고, 그 결과 죽음의 지배를 받게 된다고 한다. 여기서 죽음은 육신의 죽음보다도 영혼의 죽음을 가리키는 것으로 본다. 즉 죄는 영혼의 독이기 때문에 그 동반자로서 죽음을 가져 왔다고 한다.[548] 5: 21절에 대한 코멘트에서도 가장 실재적인 죽음(the most real death)을 영혼의 죽음이라고 한다.[549] 그런데 로마서 6: 23절의 의역에서는 악마의 보상으로서의 죽음을 말하는데, 이것은 그리스도 안에서 하나님의 은사로서 영생과 대조된다.[550]

에라스무스는 교부들을 좇아 율법은 죄의 창시자가 아니고, 죄를 깨닫게 하는 자라는 것을 강조한다.[551] 이런 율법은 바울이 1, 2장에서 자연법에 대해 말하는 것을 제외하고는 모세의 법을 말하는 것 같다. 한 사람 안에 육신적, 영적인 두 부분이 있는 것처럼 모세의 한 법에도 두 종류가 있다. 즉 저속하고 육신적인 법과 영적인 법으로 전자는 모세에 의해 전해진 것으로 그 효력이 제한적이지만, 후자는 제2의 모세인 그리스도에 의해 주어진 것으로 우리를 구원케 하는 효력이 영구적인 것이다.[552] 이것은 사실 믿음의 법인 복음과 같다. 여기서 육신적인 법으로서의 율법에 대해 더 알아보자.

그는 율법의 육신적인 부분을 주로 할례나 제사 같은 의식들을 가리키는 것 같다. 이런 것들은 그리스도가 오심으로 철저히 폐지되었음을 강조한다. 사실상 그리스도께서 오심으로 성취되었기 때문에, 더 이상 그런 의식이

---

547) LB 7 807-8, 이때 오리겐과 다른 후기 교부들을 따른다.
548) LB 7 792-3.
549) LB 7 794-5.
550) LB 7 796-7.
551) LB 7 798-9.
552) LB 7 800-1.

필요 없게 된 것이다. 그뿐만 아니라 로마서 7:4절의 의역에서 "모세의
전체의 법도, 진리이신 그리스도께서 오신 이후, 문자적인 것과 관련되는
한 폐지되었다"고 한다.[553] 그러나 법의 정신인 사랑의 계명으로서의 율법은
도덕적인 것으로서 결코 폐지되지 않는다. 이것은 그리스도의 오심으로
성취되었고, 인간 안에서도 성취될 수 있으며, 성취되어야 할 법이다.[554]
그는 1519년 로마서 10:4의 주석에서 τέλος를 마침(end, *finis*)이 아니고 완성
(completion, *perfectio*)이라고 번역함으로 그리스도는 율법의 마침이 아니고,
율법의 완성이시라고 했고, 의역에서도 그러했다. 이는 어거스틴을 좇는
것이었다.[555]

한편 1527년 로마서 9:32절의 주석에서 '율법의 일들'을 종전의 '의식의
일들'을 가리키지 않고 '믿음과 사랑이 결여된 일들'로 고친다. 그러나 같은
구절의 의역에서는 고치지 않고 있다. 페인은 이것을 에라스무스가 율법적인
것들로 낙인찍힌 일들의 범위를 넘어 단순히 의식적인 것들을 넘어, 더
넓히는 것 같다고 하면서도, '의역'에서는 여전히 바울에 의해 부인된 율법적
인 의는 육체의 할례나 희생 제사나 결례나 안식일 준수와 같은 의식적인
일들이라고 하면서, 루터적인 비판에 동조하고 있는 듯하다.[556] 그러나
그 '의역'의 윗 부분을 자세히 읽어보면 에라스무스가 의식적인 일들만을
강조하고 있지 않음을 알 수 있다. 그는 "육신에 의한 의의 법을 열심히
따르고 집요하게 붙드는 유대인들은 의의 참된 법에 이르지 못했다. 왜냐하
면 그들은 모세 법의 모든 명령이 목표로 하고 있는 그리스도로부터 벗어났기

---

553) LB 7 797-8.

554) 롬8:3,4절의 의역에서, LB 7 800-1.

555) '로마서 주석', LB 6 617D-E.

556) Payne II, p. 19 ; 삭소니 공의 비서였고 루터의 조력자였던 스팔라티누스(Spalatinus)로
부터의 편지는(1515년 12월) 간접적으로 에라스무스의 '신약성경'에 대한 루터의
비판이었는데 여기에서 율법을 의식적인 준수로만 알고 있으며 원죄의 개념을
파악하지 못한다고 한다(*CE*. Vol. 4, 501:50-5).

때문이다"[557]고 하고 있다.

페인도 에라스무스의 반(反)율법주의를 인정한다. 그러면서도 루터에게서처럼 율법을 성취하신 그리스도로 말미암은 용서된 삶의 기쁨과 이웃에 대한 자유롭고 기쁜 사랑으로 끝나는 삶이 결여되었고, 다만 우리 안에 감응하는 사랑을 일깨우는 선물이요 모범으로서 그리스도의 사랑을 강조한다고 한다.[558] 이런 지적은 맞는 말이지만 그러나 비교에 의한 평가는 에라스무스의 본질적인 면을 가리고, 정당한 평가를 저해하게 한다고 생각한다.

필자가 볼 때, 에라스무스는 율법을 문자적으로 육신적인 의를 추구하게 되면, 결국 형식적인 의식을 준수하게 됨을 인식하고 있었다. 특히 1532년 로마서 3:20 의역에서 "문자적으로 준수할 때 모세의 법은 어떤 사람도 하나님 앞에 의롭게 할 수 없다"고 하고 있는데, 밑줄 친 부분이 1532년에 첨가된 것이다. 또한 3:24에서도 "'모세의 법도, 자연법의 준수도' 의롭다하심을 얻을 수 없다"고 하는데, 이 밑줄 친 부분도 1532년에 첨가되었다.[559] 이와 관련하여 1532년 롬 2:7절의 의역에 대한 변화도 주목된다.

모든 것을 아시는 하나님은……각자에게 그의 행위를 따라 상급을 주실 것이다. 지금 복음의 약속을 의지하고 끈질기게 경건한 행위를 하는 자들에게 영생을 주실 것이다. 그들은 헛되고 덧없는 이 생의 유익을 구하지 않고 오히려 하늘에 있는 영생을 구한다. 이런 사람들에게 하나님은 세상의 부끄러움 대신에 영원한 영광을, 경멸 대신에 명예를, 육신의 절망적인 삶 대신에 영생을 주실 것이다(밑줄 친 부분 1532년에 첨가).[560]

---

557) '로마서 의역' LB 7 809-10.

558) Payne I, p. 74.

559) '로마서 의역', LB 7 786, 786-7.

560) Ibid., 783.

여기서 단순히 '율법의 행위'를 말하지 않고 '복음의 약속'을 의지하고 믿음으로 하는 행위를 말하고 있다. 이것은 3장 20절에서 '율법을 문자적으로 준수하는 행위'와 다르다는 것을 말해 준다. 에라스무스에게 이런 변화의 의미는 그가 율법의 범위를 의식의 준수에만 제한시키지 않았음을 말해 줄 뿐만 아니라, 로마서 3장에서 사도 바울을 통한 복음의 의미를 더 분명히 드러내고자 했음을 말해 준다. 물론 이런 변화에는 루터와의 '자유의지' 논쟁을 통해서 그로 하여금 복음과 은혜와 믿음의 의미를 더 깊이 생각하게 한 점도 작용했을 것으로 보인다.

3) 믿음과 자유의지의 문제

여기에서는 '복음, 은혜, 믿음'의 의미를 문자적으로 밝히고, 신자로서 우리가 어떻게 행해야 되는가, 비유적, 도덕적인 해석으로 나아가는 것을 보고자 한다. 1532년에 수정된 로마서 1장 7절의 의역에서 에라스무스는 은혜와 평강의 의미를 잘 말하고 있다.

나는 여러분들이 이 세상이 보통 하는 식으로 얻고자 기도하는 데에 익숙한 은혜가 아니라, 참되고 새로운 은혜, 즉 복음이라는 참으로 의롭게 하는 믿음의 아낌없는 선물을 가질 수 있기를 원합니다. 또한 나는 은혜로 말미암아 과거의 생활에서 범했던 죄들이 완전히 소멸됨으로 여러분들은 이제 근심에서 벗어남으로, 양심의 평화를 가지고 하나님과의 변함없는 교제를 가질 수 있기를 바랍니다. 이런 두 가지 일들은 인간적 지혜의 힘이 주는 것도, 모세의 율법의 준수가 주는 것도 아닙니다. 대신에 그것들은 모든 사람들에게 아버지 하나님과 그의 아들 예수 그리스도의 특이한 아량에서 비롯됩니다.[561]

---

561) LB 7 779-80.

414

여기서 은혜란 복음의 아낌없는 선물을 말하는데, 복음이란 참으로 의롭
게 하는 믿음의 기쁜 소식임을 알 수 있다. 1532년 1장 13절의 의역에서도
복음의 의미에 대해 새롭게 첨가하고 있다. "나는 복음의 의미를 율법이
약속하고 예표한 하나님의 아들, 예수 그리스도를 믿는 믿음으로 말미암아
의롭게 되는 것이라고 말합니다."562) 그는 1527년 로마서 1장 17절 주석에서
'믿음'의 다양한 개념에 대해 언급하고 있다. 라틴어로 *fides*(faith)는 때때로
약속하는 사람, 때때로 약속을 이행하는 사람, 때때로 믿는 사람, 때때로
믿어지는 사람과 관련된다. 때때로 그것은 일반적으로 "세상에 남겨진
믿음(*fides*)이 없다"고 말할 때, 이것은 사람이 그가 약속한 것을 이행하지
않고, 어떤 사람도 다른 사람을 신뢰하지(*fidere*, trust) 않는 것을 의미하는
것으로 사용된다. 그리스어 πιστις도 때로는 약속하거나 이행하는 사람의
신뢰도를, 때로는 우리가 설득하는 증거를 의미한다.563)

그러나 성경에서는 이런 단어들을 흔히 느슨하게 사용한다. 왜냐하면
거의 희망의 의미로 하나님께 대한 신뢰(*fiducia*, trust)의 의미를 *fides*(faith)로
사용하기 때문이다. 때로는 하나님께 대하여 우리에게 전해진 것들에 대해
동의하는 신념의 의미로 *fides*를 사용하고, 때로는 양자 곧 신뢰와 신념의
의미로 사용하기 때문이다. 지금까지는 '인간의 믿음'에 대해 말했는데,
'하나님의 믿음'에 대해서도 말한다. 하나님은 속이지 않으시기 때문에
'신뢰할 만하다'(trustworthy, *fidus*, πιστός)고 한다. 그러나 인간은 약속하신
이를 믿는 자가 '신뢰할 만하다'고 한다. 때로는 우리가 인간에 대한 신뢰보다
하나님께 대한 신뢰를 '하나님의 믿음'(*fides dei*)이라고도 한다. 이것은 그
믿음이 하나님을 지향하기 때문일 뿐만 아니라 하나님에 의해 주어지기
때문이다.564)

---

562) Ibid.
563) '로마서 주석' LB 6 562 DF.
564) Ibid., 562F-563B.

때로는 1장 17절에서처럼 '하나님과 인간', 양자의 믿음 곧 약속하신 것을 속이지 않으시는 하나님의 믿음과 하나님을 신뢰하는 인간의 믿음에 대해 말한다. 곧 '믿음에서 믿음으로'라는 구절은 양자와 관련된다. 왜냐하면 하나님은 정해진 시기에 자기의 본성을 계시하고 자기의 약속을 이행하기 시작하신 것처럼, 인간의 하나님께 대한 지식과 신뢰도 단계적으로 성장했기 때문이다. 또한 더욱 성장할 것이기 때문이다.[565]

그는 다른 구절들, 예를 들면, 로마서 3장 22절, 4장 22절의 의역에서 각기 신뢰를 덧붙이거나(1532년), 믿음 대신에 신뢰를 사용한다. 또한 로마서 4장 3절, 10장 12절의 의역(1521년)에서 *fides*에서 *fiducia*로 바꾼다. 이것은 믿음으로, 혹은 믿고 소망 가운데 기다림으로(신뢰함으로), 혹은 소망 가운데 기다림으로 의롭다 함을 받게 됨을 말한다. 특히 에라스무스는 '믿음'을 '신뢰'의 의미로 말한 최초의 사람이었다. 이 신뢰는 하나님 편에서 인간에게 외적인 공로로 돌릴 만하다는 것이다. 이 '신뢰의 공로'로 아브라함은 그리스도를 통해 하나님 앞에 '값없이 의롭다 하심'[566]을 받은 것이다. 이것은 루터의 이신칭의(以信稱義)와 본질적인 의미에서 차이가 없다고 본다. 이에 대해 걸림돌이 되는 것이 자유의지의 문제이다. 여기서 에라스무스의 자유의지론에 대해 상세하게 논할 수는 없고 다만 본절에서 관련되는 범위에서만 언급하고자 한다.

그는 로마서 4장 5절의 의역에서 이렇게 말한다.

---

565) Ibid.

566) 로웰 그린(Lowell C. Green)은 '값없이 외적인 공로로 받는 것(*imputare*)'과 '개인 안에 있는 칭찬할만한 공로로 받는 것(*reputare*)'을 에라스무스가 *Enchridion* 이래 이미 처음으로 구분하였고, 이런 문법적인 구분이 멜란히톤(Melanchton)에 의해 체계적으로 '의인(義認)'의 신학으로 발전되어 루터, 캘빈에게도 영향을 미쳤다고 했다("The Influence of Erasmus upon Melanchton, Luther and the Formula of Concord in the Doctrine of Justification", in *Church History*, Vol. 43, Jun., 1974, pp. 185~192).

아브라함의 예를 좇는 이 사람들에게 믿음은 이것을 즉 그들이 율법을 준수함 때문이 아니고, 믿음만(faith alone)으로 인정을 받아 의롭다 여김 받는 '은혜'(필자)를 제공한다. 그런데 아무도 이 은혜를 받는 데에는 강요되지 않고 모두가 초청받는다. 그러므로 우리가 그리스도를 믿는 것은 자유의지의 문제이지 예속의 문제가 아니다. 또한 우리가 그로 말미암아 의인의 수에 들게 되는 것은 은혜의 문제이지 빚진 어떤 문제가 아니다.[567]

여기서 그는 오리겐을 좇아 믿음을 인간 의지가 하나의 자리를 차지하는 공로(merit)로 본다. 그 공로는 내재적인 '적절한 공로(*meritum congruo*)'로 '그 자신 안에 수용된 것(*quod in ipso situm est*)'을 인간은 최대의 힘에 의하여 보여주어야 한다는 것이다. 다시 말해서 도덕적으로 선한 어떤 행위는 특별한 은혜 없이 본성의 힘에 의해 비롯되는데, 이것을 통해서 사람은 '하나님의 은혜를 받을 자격'이 있다는 것이다. 비록 자신의 힘에 의하여 구원에 이르지는 못하지만 상당한 신의 동의에 의하여 은혜를 받을 자격이 있게 된다. 이런 그의 견해는 대체로 오컴적인 경향과 같다고 본다.[568] 그는 자유의지에 관한 논쟁이 어거스틴적 견해나 루터적인 견해나 여러 스콜라 학자들의 견해 사이에 본질적인 의미의 차이보다는 어법이나 용어상의 차이 때문임을 간파했다.

그는 모든 인간의 행위가 의식적(儀式的)인 행동이든, 도덕적인 행동이든, 하나님 앞에 의롭게 될 수 없다는 것을 알았다. 다만 작은 준비를 한다는 점에서, 그것도 하나님의 크신 은혜 가운데서 행해진다는 점에서, 인간에게 '적절한 공로'를 인정한 것 같다. 그에게도 다만 그리스도의 복음을 믿음으로만 의롭게 된다는 것은 분명해 보인다.

'의롭게 됨'은 구원의 과정에서 시작에 불과하다. 그래서 그의 강조점은

---

567) '로마서 의역' LB 7 788.
568) 3장 III 3 참조. 혹은 '에라스무스의 은혜와 자유의지'를 위해서는 Payne I, pp. 74~84.

의롭게 된 이후에 로마서 6장에서처럼 그리스도의 몸에 접붙임(혹은 연합) 받은 자들로서,[569] 우리 신자들이 그리스도의 죽으심과 부활을 모방함으로 써 그리스도를 닮은 도덕적, 영적인 사람이 되는 것이라 생각된다. 이때 죄의 종이 되느냐, 그리스도의 종이 되느냐는 부분적으로 인간의 선택의 자유에 달린 것이라고 한다.[570] 만일 죄에 드려 그 죄에 복종하게 되면 그 열매는 죽음이고, 반면에 그리스도께 드려 그에게 복종하게 되면 성화의 과정을 거쳐 영생에 이르게 된다.

그러면 1527년이나 1532년에 에라스무스가 은혜와 믿음을 강조하게 된 이유가 무엇일까? 페인이나 라빌은 그가 교회의 일치를 위해 복음적인 교리를 수용한 것이지, 그의 견해는 거의 변화가 없다는 입장이다.[571] 말하자면 그는 가톨릭과 프로테스탄트 양측 사이에 교리적인 중재를 위해 가톨릭의 성사 제도들을 비판하면서도 남겨두고, 프로테스탄트의 믿음과 은혜를 강조하는 교리를 수용했다는 것이다. 그러나 아무리 교회의 일치와 평화도 좋지만 자신이 공감하지 않는 교리를 어떻게 수용할 것인가 의문이 든다. 필자는 벤트리의 견해를 더 지지한다. 즉 에라스무스가 그동안 그리스도의 사랑에 의한 도덕적 행위를 강조했지만, 가톨릭과 프로테스탄트 양측이 대립과 분열로 치닫는 위기적 상황에서 모든 사랑의 기초가 되는 믿음으로 돌아왔다는 것이다.[572] 필자는 여기에 덧붙여 그가 오랜 생애에 걸쳐 주로

---

569) 롬6:5절의 주석에서도(LB 6 593 E-F), 의역에서도(LB 7 795), '연합'의 의미로 '접붙임 (graft)'이라는 단어를 사용하고 있다. 캘빈이 '그리스도의 모방' 대신에 '그리스도와 의 연합, 그리스도 안에 접붙임'을 강조한다는 점에서 그 단어의 사용은 주목된다.

570) 롬 6:16절 의역에서, LB 7 796-7.

571) Payne IV, pp. 328~330(페인은 교회의 일치와 평화를 위해 루터적 교리를 수용하였고, 특히 멜란히톤이 루터와 에라스무스 사이에 중재적인 태도가 많이 작용했을 것이라 고 한다) ; Rabil I, p. 138(라빌도 거의 같은 입장이다. 다만 그는 에라스무스가 자신의 기본적인 시각을 유지하면서 개혁자들의 주장을 수용할 만큼 유연성이 있었다는 것에 그의 위대성이 있다고 한다).

572) Bentley, pp. 190~191.

418

신약성경이지만 말씀을 연구하고 묵상하는 가운데 가장 합당한 의미와
해석을 내놓고자 했기 때문이라고 생각한다.

4. 맺음말

14세기에서 16세기에 이르는 소위 르네상스 시대는 정치, 사회, 경제적,
문화적으로 근대적 요소가 싹트면서 중세적인 요소도 남아 있었다. 사람들은
농촌보다는 도시에 살면서 자신의 개성과 경험을 존중하며, 세속화 되어
가고 있었다. 이런 가운데서 사람들은 도덕적, 영적으로 갈등하면서 새로운
구원을 갈망하였다. 그러나 그 당시 스콜라 신학자들이나 성직자들은 대체로
이런 갈망을 채워줄 수 없었다. 그래서 이런 위기에 직면하여 나타난 것이
신비주의(Mysticism), 유명론(Nominalism) 혹은 *Via Moderna* 운동, 인문주의
(Humanism) 운동이었다.573)

이런 배경에서 에라스무스(1466~1536)는 휴머니즘 운동을 유럽 전역에
확산시키고 결산하는 중요한 역할을 수행하였다. 무엇보다도 그는 원문
비평연구를 주로 신약성경이지만 성경과 교부들 연구에 적용하였다. 그래서
되도록 정확한 그리스어 원문과 라틴어 원문에 접함으로써 올바른 성경
해석 다시 말해서 문법적, 역사적 해석을 가능하게 하고, 이를 토대로 더
깊은 영적인 해석 곧 풍유적, 도덕적 해석을 할 수 있게 되었다. 이것은
영적, 도덕적 새로운 구원을 갈망하는 일반 신자들이 성경을 쉽게 접하고,
그리스도를 만날 수 있게 하였다. 그것은 또한 그가 바란 대로 후에 젊고
재능이 있는 신학자들이 쉽고 재미있게 시간을 덜 낭비하고, 성경을 연구할
수 있는 길을 예비하기 위한 뜻도 있었다.574)

루터는 성경에 대한 원문 비평연구가 하나님의 섭리 가운데 이루어진

---

573) 신비주의, 유명론, 인문주의의 관계에 대해서는 2장 참조.
574) '주석 서문' *CE*, Vol. 3, 373:161-69.

일이라고 했다. 왜냐하면 하나님이 그의 지혜와 섭리로 교리의 정화와 개혁이 일어날 수 있는 수단들을 제공했기 때문이었다.[575] 이 말은 누구보다도 에라스무스에게 돌아가야 할 말이라 생각된다. 에라스무스의 원문 비평연구와 성경 해석은 그의 후배들이요 젊은 개혁가들인 츠빙글리(1484~1531), 루터(1483~1546), 부서(Bucer, 1491~1551), 멜란히톤(1497~1560), 캘빈(1509~1564) 등에게 참된 신학을 할 수 있는 길을 열어주었다.

그의 '신약성경' 서두에 실린 *Paraclesis*에서 그는 앞으로 올 시대의 위대한 신학자란 스코투스나 토마스나 아베로이스(Averroës) 같은 자들이 아니고 또 이런 자들을 추종하는 자가 아니고, 성경 저자들을 따르고, 이들을 통해서 그리스도의 말씀을 받아들이고, 붙들고, 행하는 자라고 하였다. 성경을 사랑하는 것이 진정으로 그리스도를 사랑하는 길임을 믿었다.[576]

그는 주로 문법학자로서 원문 비평연구를 했지만, 불가피하게 성경 해석을 하지 않으면 안 되었다. 그의 성경해석에는 뒤에 멜란히톤이나 루터나 캘빈이나 심지어 웨슬리에 의해서 더 정교하게 다듬어질 의롭게 됨 곧 '의인(義認)', '그리스도와의 연합'(주로 '그리스도의 모방'으로 나타나지만) '성화의 과정', '자유의지 문제' 등이 포함되어 있었다.

이런 점에서 그는 그 자신이 의식을 하든, 하지 않았든, 또 개혁가들이 인정하든, 하지 않든, 종교개혁을 예비하였다. 그는 비록 가톨릭 교회를 떠나지 않고 교회 안에서의 개혁을 주장하였지만, 베인튼이 말한 대로 로마 가톨릭 교회가 유일한 교회가 아님을 알았다.[577] 그는 그리스도를 머리로 하는 '보편 교회(universal church)'는 하나지만 그 안에 여러 교회들이 있을 수 있다고 했다.[578]

---

575) McGrath, op. cit., p. 137.
576) *Paraclecis*, pp. 104~105.
577) Bainton II, p. 72.
578) 마가복음 4:40 의역, LB 7 192.

420

이렇게 해서 그는 학문과 경건, 문화와 종교의 결합을 꾀함으로 그 시대의 사회와 교회와 문화를 개혁하고자 하였다. 이것은 그의 실제적 중요한 공헌이었다. 그는 이것을 '좋은 문학(*bonae litterae*)'과 '성문학(*sacrae litterae*)'의 결합을 통해 이루었다.[579] 이런 결합은 바로 성육신하시고 대속의 죽음을 담당하시고 부활하신 그리스도 안에서 성취될 수 있었다. 이것은 곧 '인간성(*humanitas*)'과 '경건(*pietas*)'의 결합이었다.[580] 이런 결합은 그가 자주 사용하는 용어인 '그리스도의 철학(*philosophia Christi*)'에서 잘 나타난다. *Paraclecis*에서 그는 이렇게 말한다. "그리스도 자신이 거듭남이라고 칭한 그리스도의 철학이란 본래 잘 형성된 인간성의 회복 외에 다른 무엇인가?"[581] 그리스도는 모든 철학자, 성현, 선지자들의 가르침과 철학을 온전히 계시하고 성취하셨다. 에라스무스는 이 그리스도의 말씀을 사랑하고, 연구하고, 전파하고자, 힘쓴 빼어난 성서 신학자였다.

---

579) Cornelis Augustijn, *Erasmus : His Life, Works and Influence*, trans., J. C. Grayson(Uni. of Toronto Press, 1991), '좋은 문학'은 단순히 순문학이나 문학 연구를 의미하지 않고 학문, 지식, 지혜에 이르는 통로였다. p. 18, p. 104.
580) Rabil II, p. 227, 230, 233, 234, 243.
581) *Paraclecis*, p. 100.

참고문헌

Ⅰ. 1차 사료

Plato, "Timaeus", trans. Benjamin Jowett, in *The Collected Dialogues of Plato*, ed. Edith Hamilton & Huntington Cairns(Princeton Uni. Press, 1973). 이하 *The Collected Dialogues* 라고 한다.

Plato, "Phaedrus" in *The Collected Dialogues*.

Plato, "Symposium" in *The Collected Dialogues*.

Aristotle, *Selections*, ed. W. D. Ross(Charles Scribner's Sons, 1938).

Virgil, *Aeneid*, Trans. Frederick Holland Dewey(New York, 1917).

Augustine, *The Confessions*, trans. Edward B. Pusey, in *Great Books the Western World* ed. Robert M. Hutchins, 18(Encyclopaedia Britannica Inc. 1987), 이하 *The Great Books*라 약함.

Augustine, *The City of God*, trans. Marcus Dods, in *The Great Books*.

T. Aquinas, *Summa Theologica*, trans. Fathers of the English Dominican Province, Revised by Daniel J. Sullivan, 2vols. in *The Great Books* 19, 20.

W. Ockham, *Tractatus de Praedestinatione et de Praescientia Dei et de Futuris Contingentibus* ed. Ph. Boehner, St. Bonaventure(N.Y. 1945).

W. Ockham, *Quodibeta Septem*(Paris, 1487).

F. Petrarch, *Petrarch's Secret or The Soul's Conflict with Passion*, trans. W. H. Draper(London, 1911).

F. Petrarch, *De otio religioso* ed. Giuseppe Rotondi(Citt del Vaticano, 1958).

F. Petrarch, *Letters from Petrarch*, ed. & trans. M. Bishop(Bloomington, IN. 1966).

F. Petrarch, "On His Own Ignorance and That of Many Others", trans. Hans Nachod, in *The Renaissance Philosophy of Man*, ed. Ernst Cassirer, Paul O. Kristeller, John H. Randall Jr.(The Uni. of Chicago Press, 1948), 이하 *The Renaissance*

*Philosophy of Man*이라 약함.

L. Valla, *Repastinatio dialetice et philosophie*, ed. G. Zippel(Venice, 1509).

L. Valla, *De Vero Falsoque Bono*, trans. Abaris Books, Inc.(New York. 1977).

L. Valla, "Dialogue on Free Will" trans. C. Trinkaus, in *The Renaissance Philosophy of Man*.

Marsilio Ficino, *Platonic Theology*, ed. J. Hankins, trans. Latin to English, by Michael J. B. Allen with John Warden, 6 Vols.(Harvard Uni. Press, 2001~2006).

J. Colet, *An Exposition of St. Paul's Epistle to the Romans, delivered as Lectures in the University of Oxford about 1497*, trans. J. H. Lupton(London, 1873).

J. Colet, *An Exposition of St. Paul's Epistle To the Corinthians*, trans., Introduct. & Note, J. H. Lupton(London, 1874).

J. Colet, *John Colet's Commentary on First Corinthians : A New Edition of the Latin Text*, with Trans., Annos & Intro., Bernard O'kelly & Catherine A. L. Jarrott(*Medieval & Renaissance Texts & Studies*, Vol. 21, Binghamton, New York, 1985).

J. Colet, *Colet's Commentary on the Celestial Hierarchy of Dionysius ; his Commentary on the Ecclesiastical Hierarchy of Dionysius ; and De Sacramentis: Colet's treatise on the sacraments*, copied c. 1504-10 by Pieter Meghen of Bois-le-Duc, at British Library, London(Additional Manuscripts, 63853).

J. Colet, *A Treatise on the Sacraments by John Colet*, trans. in J. B. Gleason, *John Colet*(Uni. of California Press, Berkley, California, 1989), pp. 270~333.

D. Erasmus, *Disputatiuncula de taedio, pavore, tristicia Jesu*(A Short Debate Concerning the Distress, Alarm, and Sorrow of Jesus), ed. John W. O'Malley, trans. & annot. Michael J. Heath, in *Collected Works of Erasmus* Vol. 29(Uni. of Toronto Press, 1998). *Collected Works of Erasmus*를 이하 *CWE*라 약함.

D. Erasmus, *The Lives of Jehan Vitrier and John Colet*, trans. with Notes and Apprentices, by J. H. Lupton(London, 1883).

D. Erasmus, *Enchiridion miltis christiani*(*The Handbook of the Christian Soldier*) trans. & anno. Charles Fantazzi, in *CWE* ed. John W. O'Mally, Vol. 66(Uni. of Toronto Press, 1988).

D. Erasmus, "*Dulce bellum inexpertis*", in *Erasmus on his Times: A Shotened Version of the Adages of Erasmus*, trans. & ed. M. M. Phillips(Cambridge Uni. Press, 1980).

D. Erasmus, "*Querela Pacis*", in *The Essential Erasmus*, trans. & ed. John P. Dolan(A

Mentor Books).

D. Erasmus, *"Paraclesis"*, in John C. Olin, *Christian Humanism. and the Reformation*(New York, Fordahm Uni. Press, 1976). 이하 Olin, *Christian Humanism*이라 약함.

D. Erasmus, "Ratio Verae Thologiae", Georges G. Chantraine in *Essays on Works of Erasmus*, ed. Richard L. DeMolen(Yale Uni. Press, 1978), pp. 179~185.

D. Erasmus, *CWE* Vol. 42, *Paraphrases on Romansand Galatians*, trans. & Anno., John B. Payne, Albet Rabil Jr. and Warren S. Smith Jr.(Uni of Toronto Press, 1984).

D. Erasmus, *CWE*, Vol. 56, *Annotations on Romans*, trans. & annot., John B. Payne, Albert Rabil Jr., Robert D. Sider and Warren S. Smith Jr.(Uni of Toronto Press. 1994).

D. Erasmus, *Inquisitio De Fide*, ed. Craig R. Thompson(Yale Uni. Press, 1950).

D. Erasmus, "The Axiomata", in Olin, *Christian Humanism*.

D. Erasmus, *On the Freedom of the Will, a diatribe or discourse*, trans. Gordon Rupp, in *The Library of Christian Classics* XVII(이하 *The Cristian Classics*라 약함, Philadelphia : The Westminster Press. 1969).

D. Erasmus, *Hyperaspistes* I, II, LBX, ed. J. Le Clerc, trans. C. Trinkaus(Leiden, 1706).

D. Erasmus, *CWE*, Vol. 1-11, *The Correspondence of Erasmus*, trans. R. A. B. Mynors and D. F. Thomson, Anno., James K. McConica (Uni of Toronto Press, 1974~1994).

D. Erasmus, *Praise of Fplly*, trans. Betty Radice(Penguin Books, 1971).

D. Erasmus, *The Education of a Christian Prince*, trans. & ed. Lester Born(New York, 1936).

M. Luther, *On the Bondage of the Will*, trans. Philip S. Watson, in *The Christian Classics*.

M. Luther, *The Table Talk*, trans. & ed. P. Smith, H. P. Gallinger(Keats Publishing, Inc, 1977).

P. Vergil, *The Anglica Historia of Polydore Vergil AD. 1485-1537*, trans. & ed. Denys Hay(London : Royal Historical Society, 1950).

J. Foxe, *The Ecclesiastical History, Containing the Ats and Monuments of Martyrs*(London, 1570).

424

II. 2차 사료

1. 연구서

A. Hyma, *Renaissance to Reformation*(WM. B. Eerdmans Publishing Company, 1951).

A. Hyma, *The Christian Renaissnce*(The Century Co. 1924).

Alan Bullock, *The Humanist Tradition in the West*(W. W. Norton & Company, 1985).

Albert Rabil Jr., *Erasmus and the New Testament : The Mind of A Christian Humanist*(Trinity Uni. Press, 1972).

Alister E. McGrath, *The Intellectual Origins of the European Reformation*(New York : Basil Blackwell Inc., 1987).

C. Dawson, *The Making of Europe*(New York, 1969).

C. Haigh, *English Reformation : Religion, Politics, and Society under the Tudors*(Clarendon, Oxford, 1993).

C. Harper-Bill, *The Pre-Reformation Church in England, 1400-1530*(Boydell Press, Woodbridge, 1989).

Charles G. Nauert, Jr., *Humanism and the Culture of Renaissance Europe*(Cambridge Uni. Press, 1995).

Charles Trinkaus, "Human Existence and Divine Providence in Early Humanist Moral Theology" ; "Introduction : Salutati's Programmatic Response to Giovanni Dominici" ; "Petrarch : Man Between Despair and Grace" ; "Coluccio Salutat i : the Will Triumphant" ; "Lorenzo Valla : Voluptas et Fruitio, Verba Res" ; "Introduction : The Themes and Their Precedents" ; "The Human Condition in Humanist Thought : Man's Dignity and His Misery" ; "Unity and Plurality in the Humanist Visions of Man and God : An Appraisal". 이상 *In Our Image and Likeness : Humanity and Divinity in Italian Humanist Thought*, 2 Vols(The Uni. of Chicago Press, 1970).

Charles Trinkaus, "Renaissance Humanism, Its Formation and Development" ; "Themes for a Renaissance Anthropology" ; "Introduction" ; "A Humanist's Image of Humanism : The Inaugural Orations of Bartolommeo della Fonte" ; "Renaissance Idea of Man's Dignity" ; "The Problem of Free Will in the Renaissance and the Reformation" ; "Erasmus, Augustine, and the Nominalists". 이상 *The Scope of Renaissance Humanism*(The Uni of Michigan Press, 1983).

Charles Trinkaus, *The Poet as Philosopher : Petrarch and the Formation of Renaissance Consciousness*(New Haven, 1979).

Cornelis Augustijn, *Erasmus, His LIfe, Works, and Influence*, trans. J. C. Grayson(Uni. of Toronto Press, 1991).

Crane Brinton, *Ideas and Men : The Story of Western Thought*(Prentice-Hall, Inc., Englewood Cliffs, N. J., 2nd. Edition, 1963).

David Knowles, *The Evolution of Medieval Thought*(Longman, 1988).

Denys Hay, *The Italian Renaissance in Its Historical Background*(Cambridge Uni. Press. 1961).

Denys Hay & John Law, *Italy in the Age of the Renaissance*, 1380-1530(Longman History of Italy, 1989).

Denys Hay, *Europe in the 14th and 15th Centuries*(A Longman Paperback, 1976).

Denys Hay, *Renaissance Essays*(The Hambledon Press, 1988).

Douglas Bush, *The Renaissnce and English Humanism*(Uni. of Toronto Press, 1939).

E. A. Moody, *The Logic of William of Ockham*(New York, 1935).

E. H. Harbison, *The Christian Scholar in the Age of the Reformation*(New York, 1956).

E. H. Harbison, *Essays in Memory of E. H. Harbison : Action and Conviction in Early Modern Europe*, ed. Theodore K. Rabb, Jerrold E. Seigel(Princeton Uni. Press, 1969).

E. W. Hunt, *Dean Colet and His Theology*(London, 1956).

E. W. Kohls, *Die Theologie des Erasmus*, 2 Vols(Basel, 1966).

Erika Rummel, *Erasmus Annotations on the New Testament*(Toronto Uni. Press, 1986).

Erwin Panofsky, *Renaissance and Renascences in Western Art*(Stockholm, 1960).

Eugenio Garin, *Italian Humanism : Philosophy and Civic Life in the Renaissance*, trans. Peter Munz(Harper&Row, 1965).

Federico Chabod, *Machiavelli and The Renaissance*, trans. David Moore(Harper Torchbooks, 1965).

Fernández, *The State, War, Peace : Spanish Political Thought ; 1516~1559* (Cambridge Uni. Press, 1977).

Gebhardt Georg, *Die Stellung des Erasmus von Rotterdam zur Römischen Kirche*(Marburg A.L., 1967).

Gene Brucker, *The Civic World of Early Renaissance Florence*(Princeton, 1977).

Georgy A. Kennedy, *Classical Rhetoric and Its Christian and Secular Tradition From Ancient To Modern Times*(The Uni of North Carolina Press, 1980).

Gerhard Oestreich, *Neostoicism and the Early Modern State*, trans. David Mclintock(Cambridge Uni. Press, 1982).

H. Bentley, *Humanists and Holy Writ*(Princeton, 1983).

H. Lucas, *The Renaissance and the Reformation*(Harper and London, 1934).

Hans Baron, *The Crisis of the Early Italian Renaissance : Civic Humanism and Republican Liberty in an Age of Classicism and Tyranny*(Princeton Uni. Press, 1966).

Hans Baron, *Humanistic and Political Literature in Florence and Venice at the Beginning of the Quattrocento*(Oxford Uni. Press, 1955).

Hans Baron, *In Search of Florentine Civic Humanism: Essays on the Transition from Medieval to Modern Thought*, 2 Vols(Princeton Uni. Press, 1988).

Heiko A. Oberman, *The Harvest of Late Medieval Theology : Gabriel Biel and Late Medieval Nominalism*(Grand Rapids, 1967).

J. A. Froude, *Life and Letters of Erasmus*(London, 1923).

J. Arnold, *Dean John Colet of St. Paul's : Humanism and Reform in Early Tudor England*(I.B. Tauris, New York, 2007).

J. B. Gleason, *John Colet*(Uni. of California Press, Berkley, California, 1989).

J. B. Trapp, *Erasmus, Colet and More : The early Tudor Humanists and their Books*, The British Library(London, 1991).

J. E. Seigel, *Rhetoric and Philosophy in Renaissance Humanism*(Princeton, 1968).

J. G. A. Pocock, *The Machiavellian Moment: Florentine Political Thought and the Atlantic Republican Tradition*(Princeton, 1975).

J. H. Robinson & H. W. Rolfe, *Petrarch : The First Modern Scholar and Man Letters*(New York, 1898).

J. Huizinga, *Erasmus and the Age of Reformation*, trans. F. Hopman(Harper Torchbooks, 1957).

Jacob Burckhardt, ed. James Hastings Nichols, *Force and Freedom : Reflections On History*(Pantheon Books Inc. N.Y., 1943).

Jacob Burckhardt, *The Civilization of the Renaissance in Italy*, trans. S. G. C. Middlemore(New York : The Macmillian, 1890).

James McConica, *Erasmus*(Oxford Uni. Press, 1991).

John B. Payne, *Erasmus : His Theology of Sacraments*(ME, Brathcher, 1970).

John C. Olin, *Christian Humanism and the Reformation*(New York, Fordham Uni. Press, 1976).

Joseph Lupton, *A Life of John Colet, D.D.*(Lodon, 1887).

Klaus Heitmann, *Fortuna und Virtus, Eine Studie zu Petrarcas Lebensweisheit, Studi italiani*, Vol. I(Köln-Graz, 1958).

L. Miles, *John Colet and the Platonic Tradition*(Lasslle, Illinois, 1961).

L. Spitz, *The Religious Renaissance of the German Humanists*(Harvard Uni. Press, 1963).

Lauro Martines, *The Social World of the Florentine Humanists*, 1390~1460 (Princeton, 1963).

Louis Bouyer, *Erasmus and His Times*, trans. Francis Murphy(The Newman Press, 1959).

M. M. Phillips, *Erasmus and the Nothern Renaissance*(Collier Books, 1959).

Marjorie O. Boyle, *Erasmus on Language and Method in Theology*(Uni. of Toronto Press, 1977).

Marjorie O. Boyle, *Changing Pagan Mysteries : Erasmus in Pursuit of Wisdom*(Uni. of Toronto Press, 1981).

Marjorie O. Boyle, *Rhetoric and Reform: Erasmus' Civil Dispute with Luther*(Harvard Uni. Press, 1983).

McSorley, *Luther : Right or Wrong? An Ecumenical-Theological Study of Luther's Major Work, The Bobdage of the Will*(New York and Minneapolis, 1969).

Myron P. Gilmore, *The World of Humanism*(New York, 1962).

Nicholas Mann, *Petrarch*(Oxford Uni. Press, 1984).

P. S. Allen, *The Age of Erasmus*(Oxford, 1914).

P. S. Allen, *Erasmus, Lectures and Wayfaring Sketches*(Oxford, 1934).

P. Smith, *Erasmus*(New York, 1923).

Paul O. Kristeller, "The Humanist Movement" ; "Humanism and Scholasticism in the Italian Renaissance" ; "Paganism and Christianity". 이상 *Renaissance Thought: The Classic, Scholastic and Humanist Strains*(Harper Torchbooks, 1961).

Paul O. Kristeller, "The Medieval Antecedents of Renaissance Humanism" ; "Petrarch" ; "Valla" ; "Ficino". 이상 *Eight Philosophers of the Italian Renaissance*(Stanford Uni. Press, 1964).

Paul Vignaux, *Justification et Prédestination au XIV siécle*(Paris, 1934).

Peter Iver Kaufman, *Augustinian Piety and Catholic Reform : Augustine, Colet and Erasmus*(Mercer Uni. Press, 1982).

Quentin Skinner, *The Foundations of Modern Political Thought*, Vol. I.(*The Renaissance*)(Cambridge, 1978).

Quirinus Breen, *Christianity and Humanism*(William B. Eerdmans Publishing Co., 1968).

Richard L. De Molen, ed., *Essays on the Works of Erasmus*(Yale Uni. Press, 1978). 이하 *Essays on the Works of Erasmus*라 약함.

R. H. Bainton, *Erasmus of Christendom*(Collins Fontana Library, 1972).

R. H. Bainton, *Here I Stand : A Life of Martin Luther*(Abingdon, Parthenon Press,

428

1978).

R. H. Bainton, *Chritian Attitudes Toward War and Peace*(Abingdon, Parthenon Press, 1978).

R. R. Post, *The Modern Devotion*(Leiden, 1968).

R. Rex, *The Theology of John Fisher*(Cambridge Uni, Press, 1991).

Rhee Hyungki, *A Study of Man in Erasmus and Luther*(Drew Uni., 1980).

S. Brigden, *London and the Reformation*(Oxford Uni. Press, 1989).

S. C. Tornay, *Ockham, Studies and Selections*(La Salle, Ill. 1938).

Samuel Knight, *The Life of Dr. John Colet, Dean of St. Paul's in the Reigns of K. Henry VII and K. Henry VIII and Founder of St. Paul's School*(London, 1724).

Sears Jayne, *John Colet and Marsilio*(Oxford Uni. Press, 1963).

T. A. Dorey, ed., *Erasmus*(University of New Mexico Press, 1970).

The New Cambridge Modern History, Vol. I.(*The Renaissance*) ed. G. R. Potter (1957).

Thomas G. Bergin, ed. *Petrarch, Selected Sonnets, Odes and Letters*(New York, 1966).

Ullmann, *Medieval Political Thought*(Penguin Books, 1979).

Wallace K. Ferguson, *The Renaissance in Historical Thought : Five Centuries of Interpretation*(Moughton Miffling Co., 1948).

Wallace K. Ferguson, *Europe in Transition 1300-1520*(Houghton, Mifflin Company, Boston, 1962).

2. 논문

Alan Fisher, "The Projet of Humanism and Valla's imperial Metaphor", in *Journal of Medieval and Renaissance Studies*(1993, Fall).

Albert Rabil Jr., "Petrarch, Augustine and the Classical Christian Tradition" in *Renaissance Humanism*, Vol. I. ed. Albert Rabil Jr.(The Uni. of Pennsylvania Press, 1988). 이하 *Renaissance Humanism*이라 약함.

Albert Rabil Jr., "Desiderius Erasmus", in *Renaissance Humanism* Vol. 2.

Albert Rabil Jr., "The Significance of Civic Humanism in the Interpretation of the Italian Renaissance" in *Renaissance Humanism*, Vol. I.

B. A. Gerrish, "*De Libero Arbitrio*(1524) : Erasmus on Piety, Theology and the Lutheran Dogma", in De Molen ed., *Essays on the Works of Erasmus*.

C. A. L. Jarrott, "Erasmus' Biblical Humanism" in *Studies in the Renaissance*, Vol.XVII.

C. A. L. Jarrott, "Erasmus's Annotations and Colet's Commentaries on Paul : A Comparison of Some Theological Themes" in R. L. De Molen ed., *Essays on the Works of Erasmus*(Yale Uni. Press, 1978), pp. 125~144.

C. Augustijn, "The Ecclesiology of Erasmus" in *Scrinium* II, pp. 135~155.

Charles Trinkaus, "Italian Humanism and Scholastic Theology" in *Renaissance Humanism* Vol. III.

Charles Trinkaus, "Valla : Introduction" in *Renaissance Philosophy of Man*.

Daniel T. Lochman, "Colet and Erasmus : The Disputatiuncula and the Controversy of Letter and Spirit" in *Sixteenth Century Journal*, XX, NO.1(1989).

E. F. Jacob, "Christian Humanism" in *Europe in the Late Middle Ages*, ed. J. R. Hale, J. R. L. Highfield, B. Smalley(Faber & Faber, London, 1970).

E. F. Rice Jr., "John Colet and the Annihilation of the Natural", *The Harvard Theological Review* 45(1952).

Erika Rummel, "The Conflict Between Humanism and Scholastics revisited", *The Sixteenth Century Journal* XXIII, No.4(1992).

Ernest A. Moody, "Ockhamism" in *Encyclopedia of Philosophy*, Vol. 5(New York, 1968).

Ernest A. Moody, "William of Ockham" in *The Encyclopedia of Philosophy*, Vol. 8(1975).

G. Gál, "Adam of Wodeham's Question on the 'complexe siginificabile' as the immediate Object of scientific Knowledge," *Franciscan Studies*, 37(1977).

George Sarton, "Science in the Renaissance" in J. W. Thompson et al., *The Civilization of the Renaissance*(Uni. of Chicago Press, 1929).

Gottfried G. Krodel, "Erasmus-Luther : One Theology, One Method, Two Results" in *Concordia Theological Monthly*, Vol. XLI(1970).

H. C. Porter, "The Gloomy Dean and the Law", in G. V. Bennett and J. D. Walsh eds., *Essays in Modern English Church History in Memory of Norman Sykes*(Black, London, 1966).

Hans Baron, "Moot Problem of Renaissance Interpretation : An Answer to Wallace K. Ferguson" in *Journal of the History of Ideas,* Vol. XIX, 1958, No. 1(1955).

Heiko A. Oberman, "The Shape of Late Medieval Thought : The Birthpangs of the Modern Era" in *The Pursuit of Holiness. in Late Medieval and Renaissance Religion* ed. C. Trinkaus with H. Oberman(Leiden, 1974). 이하 *The Pursuit of Holiness*라 약함.

Henk Jan De Jonge, "*Novum Testamentum a Nobis Versum* : The Essence of Erasmus' Edition of the New Testament", *Journal of Theological Studies*, Vol. 35(Oct.,

430

1984).

J. B. Korolec, "Free Will and Free Choice" in *The Cambridge History of Later Medieval Philosophy*, ed. Norman Kretzmann, Anthony Kenny, Jan Pinborg(Cambridge Uni. Press 1982).

J. B. Trapp, "John Colet, His Manuscrips and the Psudo-Dionysius" in R. R. Bolgar ed., *Classical Influences on European Culture, 1500-1700 : Proceedings of an International Conference held at King's College, Cambridge, April 1974*(Cambridge Uni. Press, 1976), pp. 205~222.

J. Huizinga, "The Problem of the Renaissance" in *Men and Ideas*, trans. James S. Holmes & Hans van Marle(Princeton Uni. Press, 1984).

Jaroslav Peikan, "From Reformation Theology to Christian Humanism", *Lutheran Forum*(Advent, 1982).

John B. Payne, "Erasmus : Interpreter of Romans", *Sixteenth Century Essays and Studies*, Vol. 2(Jan., 1971).

John B. Payne, "The Significance of Lutheranizing Changes in Erasmus' Interpretation of Paul's Letter to the Romans and Galatians in His Annotations and Paraphrases 1532", read in *Colloque International d' Histoire de l'Exégèse Biblique au xvie Siécle*(Geneva, 1976), pp. 312~330.

John B. Payne, "Toward the Hermeneutics of Erasmus", *Scrimium Erasmianum*, Vol. 2, ed. J. Coppens(Leiden, 1969).

John C. Olin, "The Pacifism of Erasmus", *Thought* 50, No. 199(Dec., 1975).

John C. Olin. "Erasmus and Saint Jerome : The Close Bond and Its Significance", *ERSY* 7(1987), pp. 33~53.

John F. D'Amico, "Humanism and Pre-Reformation Theology" in *Renaissance Humanism*, Vol. III.

John M. Najemy, "Review of In Search of Florentine Civic Humanism : Essays on the Transition from Medieval to Modern Thought by Hans Baron", *Renaissance Quarterly*, Vol. XLX, No.2(1992).

John Monfasani, "Humanism and Rhetoric" in *Renaissance Humanism*, Vol. III.

John W. O'Malley, "Erasmus and Luther, Continuity and Discontinuity as Key to their Conflict", *Sixteenth Century Journal*, V. 2(Oct., 1974).

José Fernández, "Erasmus on the just war", in *Journal of the History of Ideas*, Vol. XXXIV, No. 2(1973, Apr.~Jun.).

Judith C. Brown, "Prosperity or Hard Times in Renaissance Italy?", *Renaissance Quarterly*,

Vol. XLII, No. 4(1989).

Lowell Green, "The Influence of Erasmus upon Melanchton, Luther and the Formula of Concord in the Doctrine of Justification", in *Church History*, Vol. 43(Jun., 1974).

Lynn Thorndike, "Renaissance or Prenaissance?" in *Journal of the History of Ideas* IV(1943).

Maristella Lorch, "Introduction" in *De vero Falsoque Bono*(Abaris Books, 1977).

Maristella Lorch, "Lornzo Valla" in *Renaissance Humanism,* Vol. I.

Maristella Lorch, "Petrarch, Cicero and the Classical Pagan Tradition" in *Renaissance Humanism,* Vol. I.

Marjorie O. Boyle, "Erasmus and the modern Question : was He Semi-Pelagian?" in *Archiv für Reformationsgeschichte* 75(1984).

Marjorie O. Boyle, "Stoic Luther : Paradoxical Sin and Necessity", in *Archiv für Reformationsgeschichte,* 73(1982).

Myron P. Gilmore, "Italian Reaction to Erasmian Humanism" in *Itinerarium Italicum* ed. Heiko A. Oberman with Thomas Brady Jr.(Leiden, 1975).

N. P. Zacour, "Political authority in the late middle ages" in *Great Problems in European Civilization,* ed. Kenneth M. Setton, Henry R. Winkler(N. J. : Prentice Hall, Inc., 1966).

P. I. Kaufman, "John Colet's *Opus de Sacramentis* and Clerical Anticlericalism : The Limitations of 'Ordinary Wayes'", *The Journal of British Studies,* 22(1982), pp. 1~22.

P. I. Kaufman, "John Colet and Erasmus's Enchiridion", *Church Histoty,* 46(1977), pp. 296~312.

P. S. Allen, "Dean Colet and Archbishop Warham", *EHR,* 17(1902).

Paul O. Kristeller, "Florentine Platonism and Its Relations with Humanism and Scholasticim", *Chrch History* 8(1939).

Paul O. Kristeller, "Changing Views of the Intellectual History of the Renaissance since Jacob Burckhardt", in *The Renaissance: A Reconsideration of the Theories and Interpretations of the Age,* ed. Tinsley Helton(The Uni of Wisconsin Press, 1964).

Paul O. Kristeller, "Erasmus from an Italian Perspective", *Renaissance Quarterly,* Vol. XXIII, No.1(Spring 1970).

Paul O. Kristeller, "History of Philosophy and History of Ideas" in *Renaissance Concepts of Man and Other Essays*(Harper & Row Publishers, 1972).

Paul O. Kristeller, "Augustine and the Early Renaissance" in *Studies, in Renaissance Thought and Letters*, Vol. I(Rome, 1985).

R. Bainton, "The Paraphrases of Erasmus", *Archiv für Reformationsgeschichte*, NO. 57(1966).

R. Bainton, "The *Querela Pacis* of Erasmus, Classical and Christian Sources", in *Archiv für Reformationsgeschichte* IX II(1951).

V. Cioffari, "Fortune, Fate and Chance" in *Dictionary of the History of Ideas*, Vol.II(Charles Scribner's Sons, Publishers, 1978).

V. Kahn, "The Rhetoric of Faith and the Use of Usage in Lorenzo Valla's De libero arbitrio", *Journal of Medieval and Renaissance Studies* 13(1983).

Vito R. Giustiniani, "Homo, Humanus, and the Meanings of Humanism", *Journal of History of Idea*, Vol. XLVI, No. 2(1985).

Wallace K. Ferguson, "The Church in a Changing World : A Contribution to the Interpretation of the Renaissance", *The American Historical Review*, Vol. LIX. No.1(1953).

Wallace K. Ferguson, "The Interpretation of Italian Humanism : The Contribution of Hans Baron"(*Journal of the History of Ideas*, Vol. XIX, No.1(1958).

Wallace K. Ferguson, "Erasmus and Christian Humanism"(Uni. of Saint Thomas, Houston, 1963).

Wallace K. Ferguson, "Renaissance Tendencies in the Religious Thought of Erasmus" in *Renaissance Studies*(Harper Torchbooks, 1963).

William A. Clebsh, "John Colet and the Reformation", *Anglican Theological Review* 37(July, 1955).

William J. Bouwsma, "The Interpretation of Renaissance Humanism"(American Historical Association, 1966).

William J. Bouwsma, "The Two Faces of Humanism : Stoicism and Augustinianism in Renaissance Thought" in *Itinerarium Italicum : The Profile of the Italian Renaissance in the Mirror of Its European Transformations. Dedicated to P.O. Kristeller on the Occasion of His 70th Birthday*, ed. HeiKo A. Oberman, *Studies in Medieval and Reformation Thought*, Vol. XIV(Leiden : E. J. Brill, 1975).

William J. Courtenay, "Late Medieval Nominalism Revised : 1972-1982" in *Journal of the History of Idea*, Vol. 44, No.1(1983).

William J. Courtenay, "Nominalism and Late Medieval Religion" in *The Pursuit of Holiness*.

3. 국내 연구물

R. H. 베인튼, 박찬문 역, 『공동체 안에서의 에라스무스 : 그의 학문과 경건의 종합』(제주대학교 출판부, 2009).

Wallace K. Ferguson, 이연규, 박순준 역, 『서양근세사 : 중세에서 근대로의 이행』(집문당, 1989).

김영한, 『르네상스 휴머니즘과 유토피아니즘』(탐구당, 1989).

나종일, 『세계사를 보는 시각과 방법』(창작과비평사, 1992).

노르만 캔토, 사무엘 버너, 진원숙 역, 『서양 근대사의 제 문제』(계명대학교 출판부, 1990).

브라이언 타이어니, 시드니 페인터, 이연규 역, 『서양 중세사』(집문당, 1988).

아우구스테인, 신원용 옮김, 『에라스무스-교회와 신학의 갱신자』(홍성사, 1986).

이광주, 『역사속에 선 인간-독일근대사론』(문학과지성사, 1979).

이장식, 『기독교 사상사』 제1권(대한기독교서회, 1963).

차하순, 「르네상스문제에 대한 종합적 해석」(『역사학보』 제25집, 1964. 10).

차하순, 『서양근세사-르네상스의 사회와 사상』(탐구당, 1973).

찰스 나우어트, 진원숙 옮김, 『휴머니즘과 르네상스 유럽문화』(혜안, 2002).

크레인 브린튼, 최명관, 박은구 역, 『서양사상의 역사』(을유문화사, 1984).

키케로, 허승일 옮김, 『키케로의 의무론 : 그의 아들에게 보낸 편지』(서광, 1989).

홍치모, 『북구 르네상스와 종교개혁』(성광문화사, 1984).

434

출 전

제1장 르네상스 휴머니즘과 유명론(Nominalism)

제2장 르네상스 휴머니즘에 대한 사가들의 제 해석

제3장 중세 말의 유명론(Nominalism)

제4장 페트라르카의 종교사상

    (1~4장은 「르네상스 휴머니즘에 관한 연구－페트라르카의 종교사상과 그 사상의
패러다임적 영향을 중심으로－」(전남대 대학원 박사학위논문, 1995년 8월)를 편제를
변경하여 거의 그대로 수록함.)

제5장 발라의 종교사상

    (『서양중세사연구』 제4집, 한국서양중세사학회, 1999년 6월)

제6장 콜레트의 종교사상

    (2010년 새로 집필)

제7장 에라스무스의 종교사상

  Ⅰ. 에라스무스 휴머니즘의 종교적 성격

    (「에라스무스와 크리스천 휴머니즘」(서울대 인문대학원 석사학위논문, 1978)을 『호서
사 학』 제10집(호서사학회, 1982년 6월)에 실은 것 중, 1장 서론, 2, 3장을 수정하여
수록함)

  Ⅱ. 에라스무스의 정치사상

    (「에라스무스의 정치사상 : 그의 교회관과 국가관을 중심으로」(『호서사학』, 1983년
6월), 「에라스무스의 정치사상 : 그의 군주관을 중심으로」(『호서사학』, 1984년 6월),
「에라스무스의 평화사상」(『제주대논문집』, 1984년 12월) 등을 편제와 내용을 수정하여
「에라스무스의 정치사상」이란 제목으로 『민석홍박사 화갑기념논총』(1985년 12월)에
실은 것을 재수록함)

  Ⅲ. 에라스무스와 루터 사이에 논쟁의 성격에 관한 고찰

    (『제주대논문집』 제26집, 1989년 6월에 실은 것을 재수록함)

  Ⅳ. 에라스무스의 종교사상(Ⅰ)

    (『전남사학』 제19집, 전남사학회, 2002년 12월에 실은 것을 재수록함)

  Ⅴ. 에라스무스의 종교사상(Ⅱ)

    (『서양중세사연구』 제15집, 한국서양중세사학회, 2005년 3월에 실은 것을 재수록함)

찾아보기

436

440

박 찬 문

1945년 9월 16일 충북 옥천 출생.
대전고등학교 졸업, 충남대학교 사학과를 졸업하고, 문학 석사, 문학 박사를 각각 서울대 인문대학원
(1978),전남대 대학원(1995)에서 받음. 서울에서 고등학교 교사를 거쳐 제주대학교 인문대학 사학과
(1982. 9~2011. 2)에서 전임강사로부터 시작해서 교수로 정년퇴임함. 주 전공은 르네상스 휴머니즘이고
에라스무스를 비롯하여 이와 관련된 여러 논문들이 있고, R. H. 베인튼이 지은 책을 『공동체 안에서의
에라스무스 : 그의 학문과 경건의 종합』(제주대학교출판부, 2009. 4)이라는 제목으로 번역하였다.
한국서양중세사학회 지역 이사 역임.
1975년 3월 이후 (사)대학생성경읽기선교회(University Bible Fellowship)에 소속하여 오늘에 이르기까
지 대학생 복음사역에 관여해 오고 있는데, 특히 1995년 4월 이후 한라 UBF에서 말씀봉사를 하고
있고, 2004년 3월에는 UBF 신학원에서 목사 안수를 받음.

르네상스 휴머니즘에 대한 종합적 해석
에라스무스적 휴머니스트들의 종교사상을 중심으로

박 찬 문 지음

2011년 5월 30일   초판 1쇄 발행

펴낸이·오일주
펴낸곳·도서출판 혜안
등록번호·제22-471호
등록일자·1993년 7월 30일

㉾ 121-836 서울시 마포구 서교동 326-26번지 102호
전화·3141-3711~2 / 팩시밀리·3141-3710
E-Mail hyeanpub@hanmail.net

ISBN 978－89－8494－421－3 93920

값 30,000 원